基礎からの
鉄骨構造

高梨 晃一・福島 暁男
共　著

森北出版株式会社

● 本書の補足情報・正誤表を公開する場合があります．当社 Web サイト（下記）で本書を検索し，書籍ページをご確認ください．
https://www.morikita.co.jp/

● 本書の内容に関するご質問は下記のメールアドレスまでお願いします．なお，電話でのご質問には応じかねますので，あらかじめご了承ください．
editor@morikita.co.jp

● 本書により得られた情報の使用から生じるいかなる損害についても，当社および本書の著者は責任を負わないものとします．

JCOPY 〈(一社)出版者著作権管理機構 委託出版物〉
本書の無断複製は，著作権法上での例外を除き禁じられています．複製される場合は，そのつど事前に上記機構（電話 03-5244-5088, FAX 03-5244-5089, e-mail: info@jcopy.or.jp）の許諾を得てください．

まえがき

　本書は，1975年4月に刊行した拙著「最新鉄骨構造」の構成を変え，書き直したものである．「最新鉄骨構造」は刊行以来版を重ねてきたが，その間に建築基準法の改正が2度あり，施行令の条文も大幅に変えられたところが多い．また最近ではSI単位への本格的な移行に伴って基準法施行令の条文がSI単位で表記されるようになり，加えて日本建築学会の規準，指針類も鋭意SI単位化されてきた．大学等の教育の現場でもいまではSI単位でなされている．もともと「最新鉄骨構造」は，大学等で鉄骨構造を初めて学ぶ人を念頭において執筆していたので，その書き直しは必須であった．それに鉄骨構造は最近では最も多用される構造形態であり，技術の進歩もいちじるしいからこれらの知見に加えなくてはならない．著者らも多少とも経験を積んだのでこれを頼りに思いきって書き直すことにした．

　当然のことながら本書は鉄骨構造の設計について解説したものではない．設計とは実に多様な要件を総合して行うものであるから，とても一冊の本で解説できるものではない．ただむずかしい設計もその基礎となる計算は必要であるから，設計者はその計算法を習得しなければならない．本書ではその計算式の根拠となる理論についてややくわしく解説してある．

　構造物の設計は，伝統的に許容応力度設計法でなされている．この設計法では，構造物に作用する荷重・外力によって発生する応力度の分布を主に弾性解析によって求め，その中でもし応力度がある大きさになると構造物の崩壊につながるかも知れないと予想される部分を見いだし，その応力度を特定する．そしてその大きさが，あらかじめ鋼材の降伏やその他の崩壊現象を起こさないように定めた許容応力度以下になるように部材の大きさや接合部の形を決めている．

　最近では限界状態設計に代表される，より合理的な設計法が提案され，徐々に実用に供されてきている．そこでは部材や接合部の最大強さを評価する必要があるが，やはり構造物の中で発生する応力状態を知らなくてはならない．ただ弾性解析に加えて塑性解析の知識も必要になってくる．しかし，若干解析法は複雑になってはくるが，あくまで応力度を基本に組み立てられている．そして設計を決める尺度もすべて応力度で表現されている．

　設計において変形量が真に必要となるのは耐震設計においてである．わが国における耐震設計法の基本的な考え方は，地震が構造物にもたらすエネルギーを何らかの方法で吸収して倒壊を免れようとするものである．エネルギーは力と距離の積に比例するから耐震性能，すなわちエネルギー吸収能力を評価するにはどうしても力とともに，その力が作用しながら移動する距離を正確に知らなくてはならない．弾性域に限らず塑性域において力の移動距離を評価するのであるから

高い技術を要する．このことが耐震設計をむずかしいものにしている．

　本書では許容応力度設計法を念頭において執筆してある．ただし基本的な耐震設計に必要とされる計算法は記述したが，設計法については上述のように解説していない．ただ最後の章に設計例を載せたので具体例として参照されたい．

　先に述べたように本書は設計に必要な計算法を解説してある．前半の章に部材断面を選ぶに必要な計算の仕方を示した．後半の章ではこれらの部材を接合して構造物を組み立てる接合法を紹介した．各章の巻末には計算例を演習例題として載せてあるので本文と併せて読んでいただきたい．お断りしておくが，この演習例題は模範的な設計例というつもりはなく，計算の手順を示している程度に考えていただきたい．内容については読者諸賢の御叱正を仰ぎたい．なお，目次に＊印をつけた項には内容が少しばかり高度なことを記述してある．初めてお読みになる方は読み飛ばしていただいて前に進んでいただきたい．後で何かの参考になればよいと思っている．本文を見ていただければわかるとおり文字も小さくしてある．

　最後に，今回の出版に際し，原稿の整理をしていただいた日本大学専任講師の小松博氏，千葉大学の藤本陽子氏に謝意を表する．また，いろいろ御尽力いただいた森北出版の田中節男，石田昇司の両氏に御礼申し上げる．

2003年3月

著　者

目　　　次

第1章　鉄骨構造の仕組み

1.1　概　　説··1
1.2　鉄骨構造のモデル化···3
1.3　部材に用いられる鋼材···5

第2章　鋼材の基本的性質

2.1　応　力　度··7
2.2　鋼材の応力度-歪度関係··8
2.3　繰返し応力-歪関係···9
2.4　応力-歪関係に及ぼす載荷速度と温度の影響···10
2.5*　硬　　さ··10
2.6　破壊と衝撃強さ···11
2.7*　疲　　労··12
2.8*　累 積 損 傷··13
2.9　溶　接　性··14

第3章　引 張 り 材

3.1　概　　説···16
3.2　引張り材の断面算定···17
　　3.2.1　有効断面積··17
　　3.2.2　断面算定···17
3.3　偏心その他の注意事項··17
3.4　引張り材の最大強さ···18
　演習例題3··20

第4章　圧　　縮　　材

4.1　座　　屈···22
　　4.1.1　座屈現象の簡単な例··22
　　4.1.2　棒の曲げ座屈···23
　　4.1.3*　元わん曲がある場合···26
　　4.1.4*　偏心がある場合··27
　　4.1.5*　せん断変形の影響··27

iv 目次

- 4.1.6* 塑性座屈 …………………………………………………………………… 28
- 4.2 圧縮材の設計式 ………………………………………………………………… 29
  - 4.2.1 実験の結果 …………………………………………………………… 29
  - 4.2.2 設計規準式 …………………………………………………………… 31
  - 4.2.3 圧縮材の断面算定 …………………………………………………… 33
- 4.3 座屈長さ ………………………………………………………………………… 33
  - 4.3.1 単純な支持条件をもつ圧縮材の座屈長さ ………………………… 33
  - 4.3.2* 変断面材の座屈長さ ………………………………………………… 34
  - 4.3.3* ラーメンの柱材の座屈長さ ………………………………………… 34
- 4.4 圧縮材の支点の補剛 …………………………………………………………… 36
- 4.5 組立て圧縮材 …………………………………………………………………… 37
  - 4.5.1* 組立て圧縮材の有効細長比 ………………………………………… 37
  - 4.5.2* 組立て圧縮材の座屈に伴うせん断力 ……………………………… 39
  - 4.5.3* 組立て材の構造細則 ………………………………………………… 40
- 4.6 板の座屈 ………………………………………………………………………… 41
  - 4.6.1 圧縮力を受ける板 …………………………………………………… 41
  - 4.6.2 曲げを受ける板 ……………………………………………………… 42
  - 4.6.3 せん断力を受ける板 ………………………………………………… 43
  - 4.6.4 幅厚比の制限 ………………………………………………………… 44
  - 4.6.5* 組合わせ応力を受ける板 …………………………………………… 47
  - 4.6.6* スチフナ ……………………………………………………………… 47
- 演習例題 4 ………………………………………………………………………… 49

第5章 曲げ材

- 5.1 曲げ材の応力 …………………………………………………………………… 54
  - 5.1.1 曲げ …………………………………………………………………… 54
  - 5.1.2* 非対称曲げ …………………………………………………………… 56
  - 5.1.3* せん断中心 …………………………………………………………… 56
- 5.2 捩り ……………………………………………………………………………… 57
  - 5.2.1 自由捩り ……………………………………………………………… 57
  - 5.2.2 拘束捩り ……………………………………………………………… 62
- 5.3 横座屈 …………………………………………………………………………… 64
- 5.4 曲げ材の許容応力度 …………………………………………………………… 65
  - 5.4.1 横座屈応力度 ………………………………………………………… 65
  - 5.4.2 許容曲げ応力度 ……………………………………………………… 66
  - 5.4.3 応力に対する修正係数 C …………………………………………… 67
  - 5.4.4 許容曲げ応力度のとり方 …………………………………………… 68
- 5.5 形鋼梁 …………………………………………………………………………… 69
  - 5.5.1 1方向曲げを受ける場合 …………………………………………… 69
  - 5.5.2* 2方向曲げを受ける場合 …………………………………………… 69
  - 5.5.3* 集中荷重を受ける場合 ……………………………………………… 70

5.6 組立て梁 ·· 71
  5.6.1 充腹組立て梁（プレートガーダー）·· 71
  5.6.2* 非充腹組立て梁··· 73
5.7 曲げ材の全塑性モーメント ··· 75
5.8 曲げ材のたわみ ·· 75
  演習例題 5 ··· 76

第 6 章　軸力と曲げを受ける材

6.1 概　　説 ·· 84
6.2 設　計　式 ·· 85
  6.2.1 圧縮力と曲げを受ける材·· 85
  6.2.2 引張り力と曲げを受ける材·· 86
6.3 組立て柱 ·· 87
  6.3.1* 充腹組立て柱·· 87
  6.3.2* 非充腹組立て柱··· 87
6.4 軸力と曲げを受ける材の全塑性モーメント ······································ 88
  6.4.1 H 形断面·· 88
  6.4.2 箱形断面·· 88
  6.4.3 円形断面·· 88
  演習例題 6 ··· 89

第 7 章　高力ボルト，ボルト接合

7.1 概　　説 ·· 91
7.2 高力ボルト接合 ·· 91
  7.2.1 摩擦接合·· 91
  7.2.2 高力ボルトの種類··· 92
  7.2.3 摩擦接合の許容応力度·· 92
  7.2.4 引張り接合··· 94
  7.2.5 引張り接合の許容応力度·· 96
  7.2.6 引張り力とせん断力が同時に作用する場合································· 96
7.3 ボルト接合 ··· 97
  7.3.1* ボルトの使用範囲··· 97
  7.3.2* ボルトの種類·· 97
  7.3.3* ボルトの許容耐力··· 97
7.4 設　　計 ·· 98
  7.4.1 一般事項·· 98
  7.4.2 ボルトの配置·· 98
  7.4.3 有効断面積の計算方法·· 101
  7.4.4 軸方向力やせん断力を伝達する接合部····································· 102
  7.4.5* モーメントを伝える接合部·· 102

7.5 併用継手·····104
　7.5.1* ボルト，高力ボルトと溶接の併用·····104
7.6 ボルトおよび高力ボルトの最大強さ·····105
　演習例題7·····105

第8章 溶　　　接

8.1 溶接の長所と短所·····108
8.2 溶接の種類·····108
　8.2.1 融　接·····108
　8.2.2* 圧　接·····110
　8.2.3* ろう接·····110
8.3 溶接継目·····110
　8.3.1 溶接継目の種類·····110
　8.3.2 溶接継目の表示方法·····113
　8.3.3 溶接継目の許容応力度と有効断面積·····114
8.4 溶接継手の設計·····117
　8.4.1 設計上の注意·····117
　8.4.2 溶接継手の強度計算式·····117
8.5 溶接継目の最大強さ·····121
8.6* 溶接継目の欠陥と検査·····122
　演習例題8·····122

第9章 接　合　部

9.1 概　説·····125
9.2 継　手·····126
　9.2.1 梁継手·····126
　9.2.2 柱継手·····129
　9.2.3 設計上配慮すべき事項·····131
9.3 柱・梁接合部·····131
　9.3.1 ピン接合部·····131
　9.3.2 剛接合部·····133
　9.3.3 ダイアフラムの検討·····135
　9.3.4 パネルゾーンの検討·····137
9.4 大梁と小梁の接合部·····140
9.5 柱　脚·····141
　9.5.1 露出型柱脚·····141
　9.5.2 根巻型柱脚·····143
　9.5.3 埋込み型柱脚·····143
9.6 支　承·····144
　9.6.1* ピン支承·····144

  9.6.2* 滑り支承またはローラ支承 ………………………………………………………… 145
9.7 保有耐力接合 ……………………………………………………………………………… 145
  9.7.1 継手（梁継手，柱継手）の最大強さ ……………………………………………… 146
  9.7.2 柱・梁接合部の最大強さ …………………………………………………………… 146
  9.7.3 柱脚の最大強さ ……………………………………………………………………… 147
  9.7.4 接合部の最大強さの算定 …………………………………………………………… 147
  演習例題 9 ……………………………………………………………………………………… 147

第 10 章 ト　ラ　ス

10.1 概　　説 …………………………………………………………………………………… 160
10.2 トラスの接合部 …………………………………………………………………………… 161
  10.2.1 接合部の構成およびボルトの算定 ……………………………………………… 161
  10.2.2 ガセットプレートの検定 ………………………………………………………… 162
  10.2.3 溶接による接合部 ………………………………………………………………… 163
  10.2.4 鋼管トラスの接合部 ……………………………………………………………… 164
10.3 トラスの圧縮部材の座屈長さ …………………………………………………………… 165
  10.3.1 トラスの弦材 ……………………………………………………………………… 165
  10.3.2 トラスの腹材 ……………………………………………………………………… 166
  演習例題 10 …………………………………………………………………………………… 167

第 11 章 構造設計の方法

11.1 許容応力度設計法と限界状態設計法 …………………………………………………… 170
  11.1.1 許容応力度設計法 ………………………………………………………………… 170
  11.1.2 限界状態設計法 …………………………………………………………………… 170
11.2 荷重および外力 …………………………………………………………………………… 171
  11.2.1 固定荷重 …………………………………………………………………………… 171
  11.2.2 積載荷重 …………………………………………………………………………… 171
  11.2.3 積雪荷重 …………………………………………………………………………… 171
  11.2.4 風圧力 ……………………………………………………………………………… 172
  11.2.5 地震力 ……………………………………………………………………………… 173
11.3 設計応力の組合わせ ……………………………………………………………………… 175
11.4 鋼材の種類 ………………………………………………………………………………… 176
11.5 形　　鋼 …………………………………………………………………………………… 176
11.6 許容応力度 ………………………………………………………………………………… 177
  11.6.1 許容応力度 ………………………………………………………………………… 178
  11.6.2 許容応力度の割増し ……………………………………………………………… 178
  11.6.3 応力度の組合わせ ………………………………………………………………… 178
  11.6.4 破断強度 …………………………………………………………………………… 178

第12章　設計例（事務所建築）

12.1　はじめに ……………………………………………………………………180
12.2　一般事項 ……………………………………………………………………181
　　12.2.1　建物の概要………………………………………………………181
　　12.2.2　構造設計の方針…………………………………………………181
　　12.2.3　材料の許容応力度等……………………………………………183
　　12.2.4　伏図，軸組図……………………………………………………184
　　12.2.5　部材の仮定断面…………………………………………………184
　　12.2.6　荷重および外力…………………………………………………185
12.3　準備計算 ……………………………………………………………………187
　　12.3.1　剛比の計算………………………………………………………187
　　12.3.2　大梁の C，M_0，Q_0 の計算 …………………………………188
　　12.3.3　常時柱軸力の計算………………………………………………188
　　12.3.4　積雪荷重の計算…………………………………………………189
　　12.3.5　地震力の計算……………………………………………………189
　　12.3.6　風荷重の計算……………………………………………………189
12.4　応力計算 ……………………………………………………………………190
　　12.4.1　鉛直荷重時応力算定……………………………………………190
　　12.4.2　水平荷重時応力算定……………………………………………192
12.5　床および小梁の設計 ………………………………………………………193
　　12.5.1　床スラブの設計…………………………………………………193
　　12.5.2　小梁の設計………………………………………………………194
12.6　大梁の設計 …………………………………………………………………195
12.7　柱の設計 ……………………………………………………………………200
12.8　接合部の設計 ………………………………………………………………202
　　12.8.1　梁継手……………………………………………………………202
　　12.8.2　柱・梁接合部……………………………………………………204
　　12.8.3　柱　脚……………………………………………………………205
12.9　層間変形角・剛性率・偏心率の検討 ……………………………………207
12.10　その他………………………………………………………………………208

参考文献 ……………………………………………………………………………210
付　　表 ……………………………………………………………………………211
索　　引 ……………………………………………………………………………228

第1章　鉄骨構造の仕組み

1.1　概　　説

　建物を指して鉄筋コンクリート造（英語の reinforced concrete を略して RC 造と表すことが多い），鉄骨鉄筋コンクリート造（略して SRC 造），鉄骨造（略して S 造），壁式コンクリート造などとよぶことが多い．これは，その建築物の主要な構造体がどのような建築材料，どのような工法でつくられているかを簡単に表したものである．

　建築物はそれ自体の重量のほか，用途によって異なるが，積載物や人の重量などを安全に支える必要がある．相当大きな重量になる．このほか，強風が吹けば主として壁面に風圧力を受ける．寒冷地であれば，冬期には積雪による重量増加を考えなければならない．とくに日本では頻繁に到来する地震による揺れにも対処しなければならない．

　このような建築物に生ずる，あるいは外から作用する力を称して荷重という．どの程度の荷重を考えなければいけないかは後章で説明するが，これらの荷重に対して建築物の安全性を確保するためには，柱や梁などの主要な構造部材をどう選定するか，また，これらの構造部材を接合するにはどうすればよいかを解説するのが本書の目的である．

　最近の建築物はその外見からは鉄筋コンクリート造であるか，鉄骨造であるかを簡単に見分けることはむずかしい．外壁には似た素材の仕上げがしてある場合が多いからである．そこで，これらの仕上げ材，すなわち，外壁，内壁，屋根などをすべて剥がしてみる．図1.1はそのように

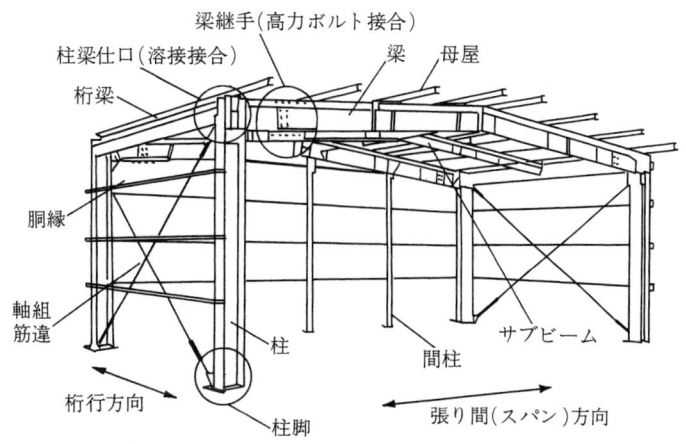

図 1.1　形鋼部材の鉄骨造骨組

2 第1章 鉄骨構造の仕組み

して現れた鉄骨造の構造体である．鉄骨造としては典型的なもので，学校の体育館や倉庫に使われる．

このように比較的細長い構造部材を接合して構成される構造体を「骨組」とよんでいる．建築物の骨組は本来立体的なものであるが，これを平面的な骨組が組み合わさったものと考えるのが普通である．

図1.1の場合，張り間（スパン）方向は山形ラーメン，桁行（けたゆき）方向は筋違（すじかい）構造になっている．同図ではまた，部材や接合部の名前を表示してある．張り間（スパン）方向の山形ラーメンは柱と梁からなっており，これらは柱梁仕口（はしらはりしぐち）で剛に接合されている．柱は柱脚で基礎に緊結されている．また，梁は，仕口付近の梁継手（はりつぎて）で高力（こうりき）ボルト接合されている．一般に部材は工場で製作・加工された後，ばらばらに運搬されて現場で組立てられる．このため，ここで示す梁継手のような接合部分が必要となる．

屋根面には母屋（もや），桁行方向の壁面には胴縁（どうぶち）が付けられている．これらの部材はそれぞれの仕上げ材が取り付けられるときの下地（したじ）の受けになる．母屋，胴縁を取り払った後に残る柱，梁，サブビーム，桁梁，筋違が主要な構造体で，建築物に作用する荷重によって生ずる力に耐え，最終的には柱脚の下にある基礎に伝達して建築物を安全に支えることになる．

図1.2は工事中の事務所建築をみたものである．まだ天井を仕上げる前で，床のコンクリートの下地となっている鋼板のデッキプレートの背面が見える．柱は角形の鋼管で，梁はH形鋼である．事務所建築は広いスペースを要求されるので，室内にはできるだけ部材を設けたくない．そこで，ここに示すように柱には2方向からH形鋼梁が剛に接合されたラーメン構造になっている．図1.3はその柱・梁仕口部分を拡大したもので，H形鋼梁は溶接，ボルトによって柱に緊結されている．

以上説明したように，鉄骨構造は比較的細長いさまざまな形状の部材を溶接やボルトを接合して平面的な骨組をつくり，さらにそれを立体的に組上げて製作されている．本書ではまず，部材にはどんな種類のものがあり，その中からどのようにして最適なものを選ぶかを説明し，つぎにこれらの部材を接合する方法と接合部の形状の決め方について解説する．

図 1.2 事務所建築（ラーメン構造）

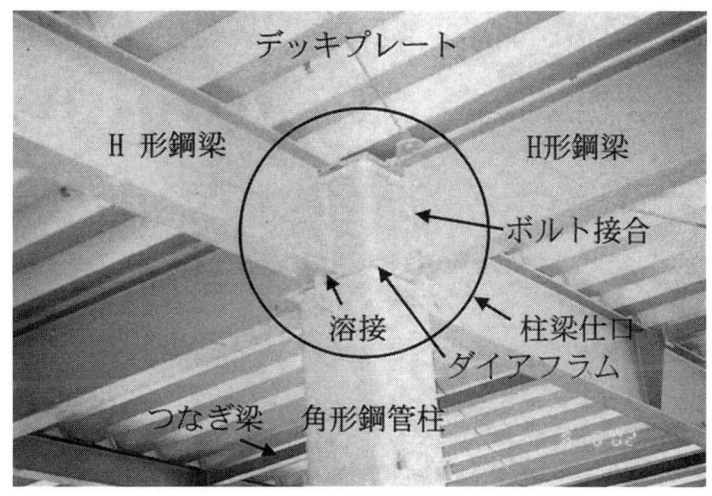

図 1.3 柱梁仕口（ラーメン構造）

1.2 鉄骨構造のモデル化

　建築物には，主として重力によって生ずる鉛直方向の荷重，風圧力や地震による振動によって生ずる水平方向の荷重が作用する．建築物に要求されている機能を満足させるためには，これらの荷重に対して安全な構造体をつくらねばならない．そのためには，荷重によってどのような力がどの程度発生しているかを正確に知る必要がある．いわゆる構造解析を行う．
　最近では，計算機の発達で実に詳細な構造解析が可能で，建築構造体の各部に生ずる力を必要なだけくわしく計算することができる．しかし通常はそれほどくわしい構造解析は不要で，部材の断面の大きさや接合部の形状を決めるのに必要なだけの力がわかればよい．以下に通常行われる方法の概略について述べよう．
　第1にすることは，構造モデルをつくることである．必要な力を適度な精度で知ることが可能なモデルをつくる．さきに述べたように鉄骨部材は細長いものが多いので，これを1本の棒にモデル化する．そしてこの棒状の部材で建築物全体のモデルをつくる．これを"骨組"とよぶことは先に述べた．このとき接合部もあとで詳細に決定する接合部の形状を想定して力学的なモデル化を行っておく．
　図1.4は，図1.1の構造モデルの一例を示したものである．実際の解析を行う際には，この立体的な骨組モデルをさらに平面的な骨組モデルに分解する．この場合は張り間（スパン）方向の山形ラーメンと桁行方向の筋違構造に分解して解析する．
　一例として鉛直荷重に対する張り間方向の解析モデルを示すと図1.5となる．鉛直荷重としては屋根から母屋を通して作用するものが主でそれに梁部材自身の重量（自重とよんでいる）も加える．屋根面に作用する荷重は屋根を構成する材料の自重が常時存在するが，雪国であれば冬期の雪荷重なども考えておかなければならない．またこのほかにも予期しない重量も作用することがあり得るから，通常の設計では屋根材料の自重のほか，ある程度の積載荷重を見込むのが普通である．

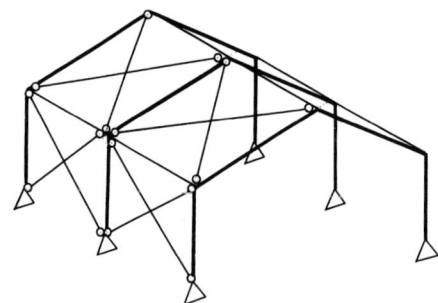

図 1.4 骨組モデル

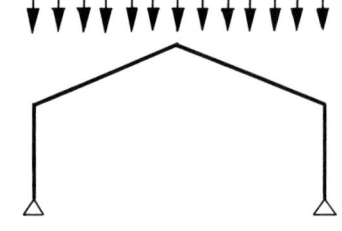

図 1.5 山形ラーメン

　これらの重量は母屋を介して梁上部に作用するから，母屋の設置位置で集中荷重が複数個並ぶことになる．ただ，4〜5個以上の集中荷重が作用した場合の解析結果は荷重が等分布に作用した場合の結果とほとんど差がないため，解析では母屋から作用する荷重は，単位長さあたり等しく分布する荷重として計算してもよい．

　図1.5において柱脚はピン（蝶番(ちょうつがい)）支点にモデル化してある．実際の柱脚をみると，とてもピン支点には見えないものが多いけれど（大形の橋梁などでは精密なピン支承をつくっている），解析結果からみてピン支点とモデル化しても，また正確な力学モデルをつくっても大差はないと判断され，このようにモデル化する場合が多い．ただ実施設計ではそれなりの注意が必要となる．

　桁行方向は図1.6のように筋違構造にモデル化する．この場合も部材の接合部分はすべてピン接合（蝶番）にモデル化してある．柱脚もやはりピン支点になっている．桁行方向の筋違構造は鉛直方向の荷重を支えることは考えていない．ここでは風圧力や地震の振動によって発生する桁行方向の水平力が作用する．

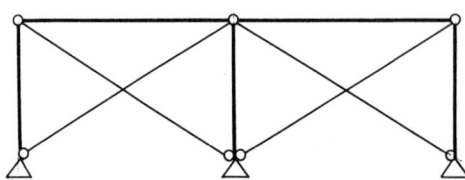

図 1.6 筋違構造

　上の例にあげた山形ラーメンや筋違構造は鉄骨構造としてはよく用いられる構造モデルである．このようにモデル化した後，作用する荷重に対してどんな力が部材の中に発生するかを調べる．それには読者がすでに学習されている構造力学の手法を利用する．

　構造モデルでは，部材は線材に集約してあり，接合部分はピン接合や剛接合に理想化してあるから解析によって直接部材や接合部の応力度（定義はあとに述べる）を知るわけではない．まず，軸方向力，せん断力，曲げモーメントなど，必要な位置での応力をまとめた合応力を求める．つぎの段階で求めた合応力の結果から応力度を計算するという2段階の手順をふむ．これは計算の効率化のためであり，コンピュータが今日ほど利用できなかった時代には必然の手順であった．現在，コンピュータを利用しても簡便なため同じ手順に従っている．

ラーメンは，荷重によって曲げられた部材が元の形にもどろうとする反発力によって荷重に抗する構造形態である．柱や梁には軸方向の圧縮力，引張り力も存在するが部材断面の大きさを決める際に最も考えなければならないものは，発生している曲げモーメントの大きさである．したがって構造力学で求めなければならないものは，発生する曲げモーメントの大きさとそれが材軸に沿ってどのように分布しているかである．これが安全性の検証，すなわち，安全な部材断面の決定にどうかかわるかはあとで説明する．

ラーメンの接合部は大部分剛接接合である．その一例は図1.3に示してあるが，ラーメンでは曲げによる反発力で荷重に抗するのであるから，十分な曲げ抵抗力が得られるよう接合部分は剛に接合されていなければならない．そのための必要な接合方法の設計法については後章で解説してある．柱以外の部材が部屋の中ではみられないので，比較的自由な使い方がしたい事務所などに適している．職場によって家具の配置が異なる場合などには最適である．

一方，さきに述べた筋違構造や橋梁によくみられる，部材を3角形に組み上げてつくるトラスは主として部材の伸びや縮みに対する反発力で荷重に抗する構造である．鉄骨構造では細長い鉄骨部材を用いるのでトラスは鉄骨構造に適した構造形態である．筋違構造やトラスの接合部は部材の伸縮によって発生する力を伝えればよいので，蝶番のピン接合であればよい．構造力学における計算でもそのような前提で行っているが，実際の構造では，特殊な場合を除き完全な蝶番，すなわち，ピン接合部をつくることはない．見かけは剛接合に近いものになったものが多い．しかし，部材断面を決める計算ではその影響は小さいので接合部もピン接合とみなしている．

1.3 部材に用いられる鋼材

鉄骨構造では部材として図1.7に示すような形鋼が主として使用される．これらは，あらかじめ定められた寸法規格に基づいて製造され，カタログ市販されている．この中から，適切なものを選択して使用する．このうち，主要な構造部材に用いられるものは，柱や梁に多用されるH形鋼，柱に使用される角形鋼管である．山形鋼も筋違やトラスの部材としてよく使用される．

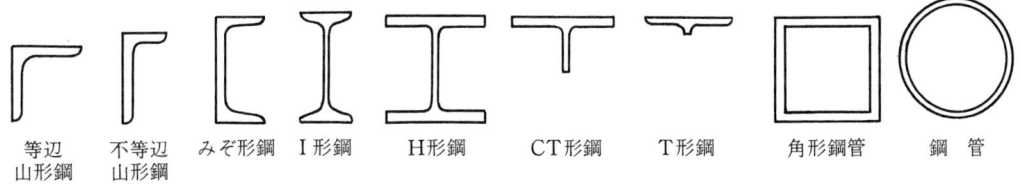

等辺　不等辺　みぞ形鋼　I形鋼　H形鋼　CT形鋼　T形鋼　角形鋼管　鋼　管
山形鋼　山形鋼

図 1.7　熱間圧延形鋼

図1.8の形鋼は主要な構造部材ではないが，母屋，胴縁などの仕上げ材を取り付けるための下地として用いられるほか，内装を仕上げるためさまざまな用途がある．鉄骨構造の床は鉄筋コンクリートでつくられる場合が多く，デッキプレートはコンクリートを打設するまでの下地としてなくてはならないものである（図1.2，1.3参照）．

設計によっては，あらかじめ製造されている形鋼以外の形状が必要な場合がある．そのときに

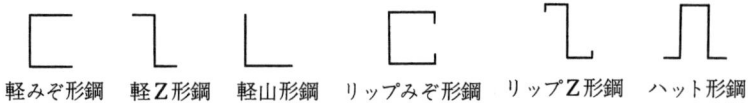

図 1.8 軽量形鋼

は,市販されている鋼鈑から適当な厚さのものを組み合わせて望みの形状を組み立てる.近年では溶接技術が発達したので,裁断した鋼板を溶接によって組み立てる.

第2章　鋼材の基本的性質

2.1 応　力　度

　構造物を設計する（ここでは適切な構造部材と接合部の選定をいう）ことは，想定される荷重に対して構造物が安全に存在し，与えられた機能を満足する状態を実現することにほかならない．そのためにはまず第1に構造解析によって，検討を必要とされる部位に生じている応力度の大きさを知らなくてはならない．

　構造物に力が作用してつり合いの状態（移動も回転もなく静止している状態）にあるとき，部材を限りなく細分化していった微小部分にも力が作用してつりあ合いの状態にある．単位長さ（たとえば1mm）の立方体を微小部分と考え，そこに作用している力を応力度とよんでいる．一般的に，応力度は図2.1に示すとおり9種類あるが，そのうちの6種類が独立に存在する応力度である（6つのせん断応力度は大きさの等しい3組に分類できる）．

　この応力度の概念は1820年ごろフランスの数学者コーシー（Cauchy, 1789-1857）によって提唱されたもので，長い間建造物をつくり続けてきた人類にとってはつい最近のことである．これ以後構造力学は飛躍的に発展した．応力度は力のかかり方によって顕著なもの，無視してもよいものが出てくる．そこでとくに知りたい材料の性質を探るために，応力度を測定するのに適したさまざまな試験片をつくって実験を行う．

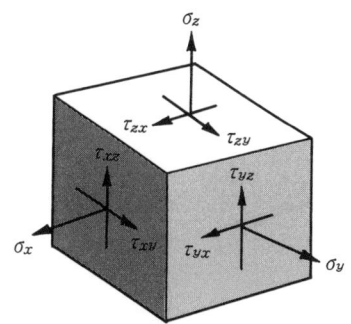

$\sigma_x, \sigma_y, \sigma_z$：垂直応力度
$\tau_{xy}, \tau_{xz}, \tau_{yz}, \tau_{yx}, \tau_{zx}, \tau_{zy}$：せん断応力度

図 2.1　応力度の定義

2.2 鋼材の応力度-歪度関係

応力度をできるだけ正確に測定できるようにくふうされた試験片（JIS Z 2201-1980によって形状が定められている）を鋼板から切り出し，試験機による引張り試験（試験法もJIS Z 2241-1980に定められている）の結果の概略を図2.2に示す．縦軸は応力度 σ，横軸は歪度（以下，単に歪とよぶ）ε で，これらは試験で測定した P, Δ より次式で計算する．

$$\sigma = \frac{P}{A}, \qquad \varepsilon = \frac{\Delta}{L} \tag{2.1}$$

ただし P：引張り荷重，A：載荷前の試験片断面積，L：伸び測定用の標点間距離
Δ：標点間の伸び．

1) 降伏点　弾性限度を超えて塑性状態になることを降伏とよぶ．降伏にあたり上降伏点（A点），下降伏点（B点）が観測される．応力度にして降伏点の数％の違いがある．しかし，載荷の速度が遅いと，上降伏点は明瞭でない場合がある．下降伏点以降は，応力度の増減がほとんどなく，ある程度の塑性流れが生ずる．いわゆる"おどり場"が観測される．その後，歪硬化し，再び応力が上昇する．

2) 降伏応力度　力学的に意味があるのは，下降伏点の応力度 σ_Y であるが，材料試験では上降伏点をいう場合が多い．高張力鋼や加工硬化した鋼材では"おどり場"が明瞭でなく，降伏点が現れない場合が多い．この場合には，図2.3に示すように，0.2％の永久歪が生ずる点，すなわち，立ち上がりの勾配OIに平行に直線JKを引いたとき，曲線との交点Kの応力度をいう．JISでは，耐力とよんでいる．

3) 歪硬化開始点　図2.2のC点．ここから歪硬化によって再び応力は上昇する．この点の歪 ε_{st} は材料によってかなりばらつく．

4) 引張り強さ　最大荷重時の応力度 σ_{max} をいう（D点）．

5) 降伏比　降伏点あるいは耐力の，引張り強さに対する比を降伏比という．SS 400の鋼材では0.6～0.7程度であるが，高張力鋼になると高くなり0.8程度になる．降伏比が高いと，降伏してから破断するまでの余裕が少ないことになり，塑性変形量も少ない．降伏比が小さいほうがねばりのある材料といえる．

6) 伸び・絞り　破断（F点）時の永久伸びを伸びといい，標点距離間の塑性歪を百分率で

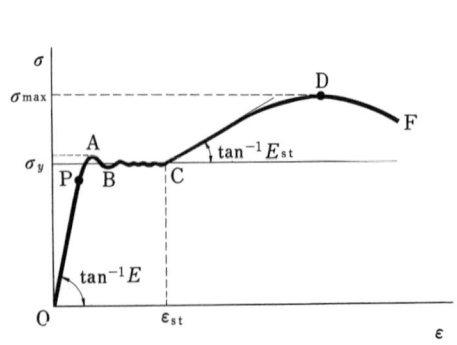

図 2.2　応力度・歪度曲線

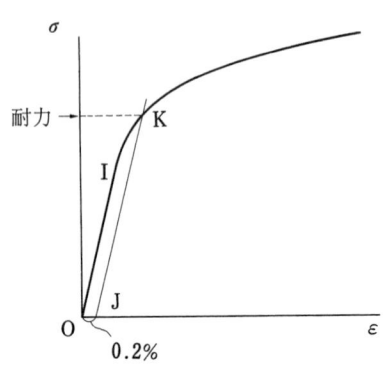

図 2.3　耐　力

表す．破断箇所はくびれているから，その断面の原面積と破断後の面積減少分との比を百分率で表したものを絞りという．

7) **ヤング率 E**　　比例限（P点）までの直線 OP の勾配．通常，$E=205\,\mathrm{kN/mm^2}$．
8) **接線係数 E_t**　　比例限以降の各点における曲線の接線の勾配．
9) **歪硬化係数**　　歪硬化域における接線の勾配，C 点における勾配 E_{st} が最大．
10) **ポアソン比 ν**　　引張り試験において軸方向に直角方向の歪の軸方向歪に対する比．鋼では，弾性域において 0.25～0.33．
11) **せん断弾性係数 G**　　弾性域におけるせん断応力度とせん断歪との比．下の式で与えられる．

$$G=\frac{E}{2(1+\nu)} \tag{2.2}$$

圧縮試験によって応力-歪関係を求めた場合も，図 2.2 とほぼ同様な関係が得られるが，破断することはない．また，圧縮すると，試験片の断面が刻々大きくなるから，公称応力度は，引張り試験のそれより大きくなる．このような不合理をなくすには，刻々変化する断面積で，そのときの引張り（圧縮）荷重を割って，真の応力度を求めなければならない．同様に歪についても，刻々変化する標点距離でそのときの伸びを割って真の歪を求める．これを真応力度，真歪度という．

2.3　繰返し応力-歪関係

前に述べた応力-歪関係は，一方向の単調引張り（圧縮）載荷時のものである．交互に引張り・圧縮を繰り返して加えると，単調載荷時と異なる応力-歪関係を示す．

図 2.4 は繰返し載荷の一例で，最初，点 O から引張り荷重を加え，降伏して点 a に達する．そこでいったん荷重を徐々に下げると，応力-歪関係は，最初の弾性の立上がりの直線に平行な直線 ab となり，鋼材は再び弾性となる．

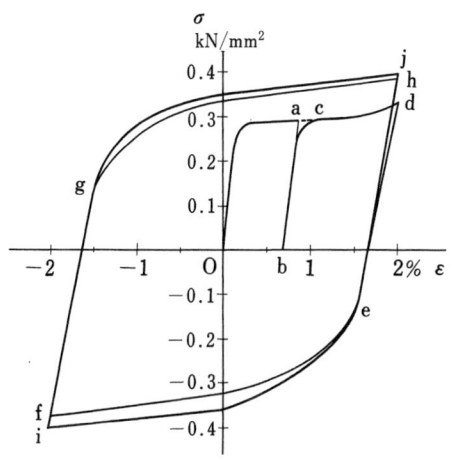

図 2.4　繰返し応力-歪関係の例

荷重 0 では，点 b となり，Ob の塑性変形が残留する．点 b から荷重を上げると，bcd となり，ちょうど途中の除荷がなく，Oacd と進んでいったかのような曲線となる．点 d より荷重を下げ，つづいて圧縮力を加えると，def と変化し，ここで荷重の向きを変えれば，今度は fgh と変化する．def と変化するとき，曲線の勾配が急に低下する点 e の応力度は，普通，圧縮降伏応力度より小さい．これは，バウシンガー（Bauschinger）効果といわれる現象である．

点 h 以下，圧縮・引張りと交互に荷重を加えると hei, igj となり，それ以降，歪振幅を変えなければほとんど同じ曲線をたどる．繰返し応力-歪関係は，強震時の建物の解析を行うときに必要なものである．

2.4 応力-歪関係に及ぼす載荷速度と温度の影響

鋼材の機械的性質は，載荷の速度や，載荷時の温度によって大きく変化する．図 2.5 は載荷の速さをいろいろ変えて，常温における軟鋼の降伏応力度，引張り強さ，伸びの変化を調べた実験の結果である．横軸に載荷の速さを 1 秒間における歪の進行量にして，対数目盛で表してある．通常の試験では，グラフの左半分の範囲となるから，降伏応力度，引張り強さの変化はあまりみられないが，載荷速度が大きくなると，これらの値は非常に大きくなることがわかる．

図 2.6 は降伏応力度と引張り強さの，温度による変化を示したものである．この図からわかるように，降伏点，引張り強さは 300～400°C を越えると極端に低下し，鉄骨構造が火災に弱いことが納得できる．ヤング率も高温になると低下するので，鉄骨は高熱に対して十分防護しておかなければならない．

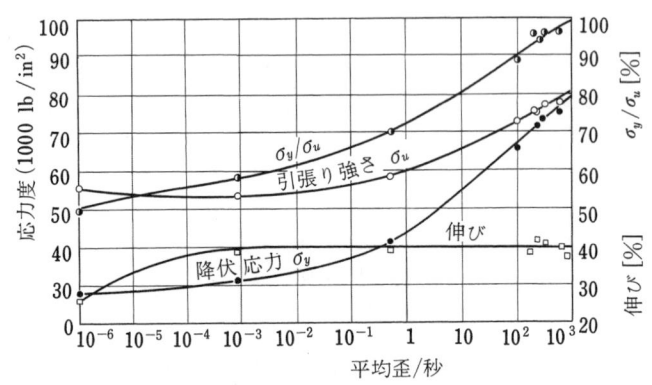

図 2.5 載荷速度の影響

2.5 硬 さ

硬さは，材料を変形させようとする力に対する抵抗性で，これを調べる方法としては，非常に硬いものを押し込み，どの程度押し込まれたかを測定するものと，硬いもので打撃を与え，その反発の程度を測定するものなどがある．

JIS では，ブリネル硬さ試験，ビッカース硬さ試験，ロックウェル硬さ試験，ショア硬さ試験について，試験方法・試験機を規定している．

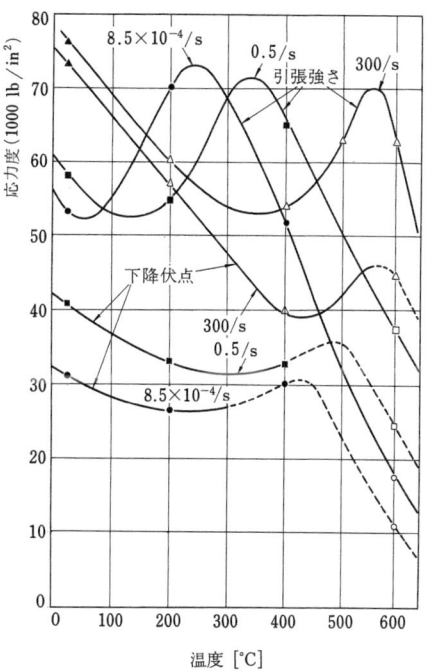

図 2.6 温度の影響

2.6 破壊と衝撃強さ

　多結晶粒内を横切って破断する結晶粒内破壊には，へき開破壊とせん断型破壊があるといわれている．へき開破壊はある限界垂直応力で生じ，せん断型破壊はある限界のせん断応力によって生ずるものである，と明確に規定するとことは困難なようで，応力状態と破壊形式との対応は複雑である．また，へき開破壊が脆性な破壊で，せん断型破壊がある程度の塑性変形を伴った延性破壊であることも一概に断定できないようである．

　構造物を設計する際には，万一構造物が破壊する場合でも，それが延性破壊であるようにしなければならない．なぜならば，延性破壊なら破壊前にはかなりの塑性変形が生ずるから，構造物の変形が過大となって，われわれは危険を察知して安全に避難できるし，近づくことを避けることもできる．

　軟鋼のように延性に富んだ材料でも後述するように，切欠きがあると脆性破壊を生じやすい．それゆえ設計に際しては，部材断面の急激な変化を避け，それが不可能な場合には，滑らかな曲線で変化させるなどして，応力集中や切欠きの発生を防ぐようにしなければならない．静的な荷重にくらべて，大きな速度をもった荷重を瞬間的に加えると，材料は十分に変形できる余裕がなく，静的な試験と異なった結果を示す．このような，いわゆる衝撃荷重に対してある程度の抵抗を示す材料は，破壊靱性が大きいといい，切欠きや割れが発生しても，それが伝播することを防ぎ構造材料として好ましい性質である．

　鋼材の破壊靱性を調べるには，V型なり，U型の切欠きをもった試験片を図2.7のように支え，切欠き部をハンマで矢印の方向に衝撃的に打撃し，破断に要したエネルギーを測定する．

12　第2章　鋼材の基本的性質

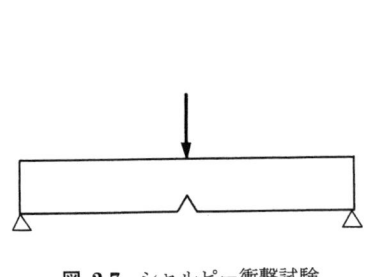

図 2.7　シャルピー衝撃試験

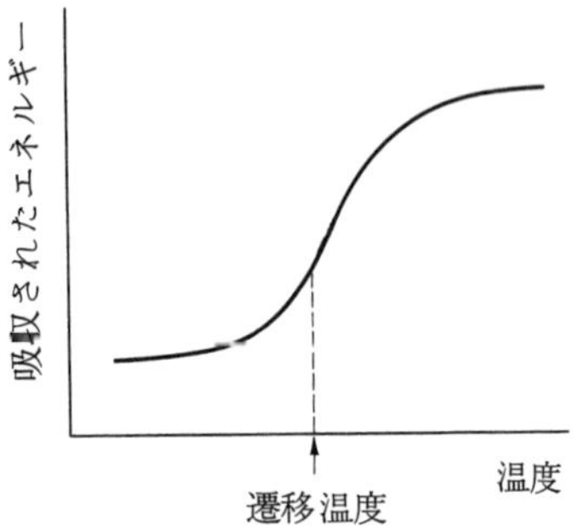

図 2.8　シャルピー吸収エネルギー

JISではこの種の試験のうち，シャルピー衝撃試験の試験方法について規定している（JIS Z 2202-1980, JIS Z 2242-1980）．衝撃破壊に要したエネルギーは，試験片の温度によって変化する．しかも図2.8のようにある特定の温度で急激に変化する．この温度を遷移温度といい，これができるだけ低い鋼材を選ぶようにするのがよい．

2.7　疲　　労

金属材料に多数回の繰返し応力を作用させると，たとえその応力度の大きさが降伏応力度以下であっても破断することがある．これを疲労破壊という．鉄骨構造では，変動荷重が数多く作用するクレーンガーダーなどは疲労破壊するおそれがあり，設計に際して十分注意する必要がある．疲労破壊の現象はたいへん複雑であるが，現在までに明確になった特徴について以下に述べよう．

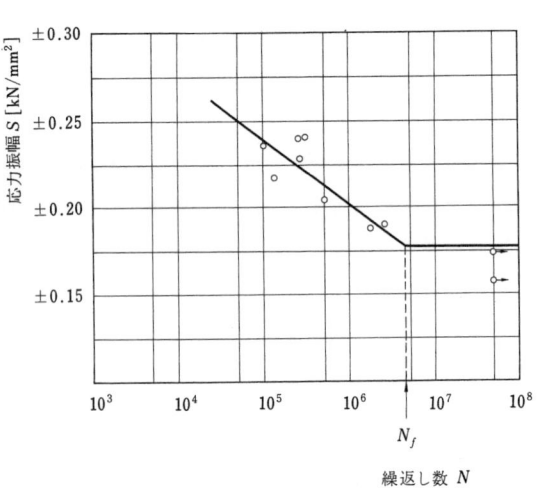

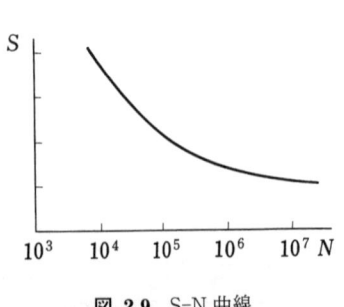

図 2.9　S-N 曲線

図 2.10　鋼（0.09%C）における応力振幅Sと繰り返し数N
〔M. R. Hempel, Symposium on Basic Mechanics of Fatigue, ASTM, Tech, Pub., No. 237（1959）による〕

（i） 疲労破壊するときの繰返し応力の振幅は，弾性限以下の場合でも，静的な単調荷重に対する破壊応力よりも小さい．

（ii） 与えた繰返し応力の最大値 S と，その応力のもとで疲労破壊するまでの回数 N との関係は，図2.9のようになる．通常，S はそのままか，あるいは対数で表示されるが，N は対数で表示される．これを S-N 曲線，疲労曲線，あるいはヴェラー（Wöhler）曲線という．この曲線は，材料の種類によってはもちろんのこと，与えられた応力の最大値 S_{max} と最小値 S_{min} の比によっても異なる．

（iii） 鋼の場合，応力振幅の値がある限度以下になると，破壊までの繰返し数が非常に大きくなり，図2.10に示すように，S-N 曲線は繰返し数の大きい範囲で水平になる．同図の N_f に対応する応力を疲労限度とよんでいる．

（iv） 図2.10からわかるように，実験値のばらつきは大きい．

（v） 焼きなました材料では，繰り返すことによって歪硬化し，そのあとで一定値に収束する．反対に，加工された材料では，歪軟化して一定値に収束する．設計する際には，S-N 曲線よりも，いろいろな応力状態に対する疲労限度が一目でわかるような図がほしい．このために考えだされたのがグードマン（Goodman）図で，図2.11はその改良型である．

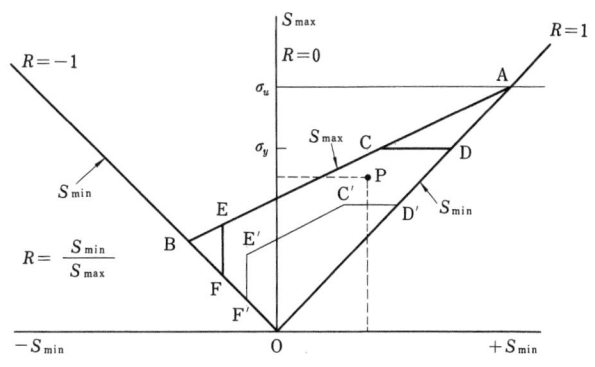

図 2.11 グードマン図

この図は，繰返し数が与えられたとき，それ以下の繰返しでは，疲労破壊が生じない応力の限界，S_{max}, S_{min} を与える．図中の R は $R=S_{max}/S_{min}$ で，$R=1$ は静的な載荷，$R=0$ は純片振り繰返し載荷，$R=-1$ が純両振り繰返し載荷状態を示す．直線 AB は S_{max} の限界，AO は S_{min} の限界で，両直線は，静的破断応力 σ_u で交わる．直線 BO は $R=-1$ のときの S_{min} の限界を示すから，△ABO 内の応力状態 $P(S_{max}, S_{min})$ であれば，疲労破壊しない．ただし，降伏応力度 σ_Y によって CD で制限され，さらに座屈応力度によって EF で制限される．許容応力度設計では，これらの限界線を安全率で割って ODCEF に相似な OD′C′E′F′ に限定される．

2.8 累積損傷

前節で述べた疲労破壊の実験データは，一定の応力振幅を与えたとき，破断するまでの繰返し数を求めたものである．しかし，実際に構造物に作用する荷重は，不規則な振幅で変動するので，このときの疲労破壊を調べる必要がある．不規則に変動する応力を実験室で再現して，いろいろな応力のパターンにおける疲労現象の研究が行われ，数多くの理論が提案されている．その中で最も簡潔な表現であるた

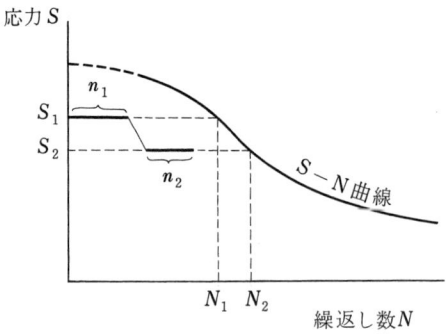

図 2.12 マイナー則

めよく用いられているのに，マイナー[1]（Miner）則がある．

図 2.12 に示す S-N 曲線をもった材料について考える．いま，応力 S_1 で n_1 回繰り返し，つぎに応力 S_2 で n_2 回繰り返し，以下応力 S_3 で n_3，S_4 で n_4 と載荷されたとする．また，n_1 回の繰り返しに要した仕事量を w_1，n_2 回に要したそれを w_2，…とし，破壊までに吸収される仕事量を W とすれば，図 2.12 に示した N_1，N_2，…を用いて，つぎの式が成立する．これを，マイナー則といい，下の式が満足されるとき破壊が生ずるという理論である．

$$\frac{w_1}{W}=\frac{n_1}{N_1},\ \frac{w_2}{W}=\frac{n_2}{N_2},\cdots \tag{2.3}$$

$$w_1+w_2+w_3+\cdots+w_n=W \tag{2.4}$$

であるから，

$$\frac{w_1}{W}+\frac{w_2}{W}+\frac{w_3}{W}+\cdots+\frac{w_n}{W}=1 \tag{2.5}$$

上の式に式 (2.3) を代入すれば，

$$\frac{n_1}{N_1}+\frac{n_2}{N_2}+\frac{n_3}{N_3}+\cdots+\frac{n_n}{N_n}=1 \tag{2.6}$$

あるいは，

$$\sum_{i=1}^{n}\frac{n_i}{N_i}=1 \tag{2.7}$$

2.9 溶接性

最近の鉄骨構造では，接合法に溶接を用いる場合が非常に多い．したがって，使用される鋼材は溶接接合の際，割れなどの欠陥が生ずることなく，比較的容易に溶接でき，しかも接合されたあとは強度ならびに靭性が十分で安全でなければならない．このような性能のよい鋼材を「溶接性」がよいといっている．

溶接において欠陥が生じやすい部分は，溶接金属と母材との境界に存在する熱影響部（HAZ と略記する）である．これは，溶接熱によって母材が変質したもので，硬さが増加し延性が低下する．溶接は高温で行われるから，溶接金属は冷却するとき収縮しようとし，周囲の母材はそれを拘束してその結果，引張り力が発生する．したがって，溶接部の延性が十分ない場合には，溶

---

[1] M. A. Miner, "Cumulative Damage in Fatigue," Journal of Applied Mechanics, Sept. 1945

接金属や母材に割れが生ずる．

　熱影響部は割れの発端になる．熱影響部の硬化を防ぐには，鋼材の化学成分を調整する．すなわち，板厚，接合の形状，溶接条件が同じ場合には鋼に含まれる炭素 C，マンガン Mn，クロム Cr，ニッケル Ni，モリブデン Mo などの量によって，硬さの大小が決まる．とくに影響のあるのは炭素 C の量であるので，他の元素については，その影響度を炭素に換算し，これを合計した炭素当量 C_{eq} をもって硬化性の基準と考える方法がとられている．溶接構造用圧延鋼材の JIS では，つぎの式で炭素当量を計算する．

$$C_{eq}[\%] = C + \frac{Mn}{6} + \frac{Si}{24} + \frac{Ni}{40} + \frac{Cr}{5} + \frac{Mo}{4} + \frac{V}{14} \ [\%] \tag{2.8}$$

　この炭素当量が小さいほど，硬化性は少ない．化学成分が同一の場合，溶接部の冷却速度が速いほど熱影響部の硬さが増す．したがって，厚板のように熱容量の大きいものを，投入熱量の小さい手溶接で接合する場合には，冷却速度が速くならないように予熱して鋼鈑の初温を上げておくなどの注意が必要である．

（注）　鋼材の材質

　不純物をまったく含まない鋼をつくることは困難であるが，純度の高い鋼は軟らかく，引張り強度 215～315 N/mm²，降伏点 120～160 N/mm²，伸び 40～50% 程度である．この性質は，中に含まれる元素の種類とその量，鋼材を製造するときの圧延の方法，熱処理などによって大きく変化する．

　鋼には，炭素 C，マンガン Mn，ニッケル Ni，クロム Cr，けい素 Si，リン P，いおう S などが含まれるが，これらの量を適当に増減させることによって，機械的性質，化学的性質を変えることができる．たとえば，C を増すと，強度，降伏点，硬さが増し，伸び，衝撃値が低下する．Mn も同様の働きをするが，C ほど靭性を低下させない．Ni，Cr は鋼に粘り強さを与え，高温での強度を増加させる．Si，P，S は一般に多量になると鋼をもろくする．

　圧延には，鋼塊を加熱して圧延する熱間圧延と，常温のまま圧延形成されるものとある．後者は，加工硬化のため，強度は高くなるが伸びが低下する．このように機械的性質は圧延形成によっても大きく変わる．熱処理によっても鋼の性質が変わる．

　熱処理には，焼ならし，焼なまし（焼鈍：アニーリング），焼入れ，焼きもどしがある．焼ならしは，適当な温度に加熱した後，大気中で冷却させ結晶粒を微細化して均質にする．焼なましは，圧延，塑性加工などによる化学成分の偏在，結晶組織の不均質，加工硬化を取り除くために行うが，焼なましの温度，時間によって，さまざまな性質の鋼を得る．焼入れは，加熱した後，水，油の中で急冷して鋼材を硬化させ，焼もどしによって強度や靭性を調整する．

第3章 引張り材

3.1 概　　　説

　主として引張り力が作用する部材を引張り材といい，鋼構造部材のうち，おもに引張り力を受ける各種筋違，山形ラーメンなどに使用されるタイ，トラスを構成する各部材などは引張り材である．一般に引張り材には図3.1に示すように棒鋼，板鋼，形鋼などが用いられる．このうち棒鋼，板鋼は比較的応力の小さい場合，または軽微な構造物用に使用され，大規模な構造物または応力の大きい場合には山形鋼，みぞ形鋼またはH形鋼などの形鋼が用いられる．場合によっては，これらを組み合わせた組立て材として使用することもある．

　筋違に棒鋼を用いる場合は，通常ターンバックルが使用されている．ターンバックルは図3.2に示すようなターンバックル胴とターンバックルボルトからなり，JIS A 5540-1982（建築用ターンバックル），JIS A 5541-1982（建築用ターンバックル胴），JIS A 5542-1982（建築用ターンバックルボルト）に規定されている．

　引張り材は，引張り力に対して部材が安全であるように設計すればよいが，ある程度の剛性を確保することが必要であるから断面が小さくなりすぎないようにしたい．

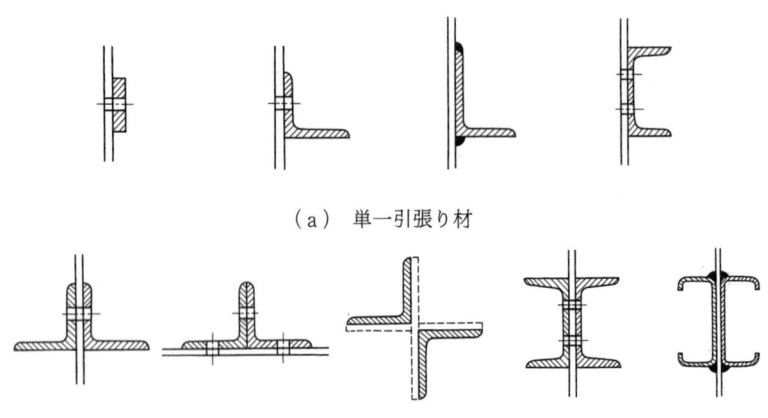

(a) 単一引張り材

(b) 組立て引張り材

図 3.1 引張り材

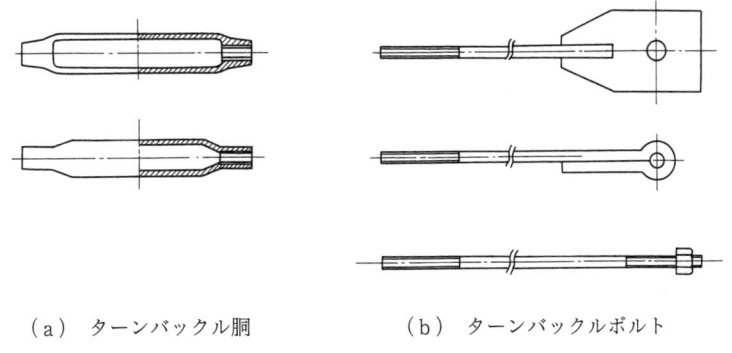

(a) ターンバックル胴　　　(b) ターンバックルボルト

図 3.2　ターンバックル

3.2　引張り材の断面算定

3.2.1　有効断面積

引張り材の端部が高力ボルトなどにより接合されている場合には，高力ボルトの孔のため部材の断面が欠損するので，この欠損部を差し引いた有効断面積について応力の検定を行わなければならない．この場合の有効断面積の算定は 7.4.3 項に従って求めればよい．

3.2.2　断面算定

部材の断面の中心に引張り力を受ける引張り材の断面算定はつぎの式による．

$$\sigma_t = \frac{N}{A_n} \leqq f_t \tag{3.1}$$

ただし　N：引張り力，A_n：有効断面積，σ_t：引張り応力度，f_t：許容引張り応力度で表 11.3 に示す F 値に対して下の式で与えられる．

$$f_t = \frac{F}{1.5} \quad (\text{SS 400，SN 400 の場合，厚さ 40 mm 以下で } f_t = 156 \text{ N/mm}^2) \tag{3.2}$$

3.3　偏心その他の注意事項

高力ボルト接合などによって引張り材の端部が接合されている場合は，偏心を避けるために部材の重心線と接合高力ボルトの中心線を一致させることが望ましいが，山形鋼を用いた引張り材においては一般に高力ボルトはゲージ線上に取り付けられるので，部材の重心線と接合高力ボルトの中心線との偏心は避けられない．したがって，偏心による付加応力が部材に生ずることになる．

図 3.3(a) に示すようなガセットプレートの両側に山形鋼を配した程度の偏心については，耐力上それほど大きな影響を与えないので，通常は無視して差し支えない．図 3.3(b) に示すようなガセットプレートの片側にだけ山形鋼，みぞ形鋼などを接合する場合には，偏心による影響を無視することはできないので，引張り力と偏心による付加モーメントを同時に受けるものとして，つぎの式により引張り応力度 σ_t を算定する．

$$\sigma_t = \frac{N}{A_n} + \frac{N \cdot e_x}{Z_{xn}} + \frac{N \cdot e_y}{Z_{yn}} \leqq f_t \tag{3.3}$$

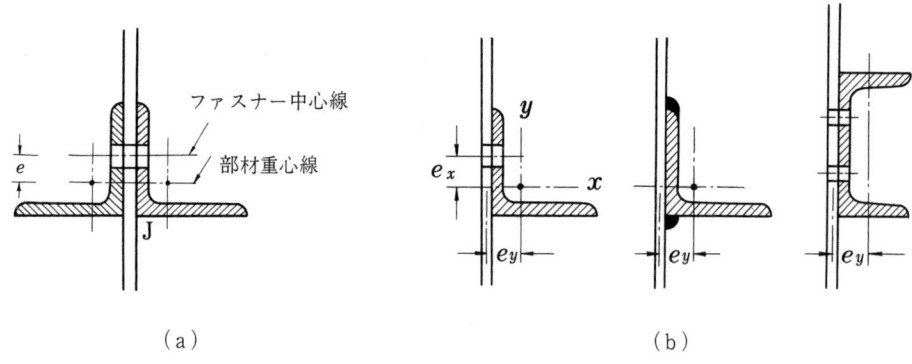

図 3.3 筋違の接合と偏心距離

ただし　e_x, e_y：偏心距離, Z_{xn}, Z_{yn}：部材の有効断面係数.

一般には計算がめんどうなので，高力ボルト孔の欠損分を差し引いた断面からさらに突出脚先端の1/2を控除した断面を用いて断面算定を行う簡便法がとられている．引張り材の端部が溶接で接合されている場合についても同様な検討が必要である．しかし，このような偏心の大きくなる単一材の使用はなるべく避けたほうがよい．

その他，引張り材に対する注意事項としてつぎのものが考えられる．

(i) 筋違などにターンバックルを用いるときはJIS規格に基づいて使用する．この場合，部材の接合状況，たるみ，振動，疲労，伸びなどについても十分検討する必要がある．

(ii) 引張り材の長さについてはとくに規定はされていないが，(i) に示した現象などを考慮して，ある程度断面積に余裕をもたせて剛性を大きくすることが必要であろう．参考までに，AISCでは細長比の制限をつぎのように設けている[1]．細長比 λ は式 (4.19) を参照のこと．

　　　主材　　　　　　　　　　$\lambda \leqq 240$
　　　筋違または2次部材　　　$\lambda \leqq 300$

(iii) 引張り組立て材を構成するにあたり，その接合に関して鋼構造設計規準ではつぎのように規定している．

鋼板，平鋼を組み合わせた組立て引張り材を高力ボルト接合する場合には，接合高力ボルトの軸方向のピッチはその直径の12倍以下，かつ集結材片中の最薄材厚の30倍以下にする．また断続溶接の場合は，集結材片中の最薄材厚の30倍以下となるようにする．

形鋼を組み合わせた組立て引張り材の場合には，それを接合する高力ボルトおよび断続溶接の軸方向のピッチは100 cm以下にする．

3.4　引張り材の最大強さ[2]

引張り材の断面算定としては先に述べたように，許容応力度に対して検定を行えばよいわけであるが，引張り材端部の接合が保有耐力接合（骨組の保有水平耐力の検討の際，部材の耐力が十

---

1) AISC: Specification for the Desing, Fabrication and Erection of Structural Steel for Buildings., American Institute of steel Construction.
2) 日本建築学会「鋼構造限界状態設計指針・同解説」1998年9月．

分発揮されるように設計された接合法,9.7節参照)として要求されるような場合には,引張り材の最大強さはつぎの式のうち小さいほうの値をとる.

$${}_1P_u = A_n \cdot \sigma_u \tag{3.4a}$$

$${}_2P_u = n \cdot e \cdot t \cdot \sigma_u \tag{3.4b}$$

ただし A_n:引張り材の有効断面積[mm²](鋼板では全断面積から高力ボルト孔による欠損部分(ボルト孔径 d と板厚の積)を控除した値.山形鋼,みぞ形鋼では許容応力度設計の場合と多少異なり,単一材または複材とも全断面積から高力ボルト孔による欠損部分および表3.1,図3.4に示す突出脚先端の無効長さ h_e にその板厚を乗じた欠損部分を併せて控除した値.なお,ガセットプレートの場合は図3.5に示す有効幅 b_e に板厚を乗じた値),σ_u:接合される部材の破壊強度[N/mm²],n:使用するボルトの本数,e:応力方向の縁端距離[mm],t:接合される材の板厚[mm](図3.4の t_2 または t_3).

特に,水平力を負担する引張り筋違の設計にあたっては,その接合部はつねに保有耐力接合として設計しなければならない.以下にその算定方法を示す.

引張り力に対する軸組筋違の材端接合部の最大強さは,つぎの式で示すように,筋違材全断面

表 3.1 h_e の値

筋違材の断面	引張り材を結合している応力方向の高力ボルト列数				
	1	2	3	4	5
山 形 鋼	$h - t_2$	$0.7h$	$0.5h$	$0.33h$	$0.25h$
み ぞ 形 鋼	$h - t_2$	$0.7h$	$0.4h$	$0.25h$	$0.2\ h$

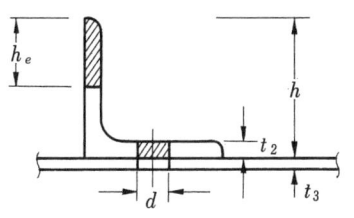 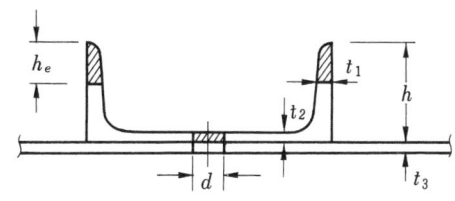

(a) 山形鋼 　　　　　　(b) みぞ形鋼

図 3.4 山形鋼,みぞ形鋼の欠損部分

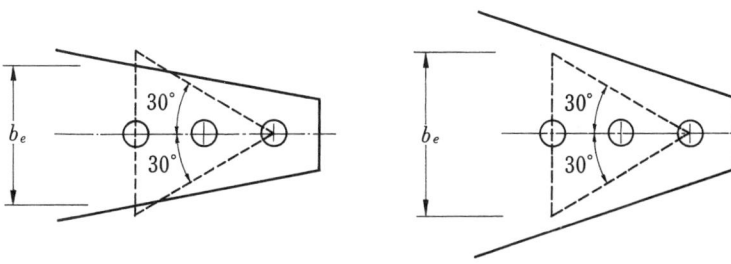

図 3.5 ガセットプレートの有効幅 b_e

20   第3章 引張り材

積についての降伏耐力の 1.2 倍以上を有するものとする．
$$P_u \geq 1.2 A_g \cdot F \tag{3.5}$$
ただし P_u：筋違材端接合部の最大強さで，接合部を形成する各部の破断形式に応じた最大強さ（ⅰ〜ⅳ）の最小値をとる［N または kN］〔（ⅰ）筋違材での破断，（ⅱ）ガセットプレートでの破断に対しては式（3.4），（ⅲ）接合高力ボルトでの破断に対しては式（7.40），（ⅳ）溶接部の破断では各溶接継目に対して式（8.19）〜（8.21）〕，A_g：筋違材の軸部全断面積［mm²］，F：筋違材の基準強度［N/mm²］（表 11.3 参照）．

演 習 例 題 3

〔**3.1**〕 図 3.6 に示す引張り力 $P=240$ kN（短期）を受ける 2 山形鋼筋違（SN 400）の材端接合部の適否を検討せよ．

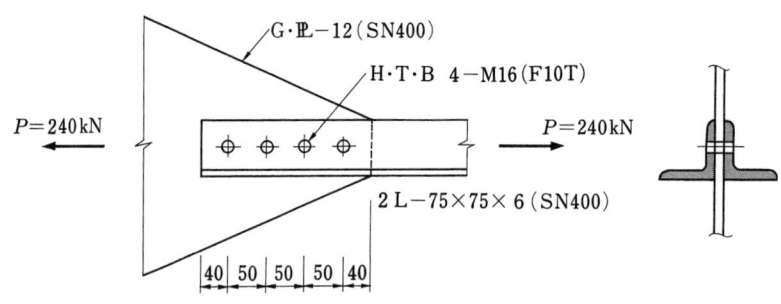

図 3.6

〔答〕
このような筋違材端接合部の設計にあたっては，許容応力度に対する検定のほかに，破断に対しての検定も併せて行う必要がある．

1） 材料の許容応力度
SN 400 材（筋違材，ガセットプレート）の許容引張り応力度は式（3.2）より
$$f_t = F/1.5 = 156 \text{ N/mm}^2 = 15.6 \text{ kN/cm}^2 （長期）$$
高力ボルト F 10 T・M 16 の 1 本あたりの許容耐力は表 7.4 より
$$R = 60.3 \text{ kN}（長期）$$

2） 材料の基準強度および破断強度
SN 400 材にあってはそれぞれ表 11.3，11.6 より基準強度，$F=235$ N/mm²，破断強度 $\sigma_u=400$ N/mm²
高力ボルト F 10 T の破断強度は表 7.2 より $_f\sigma_u=1000$ N/mm²

3） 許容応力度に対する検定
（1）筋違材 2 L-75×75×6（SN 400）
軸部断面積 $A=8.727$ cm²（1 本あたり）
有効断面積 $A_n=8.727-1.8\times0.6=7.647$ cm²（偏心による影響は無視するものとする）
引張り応力度

$$\sigma_t = \frac{P}{A_n} = \frac{240}{2 \times 7.647} = 15.7 \text{ kN/cm}^2 < f_t = 15.6 \times 1.5 = 23.5 \text{ kN/cm}^2 \text{(短期)}$$　可

(2) ガセットプレート　PL-12(SN 400)

有効幅　　$b_e = 3 \times 50 \times 2/\sqrt{3} = 173$ mm $= 17.3$ cm

有効断面積　$A_n = (b_e - d) \cdot t = (17.3 - 1.8) \times 1.2 = 18.60$ cm^2

断面係数　$Z = \dfrac{tb_e^2}{6} = \dfrac{1.2 \times 17.3^2}{6} = 59.9$ cm^3

偏心距離　$e = g - c_x = 4.0 - 2.06 = 1.94$ cm

偏心曲げ　$M = P \cdot e = 1.94 \times 240 = 465.6$ kN·cm

応力度の検定〔式(10.1)〕

$$\sigma = \frac{P}{A_n} + \frac{M}{Z} = \frac{240}{18.60} + \frac{465.6}{59.9} = 12.90 + 7.77$$

$$= 20.67 \text{ kN/cm}^2 < 23.5 \text{ kN/cm}^2 \text{(短期)}$$　可

(3) 高力ボルト　4-M 16(F 10 T)

所要本数　$n = \dfrac{P}{R} = \dfrac{240}{60.3 \times 1.5} = 2.7 < 4$ 本　可

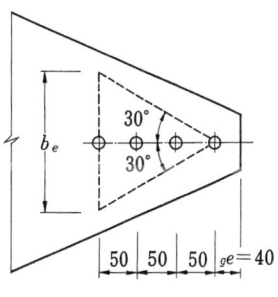

図 3.7

4) 破断に対する検定

式(3.5)より，筋違材端接合部の最大強さが筋違材全断面の許容引張り耐力の1.2倍以上あればよいわけであるから，まず筋違材の許容引張り耐力の1.2倍の値を求める．

$$1.2 A_g \cdot F = 1.2 \times 2 \times 8.727 \times 23.5 = 492 \text{ kN}$$

(1) 筋違材の最大強さ〔式(3.4)〕

有効断面積は全断面よりボルト孔および表3.1，図3.4の突出脚先端の無効部分を控除する．高力ボルトの列数 $n = 4$ より $h_e = 0.33h$

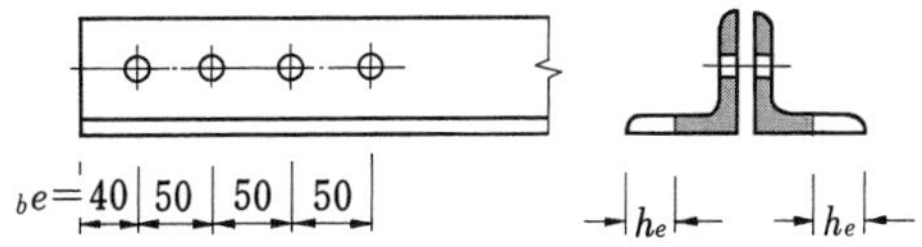

$$A_n = 8.727 - 1.8 \times 0.6 - 0.33 \times 7.5 \times 0.6$$
$$= 6.162 \text{ cm}^2$$

$_1P_u = A_n \cdot \sigma_u = 2 \times 6.162 \times 40 = 493$ kN

$_2P_u = n \cdot {}_be \cdot t \cdot \sigma_u = 4 \times 4 \times 0.6 \times 2 \times 40 = 768$ kN $> {}_1P_u$

図 3.8

よって筋違材の最大強さは　$P_{u1} = 493$ kN

(2) ガセットプレートの最大強さ〔式(3.4)〕

有効断面積

$A_n = (b_e - d) \cdot t = (17.3 - 1.8) \times 1.2 = 18.60$ cm^2

$_1P_u = A_n \cdot \sigma_u = 18.60 \times 40 = 744$ kN

$_2P_u = n \cdot {}_ge \cdot t \cdot \sigma_u = 4 \times 4 \times 1.2 \times 40 = 768$ kN $> {}_1P_u$

よってガセットプレートの最大強さは　$P_{u2} = 744$ kN

(3) 高力ボルトの最大強さ〔(式7.40 b)〕

$$p_{u3} = 0.60 m \cdot {}_fA_s \cdot {}_f\sigma_u \times n = 0.60 \times 2 \times 201 \times 1000 \times 4 = 965 \times 10^3 \text{ N} = 965 \text{ kN}$$

以上 P_{u1}, P_{u2}, P_{u3} のうちの最小値が接合部の最大強さである．$P_{u1} < P_{u2} < P_{u3}$ の関係より $P_{u1} = 493$ kN が接合部の最大強さとなる．したがって式(3.5)より

$$P_u = 493 \text{ kN} > 1.2 A_g \cdot F = 492 \text{ kN}$$　可

第4章 圧　縮　材

4.1 座　屈

4.1.1 座屈現象の簡単な例

鋼は引張りにも圧縮にも強い材料で，単純な許容圧縮応力度でくらべても，コンクリートの約10倍，木材の約20倍の強さをもっている．したがって，同じ圧縮荷重に対して設計するならば，鋼部材の断面積はコンクリート部材の1/10, 木材の1/20となって非常に細長い部材で設計される．しかし，実際はこのように簡単にはいかない．それは部材が細長くなったため座屈現象が発生する．これの対策を十分考慮しないと期待した圧縮強度はもちろんのこと，ねばりも発揮しないまま崩壊に至る．したがって，圧縮材の設計の目的は座屈をいかに防ぎつつ，鋼材の圧縮強度を十分発揮させるかであって，鉄骨構造の設計のうちで最も重要な部分である．まず座屈現象について説明しよう．

図4.1は長さ l の剛な棒が下端でピン支持され，ピンにはつる巻ばねが施されている構造体を示す．この棒に，中心線から e だけ偏心して荷重 P を作用させる．いま，荷重 P を0から増加させると，偏心モーメントによって棒はピンのまわりに回転し始める．中心線が θ だけ傾いたときピンまわりの力のモーメントのつり合いを考えると，

$$P(e+l\sin\theta)=K\theta \tag{4.1}$$

となる．ただし，上式の K は，つる巻ばねのばね定数である．θ が小さいと仮定すれば，

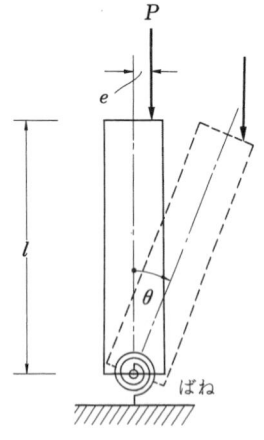

図 **4.1**　簡単な座屈現象

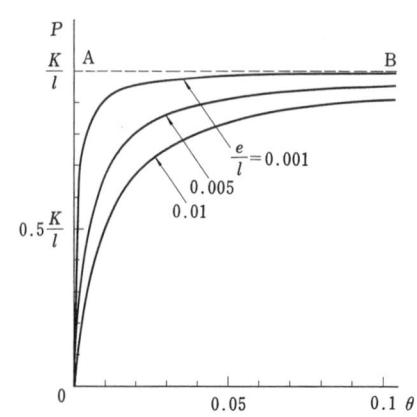

図 **4.2**　荷重と変形の関係

$$\sin\theta \fallingdotseq \theta \tag{4.2}$$

とおけるから，式（4.1）はつぎのように変形できる．

$$P = \frac{K\theta}{e + l\theta} = \frac{K}{l} \cdot \frac{\theta}{(e/l) + \theta} \tag{4.3}$$

図 4.2 は e/l を適当に与えて P と θ の関係を示したものである．同図からわかるように，P を増加したときの θ の増加の様子が，偏心量 e/l によって異なり，e/l が小さくなると P が K/l に近づくに従って θ が急激に増加する．e/l をさらに小さくすると，すなわち $e/l \to 0$ とすれば曲線は OAB に漸近する．したがって，$e/l \fallingdotseq 0$ の中心圧縮の場合には荷重と変形の関係は OAB になると考えてよい．このように，荷重がある特別な値（この場合は K/l）に近づくと変形が急激に大きくなる現象を座屈という．そして，この特別な値を座屈荷重という．座屈荷重 P_{cr} だけを求めるには式（4.3）の e/l を 0 とおき，

$$P_{cr} = \frac{K}{l} \cdot \frac{\theta}{\theta} = \frac{K}{l} \tag{4.4}$$

と求められる．ただし，上の式は $\theta \neq 0$，すなわち，非常に小さくても θ が存在するとき成立する．θ が小さくないときには式（4.2）の仮定が成立しないから，P と θ の関係は式（4.1）から直接

$$P = \frac{K}{l} \cdot \frac{\theta}{\sin\theta} \fallingdotseq \frac{K}{l} \cdot \frac{\theta}{\left(\theta - \frac{\theta^3}{6}\right)} \fallingdotseq \frac{K}{l}\left(1 + \frac{\theta^2}{6}\right) \tag{4.5}$$

が得られる．上の式の関係を図示すれば図 4.3 の OAB となるが，実際には変形が大きくなると局部的な塑性化が必ず生ずるから OCD の曲線となる．しかし，この場合でも柱が耐力を失い，変形が急激に大きくなる荷重は式（4.4）の座屈荷重 P_{cr} に近いので，圧縮材の設計では座屈荷重を設計の目安とする．この意味で座屈荷重の算定は非常に重要である．

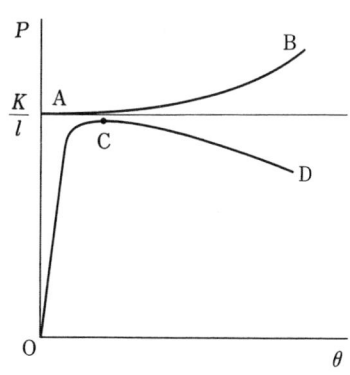

図 4.3 大変形時の座屈現象

4.1.2 棒の曲げ座屈

座屈には，曲げ座屈，捩り座屈，曲げ捩り座屈，横座屈などがあり，座屈によってどのような変形が生じ，増大するかによって分類される．圧縮材の設計において最も問題となるのは曲げ座屈である．曲げ座屈の基本式はつぎのように求める．

一般に，図 4.4(a) のように圧縮力 P と横荷重 w とが作用する棒のつり合い式は，棒の一部の微小片に作用する力が図 4.4(b) となるから，たわみを y とすれば，

$$\left.\begin{array}{l} w = -\dfrac{dQ}{dx} + P\dfrac{d^2y}{dx^2} \\ Q = \dfrac{dM}{dx} \end{array}\right\} \tag{4.6}$$

曲げモーメント M と曲率 $\dfrac{d^2y}{dx^2}$ の関係は

$$EI\frac{d^2y}{dx^2} = -M \tag{4.7}$$

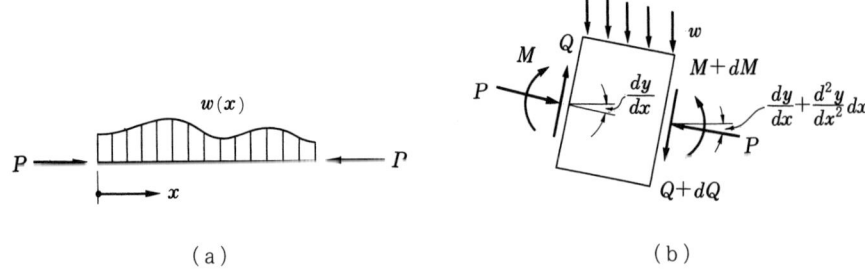

図 4.4 圧縮力と横荷重を受ける棒のつり合い

ただし E：ヤング率，I：断面2次モーメント．
であるから，式 (4.6)，(4.7) からつぎの微分方程式を得る．

$$\frac{d^4y}{dx^4} + \kappa^2 \frac{d^2y}{dx^2} = \frac{w}{EI} \tag{4.8}$$

ただし，

$$\kappa^2 = \frac{P}{EI} \tag{4.9}$$

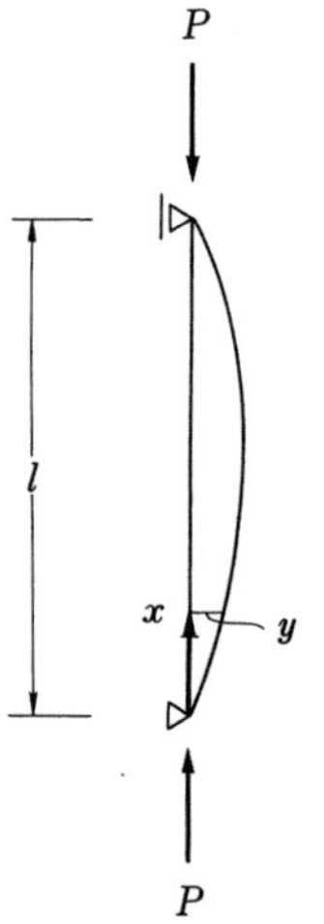

さて，上の式を用いて，図 4.5 の中心圧縮材の座屈荷重を求めよう．前項の例のように座屈荷重を求めるときには，わずかにたわんだ状態でのつり合いを考える．横荷重 w は作用していないから式 (4.8) の w を 0 とおく．

$$\frac{d^4y}{dx^4} + \kappa^2 \frac{d^2y}{dx^2} = 0 \tag{4.10}$$

境界条件は両端とも単純支持であるから，

$$\left. \begin{array}{l} x=0 \text{ で } y=0, \dfrac{d^2y}{dx^2}=0 \\[6pt] x=l \text{ で } y=0, \dfrac{d^2y}{dx^2}=0 \end{array} \right\} \tag{4.11}$$

図 4.5 中心圧縮材の座屈

式 (4.10) の一般解は

$$y = A\sin\kappa x + B\cos\kappa x + Cx + D \tag{4.12}$$

であるが，式 (4.11) の条件を満足するためには，

$$A\sin\kappa l = 0, \quad B = C = D = 0 \tag{4.13}$$

が成立しなければならない．したがって，

$$\kappa l = n\pi \tag{4.14}$$

が成立するときに限って $A \neq 0$ となり，たわみ y が生じ得る．たわみの形は

$$y = A\sin\kappa x = A\sin\frac{n\pi x}{l} \tag{4.15}$$

となる．式 (4.14) の条件は，式 (4.9) を用いて，

$$\sqrt{\frac{P}{EI}} = \frac{n\pi}{l}$$

となるから，上の式を満足する P を P_{cr} と書けば，

$$P_{cr} = \frac{n^2\pi^2 EI}{l^2} \tag{4.16}$$

これが座屈荷重である．なぜならば，圧縮力 P が P_{cr} になったときに限って，たわみ y，すなわち座屈が生ずるからである．なお，式 (4.15) のたわみ形を座屈モードという．座屈モードは形状がわかっても，その大きさ A が確定しないのが特徴である．

式 (4.16) の最小値は $n=1$ のときであるから，

$$P_E = \frac{\pi^2 EI}{l^2} \tag{4.17}$$

これをオイラー (Euler) 荷重という．応力度の形に表せば，断面積を A として，

$$\sigma_E = \frac{P_E}{A} = \frac{\pi^2 E}{l^2}\left(\frac{I}{A}\right) = \frac{\pi^2 E i^2}{l^2} = \frac{\pi^2 E}{\left(\frac{l}{i}\right)^2} = \frac{\pi^2 E}{\lambda^2} \tag{4.18}$$

上の式中 $i=\sqrt{\dfrac{I}{A}}$ は断面 2 次半径であり，

$$\lambda = \frac{l}{i} \tag{4.19}$$

を細長比という．

ほかの境界条件の場合も式 (4.12) の一般解を用いて，それぞれの境界条件を満足するような荷重を求めればよい．たとえば，図 4.6(a) の片持柱の場合

$$P_{cr} = \frac{\pi^2 EI}{4l^2} \tag{4.20}$$

図 4.6(b) の両端固定柱の場合

$$P_{cr} = \frac{4\pi^2 EI}{l^2} \tag{4.21}$$

となる．上の式を変形すれば，

$$P_{cr} = \frac{\pi^2 EI}{\left(\dfrac{l}{2}\right)^2} = \frac{\pi^2 EI}{l_k{}^2}$$

と書ける．したがって，

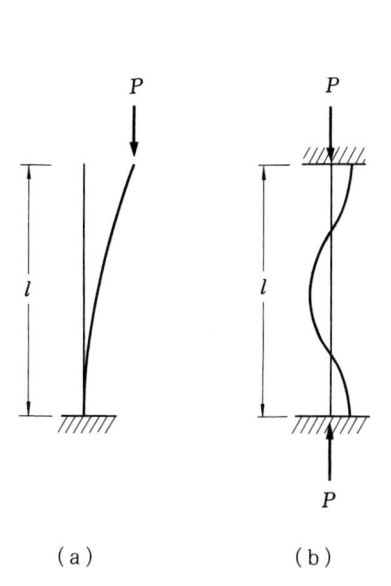

図 4.6 片持柱，両端固定柱の座屈

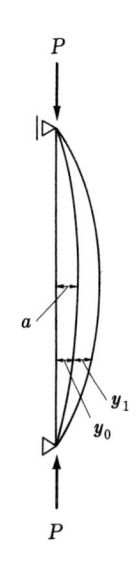

図 4.7 元わん曲がある柱の座屈

$$l_k = \frac{l}{2} \tag{4.22}$$

を導入すれば座屈荷重はすべてオイラー荷重の形で表せて設計には便利である．l_k を座屈長さという．式 (4.20) の場合は

$$l_k = 2l \tag{4.23}$$

となる（表 4.1 参照）．

4.1.3 元わん曲がある場合

両端が単純支持の棒に図 4.7 に示すような元わん曲があるとき，座屈荷重はつぎのように求められる．ただし，元わん曲はつぎの式で表されるものとする．

$$y_0 = a \sin \frac{\pi x}{l} \tag{4.24}$$

荷重 P によって生ずるたわみ量を y_1 とすれば，式 (4.10) の代わりにつぎの式が得られる．

$$\frac{d^4 y_1}{dx^4} + \kappa^2 \left(\frac{d^2 y_1}{dx^2} + \frac{d^2 y_0}{dx^2} \right) = 0 \tag{4.25}$$

上の 2 式から

$$\frac{d^4 y_1}{dx^4} + \kappa^2 \frac{d^2 y_1}{dx^2} = a \kappa^2 \left(\frac{\pi}{l} \right)^2 \sin \frac{\pi x}{l} \tag{4.26}$$

両端が単純支持の条件のもとで上式の解は

$$y_1 = \frac{1}{\left(\frac{\pi}{\kappa l} \right)^2 - 1} a \sin \frac{\pi x}{l} = \frac{\dfrac{P}{P_E}}{1 - \dfrac{P}{P_E}} a \sin \frac{\pi x}{l} \tag{4.27}$$

ただし　P_E：オイラー荷重（式 4.17）．

全たわみ y は

$$y = y_0 + y_1 = \frac{1}{1 - \dfrac{P}{P_E}} a \sin \frac{\pi x}{l} \tag{4.28}$$

となる．上の式からわかるように，荷重 P が P_E に近づくに従って，y は無限に大きくなる．このことはすでに 4.1.1 項で調べた．

曲げモーメントは式 (4.28) を式 (4.7) に代入して

$$M = \frac{P \cdot a}{1 - \dfrac{P}{P_E}} \sin \frac{\pi x}{l} \tag{4.29}$$

せん断力は式 (4.29) を式 (4.6) に代入して

$$Q = \frac{dM}{dx} = \frac{P \cdot a}{1 - \dfrac{P}{P_E}} \left(\frac{\pi}{l} \right) \cos \frac{\pi x}{l} \tag{4.30}$$

曲げモーメント M がいちばん大きくなる所は $x = \dfrac{l}{2}$ であるから式 (4.29) より

$$M_{\max} = \frac{P \cdot a}{1 - \dfrac{P}{P_E}} \tag{4.31}$$

したがって，$x = \dfrac{l}{2}$ の断面における応力度の最大値 $\sigma_{\max}$ は圧縮側の最外縁で生じ

$$\sigma_{\max} = \frac{P}{A} + \frac{M_{\max}}{Z} = \frac{P}{A} \left(1 + \frac{a \cdot c}{i^2} \frac{P_E}{P_E - P} \right) \tag{4.32}$$

となる．

ただし　Z：断面係数，i：断面 2 次半径，c：中立軸から最外縁までの距離．

4.1.4 偏心がある場合

図 4.8 のように荷重が偏心して作用するとすれば，両端の境界条件は

$$\left.\begin{array}{l} x=0 \text{ で } y=0, \; M_{x=0}=-EI\left(\dfrac{d^2y}{dx^2}\right)_{x=0}=P\cdot e \\[6pt] x=l \text{ で } y=0, \; M_{x=l}=-EI\left(\dfrac{d^2y}{dx^2}\right)_{x=l}=P\cdot e \end{array}\right\} \tag{4.33}$$

である．この条件のもとで，式 (4.10) を解けば

$$y=\dfrac{e}{\cos\dfrac{\kappa l}{2}}\left[\cos\left(\dfrac{\kappa l}{2}-\kappa x\right)-\cos\dfrac{\kappa l}{2}\right] \tag{4.34}$$

曲げモーメントは上式と式 (4.7) から，

$$M=EI\dfrac{e\kappa^2}{\cos\dfrac{\kappa l}{2}}\cos\left(\dfrac{\kappa l}{2}-\kappa x\right) \tag{4.35}$$

$x=\dfrac{l}{2}$ で最大値をとり，最大値 $M_{\max}$ は

$$M_{\max}=EI\dfrac{e\kappa^2}{\cos\dfrac{\kappa l}{2}}=Pe\cdot\sec\dfrac{\kappa l}{2} \tag{4.36}$$

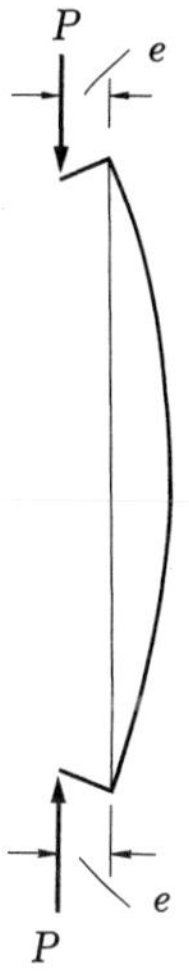

図 4.8 偏心のある柱の座屈

したがって，$x=\dfrac{l}{2}$ における最外縁応力 $\sigma_{\max}$ は

$$\sigma_{\max}=\dfrac{P}{A}+\dfrac{M_{\max}}{Z}=\dfrac{P}{A}\left(1+\dfrac{e\cdot c}{i^2}\sec\dfrac{\kappa l}{2}\right) \tag{4.37}$$

これはセカント式 (secant formula) といわれている．

4.1.5 せん断変形の影響

式 (4.8) を導いたとき，棒には曲げ変形だけが生じ，軸方向変形もせん断変形も生じないと暗黙のうちに仮定した．ここでは，せん断変形までを考慮するときの座屈荷重を調べる．曲げ変形によるたわみを y_b，せん断変形によるたわみを y_s とする．図 4.4(b) において，せん断変形 y_s とせん断力 Q の関係は

$$\gamma=\dfrac{dy_s}{dx}=\dfrac{nQ}{GA_s} \tag{4.38}$$

ただし A_s：せん断力に抵抗する部分の面積，n：断面形状による係数で，たとえば長方形断面では 1.2．

単純に $y=y_b+y_s$ とすれば，つり合い式は式 (4.6) の代わりに

$$\left.\begin{array}{l} w=-\dfrac{dQ}{dx}+P\left(\dfrac{d^2y_b}{dx^2}+\dfrac{d^2y_s}{dx^2}\right) \\[6pt] Q=\dfrac{dM}{dx} \end{array}\right\} \tag{4.39}$$

さらに

$$EI\dfrac{d^2y_b}{dx^2}=-M \tag{4.40}$$

式 (4.38)～(4.40) から

$$\dfrac{d^4y_b}{dx^4}+\dfrac{P}{EI\left(1-\dfrac{nP}{GA_s}\right)}\dfrac{d^2y_b}{dx^2}=\dfrac{w}{EI\left(1-\dfrac{nP}{GA_s}\right)} \tag{4.41}$$

あるいは，

$$\dfrac{d^4y}{dx^4}+\dfrac{P}{EI\left(1-\dfrac{nP}{GA_s}\right)}\dfrac{d^2y}{dx^2}$$

$$= \frac{w}{EI\left(1-\frac{nP}{GA_s}\right)} - \frac{n}{GA_s\left(1-\frac{nP}{GA_s}\right)}\frac{d^2w}{dx^2} \tag{4.42}$$

$w=0$ の場合は簡単で，上の2式は同じ形となり，式（4.10）中の κ^2 を

$$\kappa^2 = \frac{P}{EI\left(1-\frac{nP}{GA_s}\right)} \tag{4.43}$$

とおけばよい．式（4.9）と比較して上の式は曲げ剛性 EI の効果が $\left(1-\frac{nP}{GA_s}\right)$ 倍だけ減少していることがわかる．

図4.5の場合の座屈荷重は，

$$P_{cr} = \frac{\pi^2 EI}{l^2} \cdot \frac{1}{1+\left(\frac{n}{GA_s}\right)\left(\frac{\pi^2 EI}{l^2}\right)} \tag{4.44}$$

で，オイラー荷重 P_E より小さい．

4.1.6 塑 性 座 屈

式（4.18）で与えられるオイラー座屈応力度 σ_E と細長比 λ との関係を示すと図4.9の曲線となる．この図によれば，細長比 λ を0のほうへ近づけると座屈応力度 σ_E は限りなく大きくなるはずであるが，一方，材料には弾性限 σ_Y があるからそうはならず，曲げ剛性が EI とは異なる塑性状態における座屈について調べなければならない．

塑性座屈の基本的な概念は減少係数荷重（reduced modulus load あるいは double modulus load）と接線係数荷重（tangent modulus load）である．前者はエンゲッサ（Engesser）やカルマン（Kármán）によって研究され，後者は最初エンゲッサによって提唱されたが，その真の意味はシャンレイ（Shanley）によって明らかにされた．この二つの概念を簡単に説明しておこう．

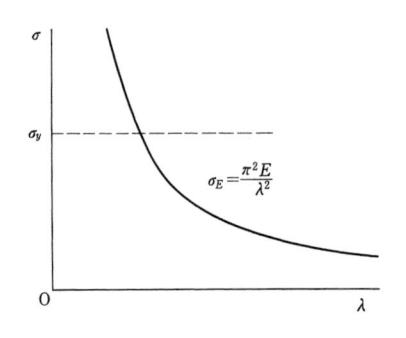

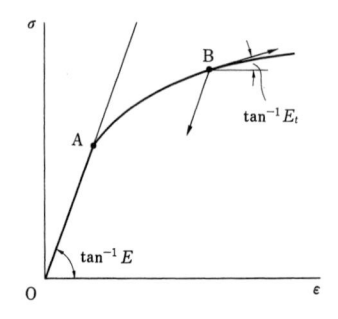

図 4.9 座屈曲線　　　　　　**図 4.10** 応力-歪関係

図4.5に示す両端ピン支持の中心圧縮材が図4.10の応力-歪関係をもった材料でできているものとする．いま，この材が降伏応力点Aを越えて圧縮され，一様な塑性状態となって点Bの応力状態にあるとする．ここで座屈が生じたとすれば，わずかなたわみ y が生じ，断面内の歪分布が変化する．

そのため，図4.11(b) のように材の凹側ではさらに歪が ε_2 だけ増加するが，材の凸側では逆に歪が ε_1 だけ減少する．この歪の変化に対応する応力の変化は図 (c) となる．これは図4.10の点Bから歪がさらに増加するときの剛性はその点の接線係数 E_t であるが，逆に歪がもどるときは弾性剛性と同じ E となる塑性特有の性質があるからである．歪分布図 (b)，応力分布図 (c) をもとにして式（4.7）に代わる曲げモーメント-曲率関係をつくり，さらに，荷重 P は座屈の前後で変化しない，すなわち，応力分布図 (c) の軸方向の合力は0であるという条件を加えて式（4.6）を解けば，座屈荷重 P_r は

$$P_r = \frac{\pi^2 E_r I}{l^2} \tag{4.45}$$

となり，オイラー荷重式 (4.17) の E を減少係数 E_r に置き換えたものとなる．これを減少係数荷重という．長方形断面の E_r は

$$E_r = \frac{4E_t E}{(\sqrt{E_t} + \sqrt{E})^2} \tag{4.46}$$

であって，E, E_r, E_t の間には

$$E > E_r > E_t \tag{4.47}$$

の関係がある．

式 (4.45) は塑性座屈値を表す唯一の式とされていたが，その後の正確な実験によると座屈荷重は減少係数荷重 P_r よりも低く観測されること，さらに，'シャンレイの逆説' とよばれる不可解な逆説が成立してしまうことなど疑問な点が残った．これを一気に解明したのがシャンレイである．シャンレイの証明は難解であるが，4.1.1 項で行ったように，偏心荷重下の棒の荷重とたわみの関係を求め，その極限として中心圧縮材の座屈を考えると，シャンレイの結論はつぎのようにまとめることができる．

「中心圧縮材は，塑性域において，荷重 P が

$$P_t = \frac{\pi^2 E_t I}{l^2} \tag{4.48}$$

に到達したときに座屈する．すなわち，たわみ y が生ずる．したがって，観測された実験値に近い．しかし，荷重はさらに増加することができる．減少係数荷重 P_r は荷重の取り得る上限を与える．」

上の式は，やはり，オイラー荷重式 (4.17) の E を E_t に置き換えたものである．これを接線係数荷重という．式 (4.47) の関係があるから，

$$P_E > P_r > P_t \tag{4.49}$$

が成立し，これを示すと図 4.12 となる．

図 4.11 座屈前後の応力，歪分布

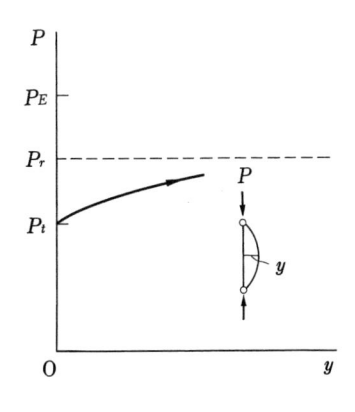

図 4.12 接線係数荷重

以上説明した考え方は，図 4.10 のような応力-歪関係をもった材料，たとえば，アルミニウム合金材の座屈にはきわめてよく適用できるが，鋼材のように，降伏応力度において，応力の増減なしに一定量の塑性流れを生ずる応力-歪関係を示す材料には適用しにくい．鋼部材の場合は，この降伏後の剛性が 0 となるという特異な性質に基づいて耐力を定めなければならない．

4.2 圧縮材の設計式

4.2.1 実験の結果

前節で説明した座屈荷重は，材料は均質で一定のヤング率 E をもち，断面の形状寸法，材長は正確で，材端の支持条件は理想的に実現されており，荷重は定められた位置に，定められた方向に向かって正しく作用しているという条件のもとで求めたものである．しかし，実際の圧縮材では，このような理想的条件は満足されることはまったくないといってよく，そのために観測される座屈荷重も理想材のそれとたいへん異なる場合が多い．図 4.13 は座屈実験の結果を示したものである．これによれば，たいへんばらついているが，全体として理想材の曲線 ABC にくらべてかなり低い値が観測されることがわかる．その理由の一つとして考えられることは，実験に

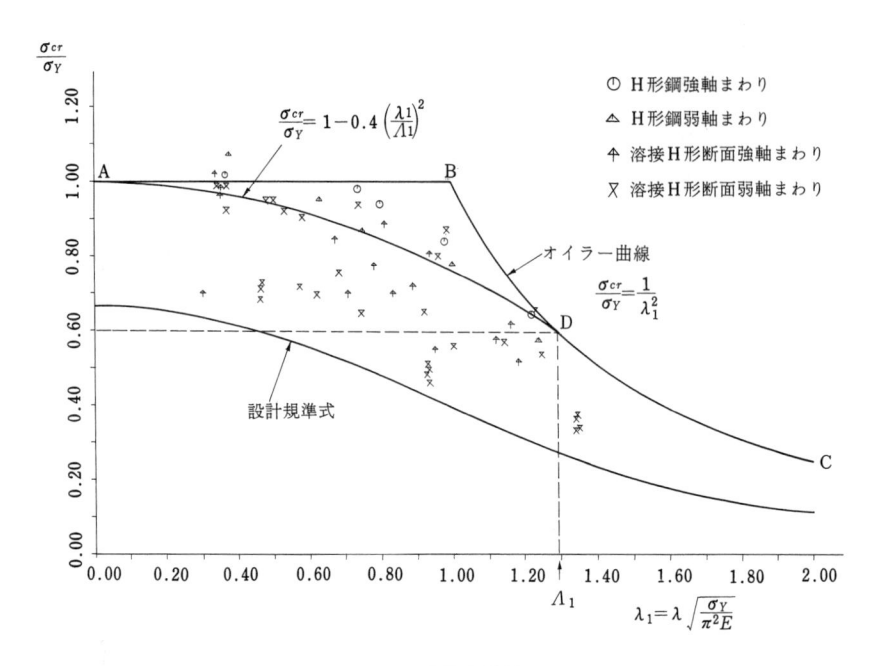

図 4.13 座屈実験結果

用いられる材の元わん曲や荷重の偏心である．これらの影響についてはすでに前節において検討した．すなわち，荷重が座屈荷重に近づくと非常にたわみが増大し（実験においては急に大きなたわみが生ずるときの荷重を座屈荷重としている場合が多い），最大応力度は式 (4.32), (4.37) に示すように平均応力度より大きくなって，その部分は早く降伏に達し，ますます剛性が低下し曲がりやすく，耐力が低下する．

式 (4.32), (4.37) の σ_{max} が，降伏応力度に達したときの平均応力 $\sigma = P/A$ を各細長比ごとに計算して図示すれば，図 4.14 の曲線の傾向を示し，実験結果の傾向と同じとなる．欧州各国では，共同して共通の座屈計算式をつくろうとして行った実験結果を整理するに際して，元わん曲や偏心の影響も考慮している[1]．

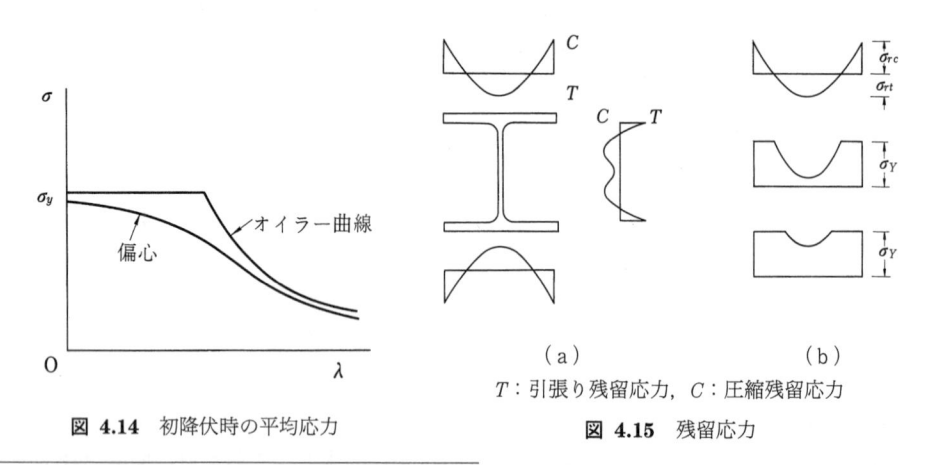

図 4.14 初降伏時の平均応力

図 4.15 残留応力

T：引張り残留応力，C：圧縮残留応力

---

1) 成岡・福本・伊藤「ヨーロッパ鋼構造協会連合・Ⅷ委員会の鋼柱座屈曲線について」JSSC Vol. 6 No. 55 1970.

さらに，座屈の実験値が理論値より低くなるのは残留応力の影響であることも明らかになった．溶接によってつくられた組立て断面はもちろんのこと，圧延形鋼にも残留応力が存在する．圧延は800℃程度に熱して行われるが，冷却するときの形鋼の各部でその速度が異なるため，たとえば，図4.15(a)のH形鋼の場合には，フランジの先端部が早く冷却し，フランジとウェブの交差部分が遅くなる．ここが冷却収縮しようとするときには周囲の拘束によって引張り力が残り，反対にフランジの先端部には圧縮力が残る．

いま，図4.15(a)の残留応力分布をもった材を圧縮すれば，荷重に応じて一様な圧縮応力が付加されるが，フランジの先端部では残留応力分だけ圧縮応力が大きく，早く降伏する（図(b))．鋼の場合，降伏すれば剛性が0となるのでその部分の断面がないものとして曲げ剛性を計算し座屈荷重を求めると，これは明らかに理論値より小さくなる．このような残留応力の影響が大きいことは，図4.13において残留応力の入りやすい溶接組立て材の座屈強度が低いことでも納得がいく．

4.2.2 設計規準式

上に述べた原因によって，材の一部が早くから塑性域に入るため，オイラー座屈曲線より離れて実験値が分布するが，この非弾性域における座屈強度を表す曲線を定めておくことは設計にとって有用である．この曲線については古くからいろいろな提案がなされている．図4.16はその例であるが，非弾性域の曲線の形が異なっている．各式の定数 C はオイラー曲線から分岐するときの細長比 Λ をいくらにとるかによって定められる．このうち，テトマイヤー（Tetmajer）

(a) Johnsonの式 $\sigma = \sigma_Y - C\lambda^2$　C：定数　Euler式

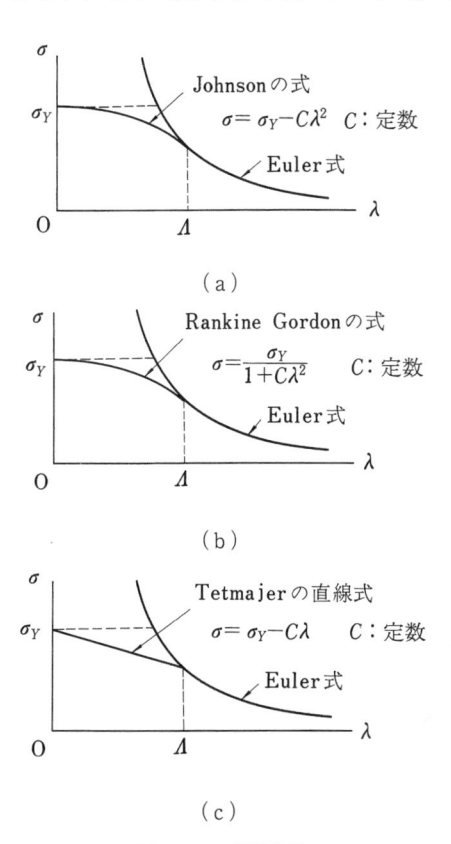

(b) Rankine Gordonの式 $\sigma = \dfrac{\sigma_Y}{1+C\lambda^2}$　C：定数　Euler式

(c) Tetmajerの直線式 $\sigma = \sigma_Y - C\lambda$　C：定数　Euler式

図 4.16 座屈曲線

の式は直線式で簡単であり，また図4.13からわかるように溶接によって組み立てられた材の座屈強度や，H形断面材の弱軸まわりの座屈強度を表しているので，建築学会の鋼構造限界状態設計指針ではこの系統の式が採用されている．

国土交通省の告示ではジョンソンの式（Johnson Parabola）とよばれる2次曲線を塑性域の設計式に採用している．図4.13において横軸は一般化された細長比 λ_1 で表現されている．同図中，弾性と非弾性を分ける細長比 Λ_1 は平均的応力度が $\frac{3}{5}\sigma_Y$ となったときの細長比として定められた．これから普通の細長比 $\lambda(=l/i)$ に対する限界細長比 Λ を求めると

$$\frac{3}{5} = \frac{1}{\Lambda_1{}^2} = \frac{1}{\left(\Lambda\sqrt{\dfrac{\sigma_Y}{\pi^2 E}}\right)^2}$$

から

$$\Lambda = \sqrt{\frac{\pi^2 E}{\frac{3}{5}\sigma_Y}} \tag{4.50}$$

となる．図中のAD間は2次曲線としているから

$$\frac{\sigma_{cr}}{\sigma_Y} = 1 - \frac{2}{5}\left(\frac{\lambda_1}{\Lambda_1}\right)^2 \tag{4.51}$$

となる．λ_1 を λ，Λ_1 を Λ に変換すると

$$\frac{\sigma_{cr}}{\sigma_Y} = 1 - \frac{2}{5}\left(\frac{\lambda}{\Lambda}\right)^2$$

となる．すなわち

$$\frac{\sigma_{cr}}{\sigma_Y} = 1 - \frac{2}{5}\left(\frac{\lambda}{\Lambda}\right)^2 \quad (\lambda \leq \Lambda \text{ のとき})$$

$$\frac{\sigma_{cr}}{\sigma_Y} = \frac{\frac{3}{5}}{\left(\dfrac{\lambda}{\Lambda}\right)^2} \quad (\lambda > \Lambda \text{ のとき}) \tag{4.52}$$

上の曲線は図4.13に示すように実験値の平均的傾向を表している．ただ，この曲線より低い実験値もかなりあり，このまま設計式として採用できない．設計ではこれを安全率で割ったものを用いる．安全率として告示式は，細長比によってその値を下式のように変えている．

$$\nu = \frac{3}{2} + \frac{2}{3}\left(\frac{\lambda}{\Lambda}\right)^2 \quad (\lambda \leq \Lambda \text{ のとき})$$

$$\nu = \frac{13}{6} \quad (\lambda > \Lambda \text{ のとき}) \tag{4.53}$$

したがって許容圧縮応力度 f_c は式（4.52）を上の安全率でそれぞれ割り，降伏応力度 σ_Y を基準強度 F で表せば

$$f_c = F\left\{\frac{1 - \dfrac{2}{5}\left(\dfrac{\lambda}{\Lambda}\right)^2}{\dfrac{3}{2} + \dfrac{2}{3}\left(\dfrac{\lambda}{\Lambda}\right)^2}\right\} \quad (\lambda \leq \Lambda \text{ のとき})$$

$$f_c = F\frac{\dfrac{18}{65}}{\left(\dfrac{\lambda}{\Lambda}\right)^2} \quad (\lambda > \Lambda \text{ のとき}) \tag{4.54}$$

告示式では限界細長比 Λ を，$E=205000\,\mathrm{N/mm^2}$ として計算し，数字を丸めて

$$\Lambda=\frac{1500}{\sqrt{\dfrac{F}{1.5}}} \tag{4.55}$$

と表している．SS 400 の場合 $F=235\,\mathrm{N/mm^2}$ であるから $\Lambda=120$ となる．式 (4.53) を図示すれば図 4.13 の細い曲線となり，すべての実験値がこれを上まわっている．

設計に便利なように上の設計式を $F=235\,\mathrm{N/mm^2}$ の場合に適用して，許容圧縮応力度 f_c を求めた結果を付表 1.1, 1.2 に示す．

4.2.3 圧縮材の断面算定

中心圧縮材の断面算定はつぎの式による．

$$\sigma_c=\frac{N}{A}\leqq f_c \tag{4.56}$$

ただし N：圧縮力，A：断面積，σ_c：圧縮応力度，f_c：許容圧縮応力度．

部材の端部がボルトにより接合されている場合には，ボルトの孔による断面の欠損が考えられるが，圧縮材ではこの影響を無視して，断面積として部材の全断面積を用いてよい．

4.3　座屈長さ

4.3.1　単純な支持条件をもつ圧縮材の座屈長さ

4.1.2 項「棒の曲げ座屈」で述べた中心圧縮材の座屈長さ l_k の取り方を材端の単純な支持条件をもつものについてまとめると表 4.1 のようになる．

よって，これを用いて細長比を

$$\lambda=\frac{l_k}{i} \tag{4.57}$$

として表すと，式 (4.18) に示す座屈応力度の式は，材端の支持条件にかかわらず共通して用いることができる．しかし，実際の設計にあたっては，材端の支持条件を理想的にピンまたは固定にすることはなかなかむずかしく，したがって，座屈長さの想定には十分な注意が必要である．

表 4.1　座屈長さ

移動に対する条件	拘　束			自　由	
材端の支持条件	両端ピン	一端ピン,他端固定	両端固定	一端ピン,他端固定	両端固定
座屈形					
l_k	l	$0.7l$	$0.5l$	$2l$	l

また，細長比があまり大きくなると座屈したとき建物全体に悪影響を及ぼすことになる．建築基準法施行令では，λの制限をつぎのように設けている．

　　　柱　材　　　$\lambda \leq 200$
　　　圧縮材　　　$\lambda \leq 250$

4.3.2　変断面材の座屈長さ

部材に作用する応力状態などにより，部材断面を変化させて使用する場合がある．このような変断面材の最大断面を規準とした中心圧縮に対する座屈長さの取り方を，両端ピン支持の場合について

$$\left. \begin{array}{ll} P_{cr} = \dfrac{\pi^2 E I_{max}}{l_k^2}, & l_k = \gamma \cdot l \\[2mm] \sigma_{cr} = \dfrac{\pi^2 E}{\lambda^2}, & \lambda = \dfrac{\gamma \cdot l}{i} \end{array} \right\} \quad (4.58)$$

を用いるときの簡単な例を表 4.2 に示す．

表 4.2　変断面材の座屈長さ係数 γ および等価断面2次モーメント係数 μ

材　形	座屈長さ係数 γ	等価断面2次モーメント係数 μ
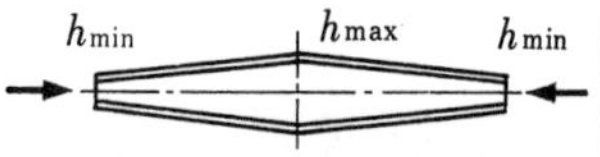 h_{min} — h_{max} — h_{min}	$\gamma = 1.88 - 0.88 \sqrt{\dfrac{h_{min}}{h_{max}}}$	$\mu = 0.34 + 0.66 \sqrt{\dfrac{I_{min}}{I_{max}}}$
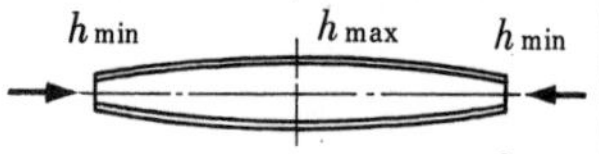 h_{min} — h_{max} — h_{min}	$\gamma = 1.33 - 0.33 \sqrt{\dfrac{h_{min}}{h_{max}}}$	$\mu = 0.61 + 0.39 \sqrt{\dfrac{I_{min}}{I_{max}}}$
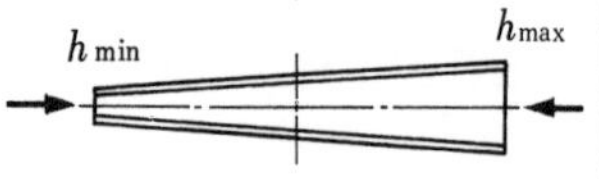 h_{min} — h_{max}	$\gamma = 3.20 - 2.20 \sqrt[3]{\left(\dfrac{h_{min}}{h_{max}}\right)^2}$	$\mu = 0.20 + 0.80 \sqrt[3]{\left(\dfrac{I_{min}}{I_{max}}\right)^2}$

表は断面の形状がH形断面形の場合で，フランジの幅は一定で，せい（脊）だけが変化し，ウェブの断面2次モーメントがほとんど無視できる形状で，かつ $h_{min} \geq 0.2 h_{max}$ を満足するときに適用できる．

ただし，この場合座屈変形を起こす前に最小断面の位置において部材が降伏したり，局部座屈を生じたりするおそれがあるので，設計にあたっては十分注意する必要がある．

4.3.3　ラーメンの柱材の座屈長さ

ラーメンの柱材の座屈長さは，骨組の剛性および節点の移動の有無などにより異なるので簡単に求めることは困難である．一般に図4.17に示すような筋違または耐震壁をもつラーメン構造で，節点の水平

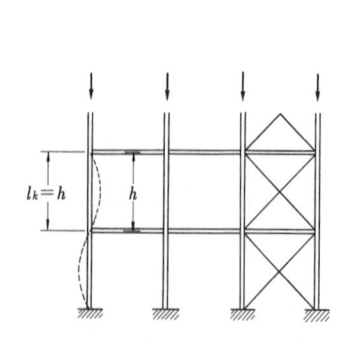

図 4.17　筋違つきラーメンの座屈 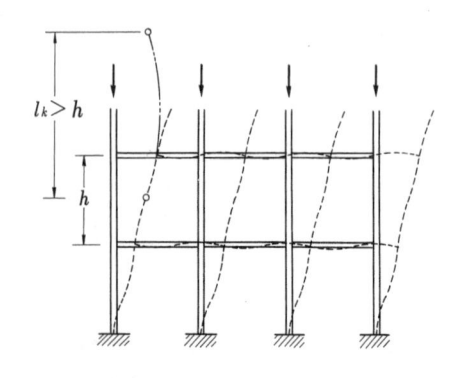　　　　**図 4.18**　節点が水平移動するラーメンの座屈

移動が拘束されている場合の柱材の座屈長さは階高 h より大きくならないので，通常は $l_k=h$ として用いられる．

しかし，図 4.18 に示すように節点の水平移動が拘束されていない場合のラーメンの柱材の座屈長さは一般に階高 h より大きくなる．したがって，このような場合の座屈長さは $l_k \geqq h$ となり，その算定にあたってはいろいろな略算法がとられている．ここではその一例としてつぎの方法[1]を示しておく．

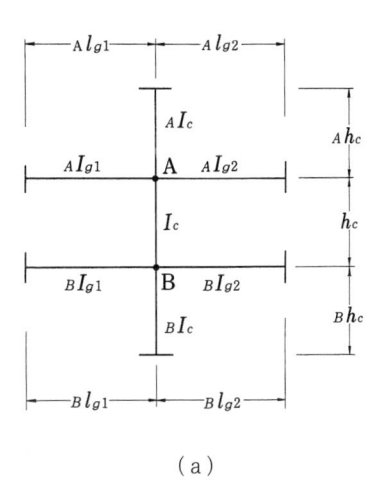

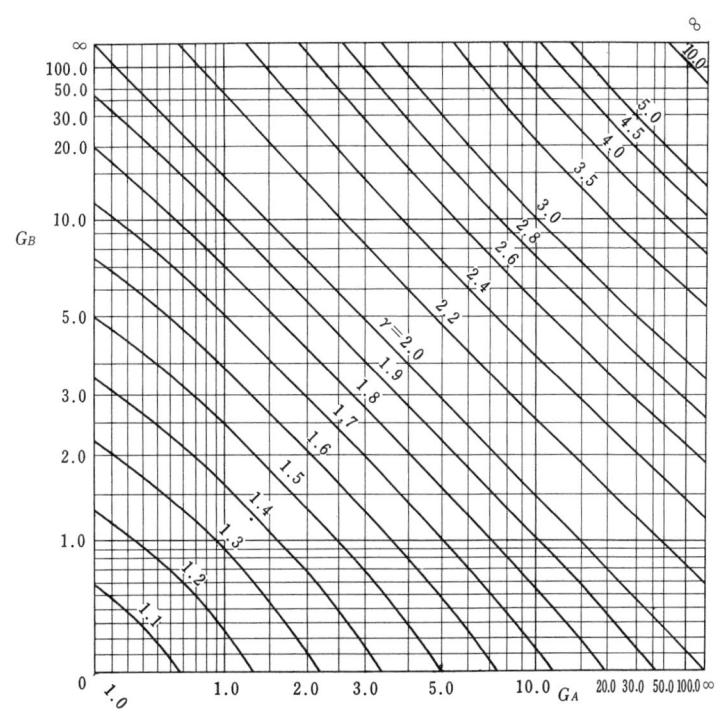

(a)

(b) 水平移動が拘束されていないラーメン柱の座屈長さ係数 γ

図 4.19

---
1) 東大名誉教授　田中 尚博士の講義ノートによる．

いま柱の節点間距離を h_c としたとき，座屈長さ l_k は座屈長さ係数 γ を用いて

$$l_k = \gamma \cdot h_c \tag{4.59}$$

として表されるものとし，γ を図 4.19(b) より求める．この場合の G_A，G_B は図 4.19(a) に示すラーメンにおいて，

$$\left. \begin{aligned} G_A &= \frac{(I_c/h_c) + (_AI_c/_Ah_c)}{(_AI_{g1}/_Al_{g1}) + (_AI_{g2}/_Al_{g2})} \\ G_B &= \frac{(I_c/h_c) + (_BI_c/_Bh_c)}{(_BI_{g1}/_Bl_{g1}) + (_BI_{g2}/_Bl_{g2})} \end{aligned} \right\} \tag{4.60}$$

として与えられる．ただし，図 4.19(b) の図表を用いる場合には，つぎのような注意を必要とする．
（i） 柱端がヒンジの場合には，理論的には G は無限大であるが，実際には $G=10$ とする．
（ii） 柱端が固定の場合には，理論的には G は 0 であるが，実際には $G=1.0$ とする．
（iii） 梁の剛度 I_g/l_g は，梁の他端（取り扱っている柱から遠い端）の状態によってつぎの係数を掛ける．

	水平移動自由
他端ヒンジ	0.5
他端固定	0.67

なお，トラスの圧縮部材の座屈長さについては第 10 章で述べる．

4.4　圧縮材の支点の補剛

圧縮材の座屈長さが大きすぎて座屈強度が低くなるときには，中間に支点を設けて座屈長さを短くすればよい．たとえば，図 4.20(a) の座屈荷重 P_{cr1} は

$$P_{cr1} = \frac{\pi^2 EI}{(2l)^2} = \frac{1}{4} \cdot \frac{\pi^2 EI}{l^2} \tag{4.61}$$

であるが，図 (b) の中間点 M に支点を設ければ，座屈荷重 P_{cr2} は

$$P_{cr2} = \frac{\pi^2 EI}{l^2}$$

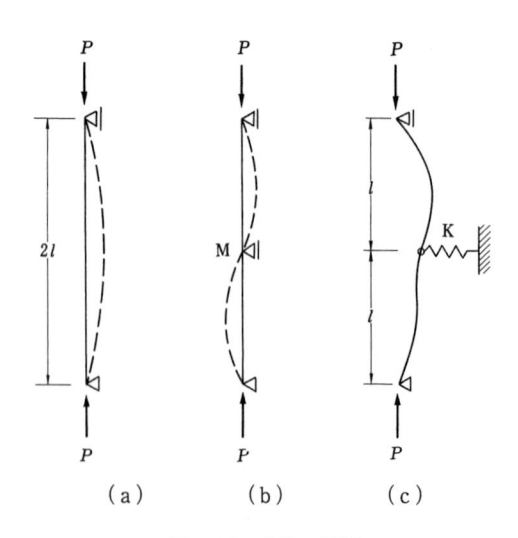

図 4.20　支点の補剛

となって，4倍の強度をもつ．しかし，実際の設計においては完全な支点（剛性，強度とも無限大）はあり得ないから，剛性によっては支点の移動が生じ，図 (c) のような座屈変形が生ずる．このとき支点に反力が発生するので，支点の設計には剛性，強度の両方を定めなければならない．支点の移動にはさらに，圧縮性のもっている初期変形の大きさ，荷重の偏心も関係し，この問題はなかなかむずかしい．

支点の強度をある限度内に収めるためには，剛性もある限界値以上でなければならない．この剛性の最低限は支点を設けたときに必要としている圧縮材の強度に比例し，支点間隔に反比例する傾向にある．めやすとして，圧縮材に存在する圧縮力の 2% 以上の強度をもつよう補剛材を設計するとよい．強度は十分でも，圧縮材と補剛材との接合部分の緩みなどによって剛性が低下することがあるから十分注意する必要がある．

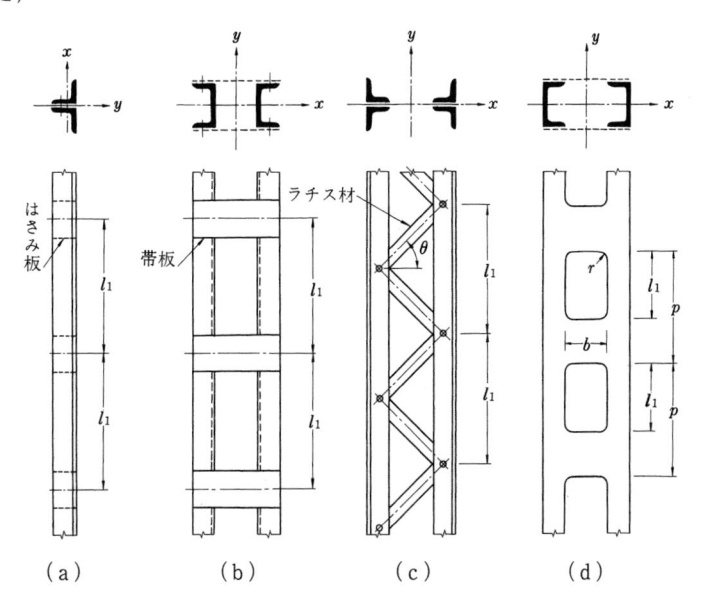

4.5 組立て圧縮材

4.5.1 組立て圧縮材の有効細長比

圧縮材の設計において，単一圧縮材のほかに 2 個以上の形鋼などを組み合わせた組立て圧縮材を使用する場合がある．普通，組立て圧縮材には図 4.21 に示すように，部材の組み合わせ方により，はさみ板形式，帯板形式，ラチス形式，有孔カバープレート形式などの方法が用いられている．これらの組立て圧縮材には図からもわかるように，充腹軸（x 軸）と非充腹軸（y 軸）とがあり，座屈について検定する場合はそれぞれの軸について行う．

座屈耐力を算定する場合，充腹軸に関しては単一圧縮材と同様に取り扱えばよいが，非充腹軸については，せん断変形による影響が大きく関与するので，座屈耐力は単一圧縮材の場合より低下する．したがって，組立て圧縮材の座屈荷重を求めるにあたってはこれを考慮した式 (4.44) を用いて

$$P_{cr} = \frac{\pi^2 EI}{(\gamma l)^2} \tag{4.62}$$

の形にまとめると，

図 4.21 組立て圧縮材

$$\gamma = \sqrt{1+\left(\frac{n}{GA_s}\right)\left(\frac{\pi^2 EI}{l^2}\right)} = \sqrt{1+\pi^2 n \frac{E}{G} \cdot \frac{1}{\lambda^2}} \tag{4.63}$$

となる．これより有効細長比 λ_e という概念を導入すると，

$$\lambda_e = \frac{\gamma l}{i} = \gamma \lambda = \sqrt{\lambda^2 + \lambda_1^2} \tag{4.64}$$

ここに $\lambda_1 = \pi \sqrt{\frac{nE}{G}} \tag{4.65}$

の形になり，単一圧縮材の細長比より増大することになる．また式 (4.18) は

$$\sigma_{cr} = \frac{\pi^2 E}{(\lambda_e)^2} \tag{4.66}$$

と表すことにより，せん断変形の影響を取り入れた座屈応力度の式が与えられる．式 (4.65) の λ_1 は充腹軸では 0 としてよいが，非充腹軸では組立て圧縮材の組み方により算出しなければならない．

鋼構造設計規準では，組立て圧縮材の設計にあたり有効細長比 λ_e をつぎのように定めている．

$$\lambda_{ye} = \sqrt{\lambda_y^2 + \frac{m}{2}\lambda_1^2} \tag{4.67}$$

ここに，$\lambda_1 \leq 20$ のとき $\lambda_{ye} = \lambda_y$ \tag{4.68}

ただし λ_{ye}：非充腹軸が y 軸のときの有効細長比，λ_y：素材が一体として作用するとみなしたときの y 軸に関する細長比，m：つづり材によって組み立てられる素材または素材群の数で図 4.22 に示すように数える．

λ_1 は組立て圧縮材の形式によりつぎの式によって求める．

（i）図 4.21(a)(b) に示すようなはさみ板，帯板形式の組立て圧縮材の場合

$$\lambda_1 = \frac{l_1}{i_1} \tag{4.69}$$

ただし l_1：素材の区間長（図 4.21），i_1：素材の最小断面 2 次半径（図 4.22 の 1-1 軸）．

（ii）図 4.21(c) に示すようなラチス形式の組立て圧縮材の場合

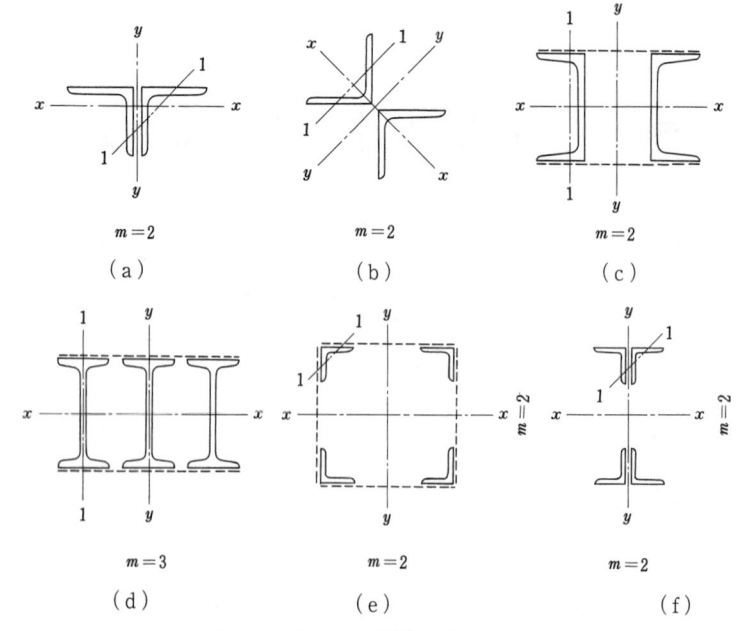

図 4.22 組立て圧縮材の座屈する軸

図 4.23 ラチス材の長さ

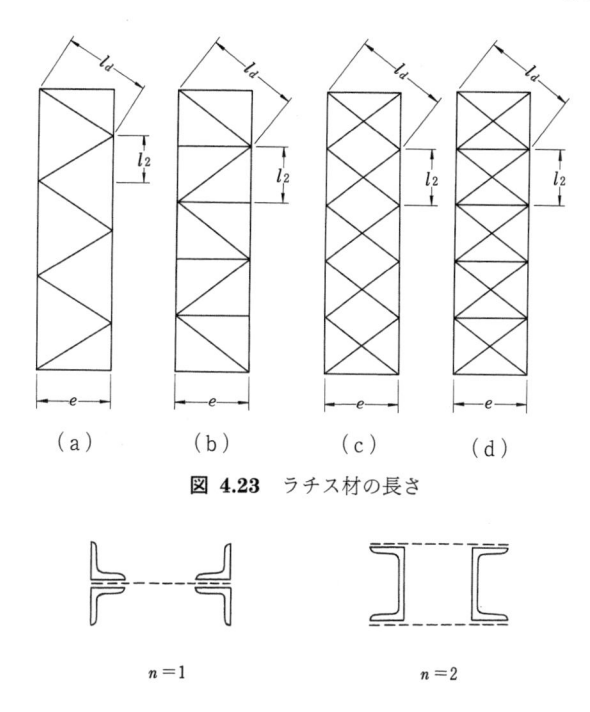

図 4.24 つづり材の構面

$$\lambda_1 = \pi\sqrt{\frac{A}{n \cdot A_d} \cdot \frac{l_d^3}{l_2 \cdot e^2}} \tag{4.70}$$

ただし l_2：ラチス材の長さの材軸方向の成分（図4.23），l_d：ラチス材の長さ（図4.23），e：素材の重心間の距離（図4.23），A：柱を構成する素材の断面積の和，A_d：ラチス材の断面積，ただし，複ラチスの場合は両ラチス材の断面積の和，n：つづり材の構面の数で図4.24のように数える．

ただし，この場合，素材にくらべてラチス材の断面積が極端に小さくない限り $\lambda_1 \leq 20$ となるから，$\lambda_{yc} = \lambda_y$ であることが多い．

(iii) 図4.21(d) に示すような有孔カバープレート形式の組立て圧縮材の場合

$$\lambda_1 = 1.7\sqrt{\frac{l_1}{p} \cdot \frac{l_1}{i_1}} \tag{4.71}$$

ただし l_1：穴の長さ〔図4.21(d)〕，p：穴のピッチ〔図4.21(d)〕．

通常の場合，$\lambda_1 \leq 20$ となるので $\lambda_{yc} = \lambda_y$ として用いることが多い．

4.5.2 組立て圧縮材の座屈に伴うせん断力

元わん曲がある圧縮材に圧縮力を作用させた場合，部材には式 (4.30) で与えられるせん断力が生ずる．このせん断力は式 (4.30) からもわかるように，元わん曲 a がごくわずかであっても P が P_E に近づくに従って増大する．このように圧縮力によって大きなせん断力が発生するために組立て圧縮材では，圧縮力のみが作用するときでも，このせん断力に対して十分安全であるように設計しなければならない．むろん，圧縮力とせん断力を受ける組立て圧縮材では，せん断力にこの座屈に伴うせん断力を加算する必要がある．

鋼構造設計規準では，設計用圧縮力の 2% のせん断力が組立て圧縮材に作用するものとみなして設計するように定めている．したがって，この座屈に伴うせん断力 Q_k によりつづり材やその接合部あるいは弦材などに応力が生ずることになるので，これに対して各部の検討を行う必要がある．たとえば，帯

図 4.25 帯板形式の組立て圧縮材

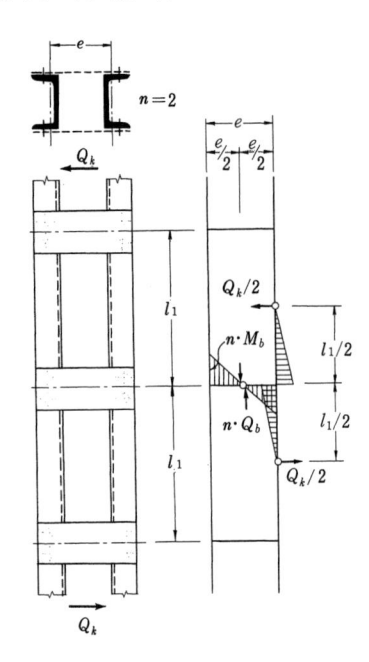

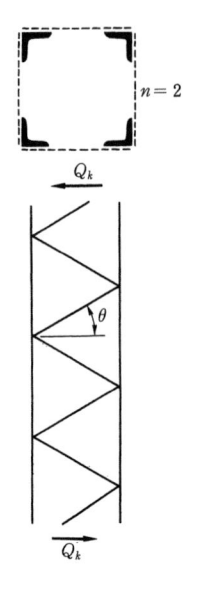

図 4.26 ラチス形式の組立て圧縮材

板形式の組立て圧縮材（図4.25）においては，つぎの式で与えられる応力が帯板に生じ

$$Q_b = \frac{Q_k \cdot l_1}{n \cdot e} \tag{4.72}$$

$$M_b = Q_b \cdot \frac{e}{2} \tag{4.73}$$

ただし　Q_b：片側構面の帯板に生ずるせん断力，M_b：帯板の材端部に生ずる曲げモーメント．

ラチス形式の組立て圧縮材（図4.26）では，つぎの式で与えられる応力がラチス材に作用する．

$$D = \pm \frac{Q_k}{n \cdot \cos\theta} \tag{4.74}$$

ただし　D：ラチス材に作用する軸方向力．

4.5.3 組立て材の構造細則

以上述べたほかに組立て圧縮材を設計するにあたり，鋼構造設計規準ではつぎのような規定を設けている．

（i）圧縮材を組み立てる連続ボルトあるいは断続溶接のピッチは板の局部座屈を考慮して，集結材片中の最薄材厚の$326/\sqrt{F}$倍以下，かつ300 mm以下とする．ただし，ボルトが千鳥打ちされるとき，各ゲージラインの上のピッチは上記の値の1.5倍以下とする．

（ii）はさみ板．帯板またはラチスで分けられた区間数は3以上とし，各区間長はなるべく均等になるようにする．

（iii）はさみ板形式，帯板形式の組立て圧縮材では，素材の細長比が50以下になるようにする．ただし，┴形断面では，はさみ板を交互に直角に配置する．またラチス形式の組立て圧縮材では，素材の細長比が組立て材の両主軸に関する細長比のうち大きいほうの値以下になるようにする．

（iv）ラチス材の細長比は，160以下とする．

（v）素材間の距離の大きい組立て圧縮材の材端部は十分剛なガセットプレートまたは帯板を用い，3本以上のボルトまたはこれと同等以上の溶接によって取り付ける．この部分のボルトのピッチは径の4

倍以下とし，溶接の場合は連続溶接とする．

（vi）有孔カバープレート形式〔図 4.21(d)〕では，孔の長さは孔の幅の 2 倍以下（$l_1 \leq 2b$），孔と孔の内縁間距離（$p - l_1$）は組立て材のボルトまたは溶接列間距離以上とし，孔の隅角部の半径は 50 mm 以上とする．

なお，組立て圧縮材には，その剛性を確保するため，やむをえない場合のほかは普通ボルトを使用しないほうがよい．

4.6 板 の 座 屈

4.6.1 圧縮力を受ける板

図 4.27 のように圧縮力を受ける板の座屈荷重は，つぎの式で算定できる．

$$\frac{\partial^4 w}{\partial x^4} + 2\frac{\partial^4 w}{\partial x^2 \partial y^2} + \frac{\partial^4 w}{\partial y^4} + \frac{\sigma_c \cdot t}{D} \cdot \frac{\partial^2 w}{\partial x^2} = 0 \tag{4.75}$$

ただし　w：たわみ，D：板剛度で下の式による．

$$D = \frac{E \cdot t^3}{12(1-\nu^2)} \tag{4.76}$$

t：板厚，ν：ポアソン比．

周辺単純支持の場合の式（4.75）の解はつぎの式で与えられる．

$$\sigma_c = \left(\frac{\beta}{n} + \frac{n}{\beta}\right)^2 \cdot \frac{\pi^2 E}{12(1-\nu^2)} \left(\frac{t}{d}\right)^2 \tag{4.77}$$

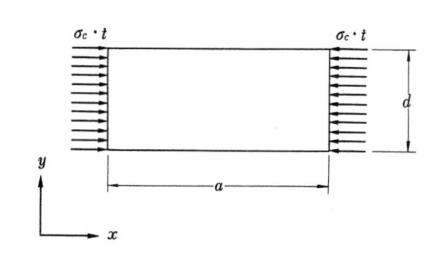

図 4.27 面内圧縮力を受ける板

ただし　β：辺長比で下の式による．

$$\beta = \frac{a}{d} \tag{4.78}$$

n：座屈波の数で，図 4.28 のように座屈の山と谷があれば $n=2$ である．
一般に板の座屈応力度 σ_c は

$$\sigma_c = k \frac{\pi^2 E}{12(1-\nu^2)} \cdot \left(\frac{t}{d}\right)^2 \tag{4.79}$$

で表され，一様な圧縮力を受ける場合の座屈係数 k と β の関係は図 4.29 のようになる．

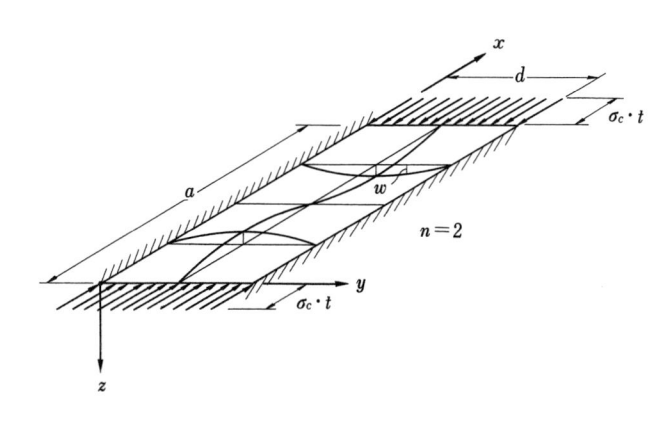

図 4.28 板の座屈モード

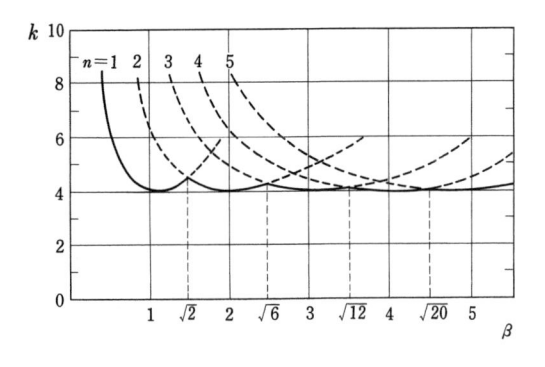

図 4.29 座屈係数（圧縮力）

表 4.3 座屈係数値（圧縮力）

支持条件	k
(a) ○―――○	4.00
(b) ▨―――▨	6.97
(c) ○――――	0.425
(d) ▨――――	1.277
(e) ▨―――○	5.42

$$\beta=\infty \quad のとき \quad k=4 \tag{4.80}$$

で，図 4.29 からもわかるように，$\beta>1$ では，ほぼ $k=4$ とみなしうる．また $\beta=\infty$ のとき，支持条件による k の値は表 4.3 のようである．

4.6.2 曲げを受ける板

図 4.30 に示すような曲げを受ける場合の座屈応力度 σ_c も式（4.79）と同様に

$$\sigma_c = k_1 \frac{\pi^2 E}{12(1-\nu^2)} \cdot \left(\frac{t}{d}\right)^2 \tag{4.81}$$

で表され，k_1 と $\beta=a/d$ の関係は図 4.31 に示すようになり

$$\beta=\infty \quad のとき \quad k_1=24 \tag{4.82}$$

である．図 4.32 に示す場合は

$$\alpha = 1 - \frac{\sigma_{\min}}{\sigma_{\max}} \tag{4.83}$$

とすると，k_1 は

$$k_1 = \alpha^3 + 3\alpha^2 + 4 \tag{4.84}$$

で表される．しかし，実際の設計においては，

$$k_1 = \left(1 + \frac{\alpha}{6}\right)(\alpha^3 + 3\alpha^2 + 4) \tag{4.85}$$

を用いる．

鋼構造設計規準では，ウェブプレートの座屈検定にあたり許容圧縮板座屈応力度 σ_0 をつぎの式のように与えている．

$$\frac{d}{t} \geq \frac{560}{C_1} \quad のとき \quad \sigma_0 = \frac{190000}{\left(C_1 \frac{d}{t}\right)^2} \cdot f_t \tag{4.86}$$

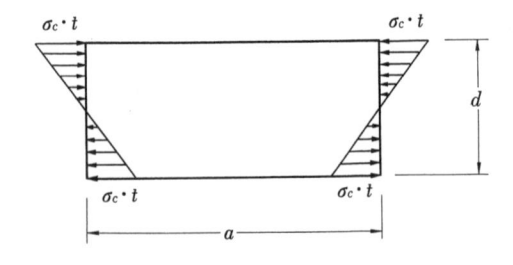

図 4.30 曲げを受ける板

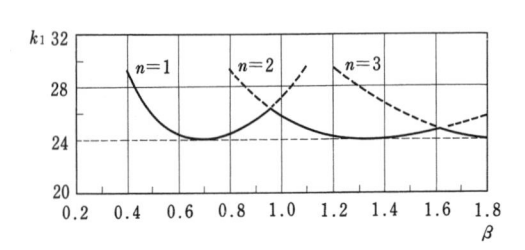

図 4.31 座屈係数（曲げ）

4.6 板の座屈

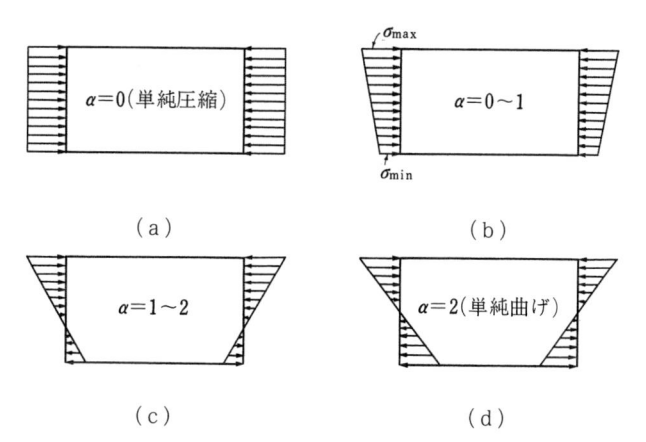

図 4.32 圧縮と曲げを受ける板

(a) $\alpha=0$ (単純圧縮)
(b) $\alpha=0\sim1$
(c) $\alpha=1\sim2$
(d) $\alpha=2$ (単純曲げ)

$$\frac{d}{t}<\frac{560}{C_1} \quad \text{のとき} \quad \sigma_0=\left(1.78-0.00211 C_1 \frac{d}{t}\right)\cdot f_t \leq f_t \tag{4.87}$$

ただし，純曲げ（$\alpha=2$）だけを受ける梁のウェブプレートにあっては，下記の幅厚比を満足する場合において $\sigma_0=f_t$ とすることができる．

$$\frac{d}{t}\leq\frac{2100}{\sqrt{F}} \tag{4.88}$$

ただし $\quad C_1=\sqrt{\frac{F}{k_1}} \tag{4.89}$

とし，F は表 11.3 に示す F 値，k_1 は式（4.85）による．

4.6.3 せん断力を受ける板

図 4.33 のように一様なせん断応力を受ける場合の座屈応力度 τ_c は式（4.79）と同様に，

$$\tau_c = k_2 \frac{\pi^2 E}{12(1-\nu^2)}\cdot\left(\frac{t}{d}\right)^2 \tag{4.90}$$

で表され，k_2 は図 4.34 に示す値をとり，近似的に

$$\left.\begin{array}{l} k_2=4.00+\dfrac{5.34}{\beta^2} \quad (\beta<1.0) \\ k_2=5.34+\dfrac{4.00}{\beta^2} \quad (\beta\geq1.0) \end{array}\right\} \tag{4.91}$$

で表される．

座屈形は図 4.35 に示す形となり，中間スチフナの利きめのよいことを示している．

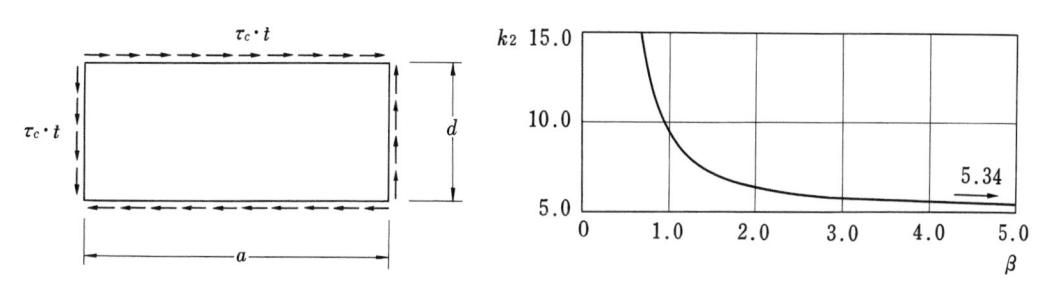

図 4.33 せん断力を受ける板

図 4.34 座屈係数（せん断力）

44　第4章　圧　縮　材

鋼構造設計規準では，ウェブプレートのせん断座屈の検定にあたり許容せん断板座屈応力度 τ_0 をつぎのように与えている．

$$\frac{d}{t} \geqq \frac{740}{C_2} \text{ のとき } \tau_0 = \frac{330000}{\left(C_2 \dfrac{d}{t}\right)^2} \cdot f_s \quad (4.92)$$

図 4.35　座屈モード

$$\frac{d}{t} < \frac{740}{C_2} \text{ のとき } \tau_0 = \left(1.74 - 0.00154 C_2 \frac{d}{t}\right) \cdot f_s$$
$$\leqq f_s \quad (4.93)$$

ただし $\quad C_2 = \sqrt{\dfrac{F}{k_2}} \quad (4.94)$

水平スチフナまたは縦スチフナをもつウェブプレートにあっては，せん断座屈に対する補強効果を考慮して，

$$C_2 = \sqrt{\frac{F}{k_2'}} \quad (4.95)$$

とすることができる．ただし，この場合，中間スチフナの断面2次モーメントは式（4.100）を満足しなければならない．ここに

$$\left.\begin{array}{l} k_2' = 4.00 + \dfrac{5.34}{\beta^2} + \dfrac{(m+1)^2 \eta}{\beta} \sqrt{\dfrac{8\mu}{3\beta}} \quad (\beta < 1) \\ k_2' = 5.34 + \dfrac{4.00}{\beta^2} + \dfrac{(m+1)^2 \eta}{\beta} \sqrt{\dfrac{8\mu}{3\beta}} \quad (\beta \geqq 1) \end{array}\right\} \quad (4.96)$$

ただし　m：水平または縦スチフナの本数，$\eta = d_1/d$，$\mu = 10.9 I_L/(d \cdot t^3)$，$d_1$：水平または縦スチフナにより分割されたウェブプレートの最小幅，I_L：水平または縦スチフナの断面2次モーメント．

4.6.4　幅厚比の制限

部材を構成する板は局部座屈のために耐力が下がらないような厚みをもっている必要がある．鋼構造設計規準では，つぎのような考え方で，板の幅 b と板の厚み t の比 b/t（幅厚比）を決めている．

図 4.36 の ABC は弾性座屈を示す線であるが，実際には塑性域で点線 BE のようになる．したがって，幅厚比を点 E 以下に抑えておけば，降伏まで座屈は起こらないが，この曲線はあま

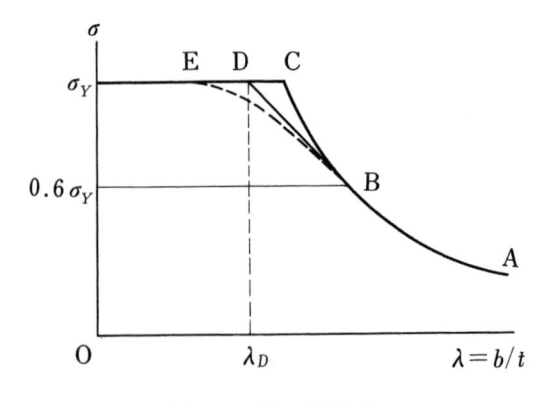

図 4.36　板の座屈曲線

り明確には決まらないので，点BにおいてABCに接線を引き，σ_Yの線との交点Dを求め，この点Dの$b/t(\lambda_D)$をもって幅厚比の制限値としている．

以下に日本建築学会「鋼構造設計規準」に基づき板要素の幅厚比の制限値を示す．

（1） 1縁支持，他縁自由の板突出部分

（i） 単一山形鋼，はさみ板をもつ複山形鋼

$$\frac{b}{t} \leqq \frac{200}{\sqrt{F}} \tag{4.97}$$

（ii） 柱および圧縮材一般の突出フランジ，梁の圧縮部分から突出している板および山形鋼，梁の圧縮フランジ，T形断面の脚

$$\frac{b}{t} \leqq \frac{240}{\sqrt{F}} \tag{4.98}$$

ただし　b：板要素の幅，t：板要素の厚さ．

（2） 2縁支持の板

（i） 柱または圧縮材一般のウェブプレート，箱形断面柱のフランジプレート，カバープレートおよび補剛縁つきの圧縮フランジ

$$\frac{d}{t} \leqq \frac{735}{\sqrt{F}} \tag{4.99}$$

ただし，補剛縁つきの圧縮フランジにおいては，補剛スチフナ自身の重心軸まわりの断面2次モーメントは，下式の値以上とする．

$$I_s = 1.9 t^4 \sqrt{\left(\frac{d}{t}\right)^2 - 150} \tag{4.100}$$

（ii） 梁のウェブプレート

$$\frac{d}{t} \leqq \frac{1100}{\sqrt{F}} \tag{4.101}$$

（iii） 曲げ（せん断）と圧縮を同時に受ける材

$$\frac{d}{t} \leqq \frac{1100}{\sqrt{F}} - 100 \frac{P}{P_F} \tag{4.102}$$

ただし　$735/\sqrt{F}$以下にする必要はない．ここにd：2縁で支持される板要素の幅，P：存在圧縮力，$P_F = F \times A$，A：材の断面積．

（3） 鋼管の径厚比　　鋼管の外径と管厚の比はつぎの式による．

$$\frac{D}{t} \leqq \frac{23500}{F} \tag{4.103}$$

ただし　D：鋼管の公称外径，t：管厚．

上記の幅厚比の制限値をまとめると表4.4，表4.5のようになる．

ただし，板の幅厚比がこの表の制限値を越えるときは，越えた部分を無視して応力計算を行う．すなわち図4.37に示すように，幅厚比の制限を越えた部分（ハッチングした部分）を取り去った断面について，存在応力度の検定を行えばよい．この場合，剛比の算定や細長比の計算には全断面積をとってよい．

なお，施行令第82条を運用するにあたり，高さ31m以下の建物で保有水平耐力の確認を必要としないものについては，部材は塑性領域内

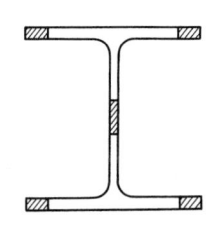

図 4.37　板の除去部分

表 4.4 1 縁支持,他縁自由の板要素の幅厚比

断　面　形	幅厚比	$F=235\ \text{N/mm}^2$ $t\leqq 40\ \text{mm}$
	$\dfrac{b}{t}\leqq\dfrac{200}{\sqrt{F}}$	$\dfrac{b}{t}\leqq 13$
	$\dfrac{b}{t}\leqq\dfrac{240}{\sqrt{F}}$	$\dfrac{b}{t}\leqq 16$

表 4.5 2 縁支持の板要素の幅厚比

断　面　形	幅　厚　比	$F=235\ \text{N/mm}^2$ $t\leqq 40\ \text{mm}$
	$\dfrac{d}{t}\leqq\dfrac{735}{\sqrt{F}}$ （圧縮材）	$\dfrac{d}{t}\leqq 48$ （圧縮材）
	$\dfrac{d}{t}\leqq\dfrac{1100}{\sqrt{F}}$ $\left(\begin{array}{l}\text{はりのウェ}\\ \text{ブプレート}\end{array}\right)$	$\dfrac{d}{t}\leqq 71$ $\left(\begin{array}{l}\text{はりのウェ}\\ \text{ブプレート}\end{array}\right)$
	$\dfrac{d}{t}\leqq\dfrac{1100}{\sqrt{F}}-100\dfrac{P}{P_F}$ 〔曲げ(せん断)と圧縮を同時に受ける材.ただし,$735/\sqrt{F}$ 以下にする必要はない〕 ここに $\qquad P_F=F\times A$ A：材の断面積	$\dfrac{d}{t}\leqq 71-100\dfrac{P}{P_F}$ 〔曲げ(せん断)と圧縮を同時に受ける材.ただし,48 以下にする必要はない〕 ここに $\qquad P_F=F\times A$ A：材の断面積

での局部座屈防止のため,表 4.6 に示す幅厚比の制限値が設定されている.したがって,このような条件のもとでは,幅厚比は表 4.4,表 4.5 の値よりも多少厳しく規制されてくるといえよう.なお,H 形鋼,みぞ形鋼などのウェブせい（d）は一般的に高さ（H）よりフランジ厚（tf）の 2 倍を引いたものを使用している.ただし,外力の算定にあたり,風圧力による層せん断力が地

表 4.6 施行令第 82 条で規定された鋼材の幅厚比

材料	柱				梁	
	H 形鋼		角形鋼管	円形鋼管	H 形鋼	
	フランジ	ウェブ			フランジ	ウェブ
SN 400, SS 400, SM 400, SMA 400, STK 400, STKR 400 など $F=235$ N/mm² の炭素鋼	9.5	43	33	50	9	60
SN 490, SM 490, SMA 490, SM 490 Y, STK 490, STKR 490 など $F=325$ N/mm² の炭素鋼	8	37	27	36	7.5	51

震による層せん断力を上回る場合には，表 4.6 による幅厚比の検定は行わなくてもよい．

4.6.5 組合わせ応力を受ける板

図 4.38 に示すように，σ と τ が同時に作用している場合の座屈荷重は

$$\left(\frac{\sigma}{\sigma_c}\right)^2+\left(\frac{\tau}{\tau_c}\right)^2=1 \tag{4.104}$$

がよく合うといわれている．この場合の σ_c，τ_c はともに σ だけ，τ だけが単独に作用するときの座屈応力度である．

鋼構造設計規準では表 4.4，表 4.5 の幅厚比の制限を越えるフランジおよびスチフナで区切られた長方形ウェブプレートの座屈について，つぎの式により検定するよう定められている．

$$\left(\frac{\sigma}{\sigma_0}\right)^2+\left(\frac{\tau}{\tau_0}\right)^2\leqq 1 \tag{4.105}$$

ただし σ：ウェブプレートの最大圧縮応力度，τ：ウェブプレートの平均せん断応力度，σ_0：許容圧縮板座屈応力度，τ_0：許容せん断板座屈応力度．

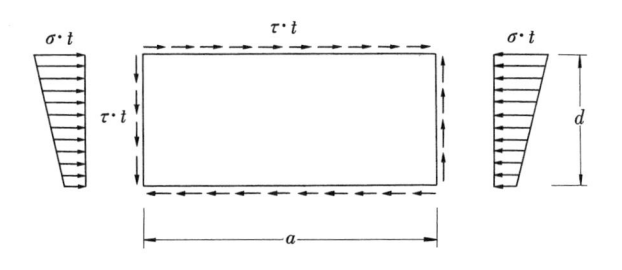

図 4.38 組合わせ応力を受ける板

4.6.6 スチフナ

梁または柱のウェブの座屈は図 4.39 に示すようなスチフナを設けることによって防止することができ，スチフナを用いると比較的薄い板を用いて柱や梁の性能を高めることができる．したがって，スチフナにはこれに要する剛性をもたせなければならない．

スチフナの算定にあたり，鋼構造設計規準ではつぎのように規定している．

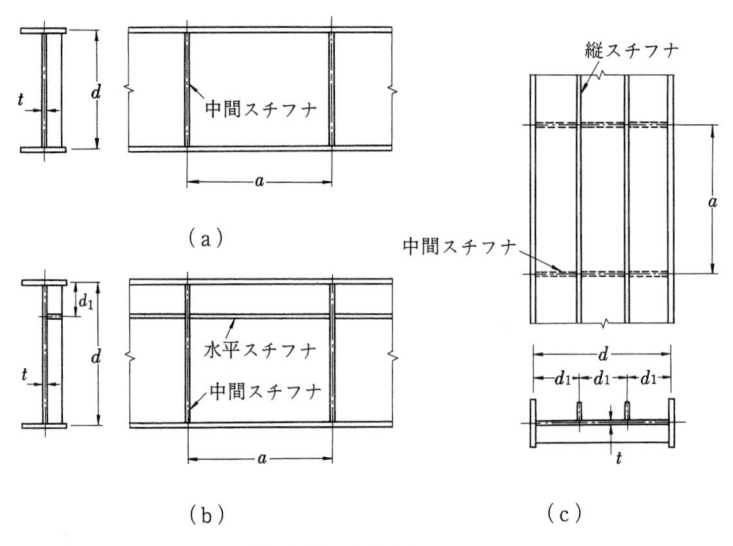

図 4.39 スチフナ

(1) 中間スチフナ

1) 中間スチフナだけを使用する場合　中間スチフナの断面2次モーメントは下式の値以上とする.

$$\left.\begin{array}{ll} I_0 = 1.1 d \cdot t^3 \left(\dfrac{1}{\beta^2} - 0.5\right) & (\beta < 1) \\ I_0 = 0.55 d \cdot t^3 & (\beta \geq 1) \end{array}\right\} \tag{4.106}$$

2) 水平または縦スチフナと併用する場合　中間スチフナの断面2次モーメントは,下式を満足しなければならない.

$$\left.\begin{array}{ll} I_0 \geq 1.1 d \cdot t^3 \left(\dfrac{1}{\beta'^2} - 0.5\right) & (\beta' < 1) \\ I_0 \geq 0.55 d \cdot t^3 & (\beta' \geq 1) \end{array}\right\} \tag{4.107}$$

ただし　β'：式(4.96)を用いて求めた許容せん断板座屈応力度と等しい値を,水平または縦スチフナがないものとして確保するのに必要な中間スチフナ間隔とウェブ板幅の比.

(2) 水平スチフナ

軸圧縮力の作用しない梁のウェブプレートの水平スチフナの断面2次半径 i は,とくに精算によらない場合,下式の値以上とする.

$$\left.\begin{array}{l} \dfrac{i}{t} = C_m [135(0.5-\eta)^3 + 3] \beta^{2/3} \\ C_m = 0.7 + \dfrac{1}{200(m+1)} \cdot \dfrac{i}{t} \cdot \dfrac{1}{\delta} \end{array}\right\} \tag{4.108}$$

ただし　$m=1$ のとき $0.2 \leq \eta \leq 0.5$, $m=2$ のとき $0.15 \leq \eta \leq 0.3$, $\delta = A_s/(d \cdot t)$, A_s：水平スチフナにあっては水平スチフナの,縦スチフナにあっては縦スチフナの断面積.

(3) 縦スチフナ

曲げ,軸圧縮力を受ける柱のウェブプレートの縦スチフナの断面2次半径 i は,とくに精算によらない場合,下式の値以上とする.

$$\beta < \left(\dfrac{2+m^2}{1+m}\right)^{3/2} \text{ のとき}\quad \dfrac{i}{t} = C_n(1-0.1\alpha^2)(2+2m) \cdot \beta^{2/3} \tag{4.109}$$

$$\beta \geq \left(\dfrac{2+m^2}{1+m}\right)^{3/2} \text{ のとき}\quad \dfrac{i}{t} = C_n(1-0.1\alpha^2)(4+2m^2) \tag{4.110}$$

$$C_n = 0.7 + \frac{1}{100(m+1)(1+a/2)} \cdot \frac{i}{t} \cdot \frac{1}{\delta} \tag{4.111}$$

演習例題 4

〔4.1〕 図 4.40 に示す圧縮力 $N=250$ kN（長期）を受ける座屈長さ $l_{kx}=4$ m, $l_{ky}=2$ m の圧縮材を H 形鋼 H$-200\times100\times5.5\times8$(SN 400) で設計したい．その適否を検討せよ．

〔答〕
1) 部材　H$-200\times100\times5.5\times8$ の断面性能（付表 3.6）
   断面積　　$A=26.67$ cm^2
   断面 2 次半径　$i_x=8.23$ cm, $i_y=2.24$ cm
2) 幅厚比の検討（表 4.6）
   フランジ　$\dfrac{b}{t}=\dfrac{50}{8}=6.3<9.5$
   ウェブ　　$\dfrac{d}{t}=\dfrac{200-2\times8}{5.5}=33.5<43$
   したがって全断面有効．
3) 許容圧縮応力度
   $\lambda_x=\dfrac{l_{kx}}{i_x}=\dfrac{400}{8.23}=48.6,\quad \lambda_y=\dfrac{l_{ky}}{i_y}=\dfrac{200}{2.24}=89.3>\lambda_x$
   したがって，$\lambda=90$ として付表 1.1 より
   許容圧縮応力度　$f_c=96.9$ N/mm$^2=9.69$ kN/cm^2
4) 断面算定
   圧縮応力度　$\sigma_c=\dfrac{N}{A}=\dfrac{250}{26.67}=9.37$ kN/cm^2,　$\therefore\ \dfrac{\sigma_c}{f_c}=0.97<1.0$　　可

〔4.2〕 図 4.41 に示す圧縮力 $N=150$ kN（短期）を受ける座屈長さ $l_k=2$ m のはさみ板組立て圧縮材を下記の仮定断面にて設計したい．その適否を検討せよ．
仮定断面
　主　材　　2 L$-65\times65\times6$(SN 400)
　はさみ板　PL-9(SN 400)，間隔 $l_1=50$ cm

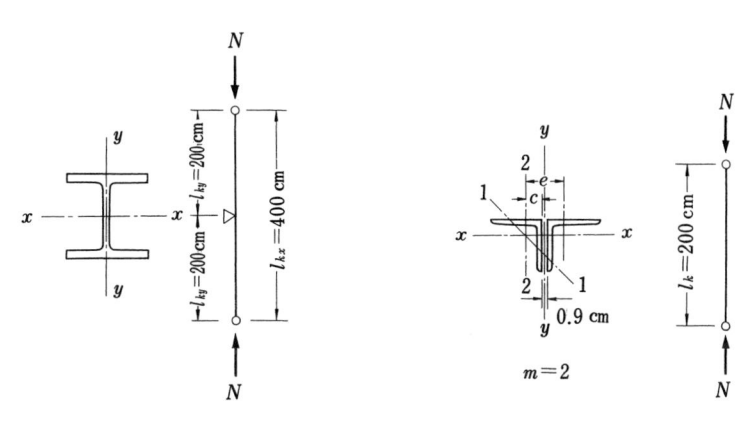

図 4.40

図 4.41

50　第4章　圧　縮　材

　　　　高力ボルト　　1－M 16(F 10 T)

〔答〕

1) 部材　L－65×65×6 の断面性能（付表3.2）

　　断面積および重心　　$A=7.527\text{ cm}^2$, $C_x=1.81\text{ cm}$
　　断面2次半径　　$i_v=1.27\text{ cm}=i_1$, $i_x=i_y=1.98\text{ cm}=i_2$

2) 部材の算定

　（1）幅厚比の検討（表4.4）　　$\dfrac{b}{t}=\dfrac{65}{6}=10.8<\dfrac{200}{\sqrt{F}}=13$

したがって全断面有効.

　（2）素材の細長比　　$\lambda=\dfrac{l_1}{i_1}=\dfrac{50}{1.27}=39.4<50$　　　　　可

　（3）許容圧縮応力度

　　　x 軸まわりについて　　$\lambda_x=\dfrac{l_k}{i_2}=\dfrac{200}{1.98}=101$

　　　y 軸まわりについて　　$\lambda_1=\dfrac{l_1}{i_1}=\dfrac{50}{1.27}=39.4>20$

したがって，式（4.67）より有効細長比 λ_{ye} を求める.

$$i_y=\sqrt{\left(\dfrac{e}{2}\right)^2+i_2^{\,2}}=\sqrt{\left(\dfrac{2\times1.81+0.9}{2}\right)^2+1.98^2}=3.00\text{ cm}$$

$$\lambda_y=\dfrac{l_k}{i_y}=\dfrac{200}{3.00}=66.7$$

$$\therefore\ \lambda_{ye}=\sqrt{\lambda_y^{\,2}+\dfrac{m}{2}\lambda_1^{\,2}}=\sqrt{66.7^2+39.4^2}=77.5<\lambda_x=101$$

よって，$\lambda=101$ として付表1.1より

　　許容圧縮応力度　　$f_c=85.1\times1.5=127\text{ N/mm}^2=12.7\text{ kN/cm}^2$（短期）

　（4）断面算定

　　　圧縮応力度　　$\sigma_c=\dfrac{N}{A}=\dfrac{150}{2\times7.527}=10.0\text{ kN/cm}^2$

　　$\therefore\ \dfrac{\sigma_c}{f_c}=\dfrac{10.0}{12.7}=0.79<1.0$　　　　　可

3) はさみ板の接合高力ボルトの検定

　　座屈に伴うせん断力 Q_k

　　　$Q_k=(2\%)\,N=0.02\times150=3.0\text{ kN}$

　　はさみ板の接合高力ボルトに作用するせん断力 Q_R は近似的に（図4.42）

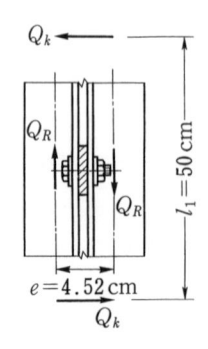

図 4.42

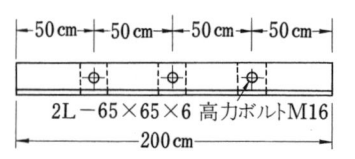

図 4.43

$$Q_R = \frac{Q_k \cdot l_1}{e} = \frac{3.0 \times 50}{4.52} = 33.2 \text{ kN}$$

高力ボルト M16 の許容耐力は表 7.4 より $R = 30.2$ kN(1面摩擦) であるから

$$R_s = 30.2 \times 1.5 = 45.3 \text{ kN} > Q_R = 33.2 \text{ kN} \quad 可$$

したがって, 図 4.43 のようになる.

〔**4.3**〕 図 4.44 に示す圧縮力 $N = 450$ kN(長期)を受ける座屈長さ $l_k = 5$ m の帯板組立て圧縮材を下記の仮定断面で設計したい, その適否を検討せよ.

仮定断面　　主 材　　2 [$-150 \times 75 \times 6.5 \times 10$ (SN 400)

　　　　　　帯 板　　PL -150×9(SN 400), 間隔 $l_1 = 100$ cm

〔答〕

1) 部材 [$-150 \times 75 \times 6.5 \times 10$ の断面性能 (付表 3.5)

　　断面積および重心　　$A = 23.71$ cm², $C_y = 2.28$ cm

　　断面 2 次半径　　$i_y = 2.22$ cm $= i_1$, $i_x = 6.03$ cm

2) 部材の算定

(1) 幅厚比の検討 (表 4.6 の H 形鋼に準じ)

　　フランジ　　$\frac{b}{t} = \frac{75}{10} = 7.5 < 9.5$

　　ウェブ　　$\frac{d}{t} = \frac{150 - 2 \times 10}{6.5} = 20 < 43$

したがって全断面有効.

(2) 素材の細長比　　$\lambda = \frac{l_1}{i_1} = \frac{100}{2.22} = 45.0 < 50$ 　　可

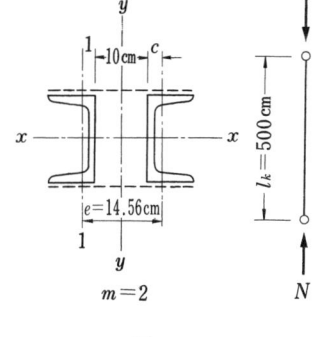

図 4.44

(3) 許容圧縮応力度

　　x 軸まわりについて　　$\lambda_x = \frac{l_k}{i_x} = \frac{500}{6.03} = 82.9$

　　y 軸まわりについて　　$\lambda_1 = \frac{l_1}{i_1} = \frac{100}{2.22} = 45.0 > 20$

したがって, 式 (4.67) より有効細長比 λ_{ye} を求める.

$$i_y = \sqrt{\left(\frac{e}{2}\right)^2 + i_1^2} = \sqrt{\left(\frac{2 \times 2.28 + 10}{2}\right)^2 + 2.22^2} = 7.61 \text{ cm}$$

$$\lambda_y = \frac{l_k}{i_y} = \frac{500}{7.61} = 65.7$$

$$\therefore \lambda_{ye} = \sqrt{\lambda_y^2 + \frac{m}{2}\lambda_1^2} = \sqrt{65.7^2 + 45.0^2} = 79.6 < \lambda_x = 82.9$$

よって, $\lambda = 82.9 ≒ 83$ として付表 1.1 より

　　許容圧縮応力度　　$f_c = 104$ N/mm² $= 10.4$ kN/cm²

(4) 断面算定

　　圧縮応力度

$$\sigma_c = \frac{N}{A} = \frac{450}{2 \times 23.71} = 9.49 \text{ kN/cm}^2, \quad \frac{\sigma_c}{f_c} = \frac{9.49}{10.4} = 0.91 < 1.0 \quad 可$$

3) 帯板の算定

　　座屈に伴うせん断力 Q_k　　$Q_k = 0.02N = 0.02 \times 450 = 9.0$ kN

　　帯板の受けるせん断力 Q_b は式 (4.72) より

$$Q_b = \frac{Q_k \cdot l_1}{n \cdot e} = \frac{9.0 \times 100}{2 \times 14.56} = 30.9 \text{ kN}$$

帯板端部の曲げモーメント M_b は式（4.73）より

$$M_b = Q_b \cdot \frac{e}{2} = 30.9 \times \frac{14.56}{2} = 225 \text{ kN·cm}$$

帯板の断面係数 Z および断面積 A は

$$Z = \frac{2I}{h} = \frac{2}{15} \times \frac{0.9 \times 15^3}{12} = 33.75 \text{ cm}^3$$

$$A = 0.9 \times 15 = 13.5 \text{ cm}^2$$

（1）モーメントの検定

　　許容曲げ応力度　　　$f_b = f_t = 156 \text{ N/mm}^2 = 15.6 \text{ kN/cm}^2 \text{(SN 400)}$

　　曲げ応力度

$$\sigma_b = \frac{M_b}{Z} = \frac{225}{33.75} = 6.67 \text{ kN/cm}^2 > f_b = 15.6 \text{ kN/cm}^2 \qquad 可$$

（2）せん断力の検定

　　許容せん断応力度

$$f_s = \frac{F}{1.5\sqrt{3}} = 90.4 \text{ N/mm}^2 = 9.04 \text{ kN/cm}^2 \text{(SN 400)}$$

　　せん断応力度

$$\tau = \frac{1.5 Q_b}{A} = \frac{1.5 \times 30.9}{13.5} = 3.43 \text{ kN/cm}^2 > f_s = 9.04 \text{ kN/cm}^2 \qquad 可$$

4）溶接継目の検定

図 4.45 において，曲げモーメント M_b は側面すみ肉溶接Ⓑで，せん断力 Q_b はⒶで抵抗するものとして式（9.7），（9.8）より溶接継目の検定を行う．ここにすみ肉溶接のサイズを $S=5$ mm とした場合，Ⓐ部分の有効長さ l は

$$l = 15 - 2 \times 0.5 = 14.0 \text{ cm}$$

であるから，これより

$$\tau = \frac{Q_b}{al} = \frac{30.9}{0.7 \times 0.5 \times 14.0} = 6.31 \text{ kN/cm}^2 < f_w = f_s = 9.04 \text{ kN/cm}^2 \qquad 可$$

Ⓑ部分は有効長さ l が

$$l = 7 - 2 \times 0.5 = 6.0 \text{ cm}$$

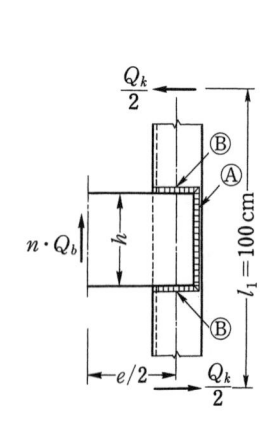

図 4.45

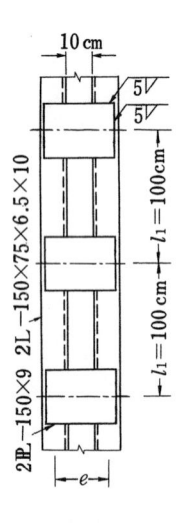

図 4.46

であり，溶接継目に働くせん断力 Q_w は曲げモーメント M_b に対し

$$Q_w = \frac{M_b}{h} = \frac{225}{15} = 15 \text{ kN}$$

したがって

$$\tau = \frac{Q_w}{al} = \frac{15}{0.7 \times 0.5 \times 6.0} = 7.14 \text{ kN/cm}^2 < f_s = 9.04 \text{ kN/cm}^2 \qquad 可$$

これより組立ては図 4.46 のようになる．

第5章 曲げ材

5.1 曲げ材の応力

5.1.1 曲げ

ここで説明しようとすることは，材料力学の教科書にくわしく解説されていることであり，また鉄骨構造特有のものでもないが，設計によく用いられる公式についてだけ，それがどのような考え方のもとに導かれたかを中心に解説しておきたい．

最初に，捩り(ねじ)を伴わない曲げを受けた曲げ材の応力について取り扱う．図5.1(a)の長方形断面材が曲げを受け，曲率が ϕ であるときの歪分布を図(b)に示してある．

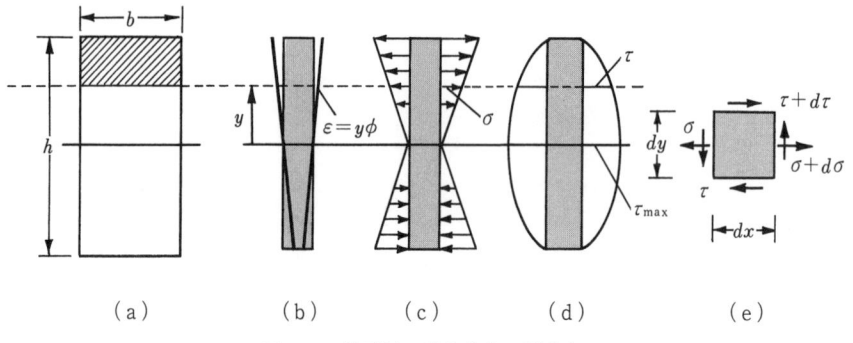

図 5.1 曲げ材の応力分布，歪分布

材のせいに対して材長が十分長い場合には，いわゆる「平面保持の仮定」が成立し，'変形前に材軸に垂直な平断面は変形後も平面を保ったまま変形した材軸に垂直である'とする．したがって，中立軸から y だけ離れた位置における歪 ε は

$$\varepsilon = y \cdot \phi \tag{5.1}$$

となる．応力 σ も弾性の場合，フック(Hooke)の法則 $\sigma = E \cdot \varepsilon$ が成立するから，図5.1(c)の分布を示す．これが，作用している曲げモーメント M につり合うから

$$M = \int_{-\frac{h}{2}}^{\frac{h}{2}} b\sigma y \, dy = \int_{-\frac{h}{2}}^{\frac{h}{2}} E b \varepsilon y \, dy \tag{5.2}$$

式(5.1)を代入して

$$M = E\phi \int_{-\frac{h}{2}}^{\frac{h}{2}} by^2 dy = EI \cdot \phi \qquad I：断面2次モーメント$$

これより $\phi=M/EI$ となり,さらに σ と M の関係は

$$\sigma=E\cdot\varepsilon=E\cdot y\phi=\frac{M}{I}y \tag{5.3}$$

最外縁 $y=h/2$ の応力 $\bar{\sigma}$ は

$$\bar{\sigma}=\frac{M}{I}\cdot\frac{h}{2}=\frac{M}{Z} \tag{5.4}$$

ここに,$Z=2I/h$ を断面係数とよんでいる.

中立軸に関して非対称な断面では圧縮側,引張り側の最外縁までの距離が異なる.これを y_c,y_t とおけば,圧縮応力の最大値 ${}_c\sigma_b$,引張り応力の最大値 ${}_t\sigma_b$ はつぎのようになる.

$$\left. \begin{aligned} {}_c\sigma_b &= \frac{M}{I}\cdot y_c = \frac{M}{Z_c} \\ {}_t\sigma_b &= \frac{M}{I}\cdot y_t = \frac{M}{Z_t} \end{aligned} \right\} \tag{5.5}$$

ここに,$Z_c=I/y_c$,$Z_t=I/y_t$ をそれぞれ圧縮側,引張り側の断面係数という.

断面内に分布するせん断応力 τ は,図 5.1(e) の $dx\times dy$ の微小片に作用する応力のつり合いから求められる.微小片のつり合い式は

$$\frac{d\tau}{dy}+\frac{d\sigma}{dx}=0 \tag{5.6}$$

であるから,y について積分すれば,

$$\tau=-\int_{y_1}^{y}\frac{d\sigma}{dx}dy+c \tag{5.7}$$

$y=h/2$ で $\tau=0$ であるから

$$\tau=\int_{y}^{\frac{h}{2}}\frac{d\sigma}{dx}dy \tag{5.8}$$

となり,上の式の σ に式 (5.3) を代入し,$Q=dM/dx$ とすれば,

$$\tau=\int_{y}^{\frac{h}{2}}\frac{d}{dx}\left(\frac{M}{I}\right)y\,dy=\frac{Q}{bI}\int_{y}^{\frac{h}{2}}by\,dy \tag{5.9}$$

となる.上の式の積分は,図 5.1(a) の斜線部分の中立軸に関する断面 1 次モーメントである.τ の分布は図 (d) に示す放物線分布となり,最大値は中立軸 $y=0$ で生ずる.最大値 $\tau_{\max}$ は

$$\tau_{\max}=\frac{Q}{bI}\int_{0}^{\frac{h}{2}}by\,dy=\frac{3}{2}\cdot\frac{Q}{bh} \tag{5.10}$$

となり,平均せん断応力 Q/bh の 1.5 倍である.

鉄骨構造によく用いられる H 形鋼や,みぞ形鋼の場合には,板厚が薄いので垂直応力 σ,せ

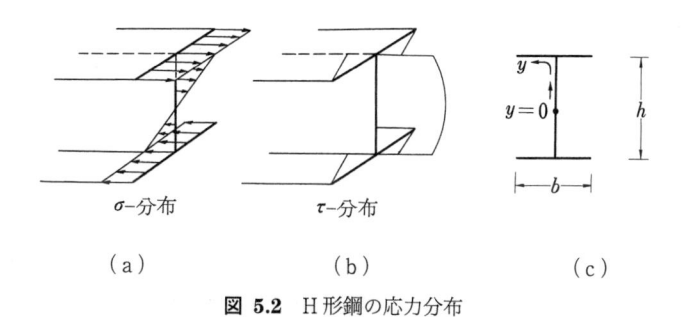

(a) σ-分布   (b) τ-分布   (c)

図 5.2 H 形鋼の応力分布

ん断応力 τ は板厚方向に一様に分布すると考えてよい．図 5.2(a) は曲げが作用したときの σ の分布を示す．

ウェブでは長方形断面と同じであるが，フランジでは一様な分布であると考える．このときのせん断応力 τ は式 (5.8) における y の座標を図 5.2(c) のようにとれば，フランジ部分の σ は

$$\sigma = \frac{M}{I} \cdot \frac{h}{2}$$

となり，これを式 (5.8) に代入して $Q = dM/dx$ の関係を用いれば，

$$\tau = \frac{Q}{t \cdot I} \int_y^{\frac{b}{2}+\frac{h}{2}} \frac{h}{2} t \, dy \qquad \left(\frac{b}{2} + \frac{h}{2} \geq y \geq \frac{h}{2}\right) \tag{5.11}$$

これは，図 (b) に示すような直線分布となる．ただし，t はフランジの板厚である．ウェブ部分は図 5.1(d) と同様，放物線分布である．

5.1.2 非対称曲げ

図 5.3 の非対称な断面に曲げモーメント M (ベクトルで示してある) が作用する場合，この断面の主軸 (相乗モーメントが 0 となるような，重心を通る 1 組の直交座標軸) に関して，(U, V) を座標をもつ点の応力 σ, τ はつぎの式で表される．

$$\left. \begin{array}{l} \sigma = \dfrac{M_U}{I_1} \cdot V + \dfrac{M_V}{I_2} \cdot U \\[6pt] \tau = \dfrac{S_1 \cdot Q_V}{I_1 \cdot t} + \dfrac{S_2 \cdot Q_U}{I_2 \cdot t} \end{array} \right\} \tag{5.12}$$

ただし M_U, M_V は M の，Q_U, Q_V は Q の主軸方向の成分，I_1, I_2：主軸に関する断面 2 次モーメント，S_1, S_2：主軸に関する断面 1 次モーメント

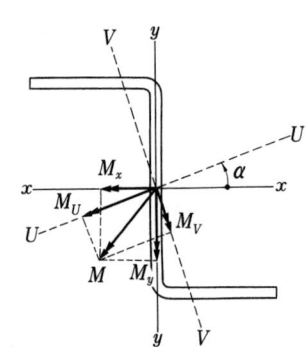

図 5.3 非対称断面

I_1, I_2 はつぎの式で計算される．

$$I_1 = I_x \cos^2 \alpha + I_y \sin^2 \alpha - 2 I_{xy} \sin \alpha \cdot \cos \alpha$$

$$I_2 = I_x \sin^2 \alpha + I_y \cos^2 \alpha + 2 I_{xy} \sin \alpha \cdot \cos \alpha$$

$$\tan 2\alpha = -\frac{2 I_{xy}}{I_x - I_y}$$

通常は図 5.3 の座標軸 x, y に関する断面性能が与えられているから，これを直接用いれば，M を x, y 軸方向に分解して M_x, M_y として，座標 (x, y) 点の応力 σ, τ は

$$\left. \begin{array}{l} \sigma = \dfrac{M_x I_y - M_y I_{xy}}{I_x I_y - I_{xy}^2} \cdot y + \dfrac{M_y I_x - M_x I_{xy}}{I_x I_y - I_{xy}^2} \cdot x \\[6pt] \tau = \dfrac{S_x I_y - S_y I_{xy}}{I_x I_y - I_{xy}^2} \cdot \dfrac{Q_y}{t} + \dfrac{S_y I_x - S_x I_{xy}}{I_x I_y - I_{xy}^2} \cdot \dfrac{Q_x}{t} \end{array} \right\} \tag{5.13}$$

で計算できる．

5.1.3 せん断中心

図 5.4(a) のみぞ形断面に $X-X$ 軸まわりの曲げが加えられたときの応力を考えよう．H 形断面の場合と同様に，式 (5.3) によって曲げによる応力 σ を求めれば図 5.4(b) となる．これに対応するせん断応力度を式 (5.9)，(5.11) を用いて求めると図 5.4(c) となる．このときの最大せん断応力 $\tau_{\max}$ は $X-X$ 軸で生じ，その大きさは，

$$\tau_{\max} = \frac{Q}{I}\left[\frac{bh}{2} \cdot \frac{t_f}{t_w} + \frac{1}{2}\left(\frac{h^2}{4}\right)\right] \tag{5.14}$$

この場合，せん断応力 τ の方向は図中の矢印の方向となるので，ウェブに沿ったせん断応力は $X-X$ 軸方向のせん断力 Q につり合うが，上下フランジのせん断応力は偶力を形成し，みぞ形断面を時計まわり

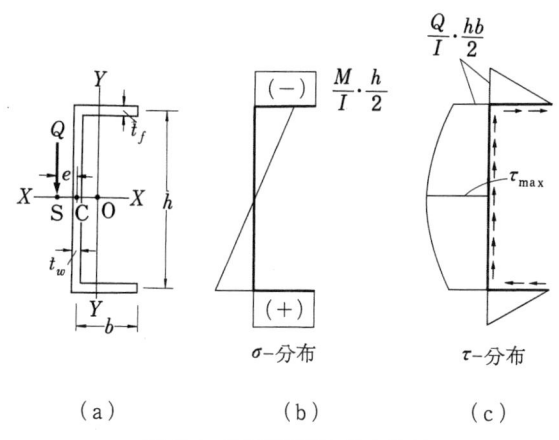

図 5.4 みぞ形断面の応力分布

にまわそうとする．しかし，図5.4(b) の曲げ応力を仮定したときには，そのような振りは生じないものとしたから，せん断力 Q はこの偶力につり合う位置に作用していなければならない．その位置を求めよう．

フランジのせん断力による点Cまわりのモーメントは

$$\frac{bt_f}{2} \cdot \frac{Q}{I} \cdot \frac{bh}{2} \times h$$

であるから，点Cから e だけ離れた位置S に Q が作用してこれにつり合うとすれば，

$$Q \cdot e = \frac{Q}{I} \cdot \frac{b^2 h^2 t_f}{4}$$

ゆえに，

$$e = \frac{3b^2 t_f}{6bt_f + ht_w} \tag{5.15}$$

となる．上の式を求めるにあたり $I = h^2(6bt_f + ht_w)/12$ とした．このような点Sをせん断中心という．

通常の設計では，振りによる応力まで検討することはしないが，できるだけ振りが生じないようにする必要がある．みぞ形鋼を単材で用いるときには，荷重の作用線がせん断中心を通るか，またはできるだけ近くを通るように配慮する．

5.2 振り

5.2.1 自由振り

細長い棒の両端に回転が逆な1組の振りモーメントを加えて棒を振るときの応力，変形について考えよう．このとき，断面上の各点は軸の周りに回転し，同時に軸方向の変位，すなわちそり (warping) を生ずる．これらの回転量，そり量は棒のほとんどすべての断面において一様である．このような振りを自由振り，または最初にこの問題に解答を与えた人の名をつけてサンヴナン (Saint-Venant) 振りという．

図5.5の例について説明する．原点Oから z だけ離れた断面から微小片を取り出し，z 方向の単位長さあたりの振り角が θ であるときの x, y, z 方向の変位を u_x, u_y, u_z とすると，これらの量の間にはつぎの関係がある．

$$\left.\begin{array}{l}u_x = -yz\theta \\ u_y = xz\theta \\ u_z = w(x, y, \theta)\end{array}\right\} \qquad (5.16)$$

上の式中, $w(x, y, \theta)$ は断面のそりを表す量である. したがって歪は

$$\varepsilon_x = \varepsilon_y = \varepsilon_z = \gamma_{xy} = 0 \qquad (5.17\,\text{a})$$

および

$$\left.\begin{array}{l}\gamma_{xy} = -\theta y + \dfrac{\partial w}{\partial x} \\ \gamma_{yz} = \theta x + \dfrac{\partial w}{\partial y}\end{array}\right\} \qquad (5.17\,\text{b})$$

となり, これより w を消去すれば, 歪の適合条件式

$$\frac{\partial \gamma_{yz}}{\partial x} - \frac{\partial \gamma_{xz}}{\partial y} = 2\theta \qquad (5.18)$$

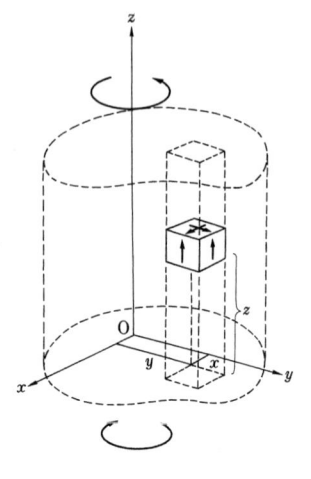

図 5.5 棒の捩り

を得る.

一方, 応力は式 (5.17 a) の歪に対して, $\sigma_x = \sigma_y = \sigma_z = \tau_{xy} = 0$ となるから, つり合い式としてはつぎの式だけになる.

$$\frac{\partial \tau_{xz}}{\partial x} + \frac{\partial \tau_{yz}}{\partial y} = 0 \qquad (5.19)$$

上の式は応力関数 ψ をつぎのように定義すれば恒等的に満足される.

$$\tau_{xz} = \frac{\partial \psi}{\partial y}, \qquad \tau_{yz} = -\frac{\partial \psi}{\partial x} \qquad (5.20)$$

さらに, 上の式をフック (Hooke) の法則 $\gamma_{xz} = \tau_{xz}/G$, $\gamma_{yz} = \tau_{yz}/G$ を用いて変形し, 式 (5.19) に代入すれば,

$$\frac{\partial^2 \psi}{\partial x^2} + \frac{\partial^2 \psi}{\partial y^2} = -2G\theta \qquad (5.21)$$

を得る. 上の式は軸方向単位長さあたりの捩れ角 θ が与えられたときの応力関数 ψ を求める式であり, ψ が求められれば式 (5.20) によって τ_{xz}, τ_{yz} が求まり, さらにフックの法則によって γ_{xz}, γ_{yz} が求まる. 式 (5.21) はラプラスの方程式とよばれる微分方程式である. 捩り問題のときの境界条件は断面の輪郭上で

$$\psi = 0 \qquad (5.22)$$

である.

捩りモーメント M_t と応力 τ_{xz}, τ_{yz} の関係は

$$M_t = \int_A (x\tau_{yz} - y\tau_{xz})\, dx\, dy \qquad (5.23)$$

と定義される. 積分は断面全体について行う. 式 (5.21), (5.22) を満足する ψ が求まったとすれば, M_t はつぎの式のように簡単な形で表すことができる.

$$M_t = 2\int_A \psi\, dx\, dy \qquad (5.24)$$

ところで, 式 (5.21) は枠に石けん膜を張り, 下から圧力 p を加えて膜をふくらませたときの変形量 V を求める式と同じ形である. すなわち V は

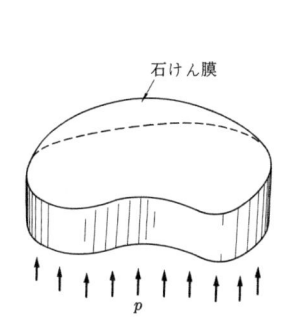

図 5.6 石けん膜の類似 **図 5.7** 長方形断面

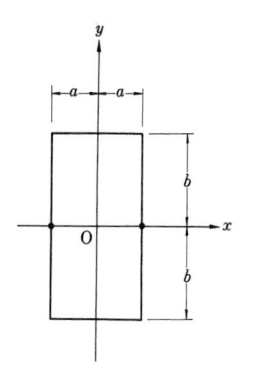

$$\frac{\partial^2 V}{\partial x^2}+\frac{\partial^2 V}{\partial y^2}=-\frac{p}{s} \tag{5.25}$$

を境界条件 $V=0$（枠縁上で）のもとで解けば求められる．ここに s は石けん膜の表面張力である．上の式と式（5.21）を比較すれば，V と $\psi/2G$, p/s と θ を対応させればよいことがわかる．この類似は非常に便利で，たとえば，棒の断面形が複雑で式（5.21）を解くことが困難な場合には，棒の断面形と同形の枠をつくり，それに石けん膜を張って圧力を加えて変形させ，変形量を測定すれば，ψ を実験的に求めることができる．また，たとえ正確な測定はできなくとも，ψ がおおよそどのような形をもっているか類推することが可能で，適確な近似も可能となる．これを"石けん膜の類似"という．

円形や楕円形断面の場合，式（5.21）は比較的簡単に正解が得られるが，通常われわれが取り扱う長方形断面では近似解しか得られない．図 5.7 の長方形断面の場合，式（5.21）の解は級数解として，

$$\psi=\frac{32G\theta a^2}{\pi^3}\sum_{n=1,3,5,\cdots}^{\infty}\frac{1}{n^3}(-1)^{\frac{n-1}{2}}\left[1-\frac{\cosh\left(\frac{n\pi y}{2a}\right)}{\cosh\left(\frac{n\pi b}{2a}\right)}\right]\cos\frac{n\pi x}{2a} \tag{5.26}$$

が得られる．τ_{yz} は式（5.20）の上の式を代入して

$$\tau_{yz}=\frac{16G\theta a}{\pi^2}\sum_{n=1,3,5,\cdots}^{\infty}\frac{1}{n^2}(-1)^{\frac{n-1}{2}}\left[1-\frac{\cosh\left(\frac{n\pi y}{2a}\right)}{\cosh\left(\frac{n\pi b}{2a}\right)}\right]\sin\frac{n\pi x}{2a} \tag{5.27}$$

$b>a$ とすれば，τ_{yz} の最大値 $\tau_{\max}$ は $(\pm a, 0)$ の点で生じ

$$\begin{aligned}\tau_{\max}&=\frac{16G\theta a}{\pi^2}\sum_{n=1,3,5,\cdots}^{\infty}\frac{1}{n^2}\left[1-\frac{1}{\cosh\left(\frac{n\pi b}{2a}\right)}\right]\\&\fallingdotseq 2G\theta a\left[1-\frac{1}{\pi^2\cosh\left(\frac{n\pi b}{2a}\right)}\right]\\&=k\cdot 2G\theta a\end{aligned} \tag{5.28}$$

上式の k は，b/a に対して表 5.1 に与えられている．捩りモーメント M_t は式（5.26）を式

表 5.1 振り係数

b/a	k	k_1	k_2
1.0	0.675	0.1406	0.208
1.5	0.848	0.196	0.231
2.0	0.930	0.229	0.246
5.0	0.999	0.291	0.291
∞	1.000	0.333	0.333

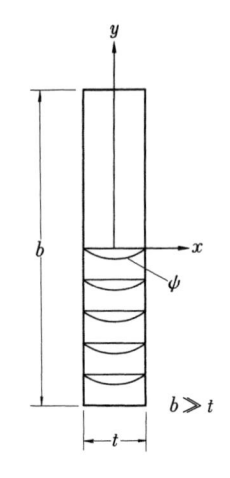

図 5.8 薄い板

(5.24) に代入し, b/a が 1 にくらべて比較的大きいとして簡単にすれば, つぎのように表現できる.

$$M_t = k_1 \cdot G\theta (2a)^3 (2b) \tag{5.29}$$

上式と式 (5.28) の最後の式から θ を消去すれば,

$$\tau_{\max} = \frac{M_t}{k_2 \cdot (2a)^2 (2b)} \tag{5.30}$$

これらの式中の k_1, k_2 も b/a に対して表 5.1 に与えられている.

表 5.1 の値をみると, b/a が大きくなると, すなわち断面が薄い板になると $k \to 1$, k_1, $k_2 \to 1/3$ となることがわかる. このことは, 図 5.8 のような t にくらべて b が十分大きな断面の枠に石けん膜を張った状態から類推できる. 上下端を除いて ϕ は上下方向にほぼ一様に

$$\phi = G\theta \left(\frac{t^2}{4} - x^2 \right) \tag{5.31}$$

と表せることからも納得できる. すなわち, τ_{yz}, $\tau_{\max}$, M_t が

$$\tau_{yz} = -\frac{\partial \phi}{\partial x} = 2G\theta x \tag{5.32}$$

$$\tau_{\max} = G\theta t \quad \left(x = \pm \frac{t}{2} \text{ において} \right) \tag{5.33}$$

$$M_t = 2\int_A \phi \, dx \, dy = \frac{1}{3} G b t^3 \theta = C\theta \tag{5.34}$$

となるからである. 上式中の C をサンヴナンの振り剛性という.

まったく同じ考え方から, 薄い板で構成された開断面材の振り剛性は, それぞれの板要素の C を加え合わせればよい. なぜなら, 図 5.9 の場合, 応力関数 ϕ が複雑になるのは板の端並びに板の交差する近傍だけと考えてよく, 大部分は図 5.8 と同じ状態にあると考えてよいからである.

薄肉の閉断面材の場合, 中空部分のせん断応力は 0 であるから, 式 (5.20) より

$$\frac{\partial \phi}{\partial y} = \frac{\partial \phi}{\partial x} = 0$$

となり, ϕ は中空部分で一定値となる. したがって, 石けん膜類似を行うには外周の枠の中に内周の大きさの剛

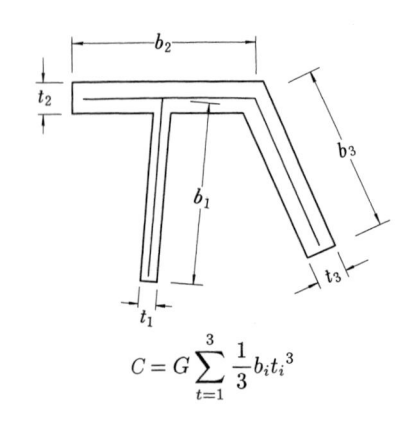

$$C = G \sum_{i=1}^{3} \frac{1}{3} b_i t_i^3$$

図 5.9 開断面材

5.2 捩り

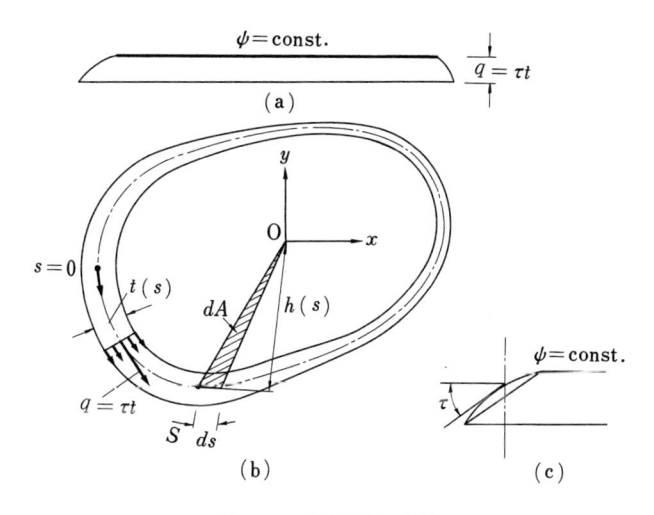

図 5.10 閉断面材の捩り

な板を置き，外枠とこの板の隙間に石けん膜を張った状態を考えればよい．このようなモデルに圧力を加えると，図5.10(a)のように内側の板が浮き上がり，ψの勾配が0であるから水平の位置を保ち，石けん膜も外側にふくらむ．これを簡単のために図(c)に示すような板厚の中心におけるせん断力τで代表させ，それが板厚方向に一様に分布しているものとする．このように考えると，板厚の中心線上のどの位置でもせん断応力の合計は一定値$q=\tau t$であるから，板厚の大きな部分ではτは小さく，小さな部分でτが大きくなる．

板厚の中心線上にとった座標Sを用いると，微小部分dsの捩りモーメント成分dM_tは

$$dM_t = h(s)\, q\, ds$$
$$= 2q\, dA \tag{5.35}$$

となる．ここにdAは図5.10(b)で斜線を施した3角形の面積を表す．上の式を中心線上で積分すれば，

$$M_t = \oint dM_t = \oint h(s)\, q\, ds$$
$$= 2qA = 2\tau t(s)\, A \tag{5.36}$$

となり，捩りモーメントは中心線で囲まれた面積Aに比例することがわかる．さらに中心Oの取り方にも無関係である．

フックの法則$\tau_{xz} = G \cdot \gamma_{xz}$，$\tau_{yz} = G \cdot \gamma_{yz}$と式(5.17)を用いて$\oint \tau\, ds$を計算すると

$$\oint \tau\, ds = G\theta \cdot 2A \tag{5.37}$$

となり，さらに式(5.36)を用いてM_tとθの関係を求めれば，

$$M_t = G\frac{4A^2}{\oint \dfrac{ds}{t(s)}}\theta \tag{5.38}$$

を得る．したがって捩り剛性Cは

$$C = G\frac{4A^2}{\oint \dfrac{ds}{t(s)}} \tag{5.39}$$

となる．とくに板厚 t が一定の場合は，板厚の中心線の周長を L とすると

$$C = G\frac{4A^2 t}{L} \tag{5.40}$$

上式からわかるように，C は A^2 に比例するので閉断面材は開断面材にくらべて振りに対して有利である．

5.2.2 拘束振り

自由振りの場合は，そりを拘束していなかった．したがって，応力としてはせん断応力だけ存在した．しかし，一般の構造物では自由振りはまれで，そりは何らかの拘束を受けるため，せん断応力のほかに材軸方向の垂直応力が生じる．ここでは，このような拘束振りの問題について説明する．拘束振りはまた，サンヴナン振りに対してワーグナ（Wagner）振りとよばれる．

簡単のため，図 5.11(a) の対称な H 形断面材が材軸まわりの振りを受ける場合について考えよう．図のように座標軸を定めると，原点 O の x, y, z 方向の変位を u, v, w とし，$z=0$ の断面から測った材軸まわりの振り角を θ とすれば，ある断面における軸方向歪 ε は

$$\varepsilon = \frac{dw}{dz} - \frac{d^2 u}{dz^2}x - \frac{d^2 v}{dz^2}y - \frac{d^2 \theta}{dz^2}\omega \tag{5.41}$$

となる．上式の第 3 項までは，梁理論のいわゆる「平面保持の仮定」を表しているが，最後の項はそりによる歪量を表し，もはや「平面保持の仮定」は成立しない．この項中の ω は扇形面積とよばれ，断面に固有の量である．図 5.11(b) のように座標 S をとれば，

$$\omega = \int_0^s h(s)\, ds \tag{5.42}$$

と定義される．対称 H 形断面の場合，ω はウェブ上で 0，フランジ上の大きさは図 5.11(c) に示すようになる．

式 (5.41) から，弾性範囲の軸方向応力 σ は

$$\sigma = E\left(\frac{dw}{dz} - \frac{d^2 u}{dz^2}x - \frac{d^2 v}{dz^2}y - \frac{d^2 \theta}{dz^2}\omega\right) \tag{5.43}$$

となり，これよりつぎの式によって軸方向力 N，x 軸，y 軸まわりの曲げモーメント M_x, M_y，バイモーメント $\mathfrak{M}$ を計算する．

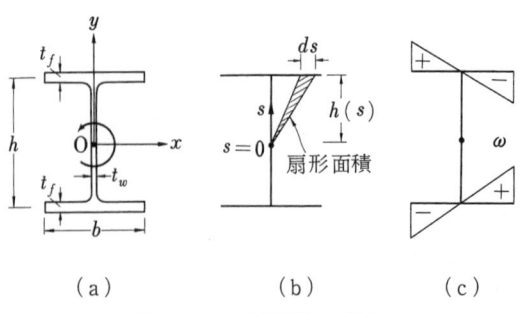

図 5.11 H 形断面材の振り

$$
\left.
\begin{aligned}
N &= \int \sigma t\, ds = EA\frac{dw}{dz} \\
M_x &= \int \sigma y t\, ds = -EI_x\frac{d^2v}{dz^2} \\
M_y &= -\int \sigma x t\, ds = EI_y\frac{d^2u}{dz^2} \\
\mathfrak{M} &= \int \sigma \omega t\, ds = -EI_\omega \frac{d^2\theta}{dz^2}
\end{aligned}
\right\}
\tag{5.44}
$$

ただし，$I_x = \int y^2 t\, ds$，$I_y = \int x^2 t\, ds$，$I_\omega = \int \omega^2 t\, ds$ で，t は板厚，積分はすべて板厚の中心線に沿ってとった座標 S について行う．式 (5.44) 中バイモーメント $\mathfrak{M}$ は，z で微分すれば材軸まわりの捩りモーメント M_ω になる量であって，曲げモーメントとせん断力の関係と同様に

$$
Q_x = -\frac{d}{dz}M_y, \quad Q_y = \frac{d}{dz}M_x, \quad M_\omega = \frac{d}{dz}\mathfrak{M}
\tag{5.45}
$$

と表せる．曲げモーメント，捩りモーメント，せん断力がわかっているとき，軸方向応力 σ，せん断応力 τ はつぎの式となる．

$$
\left.
\begin{aligned}
\sigma &= \frac{N}{A} - \frac{M_y}{I_y}x + \frac{M_x}{I_x}y + \frac{\mathfrak{M}}{I_\omega}\omega \\
\tau t &= \frac{S_y}{I_y}Q_x + \frac{S_x}{I_x}Q_y + \frac{S_\omega}{I_\omega}M_\omega
\end{aligned}
\right\}
\tag{5.46}
$$

ただし

$$
S_x = \int_s^b yt\, ds, \quad S_y = \int_s^b xt\, ds, \quad S_\omega = \int_s^b \omega t\, ds
\tag{5.47}
$$

であり，上式の積分範囲は σ，τ の値を知りたい箇所より外側部分のである．

　以上で合応力が定義されたから，つり合い式を導こう．曲げ材のつり合い式としては，x 方向，y 方向の力のつり合い式と，材軸まわりの捩りモーメントのつり合い式が考えられる．

　単位軸長さあたりの x，y 方向の荷重を p_x，p_y 捩りモーメントを m とすれば，

$$
\left.
\begin{aligned}
\frac{dQ_x}{dz} + p_x &= 0 \\
\frac{dQ_y}{dz} + p_y &= 0 \\
\frac{dM_T}{dz} + m &= 0
\end{aligned}
\right\}
\tag{5.48}
$$

上式中の M_T は自由捩り M_s と拘束捩り M_ω の和を表し，

$$
M_T = M_s + M_\omega
\tag{5.49}
$$

である．式 (5.48) に式 (5.45) を代入し，さらに式 (5.44) を用いれば，

$$
\left.
\begin{aligned}
-EI_y\frac{d^4u}{dz^4} + p_x &= 0 \\
-EI_x\frac{d^4v}{dz^4} + p_y &= 0 \\
-EI_\omega\frac{d^4\theta}{dz^4} + GI_s\frac{d^2\theta}{dz^2} + m &= 0
\end{aligned}
\right\}
\tag{5.50}
$$

を得る．上式の GI_s は自由捩り剛性で，前項の C と同じものである．これに対して EI_ω を曲げ捩り剛性という．

式 (5.50) の境界条件のうち振りに関するものは，つぎのとおりである．

$$
\left.\begin{array}{ll}
\text{固定} & \theta=0, \quad \dfrac{d\theta}{dz}=0 \\[4pt]
\text{回転} & \theta=0, \quad \mathfrak{M}=0\left(\dfrac{d^2\theta}{dz^2}=0\right) \\[4pt]
\text{自由} & \mathfrak{M}=0 \;\; \left(\dfrac{d^2\theta}{dz^2}=0\right) \\[4pt]
& M_\omega=0\left(\dfrac{d^3\theta}{dz^3}=0\right)
\end{array}\right\} \tag{5.51}
$$

5.3 横 座 屈

H 形断面の梁が図 5.12(a) のように曲げを受けると，上フランジ部分は圧縮される．もし，梁フランジの水平方向の曲げ剛性が梁の長さにくらべて十分でないと，圧縮材の座屈と同様に横方向に座屈し，図 (b) のように座屈変形を起こす．このような現象を横座屈という．ここでは横座屈を生じさせるモーメントの大きさを求めよう．

圧縮材の座屈を取り扱ったときと同様，わずかな座屈変形が生じた状態を考える．ここでは，材軸の水平変位 u，回転角 θ とする．材の両端に作用しているモーメントは，大きさが等しく向きが逆であるものとすれば，座屈変形を生じたとき，このモーメントによって，梁には付加的な x 方向の荷重および振りモーメントが作用する．すなわち，式 (5.50) の荷重項は，

$$
\left.\begin{array}{l}
p_x = -\dfrac{d^2}{dz^2}(M_0\theta) \\[4pt]
p_y = 0 \\[4pt]
m = -M_0\dfrac{d^2 u}{dz^2}
\end{array}\right\} \tag{5.52}
$$

となり，座屈のつり合い式は次式となる．

$$
\left.\begin{array}{l}
EI_y\dfrac{d^4 u}{dz^4} + \dfrac{d^2}{dz^2}(M_0\theta) = 0 \\[4pt]
EI_x\dfrac{d^4 v}{dz^4} = 0 \\[4pt]
EI_\omega\dfrac{d^4\theta}{dz^4} - GI_s\dfrac{d^2\theta}{dz^2} + M_0\dfrac{d^2 u}{dz^2} = 0
\end{array}\right\} \tag{5.53}
$$

梁の両端が，変位，回転角の両方について単純支持されているものとすれば，上式の第 1，第 3 式から u を消去して，θ の微分方程式を得る．

$$
\dfrac{d^4\theta}{dz^4} - 2\alpha\dfrac{d^2\theta}{dz^2} - \beta\theta = 0 \tag{5.54}
$$

ただし

$$
\alpha = \dfrac{GI_s}{2EI_\omega}, \qquad \beta = \dfrac{M_0^2}{EI_\omega EI_y} \tag{5.55}
$$

この式を両端単純支持の条件で解くと，M_0 が座屈値 M_{0cr} となるとき座屈変形が生ずることがわかる．

M_{0cr} は

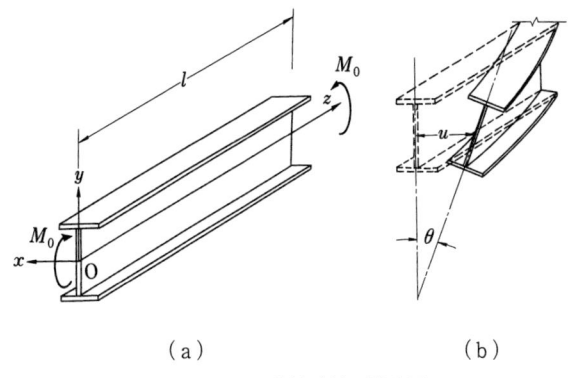

図 5.12 H形断面材の横座屈

$$M_{0cr} = \sqrt{\frac{\pi^2 E I_y G I_s}{l^2} + \frac{\pi^4 E^2 I_y I_\omega}{l^4}} \tag{5.56}$$

H形断面の捩り定数 I_s，曲げ捩り定数 I_ω は

$$\left. \begin{array}{l} I_s = \dfrac{1}{3}(2bt_f{}^3 + ht_\omega{}^3) \\[4pt] I_\omega = \dfrac{1}{24}(t_f h^2 b^3) \fallingdotseq \dfrac{h^2 I_y}{4} \end{array} \right\} \tag{5.57}$$

である（図5.11参照）．

5.4 曲げ材の許容応力度

5.4.1 横座屈応力度

式 (5.56) および式 (5.4) を用いて座屈応力度 σ_{cr} を求めると

$$\sigma_{cr} = \sqrt{\left(\frac{\pi\sqrt{EI_y GI_s}}{lZ}\right)^2 + \left(\frac{\pi^2 E \sqrt{I_y I_\omega}}{l^2 Z}\right)^2} \tag{5.58}$$

上式の第1項，第2項を $(\sigma_{scr})^2$, $(\sigma_{\omega cr})^2$ とおくと

$$\sigma_{cr} = \sqrt{(\sigma_{scr})^2 + (\sigma_{\omega cr})^2} \tag{5.59}$$

第1項において

$$\left. \begin{array}{l} I_y \fallingdotseq \dfrac{t_f b^3}{6} = \dfrac{A_f b^2}{6}, \quad A_f = bt_f \\[4pt] I_s \fallingdotseq \dfrac{1}{3}(2bt_f{}^3) = \dfrac{2}{3} A_f t_f{}^2 \\[4pt] Z \fallingdotseq A_f h \end{array} \right\} \tag{5.60}$$

とおけば，

$$\sigma_{scr} = \frac{\pi\sqrt{EI_y GI_s}}{lZ} = \frac{\frac{1}{3}\pi E\sqrt{\frac{G}{E}}}{\frac{lh}{A_f}} = \frac{0.65E}{\frac{lh}{A_f}} \tag{5.61}$$

第2項において

$$I_\omega = \frac{1}{24} t_f h^2 b^3 = \frac{1}{2} I_f h^2, \quad I_f = \frac{t_f b^3}{12}$$
$$I_y = 2I_f, \quad \sqrt{I_y I_\omega} = I_f h \quad\quad\quad\quad\quad\quad (5.62)$$
$$Z = A_f h + \frac{1}{6} t_w h^2 = \left(A_f + \frac{1}{6} A_w\right) h, \quad A_w = t_w h$$

とおけば，

$$\sigma_{\omega cr} = \frac{\pi^2 E \sqrt{I_y I_\omega}}{l^2 Z} = \frac{\pi^2 E I_f}{\left(A_f + \frac{1}{6} A_w\right) l^2}$$

$$= \frac{\pi^2 E}{\left(\frac{l}{i}\right)^2} = \frac{\pi^2 E}{\lambda^2} \quad\quad\quad\quad (5.63)$$

となる．上式における i は，図5.13の斜線で示した片側のフランジにウェブの1/6を加えたT形断面の y 軸まわりの断面2次半径で

$$i^2 = \frac{I_f}{A_f + \frac{1}{6} A_w} \quad\quad\quad\quad (5.64)$$

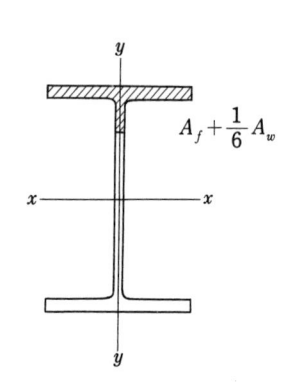

図 5.13 有効T形断面

式 (5.63) は，このT形断面が単独に x 方向に座屈すると考えたときのオイラー荷重を表しており，非弾性域では第4章式 (4.52) と同様

$$\sigma_{\omega cr} = \left\{1 - \frac{2}{5}\left(\frac{\lambda}{\Lambda}\right)^2\right\} \sigma_Y \quad\quad\quad\quad (5.65)$$

の形に表せる．

5.4.2 許容曲げ応力度

大きさが等しく，両端に回転の方向が逆の端部モーメントを受け，一様な曲げモーメント状態にある梁の許容曲げ応力度 f_b には，式 (5.59) の第1項，第2項のうち大きいほうの値だけとって σ_{cr} として，さらにそれを安全率 $\frac{3}{2}$ で割った安全側の値を採用する．

$$f_b = \left\{\frac{2}{3} - \frac{4}{15} \frac{\lambda^2}{\Lambda^2}\right\} F \quad\quad\quad\quad (5.66\,\text{a})$$

$$f_b = \frac{89000}{\left(\frac{l_b h}{A_f}\right)} \leq \frac{F}{1.5} = f_t \quad\quad\quad\quad (5.66\,\text{b})$$

のうち大きいほうの値．

ただし　f_b：許容曲げ応力度，λ：細長比 (l_b/i)，l_b：横座屈長さ（圧縮フランジの横方向支点間距離），i：式 (5.64)，h：梁せい，A_f：圧縮フランジの断面積，Λ：限界細長比〔式 (4.55)〕

式 (5.66 a) は式 (5.65) の右辺を安全率 $\frac{3}{2}$ で除したのち降伏応力度を基準強度 F に置き換えたもの，式 (5.66 b) は式 (5.61) に $E=205000\,\text{N/mm}^2$ を代入し，さらに安全率 $\frac{3}{2}$ で除し数値を丸めて整理したものである．

式 (5.66 a)，(5.66 b) を図示すると図5.14となり，比較的ずんぐりした断面では式 (5.66

5.4 曲げ材の許容応力度　67

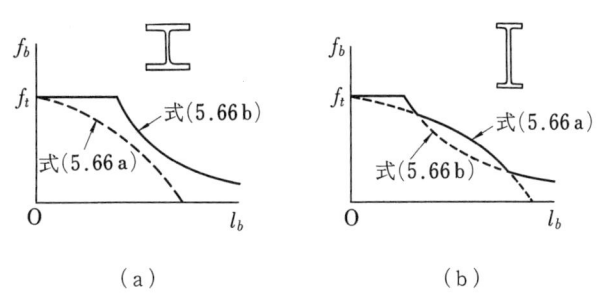

図 **5.14** 許容曲げ応力度

b) が大きく，せいの高いすんなりした断面では式 (5.66 a) が大きい場合が多い．

5.4.3 応力に対する修正係数 C

式 (5.66 a) で与えた許容応力度は，図 5.15(a) に示すような均等な曲げモーメントが作用した場合であって，図 (b)，(c) に示す曲げモーメント分布のときには圧縮される部分が少なくなり安全側の値になりすぎる．そこで，このような場合には，両端のモーメントの比による修正係数 C によって式 (5.66 a) をつぎのように修正する．

$$f_b = \left\{\frac{2}{3} - \frac{4}{15}\frac{\lambda^2}{C\Lambda^2}\right\}F = \frac{2}{3}\left\{1 - \frac{2}{5}\frac{\lambda^2}{C\Lambda^2}\right\}F = \left\{1 - 0.4\frac{\lambda^2}{C\Lambda^2}\right\}f_t \tag{5.67}$$

C の値は多くの研究者によって計算されているが，どれも大差なく，国土交通省告示では

$$C = 1.75 + 1.05\left(\frac{M_2}{M_1}\right) + 0.3\left(\frac{M_2}{M_1}\right)^2 \leq 2.3 \tag{5.68}$$

としている．上の式中の M_1 は大きいほうのモーメントの値であり，M_2 の符号は図 5.15 のようにとる．また，はりの中央で M_1 より大きな値がある場合には $C=1$ にするとしている．

しかし，実際の構造物では，図 5.15(b)，(c) のような曲げモーメント状態になることはまれで，これに鉛直荷重による曲げモーメントが付加される．若林らの研究[1]によれば，鉛直荷重による曲げモーメントによって横座屈モーメント（座屈が生じたときのスパン内の最大曲げモーメント）M_{cr} は図 5.16 のように変動する．

図中の横軸の値 α は $\alpha = M_2/M_1$ であり，β は鉛直荷重による曲げモーメントの大きさを表す量で，等分布荷重を受ける単純ばりの曲げモーメントの最大値 M_m と M_1 の比すなわち $\beta = M_m/M_1$ である．また，縦軸の値は，横座屈モーメント M_{cr} と式 (5.56) M_{0cr} の比で，修正係数 C と同じものである．参考のために式 (5.68) の値も図中に示してある．

さらに，通常の事務所建築物の梁の上フランジは，床のコンクリートスラブに緊結されているので，横方向変位に対しては十分な拘束があると考えられる．こ

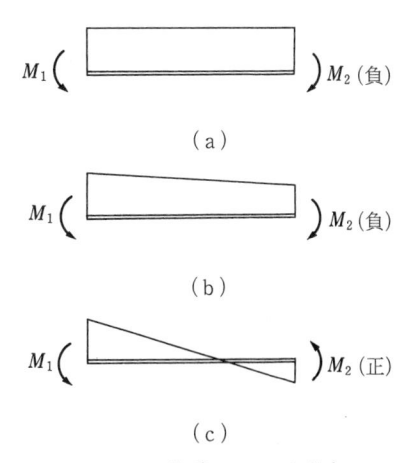

図 **5.15** 曲げモーメント分布

---

[1] 若林 実，中村 武；「端モーメントと等分布荷重を受ける鉄骨 H 形はりの弾性横座屈に対する数値解析」日本建築学会論文報告集　第 208 号　昭 48.6.

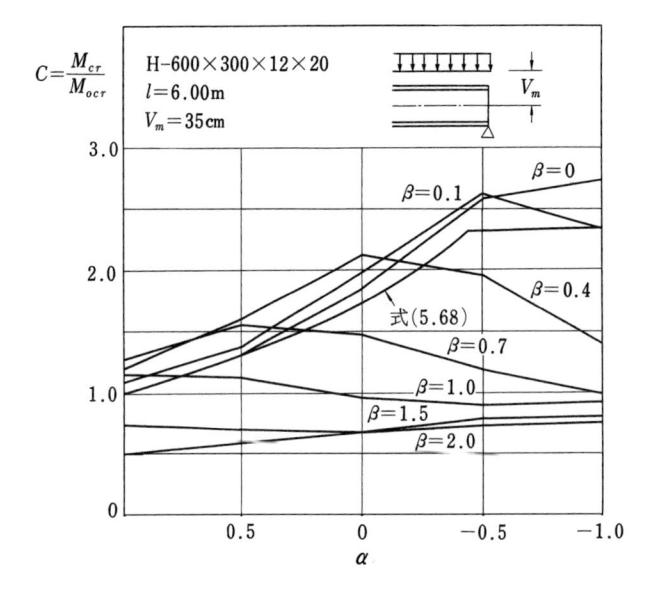

図 5.16 横座屈モーメント比

のような場合の修正係数としては，つぎの式が提案[1]されているので参考までにあげておく．

$$\left.\begin{array}{l} C = f(\alpha) \times g(\beta) \\ f(\alpha) = 1.85 - 1.25\alpha + 0.40\alpha^2 \\ g(\beta) = 1.00 + 0.85\beta^2 \end{array}\right\} \tag{5.69}$$

5.4.4 許容曲げ応力度のとり方

以上述べたことを考慮し，かつ幅厚比の制限（4.6.4項）を満足することを前提として，許容曲げ応力度 f_b をつぎのようにとる．

（ⅰ） H形断面などの荷重面内に対称軸をもつ曲げ材が，強軸まわりに曲げを受ける場合，圧縮側の許容曲げ応力度は式 (5.66 b), (5.67) のうち大きいほうの値をとる．ただし，圧縮および引張り側応力度とも f_t を越えない．

（ⅱ） 鋼管，箱形断面の曲げ，荷重面内に対称軸をもつH形断面，みぞ形断面などの弱軸まわりの曲げに対しては，横座屈のおそれはないので許容曲げ応力度を f_t とする．また，面内曲げを受けるガセットプレートに対しても同様に取り扱う．

（ⅲ） みぞ形断面の強軸曲げ，Z形断面の曲げなど荷重面内に対称軸をもたない曲げ材に対しては，初めから捩れが支点間に起こることを考慮して，許容曲げ応力度は式 (5.66 b) を用いる．ただし，f_t を越えることはできない．

（ⅳ） JISに定めるみぞ形鋼，山形鋼およびZ形鋼などを母屋や根太，胴縁などに用いるとき，床や壁の抵抗が期待できる場合には，許容曲げ応力度を f_t とすることができる．ただし，山形鋼については通常とくに支障のない限り $f_b = f_t$ としてよい．

なお，設計に便利なように式 (5.66 b), (5.67) で与えられる許容曲げ応力度 f_b の計算図表

---

[1] 前ページの脚注参照．

を付図 1.1 に示す．

5.5 形 鋼 梁

形鋼をそのまま単一梁として用いるもので，一般に H 形鋼が多く用いられている．

5.5.1 1 方向曲げを受ける場合

1 方向曲げを受ける形鋼梁の曲げ応力度の検定は，つぎの式によって行う．

$$\left.\begin{array}{l} {}_t\sigma_b = \dfrac{M}{Z_t} \leqq f_t \\[2mm] {}_c\sigma_b = \dfrac{M}{Z_c} \leqq f_b \end{array}\right\} \tag{5.70}$$

ただし　Z_t, Z_c：引張りおよび圧縮側の断面係数，${}_t\sigma_b$, ${}_c\sigma_b$：引張りおよび圧縮側の最大曲げ応力度，f_t：許容引張り応力度，f_b：許容曲げ応力度，M：曲げモーメント．

なお，梁材の断面係数は，引張り側のボルト孔を控除した断面について求める．この際，これに対応する圧縮側のボルト孔も同時に控除して差し支えない．

ウェブに生ずるせん断応力度の検定は，つぎの式による．

$$\tau = \frac{QS}{It_w} \leqq f_s \tag{5.71}$$

ただし　t_w：ウェブプレートの板厚，S：中立軸に関する断面の上半分または下半分の断面 1 次モーメント，I：中立軸に関する全断面についての断面 2 次モーメント，f_s：許容せん断応力度 $\left(f_s = \dfrac{F}{1.5\sqrt{3}}\right)$，$Q$：せん断力．

H 形断面材などの場合には，実用的につぎの式に示すような方法がよく用いられている．

$$\frac{Q}{jt_w} \leqq f_s \tag{5.72 a}$$

$$\frac{Q}{A_w} \leqq f_s \tag{5.72 b}$$

ただし　$j = 0.85h$，h：梁せい，A_w：ウェブの断面積．

5.5.2 2 方向曲げを受ける場合

図 5.17 に示すように，曲げを受ける面がその断面の主軸でない場合には，曲げモーメント M を断面

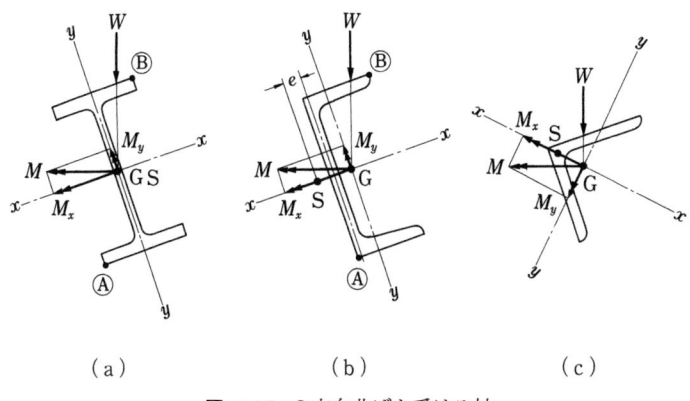

(a)　　　　　　　(b)　　　　　　　(c)

図 **5.17**　2 方向曲げを受ける材

のそれぞれの主軸（x, y 軸）まわりの成分（M_x, M_y）に分解し，両軸に曲げを受けるものとして取り扱う．この場合の曲げモーメントに対する引張りおよび圧縮側の最大応力度 $_t\sigma_{max}$, $_c\sigma_{max}$ は Ⓐ，Ⓑ 点に生じ，その大きさは

$$\left.\begin{aligned} _t\sigma_{max} = {}_t\sigma_x + {}_t\sigma_y = \frac{M_x}{_tZ_x} + \frac{M_y}{_tZ_y} \\ _c\sigma_{max} = {}_c\sigma_x + {}_c\sigma_y = \frac{M_x}{_cZ_x} + \frac{M_y}{_cZ_y} \end{aligned}\right\} \quad (5.73)$$

ただし $_tZ_x$, $_cZ_x$：主軸（x 軸）に関する引張りおよび圧縮側の断面係数，$_tZ_y$, $_cZ_y$：主軸（y 軸）に関する引張りおよび圧縮側の断面係数．

したがって，曲げ応力度の検定はつぎの式により行う．

$$\left.\begin{aligned} \text{圧 縮 側} \quad \frac{_c\sigma_x}{f_{bx}} + \frac{_c\sigma_y}{f_{by}} \leq 1 \\ \text{引張り側} \quad \frac{_t\sigma_x + {}_t\sigma_y}{f_t} \leq 1 \end{aligned}\right\} \quad (5.74)$$

ただし f_{bx}, f_{by}：x 軸および y 軸に対する許容曲げ応力度．

圧縮側の許容曲げ応力度として，弱軸（y 軸）曲げに対しては $f_{by}=f_t$ としてよいが，強軸（x 軸）曲げに対する許容曲げ応力度 f_{bx} は，図 (a) のように荷重面内に対称軸をもつ H 形断面の場合は，横座屈を考慮して式 (5.66 b)，(5.67) のうち大きいほうの値を，図 (b) のようなみぞ形断面の場合には，5.1.3 項で述べたように断面の重心とせん断中心が一致しないため，初めから捩れが起こることを考慮して式 (5.66 b) を用いる．

また，図 (c) に示すような山形断面の場合も，みぞ形断面と同様，荷重面内に対して対称軸をもたないので，捩れに対して考慮しなければならないが，設計にあたって JIS に定める山形鋼を用いるときは f_{bx} を f_t に等しくとることができる．

せん断応力度の検定は，せん断力 Q をそれぞれの主軸方向に分解した成分 Q_x, Q_y に対して，式 (5.71) または式 (5.72) により検定すればよい．

5.5.3 集中荷重を受ける場合

図 5.18 に示すように，形鋼ばりまたは溶接プレートガーダーの荷重点や支持点などに集中荷重が作用する場合は，荷重を受けるウェブフィレット先端部の圧縮応力に対して検定を行う必要がある．この場合，応力の伝達は，加圧板の端部より 45° 方向に広がりをもってウェブフィレットの先端部に作用するものと考えて，この部分の局部圧縮応力度をつぎの式により検定する．

梁の中間荷重に対して $\quad \dfrac{P}{t_w(l+2t_0)} \leq f_c' \quad (5.75)$

梁の端部の支点反力に対して $\quad \dfrac{P}{t_w(l+t_0)} \leq f_c' \quad (5.76)$

ただし P：中間荷重または支点反力，t_w：ウェブプレートの板厚，t_0：フランジ外縁よりウェブフィ

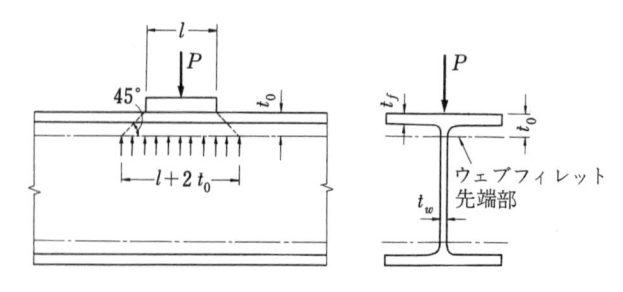

図 5.18 集中荷重を受ける梁

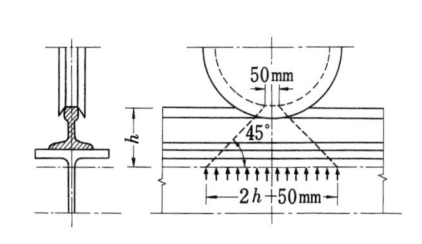

図 5.19 車輪荷重を受ける梁 　　　　**図 5.20** 荷重点スチフナ

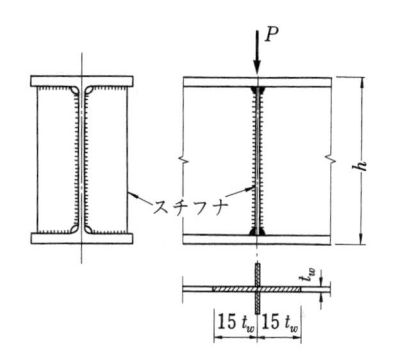

レット先端部までの距離，l：荷重分布長さ．ただし，支点反力に対しては t_0 以下であってはならない．またクレーン車輪荷重の場合は，図5.19に示すようにレール上端面において荷重分布長さを 50 mm として取り扱う．f_c'：ウェブフィレット先端部の許容圧縮応力度 $f_c' = \dfrac{F}{1.3}$ として与えられる．

　集中荷重を受ける部分のウェブプレートの板厚が薄く座屈のおそれがある場合，または式(5.75)，(5.76)が満足しない場合には，図5.20に示すように，荷重点下のウェブプレートの両側にスチフナを設ける必要がある．このようなスチフナを荷重点スチフナという．

　この場合の応力算定は，梁の中間にスチフナを設けるときは，スチフナの両側にウェブプレート厚の15倍以下の，端部スチフナにおいては，スチフナの片側に15倍以下の有効幅をもつウェブプレート断面とスチフナからなる断面材を圧縮材とみなして検定する．ここに，座屈長さは梁のせいの0.7倍として取り扱い，スチフナはフランジに密着させる．

5.6　組立て梁

　形鋼梁で設計することが容易でない場合などには，ボルト接合または溶接接合によって組み立てられた組立て梁が用いられる[1]．

5.6.1　充腹組立て梁（プレートガーダー）

　充腹組立て梁の例を図5.21に示す．ボルト接合による組立て梁の設計にあたっては，梁フランジのカバープレート数は4枚を限度とし，カバープレートの全断面積をフランジの全断面積の70％以下に抑える必要がある．

　また，溶接組立て梁においては，梁の断面性能をカバープレート数の増減によって調節してもよいが，なるべくフランジは1枚の板で構成し，応力の変化に対する断面性能の調節は，フランジの板厚または，板幅を変えることにより行う方法をとることが望ましい．

　その他，フランジおよびウェブプレートの局部座屈に対しては表4.4，表4.5の規定に従う．なお，この規定に従わないウェブプレートおよびスチフナをもつウェブプレートについては，4.6節に従って座屈の検定を行う必要がある．本書は通常用いられる組立て梁について説明する．

---

1)　ボルト接合法，溶接接合法については第7章，第8章参照．

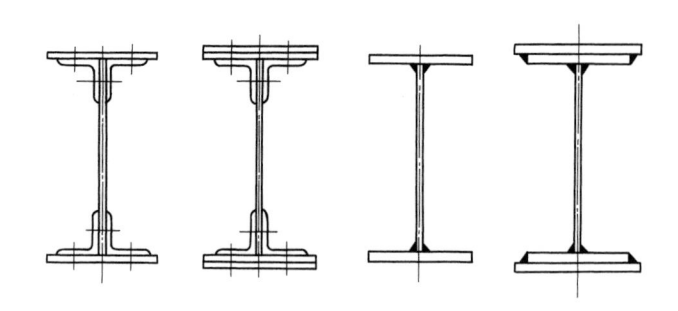

図 5.21 充腹組立て梁

（1） 応力度の検定

曲げ応力度およびせん断応力度の検定は形鋼梁に準じて行う．なおこの場合，断面係数は引張り側のボルト孔を控除した断面について算出する．しかし，略算的にこれに対応する圧縮側の孔も同時に控除してもよい．

（2） 溶接接合

溶接接合により充腹組立て梁をつくるときは，通常フランジとウェブの接合を両側連続すみ肉溶接として，その部分のせん断力に耐えるようにする．

図5.22において，フランジとウェブのすみ肉溶接ののど厚 a_1 はせん断力 Q に対し

$$a_1 \geq \frac{QS_1}{2f_wI} \quad \text{または} \quad a_1 \geq \frac{Q}{2f_wj} \tag{5.77}$$

で与えられる．ここに $j=0.85h$ とする．

  ただし f_w：すみ肉溶接の許容応力度，I：梁の断面2次モーメント，S_1：片側フランジの中立軸に関する断面1次モーメント，h：梁せい．

また，カバープレートの接合を連続すみ肉溶接とした場合，そのつど厚 a_2 は同様に次式で与えられる．

$$a_2 \geq \frac{QS_2}{2f_wI} \quad \text{または} \quad a_2 \geq a_1\frac{A_2}{A_1} \tag{5.78}$$

  ただし S_2：片側カバープレートの中立軸に関する断面1次モーメント，A_1：フランジの全断面積，A_2：カバープレートの断面積．

もし断続溶接とすれば

$$a_2 \geq \frac{QS_2}{2l_2f_wI}p_2 \quad \text{または} \quad a_2 \geq a_1\frac{A_2}{A_1}\frac{p_2}{l_2} \tag{5.79}$$

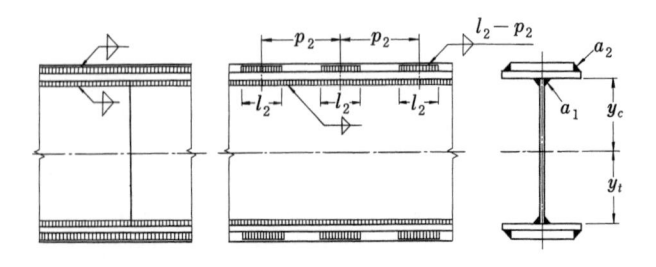

図 5.22 組立て梁の溶接

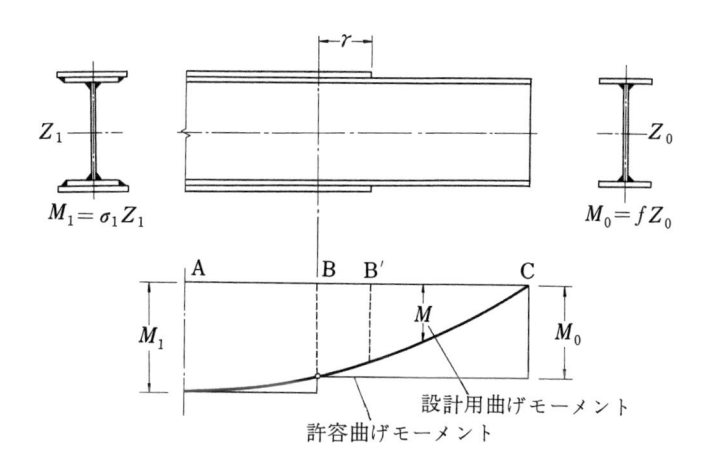

図 5.23 カバープレートの余長

となる.
ただし l_2：断続すみ肉溶接の有効長さ，p_2：断続溶接のピッチ.

(3) 余 長

プレートガーダーを設計するとき，曲げモーメントの大きさに対応してカバープレートを用いて断面性能を調節するが（図5.23），このような場合，カバープレートは断面算定を行った位置（点B）から余長 γ をもたせ，カバープレートが負担する応力をこの余長部分の溶接により，フランジ材へ十分伝達させる必要がある.

図5.23において AB 部分の断面係数を Z_1，カバープレートの断面積を A とすると，図5.24に示す点Bでのカバープレートに作用する力 F は

$$F = \frac{M_0 A}{Z_1} \tag{5.80}$$

として与えられる. これが BB′ 間の溶接の許容耐力 $2af_w\gamma$ に対し

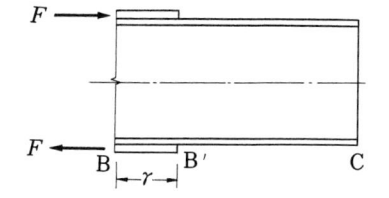

図 5.24 余長の長さ

$$2af_w\gamma \geq f \tag{5.81}$$

とおくことにより，必要な余長 γ はつぎの式で与えられる.

$$\gamma \geq \frac{M_0 A}{2af_w Z_1} \tag{5.82}$$

ただし a：余長部分のすみ肉溶接ののど厚，f_w：すみ肉溶接の許容応力度
ここに，余長 γ は少なくともカバープレートの幅の1/2以上としなければならない.
なお，ボルト接合の場合は，力 F の伝達に要するボルト本数により余長 γ の長さが決定される.

5.6.2 非充腹組立て梁

非充腹組立て梁の代表的なものとしては，図5.25に示すようなトラス梁，ラチス梁などがあげられる. これらは一般にトラス構造などの小屋梁，桁梁，つなぎ梁，サブビーム，耐力梁などによく用いられる. 図に示すようなトラス梁，ラチス梁の応力算定としては，通常トラスとして取り扱う場合と，充腹の梁と同様に取り扱う場合との2通りの方法がある.

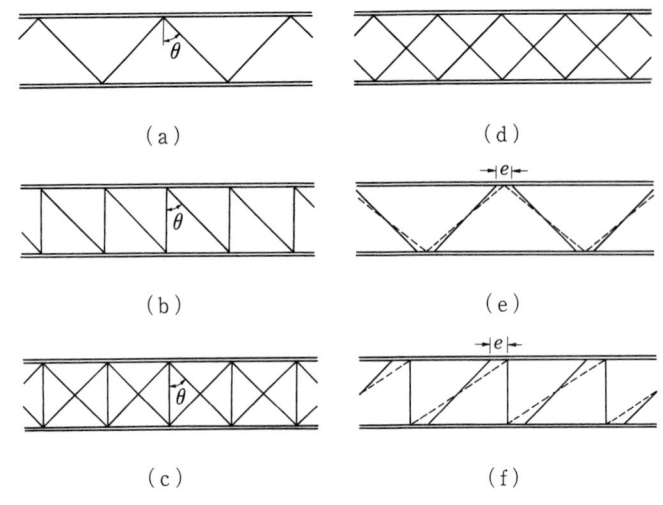

図 5.25 非充腹組立て梁

トラスとして取り扱う場合は，トラスの解法により弦材およびウェブ材の各応力を求めて，引張り材または圧縮材として断面算定を行えばよいが，図に示したような平行弦トラス材で，通常用いられている程度の規模のものについて，弦材に作用する軸力 N_f を曲げモーメント M に対して

$$N_f = \frac{M}{j} \tag{5.83}$$

として求め，これより弦材の圧縮側応力度 $_c\sigma_f$ および引張り側応力度 $_t\sigma_f$ を，つぎの式により検定すればよい．

$$\left.\begin{aligned}_c\sigma_f &= \frac{N_f}{A_f} \leq f_c \\ _t\sigma_f &= \frac{N_f}{A_{fn}} \leq f_t \end{aligned}\right\} \tag{5.84}$$

ただし j：上下弦材の重心間距離，A_f：片側フランジ（弦材）の全断面積，A_{fn}：片側フランジ（弦材）のボルト孔を控除した断面積．

なお，大規模なもの，または梁せいが極端に小さい場合には，上の式は用いないほうがよいであろう．

充腹梁と同様に取り扱う場合は，引張り側のボルト孔を控除した断面について断面係数を求め，式 (5.70) により曲げによる応力度の検定を行えばよい．

ただし，式 (5.70) の圧縮側許容曲げ応力度 f_b および式 (5.84) の f_c は，圧縮力を受ける弦材の構面内または構面外座屈（図 10.10）に対して求めた許容圧縮応力度 f_c を用いる．この場合，弦材に作用する軸力が支点間で変化する場合（図 10.12，10.13）の構面外座屈に対する座屈長さは式 (10.3)～(10.5) により求められる．軸力の変化が曲げモーメントによる場合は，同式中の N_1，N_2 の代わりにこれに対応する両端のモーメント M_1，M_2 を代入すればよい．

ウェブ材に作用する軸力 N_d は，せん断力 Q に対して

$$N_d = \frac{Q}{\cos \theta} \tag{5.85}$$

として求められるから，これより引張り材または圧縮材としてウェブ材の検定を行えばよい．ここに，ウェブ材の座屈長さは原則として節点間距離とする．

図 5.25(e)，(f) のようにウェブ材を偏心接合とした場合は，よくウェブ材を点線のように仮定する略算が行われるが，偏心による付加応力を考慮しなければならないので，できるだけ節点においては弦材とウェブ材の重心線が一点に会するようにして偏心を避ける配慮が必要である．なお接合部は偏心を

受けやすいので，接合ボルトは多少余裕をみておくことが望ましい．
　また，トラス梁，ラチス梁はなるべく節点に荷重が作用するような架構とする．もし荷重が弦材の節点間に加わるときには，これによる曲げの影響を加味しなければならない．
　弦材とウェブ材の接合部の取扱いについては第10章のトラスを参照されたい．
　その他，非充腹形組立て梁の設計にあたっては，4.5節の組立て圧縮材ならびに4.6.6項の幅厚比の制限に従わなければならない．

5.7　曲げ材の全塑性モーメント

　保有水平耐力の検定にあたっては，梁材の曲げ耐力としてその部材の全塑性モーメントが用いられる．そこで，部材断面の全塑性モーメント M_p の求め方を示しておく（H形鋼の全塑性モーメントについては付表3.6参照）．

$$M_p = \sigma_Y \cdot Z_p \tag{5.86}$$

ただし　σ_Y：部材の降伏応力度 [N/mm²]（表11.3の F 値を用いる），Z_p：部材断面の塑性断面係数 [mm³] で式 (5.87) で求められる．

$$Z_p = \int_+ y\, dA - \int_- y\, dA \tag{5.87}$$

たとえば図5.26のH形断面材の塑性断面係数 Z_p を求める略算式は以下のようになる．

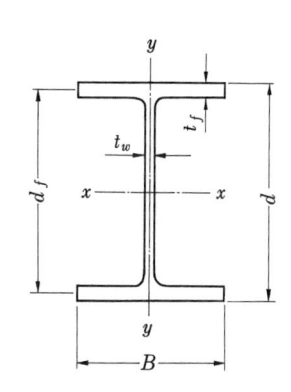

図 5.26　H形断面材

$$Z_{px} = A_f \cdot d_f + \frac{1}{4} A_w \cdot d_f, \quad Z_{py} = \frac{1}{2} A_f \cdot B + \frac{1}{4} A_w t_w \tag{5.88}$$

ここに　$A_f = B \cdot t_f,\ A_w = (d - 2 \cdot t_f) t_w,\ d_f = d - t_f$

　ただし，部材断面を構成する板要素の幅厚比が表4.4，表4.5の制限値を満足しない場合は，その制限を越えた部分を無視して全塑性モーメントを算出する．なお，梁部材には十分な塑性変形能力を期待する関係上，横座屈防止のためつぎの式を満足する必要がある．

　　　SN 400，SS 400 の場合　　　$\lambda_y \leq 170 + 20n$　　　　　　　　　　　　　　(5.89 a)
　　　SN 490，SM 490 の場合　　　$\lambda_y \leq 130 + 20n$　　　　　　　　　　　　　　(5.89 b)

ただし　λ_y：梁部材の弱軸まわりの細長比，n：横補剛材の本数

5.8　曲げ材のたわみ

　鉄骨構造は先にも述べたように，比較的細長い部材で設計される．このため，部材の応力度が許容値以内であっても剛性が小さくなりすぎると大きなたわみが生ずることになる．
　たわみが大きくなると，屋根，天井，床などの仕上材が損傷を受けたり，梁に軸力が生ずるなどの2次的応力が発生し骨組に悪影響をおよぼすなどの構造的障害や，クレーンガーダーにおける作業上の障害，梁の振動によって人体に不快感を与える振動障害などの原因となる．したがって，このような弊害を防ぐため，梁にはある程度の剛性をもたせる必要がある．鋼構造設計規準では，たわみの制限値をつぎのように定めている．

通常の梁の場合　$\delta/l \leqq 1/300$　　片持梁の場合　$\delta/l \leqq 1/250$
クレーン走行梁の場合
　手動クレーン　$\delta/l \leqq 1/500$
　電動クレーン（走行速度，使用ひん度などの実状に応じて）
　　　　$\delta/l \leqq 1/800 \sim 1/1200$

比較的スパンの大きな梁や，床と梁の合成効果がとぼしい場合などについては，十分な注意をはらう必要がある．

また，もやや胴縁などに対しては，仕上材の損傷などを考慮して，その実状に応じ $\delta/l \leqq 1/200 \sim 1/300$ に抑えたい．

演 習 例 題 5

〔5.1〕　強軸まわりに曲げを受ける梁材 H−300×150×6.5×9 (SN 400) の許容曲げ耐力（長期）を，図5.27(a)，(b)，(c) に示す各曲げモーメント分布に対して求めよ．ただし，横方向支点間距離は $l_b = 4.50$ m とする．

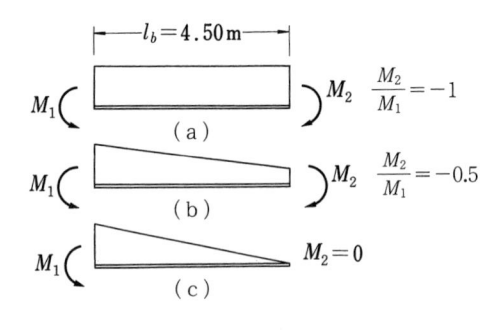

図 5.27

〔答〕
1) 部材　H−300×150×6.5×9 の断面性能（付表 3.6 より）
　$Z_x = 481$ cm^3
　$i = 3.87$ cm（圧縮フランジと梁せいの 1/6 からなる T 形断面のウェブ軸まわりの断面 2 次半径）
　$\eta = \dfrac{i \cdot h}{A_f} = 8.61$

2) 幅厚比の検討（表 4.6）
　フランジ　$\dfrac{b}{t} = \dfrac{75}{9} = 8.3 < 9$
　ウェブ　$\dfrac{d}{t} = \dfrac{300 - 2 \times 9}{6.5} = 43.4 < 60$

3) 許容曲げ応力度の算定
　細長比　$\lambda = \dfrac{l_b}{i} = \dfrac{450}{3.87} = 116$　　$\Lambda = 120$ (SN 400)
　許容引張り応力度　$f_t = 15.6$ kN/cm^2 (SN 400)

（1）図 (a) の場合

式 (5.68) より　　$C=1.0$

式 (5.66 b) より　　$f_{b1}=\dfrac{89000}{\left(\dfrac{l_b\cdot h}{A_f}\right)}=\dfrac{89000}{\left(\dfrac{4500\times 300}{9\times 150}\right)}=89.0\ \text{N/mm}^2=8.90\ \text{kN/cm}^2$

式 (5.67) より　　$f_{b2}=\left[1-0.4\dfrac{\lambda^2}{C\Lambda^2}\right]f_t=\left[1-0.4\dfrac{116^2}{1\times 120^2}\right]\times 15.6$
$\qquad\qquad\qquad\qquad =9.77\ \text{kN/cm}^2>f_{b1}=8.90\ \text{kN/cm}^2$

したがって，許容曲げ応力度 $f_b=9.77\ \text{kN/cm}^2$
（$\lambda=116$，$C=1.0$，$\eta=8.61$ として付図 1.1 より f_b を求めてもよい）

（2）図 (b) の場合

式 (5.68) より　　$C=1.75+1.05\times(-0.5)+0.3\times(-0.5)^2=1.30$

式 (5.67) より　　$f_{b2}=\left[1-0.4\dfrac{116^2}{1.3\times 120^2}\right]\times 15.6$
$\qquad\qquad\qquad =11.1\ \text{kN/cm}^2>f_{b1}=8.90\ \text{kN/cm}^2$

∴　$f_b=11.1\ \text{kN/cm}^2$

（付図 1.1 より $\lambda=116$，$C=1.30$，$\eta=8.61$ として求めてもよい）

（3）図 (c) の場合

式 (5.68) より　　$C=1.75$

式 (5.67) より　　$f_{b2}=\left[1-0.4\dfrac{116^2}{1.75\times 120^2}\right]\times 15.6$
$\qquad\qquad\qquad =12.3\ \text{kN/cm}^2>f_{b1}=8.90\ \text{kN/cm}^2$

∴　$f_b=12.3\ \text{kN/cm}^2$

（付図 1.1 より $\lambda=116$，$C=1.75$，$\eta=8.61$ として求めてもよい）

4) 許容曲げ耐力

図 (a) の場合　　$M_a=f_b\cdot Z=9.77\times 481=4700\ \text{kN}\cdot\text{cm}=47.0\ \text{kN}\cdot\text{m}$

図 (b) の場合　　$M_a=f_b\cdot Z=11.1\times 481=5340\ \text{kN}\cdot\text{cm}=53.4\ \text{kN}\cdot\text{m}$

図 (c) の場合　　$M_a=f_b\cdot Z=12.3\times 481=5920\ \text{kN}\cdot\text{cm}=59.2\ \text{kN}\cdot\text{m}$

〔5.2〕 強軸曲げ $M_1=50\ \text{kN}\cdot\text{m}$，$M_2=30\ \text{kN}\cdot\text{m}$，せん断力 $Q=16\ \text{kN}$ の短期応力を受ける横方向支点間距離 $l_b=5.00\ \text{m}$ の梁を H$-194\times 150\times 6\times 9$（SN 400）で設計したい．その適否を検討せよ．

図 5.28

〔答〕

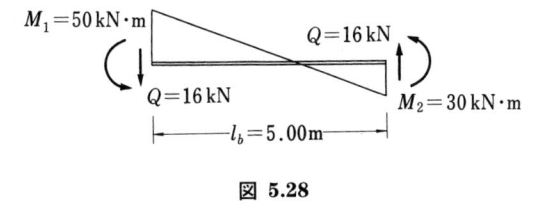

1) 部材　H$-194\times 150\times 6\times 9$ の断面性能（付表 3.6 より）

$\qquad Z_x=271\ \text{cm}^3$，$i=4.09\ \text{cm}$，$\eta=\dfrac{i\cdot h}{A_f}=5.87$

2) 幅厚比の検討（表 4.6）

フランジ　　$\dfrac{b}{t}=\dfrac{75}{9}=8.3<9$

78　第5章　曲げ材

　　ウェブ　　$\dfrac{d}{t}=\dfrac{194-2\times 9}{6}=29.3<60$

3)　許容応力度の算定

（1）許容曲げ応力度 f_b

　　細長比　　$\lambda=\dfrac{l_b}{i}=\dfrac{500}{4.09}=122$　　$\Lambda=120$（SN 400）　　$f_t=15.6\,\mathrm{kN/cm^2}$（SN 400）

　　式（5.68）より　　$C=1.75+1.05\left(\dfrac{30}{50}\right)+0.3\left(\dfrac{30}{50}\right)^2=2.49>2.3$

　　　　　　　　　$\therefore\ C=2.3$

　　式（5.66 b）より　　$f_{b1}=\dfrac{89000}{\left(\dfrac{l_b\cdot h}{A_f}\right)}=\dfrac{89000}{\left(\dfrac{5000\times 194}{9\times 150}\right)}=124\,\mathrm{N/mm^2}=12.4\,\mathrm{kN/cm^2}$

　　式（5.67）より　　$f_{b2}=\left[1-0.4\dfrac{\lambda^2}{C\Lambda^2}\right]f_t=\left[1-0.4\dfrac{122^2}{2.3\times 120^2}\right]\times 15.6$

　　　　　　　　　　　　$=12.8\,\mathrm{kN/cm^2}>f_{b1}=12.4\,\mathrm{kN/cm^2}$

したがって　$f_b=12.8\,\mathrm{kN/cm^2}$

（$\lambda=122$, $C=2.3$, $\eta=5.87$ として付図 1.1 より f_b を求めてもよい）

　　短期の許容応力度は　　$f_b=12.8\times 1.5=19.2\,\mathrm{kN/cm^2}$

（2）許容せん断応力度 f_s

　　　　$f_s=\dfrac{F}{1.5\sqrt{3}}=9.04\,\mathrm{kN/cm^2}$　（長期）

　　短期の許容応力度　　$f_s=9.04\times 1.5=13.56\,\mathrm{kN/cm^2}$

4)　断面算定

曲げ応力度の検定　式（5.70）より

　　$\sigma_b=\dfrac{M_1}{Z}=\dfrac{5000}{271}=18.5\,\mathrm{kN/cm^2}<f_b=19.2\,\mathrm{kN/cm^2}$　　　　　　　　可

せん断応力度の検定　式（5.72）より

　　$\tau=\dfrac{Q}{A_w}=\dfrac{16}{(19.4-1.8)\times 0.6}=1.52\,\mathrm{kN/cm^2}<f_s=13.56\,\mathrm{kN/cm^2}$　　　可

一般に形鋼はせん断力に対して十分安全である．

〔**5.3**〕　図 5.29 に示すような，スパンの中央に集中荷重 $P=80\,\mathrm{kN}$（長期）を受ける溶接組立てプレートガーダーを設計せよ．ただし，使用鋼材は SM 400 とし，両支点は十分横補剛されるものとする．

〔答〕

1)　部材断面の仮定　図 5.30 のように仮定する．

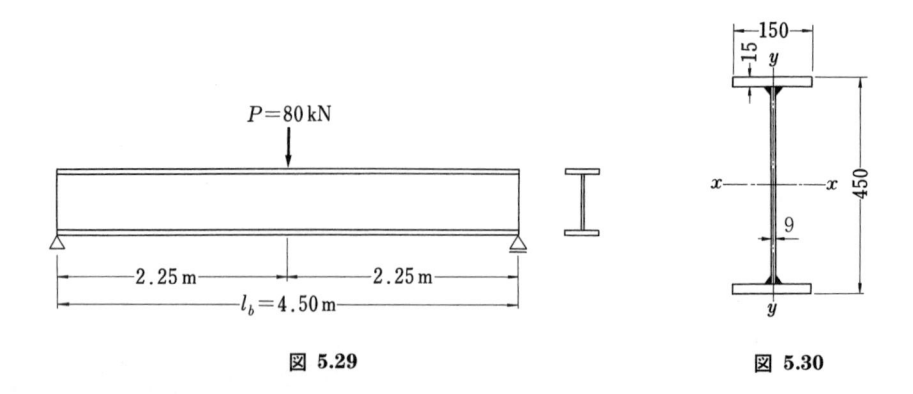

図 5.29　　　　　　　　図 5.30

フランジプレート　PL－15×150
ウェブプレート　　PL－9×420

$$I_x = \left(\frac{15 \times 1.5^3}{12} + 15 \times 1.5 \times 21.75^2\right) \times 2 + \frac{0.9 \times 42^3}{12} = 26850 \text{ cm}^4$$

$$Z_x = \frac{26850}{22.5} = 1190 \text{ cm}^3$$

2) **部材の算定**

（1）応力の計算

最大曲げモーメント　$M = \dfrac{Pl}{4} = \dfrac{80 \times 4.5}{4} = 90$ kN·m

せん断力　$Q = \dfrac{P}{2} = \dfrac{80}{2} = 40$ kN

（2）幅厚比の検討（表4.6）

フランジ　$\dfrac{b}{t} = \dfrac{75}{15} = 5.0 < 9$

ウェブ　　$\dfrac{d}{t} = \dfrac{420}{9} = 46.7 < 60$

（3）許容応力度の算定

a) 許容曲げ応力度 f_b

フランジの断面積　$A_f = 15 \times 1.5 = 22.5$ cm²

図5.31に示す，梁せいの1/6からなるT形断面の y 軸に関する断面2次半径 i は

$$A = 15 \times 1.5 + 6 \times 0.9 = 27.9 \text{ cm}^2$$

$$I_y = \frac{1.5 \times 15^3}{12} = 422 \text{ cm}^4 \quad \text{（ウェブが薄いことから）}$$

$$\therefore \quad i = \sqrt{\frac{I_y}{A}} = \sqrt{\frac{422}{27.9}} = 3.89 \text{ cm}$$

細長比　$\lambda = \dfrac{l_b}{i} = \dfrac{450}{3.89} = 116$

$\Lambda = 120$ (SM 400)，$\eta = \dfrac{i \cdot h}{A_f} = \dfrac{3.89 \times 45}{22.5} = 7.78$

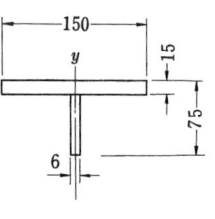

図 5.31

よって $C=1$ とおいて，付図1.1より f_b を求めるか，または

式（5.66 b）より　$f_{b1} = \dfrac{89000}{\left(\dfrac{l_b \cdot h}{A_f}\right)} = \dfrac{89000}{\left(\dfrac{4500 \times 450}{150 \times 15}\right)} = 98.9$ N/mm² $= 9.89$ kN/cm²

式（5.67）より　$f_{b2} = \left[1 - 0.4 \dfrac{\lambda^2}{C\Lambda^2}\right] f_t = \left[1 - 0.4 \dfrac{116^2}{1 \times 120^2}\right] \times 15.6$
$\qquad = 9.77$ kN/cm² $< f_{b1} = 9.89$ kN/cm²

として，許容曲げ応力度 $f_b = 9.89$ kN/cm²

b) 許容せん断応力度 f_s

$f_s = 9.04$ kN/cm²

（4）断面算定

曲げ応力度の検定　式（5.70）より

$\sigma_b = \dfrac{M}{Z} = \dfrac{9000}{1190} = 7.56$ kN/cm² $< f_b = 9.89$ kN/cm²　　可

せん断応力度の検定　式（5.72）より

80　第5章　曲げ材

$$\tau = \frac{Q}{A_w} = \frac{40}{42 \times 0.9} = 1.06 \text{ kN/cm}^2 < f_s = 9.04 \text{ kN/cm}^2 \quad\quad 可$$

3) 溶接の検討

フランジとウェブを連続すみ肉溶接とする.

$$S_1 = 15 \times 1.5 \times 21.75 = 489 \text{ cm}^3$$

すみ肉溶接の許容応力度　　$f_w = f_s = 9.04 \text{ kN/cm}^2$

所要のど厚 a は式（5.77）より　　$a \geq \dfrac{Q \cdot S_1}{2 f_w I} = \dfrac{40 \times 489}{2 \times 9.04 \times 26850} = 0.04 \text{ cm} = 0.4 \text{ mm}$

ここに式（8.1）を考慮して，サイズを $S=6$ mm とする．

のど厚　　$a = 0.7 \times 6 = 4.2 \text{ mm} > 0.4 \text{ mm}$ 　　可

4) 集中荷重に対する検討

（1）支点におけるすみ肉溶接部の局部応力の検定

支点反力 $R=40$ kN，荷重分布長さ $l=5$ cm とすると，溶接部において

鉛直力に対して

$$\tau_1 = \frac{R}{2a(l + t_f)} = \frac{40}{2 \times 0.42 \times (5 + 1.5)} = 7.33 \text{ kN/cm}^2$$

せん断力に対して

$$\tau_2 = \frac{Q \cdot S_1}{2aI} = \frac{40 \times 489}{2 \times 0.42 \times 26850} = 0.87 \text{ kN/cm}^2$$

したがって

$$\tau = \sqrt{\tau_1^2 + \tau_2^2} = \sqrt{7.33^2 + 0.87^2} = 7.38 \text{ kN/cm}^2 < f_w$$
$$= 9.04 \text{ kN/cm}^2 \quad\quad 可$$

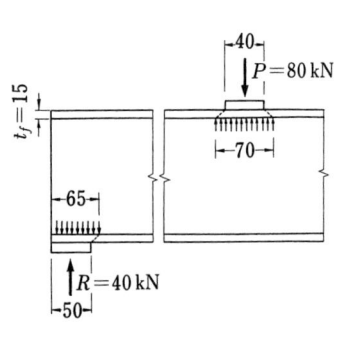

図 5.32

（2）荷重点におけるすみ肉溶接部の局部応力の検定

集中荷重 $P=80$ kN，荷重分布長さを $l=4$ cm とすると

鉛直力に対して

$$\tau_1 = \frac{P}{2a(l + 2t_f)} = \frac{80}{2 \times 0.42 \times (4 + 2 \times 1.5)} = 13.6 \text{ kN/cm}^2$$

せん断力に対して

$$\tau_2 = \frac{Q \cdot S_1}{2aI} = \frac{40 \times 489}{2 \times 0.42 \times 26850} = 0.87 \text{ kN/cm}^2$$

したがって

$$\tau = \sqrt{\tau_1^2 + \tau_2^2} = \sqrt{13.6^2 + 0.87^2} = 13.6 \text{ kN/cm}^2 > f_w = 9.04 \text{ kN/cm}^2 \quad\quad 不可$$

またウェブの局部圧縮応力度 σ_c' は式（5.75）より

$$\sigma_c' = \frac{P}{t_w(l + 2t_f)} = \frac{80}{0.9 \times (4 + 2 \times 1.5)} = 12.7 \text{ kN/cm}^2 < f_c'$$
$$= \frac{F}{1.3} = 180 \text{ N/mm}^2 = 18.0 \text{ kN/cm}^2 \quad\quad 可$$

となる．よって，荷重点にスチフナを設ける．

図5.33(a) に示すような $\mathbb{P}\text{-}60 \times 6$ のスチフナをウェブの両側に設けたものとして，安全側に図(b) に示す断面の圧縮応力度の検定を行う．

$$A_s = 6 \times 0.6 \times 2 + 18 \times 0.9 = 23.4 \text{ cm}^2$$

$$I_s = \frac{0.6 \times 12.6^3}{12} + \frac{18.0 \times 0.9^2}{12} = 101 \text{ cm}^4$$

$$i_s = \sqrt{\frac{I_s}{A_s}} = \sqrt{\frac{101}{23.4}} = 2.08 \text{ cm},$$

$$l_k = 0.7h = 0.7 \times 45 = 31.5 \text{ cm}$$

$$\lambda = \frac{l_k}{i} = \frac{31.5}{2.08} = 15.1$$

付表 1.1 より

許容圧縮応力度　　$f_c = 154 \text{ N/mm}^2 = 15.4 \text{ kN/cm}^2$

したがって，圧縮応力度は

$$\sigma_c = \frac{P}{A_s} = \frac{80}{23.4} = 3.42 \text{ kN/cm}^2 < f_c = 15.4 \text{ kN/cm}^2$$

可

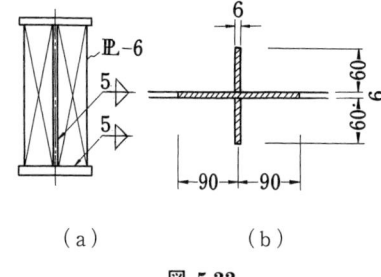

図 5.33

スチフナとウェブプレートおよびフランジプレートとの溶接は，スチフナの両面をサイズ $S = 6$ mm の連続すみ肉溶接とすれば十分である．

$$\bar{C} = \frac{P}{2ae} = \frac{f_0}{0.42 \times 4(6+2)} = 5.95 \text{ kN/cm}^2 < f_w = 9.04 \text{ kN/cm}^2 \quad 可$$

5） たわみの検定

$$\delta = \frac{Pl^3}{48EI} = \frac{80 \times 450^3}{48 \times 20500 \times 26850} = 0.28 \text{ cm}$$

$$\frac{\delta}{l} = \frac{0.28}{450} = \frac{1}{1600} < \frac{1}{300} \quad 可$$

〔**5.4**〕　鉛直荷重（短期，積雪時）$w = 2.0$ kN/m，母屋スパン l（単純梁として取り扱う），勾配 3/10（$\theta = 16°42'$）

上記の条件で母屋を設計せよ．ただし，使用部材として山形鋼（$l = 3.00$ m）およびみぞ形鋼（$l = 3.50$ m）のおのおのについて検討せよ．

〔答〕

1）　山形鋼を使用する場合

（1）仮定断面

L$-100 \times 100 \times 10$ (SN 400) を用いるものとして，付表 3.2 より断面性能を求めると

$$I_u = 278 \text{ cm}^4, \quad I_v = 72.0 \text{ cm}^4$$

$$C = C_x = C_y = 2.82 \text{ cm}$$

山形鋼の向きを図 5.34 のようにすると

$$_tC_u = {_cC_u} = \frac{10}{\sqrt{2}} = 7.07 \text{ cm}$$

$$_cC_v = \sqrt{2}\, C = \sqrt{2} \times 2.82 = 3.99 \text{ cm}$$

$$_tC_v = 7.07 - {_cC_v} = 3.08 \text{ cm}$$

（2）応力の計算

単純梁の最大曲げモーメント M はスパンの中央に生じ

$$M = \frac{wl^2}{8} = \frac{2.0 \times 3.0^2}{8} = 2.25 \text{ kN·m} = 225 \text{ kN·cm}$$

最大曲げモーメント M の主軸 U，V 方向の成分 M_u，M_v は

$$M_u = M \sin 61°42' = 225 \times 0.8805 = 198 \text{ kN·cm}$$

$$M_v = M \cos 61°42' = 225 \times 0.4741 = 107 \text{ kN·cm}$$

（3）断面算定

許容曲げ応力度は山形鋼の場合 $f_b = f_t$ とおくことができるので

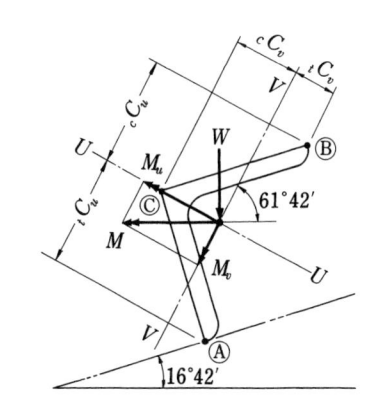

図 5.34

$$f_b = f_t = 235 \text{ N/mm}^2 = 23.5 \text{ kN/cm}^2 \text{(短期)}$$

曲げ応力度

$$_t\sigma_u = {_c\sigma_u} = \frac{M_u}{I_u}C_u = \frac{198}{278} \times 7.07 = 5.04 \text{ kN/cm}^2$$

$$_t\sigma_v = \frac{M_v}{I_v}{_tC_v} = \frac{107}{72.0} \times 3.08 = 4.58 \text{ kN/cm}^2$$

$$_c\sigma_v = \frac{M_v}{I_v}{_cC_v} = \frac{107}{72.0} \times 3.99 = 5.93 \text{ kN/cm}^2$$

したがって，式 (5.74) より曲げ応力度の検定を行うと

Ⓐ 点において $\quad \dfrac{_t\sigma_u + {_t\sigma_v}}{f_t} = \dfrac{5.04 + 4.58}{23.5} = 0.41 < 1.0 \qquad$ 可

Ⓑ 点において $\quad \dfrac{_c\sigma_u - {_t\sigma_v}}{f_b} = \dfrac{5.04 - 4.58}{23.5} = 0.02 < 1.0 \qquad$ 可

Ⓒ 点において $\quad \dfrac{_c\sigma_v}{f_b} = \dfrac{5.93}{23.5} = 0.25 < 1.0 \qquad$ 可

（4）たわみの検定

スパン中央の U, V 方向のたわみは

$$\delta_u = \frac{5wl^4}{384EI_v}\cos 61°42' = \frac{5 \times 0.02 \times 300^4}{384 \times 20500 \times 72.0} \times 0.4741 = 0.68 \text{ cm}$$

$$\delta_v = \frac{5wl^4}{384EI_u}\sin 61°42' = \frac{5 \times 0.02 \times 300^4}{384 \times 20500 \times 278} \times 0.8805 = 0.33 \text{ cm}$$

$$\delta = \sqrt{\delta_u^2 + \delta_v^2} = \sqrt{0.68^2 + 0.33^2} = 0.76 \text{ cm}$$

$$\therefore \quad \frac{\delta}{l} = \frac{0.76}{300} = \frac{1}{395} < \frac{1}{300} \qquad 可$$

2） みぞ形鋼を使用する場合

（1）仮定断面

［ －125×65×6×8（SN 400）を用いるものとして，付表 3.5 より断面性能を求めると

$\quad I_x = 424 \text{ cm}^4, \quad I_y = 61.8 \text{ cm}^4$

$\quad C_y = 1.90 \text{ cm}$

みぞ形鋼の向きを図 5.35 のようにすると

$\quad _tC_x = {_cC_x} = \dfrac{12.5}{2} = 6.25 \text{ cm}$

$\quad _tC_y = 1.90 \text{ cm}$

$\quad _cC_y = 6.5 - 1.90 = 4.60 \text{ cm}$

図 5.35

（2）応力の計算　　最大曲げモーメント M は

$$M = \frac{wl^2}{8} = \frac{2.0 \times 3.5^2}{8} = 3.06 \text{ kN·m} = 306 \text{ kN·cm}$$

最大曲げモーメント M の主軸 x, y 方向の成分 M_x, M_y は

$\quad M_x = M \sin 73°18' = 306 \times 0.9578 = 293 \text{ kN·cm}$

$\quad M_y = M \cos 73°18' = 306 \times 0.2874 = 88.0 \text{ kN·cm}$

（3）許容曲げ応力度の算定

x 軸（強軸）まわりの曲げに対しては，最初から捩れが起こるものとして，5.4.4項 (iii) により式 (5.66 b) を用いて

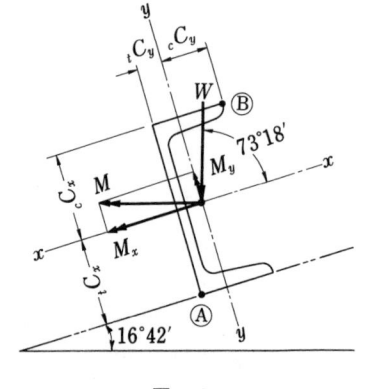

$$f_{bx}=\frac{89000}{\left(\frac{l_b \cdot h}{A_f}\right)}=\frac{89000}{\left(\frac{3500\times125}{8\times65}\right)}=106 \text{ N/mm}^2=10.6 \text{ kN/cm}^2（長期）$$

短期に対して $f_{bx}=10.6\times1.5=15.9 \text{ kN/cm}^2$

y 軸（弱軸）まわりの曲げに対しては，横座屈のおそれはないので，5.4.4項（ii）より

$$f_{by}=f_t=23.5 \text{ kN/cm}^2（短期）$$

（4）断面算定　曲げ応力度

$$_t\sigma_x={}_c\sigma_x=\frac{M_x}{I_x}C_x=\frac{293}{424}\times6.25=4.32 \text{ kN/cm}^2$$

$$_t\sigma_y=\frac{M_y}{I_y}{}_tC_y=\frac{88.0}{61.8}\times1.90=2.71 \text{ kN/cm}^2$$

$$_c\sigma_y=\frac{M_y}{I_y}{}_cC_y=\frac{88.0}{61.8}\times4.60=6.55 \text{ kN/cm}^2$$

したがって，式（5.74）より曲げ応力度の検定を行うと

Ⓐ 点において　$\dfrac{{}_t\sigma_x+{}_t\sigma_y}{f_t}=\dfrac{4.32+2.71}{23.5}=0.30<1.0$　　　　　　　　　　可

Ⓑ 点において　$\dfrac{{}_c\sigma_x}{f_{bx}}+\dfrac{{}_c\sigma_y}{f_{by}}=\dfrac{4.32}{15.9}+\dfrac{6.55}{23.5}=0.55<1.0$　　　　　　可

（5）たわみの検定

スパン中央の x, y 方向のたわみは

$$\delta_x=\frac{5wl^4}{384EI_y}\cos 73°18'=\frac{5\times0.02\times350^4}{384\times20500\times61.8}\times0.2874=0.89 \text{ cm}$$

$$\delta_y=\frac{5wl^4}{384EI_x}\sin 73°18'=\frac{5\times0.02\times350^4}{384\times20500\times424}\times0.9578=0.43 \text{ cm}$$

$$\delta=\sqrt{\delta_x{}^2+\delta_y{}^2}=\sqrt{0.89^2+0.43^2}=0.99 \text{ cm}$$

$$\therefore\quad \frac{\delta}{l}=\frac{0.99}{350}=\frac{1}{354}<\frac{1}{300}\qquad\qquad\qquad\qquad\qquad\qquad 可$$

（注）　山形鋼，みぞ形鋼いずれを用いるにしても，このような断面は重心とせん断中心が一致しないので捩れに対して十分注意する必要がある．設計にあたってはある程度余裕をもたせたい．

第6章　軸力と曲げを受ける材

6.1　概　　説

ラーメン構造の柱材は軸力と同時に曲げを受ける．本章ではこの柱材（beam column とよばれている）の設計法について述べる．圧縮力と曲げを同時に受ける材の応力を求めるには，曲げによって生じたたわみと圧縮力との積による付加曲げモーメントを考慮しなければならないので，解析は多少複雑になる．

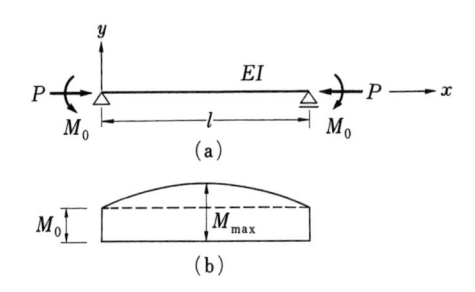

図 6.1　軸力と曲げを受ける材

最も簡単な例として図 6.1 に示すように，大きさの等しいモーメントと一定の圧縮力が作用している材の曲げ応力を求めてみよう．微分方程式は式（4.10）と同様

$$\frac{d^4 y}{dx^4} + \kappa^2 \frac{d^2 y}{dx^2} = 0 \tag{6.1}$$

ここに　$\kappa^2 = \dfrac{P}{EI}$

境界条件は　　$x = 0$ で　　$y = 0$,　　$\dfrac{d^2 y}{dx^2} = -\dfrac{M_0}{EI}$

　　　　　　　$x = l$ で　　$y = 0$,　　$\dfrac{d^2 y}{dx^2} = -\dfrac{M_0}{EI}$

であるから，これによって式（6.1）の一般解

$$y = c_1 \sin \kappa x + c_2 \cos \kappa x + c_3 x + c_4 \tag{6.2}$$

の定数を求めると，たわみ y の解として

$$y = \frac{M_0}{P}\left[\left(\frac{1-\cos \kappa l}{\sin \kappa l}\right)\sin \kappa x + \cos \kappa x - 1\right] \tag{6.3}$$

さらに，曲げモーメント M は

$$M = -EI\frac{d^2y}{dx^2} = M_0\left[\left(\frac{1-\cos\kappa l}{\sin\kappa l}\right)\sin\kappa x + \cos\kappa x\right] \tag{6.4}$$

曲げモーメント最大値 $M_{\max}$ は $x=\frac{l}{2}$ で生じ

$$M_{\max} = \frac{M_0}{\cos\frac{\kappa l}{2}} \tag{6.5}$$

となるが，$\kappa l/2$ が小さい場合には

$$M_{\max} = M_0\frac{1}{1-\frac{P}{P_E}}, \quad P_E = \frac{\pi^2 EI}{l^2} \tag{6.6}$$

と近似的に表すことができる．

曲げ応力度の最大値 $\sigma_{\max}$ も $x=\frac{l}{2}$ で生じ

$$\sigma_{\max} = \frac{P}{A} + \frac{M_{\max}}{Z} \tag{6.7}$$

となるから，$\sigma_{\max}$ がちょうど降伏応力度 σ_Y に等しいときには，上式は

$$\frac{P}{P_Y} + \frac{M_0}{M_Y}\frac{1}{1-\frac{P}{P_E}} = 1 \tag{6.8}$$

と表すことができる．ただし，$P_Y = \sigma_Y A$, $M_Y = \sigma_Y Z$ である．この式は圧縮力と曲げを受ける材の弾性限界を表す相関式で，図 6.2 に示すように細長比によって曲線の形が異なり，細長比が大きくなると下に凸になる傾向が大となる．同図で，$l/i=120$ の場合は $P_E<P_Y$ となるので，$M_0/M_Y=0$ のときでも $P/P_Y=1.0$ とはならず，P_E/P_Y で縦軸と交わる．

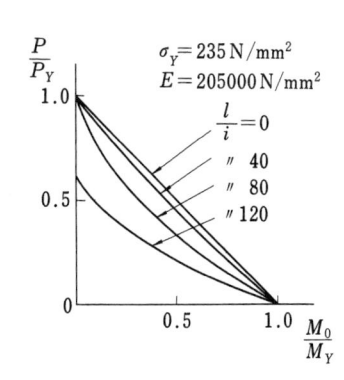

図 6.2 相関式

6.2 設計式

6.2.1 圧縮力と曲げを受ける材

座屈を考慮したときの耐力を表す式も，式 (6.8) と同じ形式に表されるものとして設計に用いられている．すなわち，$P_Y \to P_{cr}$, $M_Y \to M_{cr}$ として

$$\frac{P}{P_{cr}} + \frac{M_0}{M_{cr}}\frac{1}{1-\frac{P}{P_E}} = 1 \tag{6.9}$$

ただし　P_{cr}：モーメントがないときの中心圧縮材の座屈荷重，M_{cr}：軸力がないときの純曲げ横座屈モーメント．

通常用いられている柱の細長比は $l/i=40$ 以下であり，この程度の細長比においては式 (6.9) を

$$\frac{P}{P_{cr}} + \frac{M_0}{M_{cr}} = 1 \tag{6.10}$$

としても大きな誤差は生じないので，日本建築学会の鋼構造設計規準では上式を用いている．す

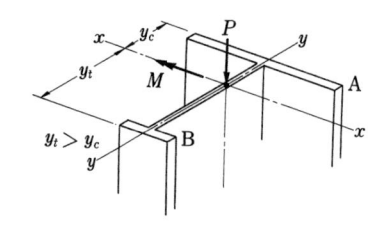

図 6.3 非対称 H 形断面柱

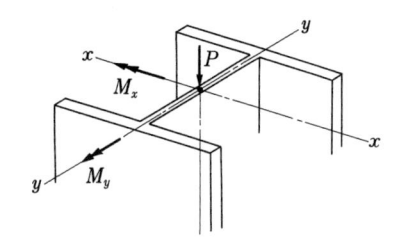

図 6.4 2 軸曲げを受ける H 形断面柱

すなわち，上式を応力度の形で表し，安全率を考慮して許容応力度を用いれば，

$$\frac{\sigma_c}{f_c} + \frac{{}_c\sigma_b}{f_b} \leq 1 \tag{6.11}$$

となる．

ただし　σ_c：圧縮力 P による圧縮応力度，${}_c\sigma_b$：曲げモーメント M による圧縮側曲げ応力度，f_c：許容圧縮応力度，f_b：許容曲げ応力度．

図 6.3 に示すような，断面の中立軸より縁までの距離が異なる部材で，縁までの距離の大きい B フランジ側が曲げモーメントにより引張り側となる場合には，引張り応力に対して

$$\frac{{}_t\sigma_b - \sigma_c}{f_t} \leq 1 \tag{6.12}$$

の検定を同時に行う必要がある．

ただし　${}_t\sigma_b$：曲げモーメント M による引張り側曲げ応力度，f_t：許容引張り応力度．

図 6.4 に示すように，x，y 両軸まわりに曲げモーメント M_x，M_y を受ける場合には，つぎの式により部材応力の検定を行う．

$$\left.\begin{array}{l}\dfrac{\sigma_c}{f_c} + \dfrac{{}_c\sigma_{bx}}{f_{bx}} + \dfrac{{}_c\sigma_{by}}{f_{by}} \leq 1 \\[2mm] かつ\quad \dfrac{{}_t\sigma_{bx} + {}_t\sigma_{by} - \sigma_c}{f_t} \leq 1 \end{array}\right\} \tag{6.13}$$

ただし，${}_t\sigma_{bx}$，${}_c\sigma_{bx}$：x 軸まわりの曲げによって生ずる引張りおよび圧縮側応力度，${}_t\sigma_{by}$，${}_c\sigma_{by}$：y 軸まわりの曲げによって生ずる引張りおよび圧縮側応力度，f_{bx}，f_{by}：x 軸および y 軸まわりの曲げに対する許容曲げ応力度で，図 6.4 のような H 形断面の y 軸（弱軸）まわりの曲げに対しては $f_{by} = f_t$ とすることができる．

6.2.2 引張り力と曲げを受ける材

図 6.1 において P が引張りである場合には，引張り側の応力度に対してつぎの式により検定を行う．

$$\frac{\sigma_t + {}_t\sigma_b}{f_t} \leq 1 \tag{6.14}$$

ただし　σ_t：引張り力 P による引張り応力度．

また，P が引張り力であっても，曲げモーメントが大きければ部材に圧縮応力が生じ，横座屈の危険性がある．よって，圧縮応力度を許容曲げ応力度 f_b で抑えることにして

$$\frac{{}_c\sigma_b - \sigma_t}{f_b} \leq 1 \tag{6.15}$$

の検定も同時に行う必要がある．

材が引張り力 P と x, y 両軸まわりに曲げモーメント M_x, M_y を受ける場合（図6.4の P が引張りのとき）には，つぎの式により応力の検定を行う．

$$\left.\begin{array}{l} \dfrac{\sigma_t + {}_t\sigma_{bx} + {}_t\sigma_{by}}{f_t} \leq 1 \\[2mm] かつ \quad \dfrac{{}_c\sigma_{bx}}{f_{bx}} + \dfrac{{}_c\sigma_{by}}{f_{by}} - \dfrac{\sigma_t}{f_b} \leq 1 \end{array}\right\} \qquad (6.16)$$

ただし $f_b : f_{bx}, f_{by}$ のうち小さい値．

なお，せん断応力の検定にあたっては，5.5節の形鋼梁に準じて行えばよい．

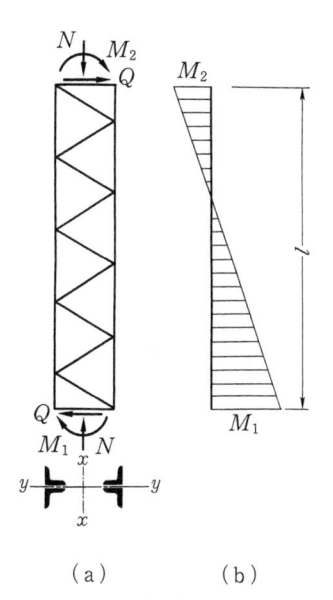

6.3 組立て柱

6.3.1 充腹組立て柱

充腹組立て柱には，形鋼と形鋼を組み合わせたもの，形鋼とプレートまたはプレートとプレートを組み合わせたプレート柱（図5.21と同様なもの）などがある．

充腹組立て柱はつぎのように取り扱う．

（ⅰ） 柱材の断面係数は，引張り側のボルト孔を控除した断面について算出する．この際，これに対応する圧縮側の孔を同時に控除しても差し支えない．また，軸力が引張りの場合の引張り応力度 σ_t は有効断面積に対して求める．

（ⅱ） 軸力と曲げモーメントに対する検定は，6.2節に従って行う．

（ⅲ） フランジ材およびウェブ材との接合（溶接，余長など）や集中荷重に対する局部圧縮応力の検定などについては，5.6.1項の充腹組立て梁および5.5.3項に準じて行う．

（ⅳ） ウェブプレートの検定は5.6.1項に従う．ただし，幅厚比の規定（4.6.4項）に従わない場合，またはスチフナをもつウェブプレートについては，4.6節によって座屈の検定を行う必要がある．

6.3.2 非充腹組立て柱

非充腹組立て柱のおもなものとしては，非充腹組立て梁と同形式のトラス柱またはラチス柱などがある．

非充腹形組立て柱はつぎのように取り扱う．

（ⅰ） 断面係数は充腹形の柱に準じて算出する．

（ⅱ） 軸力と曲げモーメントに対する検定は6.2節に従って行う．

（ⅲ） 図6.5に示すようなラチス柱の許容曲げ応力度 f_b は，弦材を圧縮材としたときの許容圧縮応力度 f_c とする．この場合の弦材の座屈長さは，構面外座屈に対する座屈長さにとる．図のようなモーメント勾配をもつ場合は，軸力の変化は曲げモーメントの変化に比例するから，非充腹組立て梁同様，式 (10.3)～(10.5) の N_1, N_2 の代わりにこれに対応する M_1, M_2 を代入すれば座屈長さが得られる．

（ⅳ） せん断力に対する検定は，作用せん断力 Q と座屈に伴うせん断力 Q_k のラチス材の軸方向成分に対して

$$D = \dfrac{Q + Q_k}{\cos\theta} \qquad (6.17)$$

ラチス材を引張り材または圧縮材として検定する．

図 6.5 非充腹組立て柱

(ⅴ) その他については，4.4節の組立て圧縮材および5.6.2項の非充腹組立て梁に準ずる．

なお，図6.5に示す場合の応力の検定としては，圧縮側の弦材の座屈に対して，弦材に作用する軸力が圧縮力 P と曲げモーメントからの軸方向力〔式（5.83）〕より $\dfrac{P}{2}+\dfrac{M_1}{j}$ から $\dfrac{P}{2}-\dfrac{M_2}{j}$ の間で直線的に変化するので，式（10.3）より座屈長さは

$$l_k = l\sqrt{\dfrac{1+0.88\dfrac{(P/2-M_2/j)}{(P/2+M_1/j)}}{1.88}} \qquad かつ \qquad l_k \geqq 0.66l$$

のどちらかで求まり，これより弦材の許容圧縮応力度 f_c を求めて，圧縮側の弦材の応力度を

$$\dfrac{1}{A}\left(\dfrac{P}{2}+\dfrac{M_1}{j}\right) \leqq f_c$$

ただし　A：片側の弦材の断面積．

によって検定する方法もとられている．

6.4　軸力と曲げを受ける材の全塑性モーメント

保有水平耐力算定時における梁材の曲げ耐力は，式（5.86）で求めた全塑性モーメント M_p を用いればよいが，柱材のような曲げモーメントと軸力を同時に受ける部材の曲げ耐力は，以下に示すような軸力の影響を考慮した全塑性モーメント M_{pc} が用いられる．

6.4.1　H 形 断 面

（ⅰ）強軸まわりに曲げを受ける場合

$$\dfrac{N}{N_Y} \leqq \dfrac{A_w}{2A} \quad のとき \qquad M_{pc} = M_p \tag{6.18 a}$$

$$\dfrac{N}{N_Y} > \dfrac{A_w}{2A} \quad のとき \qquad M_{pc} = \dfrac{2A}{A+2A_f}\left(1-\dfrac{N}{N_Y}\right)M_p \tag{6.18 b}$$

ただし　N_Y：柱の降伏軸力（$\sigma_Y \cdot A$），N：鉛直荷重時および保有水平耐力算定時の柱軸力の和，A：柱の断面積，A_f：片側フランジの断面積，A_w：ウェブ断面積．

（ⅱ）弱軸まわりに曲げを受ける場合

$$\dfrac{N}{N_Y} \leqq \dfrac{A_w}{A} \quad のとき \qquad M_{pc} = M_p \tag{6.19 a}$$

$$\dfrac{N}{N_Y} > \dfrac{A_w}{A} \quad のとき \qquad M_{pc} = \left\{1-\left(\dfrac{N-N_{wY}}{N_Y-N_{wY}}\right)^2\right\}M_p \tag{6.19 b}$$

ただし　$N_{wY} = \sigma_Y \cdot A_w$

6.4.2　箱 形 断 面

式（6.18）において，A_w を平行な二つのウェブの断面積の和とすればよい．

6.4.3　円 形 断 面

$$\dfrac{N}{N_Y} \leqq 0.2 \quad のとき \qquad M_{pc} = M_p \tag{6.20 a}$$

$$\dfrac{N}{N_Y} > 0.2 \quad のとき \qquad M_{pc} = 1.25\left(1-\dfrac{N}{N_Y}\right)M_p \tag{6.20 b}$$

演習例題 6

〔**6.1**〕 図 6.6 に示すように,長期応力として軸方向力 $N=200$ kN,強軸曲げ $M_{x1}=30$ kN·m,$M_{x2}=7$ kN·m を受ける座屈長さ $l_k=6.00$ m の柱材を H$-294\times200\times8\times12$(SN 400) で設計したい.その適否を検討せよ.

〔答〕

1) **部材 H$-294\times200\times8\times12$ の断面性能**(付表 3.6 より)

    $A=71.05$ cm^2,　$Z_x=756$ cm^3,　$i_x=12.5$ cm

    $i_y=4.75$ cm,　$i=5.38$ cm,　$\eta=\dfrac{i\cdot h}{A_f}=6.59$

2) **幅厚比の検討**(表 4.6)

    フランジ　$\dfrac{b}{t}=\dfrac{100}{12}=8.3<9.5$

    ウェブ　$\dfrac{d}{t}=\dfrac{294-2\times12}{8}=33.8<43$

3) **許容応力度の算定**

    (1) 許容曲げ応力度 f_b

    式 (5.68) より　$C=1.75+1.05\left(\dfrac{7}{30}\right)+0.3\left(\dfrac{7}{30}\right)^2=2.01$

    細長比　$\lambda=\dfrac{l_b}{i}=\dfrac{600}{5.38}=112$,　$\varLambda=120$(SN 400)

    式 (5.66 b) より　$f_{b1}=\dfrac{89000}{\left(\dfrac{l_b\cdot h}{A_f}\right)}=\dfrac{89000}{\left(\dfrac{6000\times294}{12\times200}\right)}=121$ N/mm^2 $=12.1$ kN/cm^2

    式 (5.67) より　$f_{b2}=\left[1-0.4\dfrac{\lambda^2}{C\varLambda^2}\right]f_t=\left[1-0.4\dfrac{112^2}{2.01\times120^2}\right]\times15.6$
    　　　　　　　　　　$=12.9$ kN/cm^2 $>f_{b1}=12.1$ kN/cm^2

    ∴　$f_b=12.9$ kN/cm^2(付図 1.1 より $\lambda=112$,$C=2.01$,$\eta=6.59$)

    (2) 許容圧縮応力度 f_c

    細長比　$\lambda_x=\dfrac{l_k}{i_x}=\dfrac{600}{12.5}=48$,　$\lambda_y=\dfrac{l_k}{i_y}=\dfrac{600}{4.75}=126>\lambda_x$

    よって,$\lambda=126$ として付表 1.1 より　$f_c=58.8$ N/mm^2 $=5.88$ kN/cm^2(長期)

4) **断面算定**

    曲げ応力度　$\sigma_b=\dfrac{M}{Z}=\dfrac{3000}{756}=3.97$ kN/cm^2

    圧縮応力度　$\sigma_c=\dfrac{N}{A}=\dfrac{200}{71.05}=2.82$ kN/cm^2

    したがって,式 (6.11),(6.12) より

    $\dfrac{\sigma_c}{f_c}+\dfrac{{}_c\sigma_b}{f_b}=\dfrac{2.82}{5.88}+\dfrac{3.97}{12.9}=0.79<1.0$　　　　　　　　　　　　　可

    $\dfrac{{}_t\sigma_b-\sigma_c}{f_t}=\dfrac{3.97-2.82}{15.6}=0.07<1.0$　　　　　　　　　　　　　　　　可

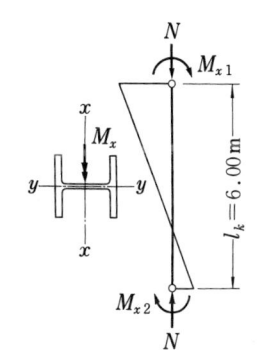

図 6.6

〔**6.2**〕 図 6.7 に示すように,短期応力として軸方向力 $N=200$ kN,強軸曲げ $M_{x1}=30$ kN·m,$M_{x2}=20$ kN·m,弱軸曲げ $M_{y1}=20$ kN·m,$M_{y2}=10$ kN·m を受ける座屈長さ $l_{kx}=l_{ky}=3.00$ m の柱材

90　第6章　軸力と曲げを受ける材

を H$-200\times200\times8\times12$(SN 400) で設計したい．その適否を検討せよ．

〔答〕

1) **部材　H$-200\times200\times8\times12$ の断面性能**（付表3.6 より）

$A=63.53\,\mathrm{cm}^2$,　　$Z_x=472\,\mathrm{cm}^3$

$Z_y=160\,\mathrm{cm}^3$,　　$i_x=8.62\,\mathrm{cm}$

$i_y=5.02\,\mathrm{cm}$,　　$i=5.50\,\mathrm{cm}$

$\eta=\dfrac{i\cdot h}{A_f}=4.59$

2) **幅厚比の検討**（表4.6）

フランジ　$\dfrac{b}{t}=\dfrac{100}{12}=8.3<9.5$

ウェブ　$\dfrac{d}{t}=\dfrac{200-2\times12}{8}=22.0<43$

3) **許容応力度の算定**

（1）許容曲げ応力度 f_b

x 軸まわりの曲げに対して

式（5.66 b）より

$f_{bx}=\dfrac{89000}{\left(\dfrac{l_b\cdot h}{A_f}\right)}=\dfrac{89000}{\left(\dfrac{3000\times200}{12\times200}\right)}=356\,\mathrm{N/mm^2}=35.6\,\mathrm{kN/cm^2}>f_t=15.6\,\mathrm{kN/cm^2}$

∴　$f_{bx}=15.6\,\mathrm{kN/cm^2}$（長期），

短期として $f_{bx}=1.5\times15.6=23.5\,\mathrm{kN/cm^2}$

y 軸まわりの曲げに対しては横座屈は生じないので

$f_{by}=f_t=1.5\times15.6=23.5\,\mathrm{kN/cm^2}$（短期）

（2）許容圧縮応力度 f_c

細長比　$\lambda_x=\dfrac{l_{kx}}{i_x}=\dfrac{300}{8.62}=35$,　　$\lambda_y=\dfrac{l_{ky}}{i_y}=\dfrac{300}{5.02}=60>\lambda_x$

したがって $\lambda=60$ として付表1.1 より

$f_c=12.6\,\mathrm{kN/cm^2}$（長期），短期として $f_c=12.6\times1.5=18.9\,\mathrm{kN/cm^2}$

4) **断面算定**

曲げ応力度　$\sigma_{bx}=\dfrac{M_x}{Z_x}=\dfrac{3000}{472}=6.36\,\mathrm{kN/cm^2}$

$\sigma_{by}=\dfrac{M_y}{Z_y}=\dfrac{2000}{160}=12.5\,\mathrm{kN/cm^2}$

圧縮応力度　$\sigma_c=\dfrac{N}{A}=\dfrac{200}{63.53}=3.15\,\mathrm{kN/cm^2}$

したがって式（6.13）より

$\dfrac{\sigma_c}{f_c}+\dfrac{{}_c\sigma_{bx}}{f_{bx}}+\dfrac{{}_c\sigma_{by}}{f_{by}}=\dfrac{3.15}{18.9}+\dfrac{6.36}{23.5}+\dfrac{12.5}{23.5}=0.97<1.0$　　可

$\dfrac{{}_t\sigma_{bx}+{}_t\sigma_{by}-\sigma_c}{f_t}=\dfrac{6.36+12.5-3.15}{23.5}=0.67<1.0$　　可

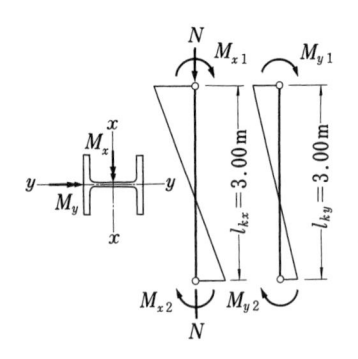

図 6.7

第7章　高力ボルト，ボルト接合

7.1　概　　　説

　鉄骨構造は，鉄骨部材や鋼板を高力ボルトや溶接によって接合して組立てられる．部材断面を決定すること，それに適する接合法を選定することが設計のおもな仕事となる．接合部の設計は，力学的な検討のほかに経験に基づいて行われることが多い．これは，接合部周辺の応力状態が非常に複雑で，厳密に解析することが困難な場合が多いからである．ここでは基本的な接合法の設計に通常用いられている手法について説明する．

　本章では，高力ボルト接合法を中心に説明し，ボルト接合については簡単にふれる．これらの接合法はいずれも接合しようとする部材に孔をあけ，その孔に高力ボルトなどを差し込んで部材どうしを締結させようとするものである．これらのボルト接合も次章で説明する溶接接合も，必要とされる強度や細部の納まり，工作上，施工上の制約，費用などさまざまな検討をしたうえで決定されるもので，設計のうち最も経験を要する部分である．

7.2　高力ボルト接合

7.2.1　摩　擦　接　合

　高力ボルトは高強度をもち，高い引張り力に耐えることができるとともに，適切な締付け力が得られるようにトルク係数値が一定となるよう製造されている．このボルトを用いた接合法には，摩擦接合，引張り接合，支圧接合がある．このうち，支圧接合は，現行の法規ではとくに認定を受けない限り，普通ボルト接合と同等に扱われる．まず摩擦接合について説明する．

　高力ボルト摩擦接合は，普通ボルト接合のようにボルトのせん断耐力によって力を伝達するのではなく，接合材どうしを高力ボルトの高張力によって圧着させ，接合材間に生ずる摩擦力によって力を伝達しようとするものである．いま図7.1に示すように，接合材をボルトの張力 B で締め付けたとすれば，ボルト孔周辺の接合材接触面では圧縮力 B が働き，摩擦係数（高力ボルト摩擦接合では，滑り係数とよんでいる）を μ とすれば，接合部に作用する力 P に対して μB という摩擦力で抵抗する．これによって力が伝達されるのである．

　したがって設計においては，十分な摩擦力が得られるように，的確に必要なボルト張力を与え，十分な滑り係数が得られるよう接合材の表面処理を行い，さらに接合材間には，はだ隙が生じて接触面が少なくならないようにすることが必要である．

　高力ボルト摩擦接合は，普通ボルトにくらべてつぎの利点が考えられる．

92   第7章　高力ボルト，ボルト接合

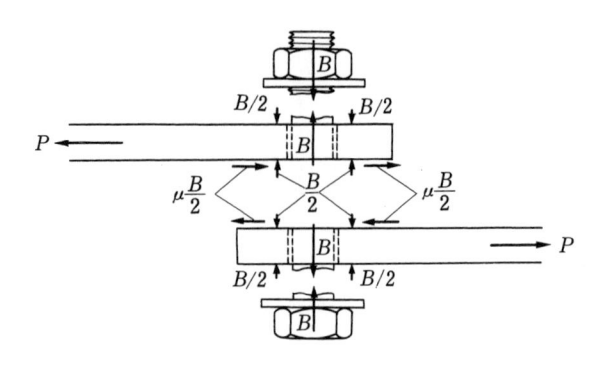

図 7.1　高力ボルトの力の伝達

（i）　ボルト孔周辺の摩擦力で力を伝達するので，ボルト孔の断面欠損による破断は生じにくい．
（ii）　静的な外力に対しては，滑りが生ぜず，接合部の剛性が高い．
（iii）　ボルトに直接せん断力，支圧力が作用しないので，繰返し荷重に対してもボルト張力は変化せず，したがって疲労強度も高い．
（iv）　繰返し荷重に対して滑りが生じても，ボルトの強度が高いので，ボルトのせん断耐力でもさらに力を伝達し得る．
（v）　ボルト・ナット・座金は的確な設計張力が与えられるよう製品管理されているので，ナットの緩みも少なく，信頼性が高い．

7.2.2　高力ボルトの種類

高力ボルトは正確なボルト張力が必要で，そのためにはボルト・ナット・座金の組合わせが重要である．JIS B 1186 にはつぎのようなセットが定めてある．表7.1のうちトルク係数値とは，高張力で一定に締め付けるために，トルク（ナットを締め付けるモーメント）とボルトに生ずる軸力との関係を示したもので，これがばらつかないよう試験方法を定めてA，Bに分類する．またボルトは強度の順にF8T，F10Tがある．

表 7.1　ボルト・ナット・座金の組合わせ

セットの種類		適用する構成部品の機械的性質による等級の組合わせ		
機械的性質による種類	トルク係数値による種類	ボルト	ナット	座金
1 種	A	F8T	F10(F8)	F35
	B			
2 種	A	F10T	F10	
	B			

7.2.3　摩擦接合の許容応力度

摩擦力の大きさは接触面の摩擦係数とボルトの締付け力によって生ずる接合材間の接触圧の積によって決まり，摩擦接合の許容耐力はつぎの式で表される．

$$S_f = \frac{1}{\nu} \cdot m \cdot \mu \cdot B_0 \longrightarrow \frac{1}{\nu} \cdot m \cdot \mu \cdot A_b \cdot T_0 \tag{7.1}$$

ただし S_f：許容摩擦耐力，B_0：設計ボルト張力，μ：滑り係数，ν：滑りに対する安全率，m：摩擦面の数，A_b：ボルト軸断面積，T_0：基準張力（ほぼ B_0/A_b に対応する値で安全側に評価している）

上の式で，$\nu=1.5$，$m=1$，$\mu=0.45$ とし，S_f を便宜的にボルト軸断面積 A_b で割って，普通ボルトと同じ形式の許容応力度 f_{s0} を与えている．建築基準法施行令92条はこれを基準張力 T_0 で規定している．

$$f_{s0} = \frac{S_f}{A_b} = \frac{0.45 \times B_0}{1.5} \times \frac{1}{A_b} \longrightarrow 0.3 T_0 \tag{7.2}$$

基準張力，許容応力度，破断強度を表7.2に，設計ボルト張力を表7.3に示す．また，設計に便利なように，高力ボルトの許容耐力表を表7.4に示す．

式（7.1）より許容せん断応力は設計ボルト張力または基準張力に比例するから，表7.2の値を許容応力とするときには，少なくとも表7.3の設計ボルト張力は確保されていなければならな

表 7.2 高力ボルトの基準張力，許容応力度および破断強度

材　料		基準張力 [N/mm²]	許容応力度 [N/mm²]		破断強度 [N/mm²]
			引張り	せん断	
高力ボルト	F 8 T	400	250	120	800
	F 10 T	500	310	150	1000

表 7.3 高力ボルトの設計ボルト張力 [kN]

ボルト等級	設計ボルト張力				標準ボルト張力			
	M 16	M 20	M 22	M 24	M 16	M 20	M 22	M 24
F 8 T	85.2	133	165	192	93.7	146	182	211
F 10 T	106	165	205	238	117	182	226	262

表 7.4 高力ボルトの許容耐力表

高力ボルトの種類	ボルト呼び径	ボルト軸径 [mm]	ボルト孔径 [mm]	ボルト軸断面積 [mm²]	ボルト有効断面積 [mm²]	設計ボルト張力 [kN]	許容せん断力 [kN]		許容引張り力 [kN]
							1面摩擦	2面摩擦	
F 8 T	M 16	16	18.0	201	157	85.2	24.1	48.2	50.3
	M 20	20	22.0	314	245	133	37.7	75.4	78.5
	M 22	22	24.0	380	303	165	45.6	91.2	95.0
	M 24	24	26.0	452	353	192	54.2	108	113
F 10 T	M 16	16	18.0	201	157	106	30.2	60.3	62.3
	M 20	20	22.0	314	245	165	47.1	94.2	97.3
	M 22	22	24.0	380	303	205	57.0	114	118
	M 24	24	26.0	452	353	238	67.8	136	140

い．施工時には，導入されるボルト張力にある程度の変動が伴うから，設計ボルト張力の10%増しに相当する標準ボルト張力を与えるようにする．正確なボルト張力を与える方法には，トルク法，ナット回転法などがある．トルク法は前もって較正されたトルクレンチによって必要な張力が出るトルク値で締め付ける方法で，ナット回転法は接合材が十分密着するまで締め付けた後，さらに所定のナット回転を与えて張力を得るものである．最近は自動的にボルト張力が与えられるトルシア型の高力ボルトが多く用いられている．

　滑り係数は，接合材の表面処理によって異なる．$\mu = 0.45$ 以上を得るには，黒皮，塗料，めっきなどを除去する必要がある．実験によれば，浮きさびを除去した後のさび，ショットブラストがけなどは 0.45 以上期待できる．

7.2.4　引張り接合

　引張り接合とは，高力ボルトの高い張力を利用して，接合材どうしを強く締め付け，材間に生ずる圧着力によって力を伝達しようとする接合法である．図7.2はその基本形を示したものである．この原理を説明するために，図7.3のボルト頭部の力のつり合いを考えよう．まず図 (a) のように初張力 B_0 で締め付けると，接合材より反力を受ける．その合力を C_0 とすれば，当然

$$B_0 = C_0 \tag{7.3}$$

が成り立つ．つぎに，外力 P が作用すると，図 (b) のようにボルト張力は増加して B に，反力は減少して C に変化する．この変化量を B_1，C_1 とすれば，

$$C = C_0 - C_1, \qquad B = B_0 + B_1 \tag{7.4}$$

となる．B_1，C_1 は，それぞれボルトと接合材のわずかな変形（ボルトは伸び，その分だけ接合材の圧縮量が解除される）によって生ずるものであるから，ボルトの剛性を K_B，接合材の剛性を K_P とし，変形量を $\varDelta$ とすれば，

$$C_1 = K_P \cdot \varDelta, \qquad B_1 = K_B \cdot \varDelta \tag{7.5}$$

が成り立つ．これより $\varDelta$ を消去して

$$\frac{C_1}{B_1} = \frac{K_P}{K_B} \tag{7.6}$$

一方，外力 P と B，C 間にはつぎの関係

$$P = B - C \tag{7.7}$$

があるから，上式に式 (7.3) と式 (7.4) を代入すれば，

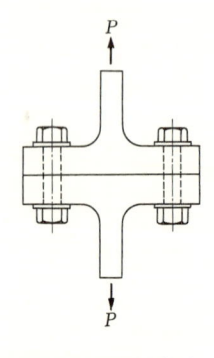

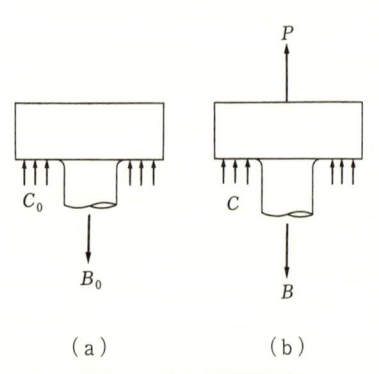

図 7.2　引張り接合　　　　　図 7.3　ボルト頭部の力

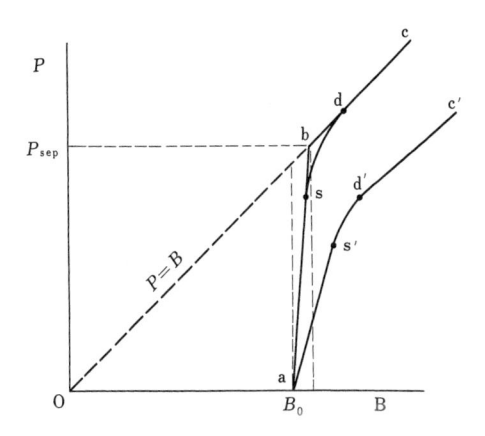

図 7.4 外力とボルト張力の関係

$$P = C_1 + B_1 \tag{7.8}$$

さらに，上式に式 (7.6) の関係を代入すれば，外力 P が作用したときのボルト張力，反力の変化量が求められる．すなわち，

$$C_1 = \frac{K_P}{K_B + K_P} P, \qquad B_1 = \frac{K_B}{K_B + K_P} P \tag{7.9}$$

最後に，これを式 (7.4) に代入すれば，

$$C = C_0 - \frac{K_P}{K_B + K_P} P, \qquad B = B_0 + \frac{K_B}{K_B + K_P} P \tag{7.10}$$

を得る．

図 7.4 の実直線 ab は，式 (7.10) のあとの式の外力 P とボルト張力 B との関係を示したものである．一般に $K_P \gg K_B$ であるので，ab の勾配は急で，外力が大きくなって接合材が離れる点 b までボルト張力はほとんど変化しない．このことは，引張り接合が疲労に対しても有利であることを示している．なお，点 b に対応する外力 P_{sep} を離間荷重とよんでいる．式 (7.10) の頭の式で $C = 0$ とすれば，P_{sep} は

$$P_{sep} = \frac{K_P + K_B}{K_P} C_0 = \frac{K_P + K_B}{K_P} B_0 \tag{7.11}$$

となる．離間荷重 P_{sec} より大きい外力に対しては，ボルト張力だけで負担するので $P = B$ の直線 bc となる．

外力 P が作用したときの接合部の変形量 $\varDelta$ は式 (7.5)，(7.9) より

$$\varDelta = \frac{P}{K_B + K_P} \tag{7.12}$$

と求められるが，これを同じ外力 P におけるボルトだけの伸び $\varDelta_B$

$$\varDelta_B = \frac{P}{K_B} \tag{7.13}$$

と比較してみると

$$\frac{\varDelta}{\varDelta_B} = \frac{K_B}{K_B + K_P} = \frac{1}{1 + \dfrac{K_P}{K_B}} \tag{7.14}$$

となって，$K_P/K_B > 0$ であるから，つねに $\varDelta/\varDelta_B < 1$ となり，ボルトだけの場合より剛性が増し

ていることがわかる．K_P/K_B が大いほど剛性は増加する．

以上の説明は，図7.2の接合材が剛体に近いものと考えた場合であるが，実際には材の曲げ変形があるので，図7.4の asdc となり，さらに接合材の曲げ剛性が小さいと図7.5に示すように変形し，ボルトをこじる力，いわゆるてこ反力 R が生じてボルト張力がその分だけ増大する．図7.4の as'd'c' はその状態を示したもので，結局 as と as' の差がてこ反力によるボルト張力の増加分となっている．

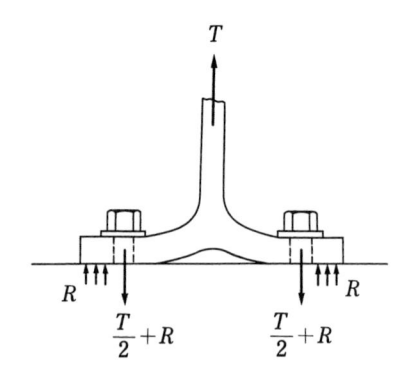

図 7.5 てこ反力

7.2.5 引張り接合の許容応力度

実験によれば，実際の離間荷重点は図7.4のsとなり，離間荷重は，導入された初張力の約90％程度になるので，長期許容耐力はその1/1.5とする．初張力を表7.3の設計ボルト張力 B_0 とすれば，許容耐力 S_t は

$$S_t = \frac{0.9}{1.5} B_0 \tag{7.15}$$

さらに摩擦接合と同様，ボルト軸断面積 A_b で割って許容応力度 f_{tt} で表せば，

$$f_{tt} = \frac{S_t}{A_b} = \frac{0.9 \times B_0}{1.5} \times \frac{1}{A_b} \tag{7.16}$$

結果は表7.4中の許容引張り力の列に示してある．上式と式（7.2）と比較すればわかるように，引張りの許容応力度はせん断のそれの2倍程度である．

7.2.6 引張り力とせん断力が同時に作用する場合

ボルト部分に引張り力 T とせん断力 S が作用するとき，接合部材間の接触圧縮力 C は式（7.7）より

$$C = B - T \tag{7.17}$$

となるから，摩擦耐力は摩擦係数 μ として，

$$S_f = \mu \cdot C = \mu(B - T) \tag{7.18}$$

上の式中，B を初張力すなわち設計ボルト張力 B_0 に置き換えると，$B > B_0$ であるから $S_f > S_f'$ なる S_f' が求まる．これを許容耐力とすれば安全側の評価となる．許容応力度の形で示せば，引張り力とせん断力を同時に受けるときの許容せん断応力度 f_{st} は

$$f_{st} = \frac{S_f'}{\nu \cdot A_b} = \frac{\mu}{\nu \cdot A_b}(B_0 - T) \tag{7.19}$$

上の式で $\nu = 1.5$，$\mu = 0.45$，$f_{s0} = \mu \cdot B_0/(\nu \cdot A_b)$，$T = \sigma_t A_b$ とおけば，

$$f_{st} = f_{s0}\left(1 - \frac{\sigma_t A_b}{B_0}\right) \longrightarrow f_{s0}\left(1 - \frac{\sigma_t}{T_0}\right) \tag{7.20}$$

となる．ただし，σ_t は高力ボルトの許容引張り応力度 f_{tt} を越えることができないことは当然である．

7.3 ボルト接合

7.3.1 ボルトの使用範囲
建築基準法施行令によれば，ボルトによる接合は，軒高が9m以下，スパン13m以下の建物で，しかもナットが緩まないように施工した場合以外には使用してはならないことになっている．

7.3.2 ボルトの種類
ボルト（六角ボルト）の材質，形状はJIS B 1180に，ナット（六角ナット）の材質，形状はJIS B 1181に規定されている．ボルトは，仕上げの程度によって上・中・並と区分されているが，通常建築に用いられるのは，中ボルトである．機械的性質も通常はF4Tで，SS 400と同等の材質である．ボルトは，軸径にメートルねじであることを表すMをつけ，M 12，M 16，…と呼称する．ねじには並目ねじ，細目ねじの区別があるから注意を要する．また，ねじの精度によって1~3級の別がある．そのほかボルトを発注するときには，首下の長さ l を指定する必要がある．

7.3.3 ボルトの許容耐力
許容せん断力 R_s，接合材の許容支圧力 R_l は次式で与えられ，許容耐力は F_s，R_l のうち小さいほうの値とする．

$$R_s = \frac{\pi d^2}{4} \cdot f_s \quad （1面せん断） \tag{7.21 a}$$

$$R_s = \frac{\pi d^2}{2} \cdot f_s \quad （2面せん断） \tag{7.21 b}$$

$$R_l = d \cdot t \cdot f_l \tag{7.21 c}$$

ただし R_s：ボルトの許容せん断力 [kN]，R_l：接合材の許容支圧力 [kN]，f_s：ボルトの許容せん断応力度（N/mm²，表7.5），f_l：接合材の許容支圧応力度 [N/mm²]=$1.25F$（F値は表11.3），d：ボルトの軸径 [mm]，t：接合材の板厚のうち小さいほうの値 [mm]，2面せん断の場合は，一方は板厚の和となる．

表 7.5 ボルトの許容応力度と破断強度

材料		許容応力度 [N/mm²]		破断強度 [N/mm²]
		引張り	せん断	
ボルト	SS 400，中ボルト (F 4 T)	120	70	400

表 7.6 ボルトの長期応力に対する許容耐力（ボルトの材質SS 400，SM 400の場合）
$F=235$ N/mm²(SS 400, SM 400, SN 400, STK 400, STKR 400, SSC 400)

ボルト呼び径	ボルト軸径 [mm]	ボルト孔径 [mm]	ボ軸ル断ト面積 [mm²]	許容せん断力 [kN]		許容支圧力 [kN] 板厚 [mm]									許容引張り力 [kN]
				1面せん断	2面せん断	1.6	2.3	3.2	4.0	4.5	6.0	8.0	9.0	10.0	12.0	
M 12	12	12.5	113	7.9	15.8	5.6	8.1	11.3	14.1	15.9	21.2					13.6
M 16	16	16.5	201	14.1	28.1	7.5	10.8	15.0	18.8	21.2	28.2	37.6				24.1
M 20	20	20.5	314	22.0	44.0	9.4	13.5	16.8	23.5	26.4	35.3	47.0	52.9	58.8		37.7
M 22	22	22.5	380	26.6	53.2	10.3	14.9	20.7	25.9	29.1	3.88	51.7	58.2	64.6	77.6	45.6
M 24	24	24.5	452	31.7	63.3	11.3	16.2	22.6	28.2	31.7	42.3	56.4	63.5	70.5	84.6	54.2

ボルトが純粋な引張り力を受けるときの許容引張力は，次式で計算する．

$$R_t = \frac{\pi d^2}{4} \cdot f_t \tag{7.22}$$

ただし　R_t：ボルトの許容引張り力 [kN]，f_t：ボルトの許容引張り応力度 [N/mm²]

設計においては許容支圧力もわかるように，表 7.6 を用いると便利である．

せん断力と引張り力を同時に受けるボルトの許容引張り応力度 f_{ts} はつぎの式で表される．

$$f_{ts} = 1.4 f_{t0} - 1.6\tau \tag{7.23 a}$$

かつ

$$f_{ts} \leqq f_{t0} \tag{7.23 b}$$

ただし　f_{ts}：せん断力を同時に受けるボルトの許容引張り応力度 [N/mm²]，f_{t0}：許容引張り応力度 (N/mm²，表 7.5)，τ：ボルトに作用するせん断応力度 [N/mm²] で，表 7.5 の値を越えることはできない．

7.4　設　　　計

7.4.1　一般事項

接合部では応力計算において求めた応力が確実に伝達されなければならない．また，接合部に作用する応力を精算しない場合には，接合される部材の許容耐力を伝達されるように設計する．接合部は応力の急変あるいは不連続が生じやすい箇所であるから，余裕のある設計が望ましく，少なくとも 2 本以上のボルトを配置するよう規定している．

ボルト，高力ボルトの許容応力度は理想的な応力分布を想定して決定してある．したがって，予想外の応力が生じないよう注意する必要があり，とくに軸方向力を受ける材の重心軸とボルト群の重心はできるだけ一致させ，偏心による付加曲げを避けたい．

接合される材の板厚が異なるときには，図 7.6 に示すようなフィラーを挿入して板厚を調整する．フィラーの厚さが 6 mm 以上となって，しかも母材に緊結されていないと右側の材の応力分布が不均等となってボルトに作用するせん断応力が一様でなくなるので，同図のように必要なだけボルトを増加させる．しかし，フィラーはできるだけ避けるほうがよい．高力ボルト接合では高張力によって，添え板，フィラー，母材を圧着させるのでこのような心配はないが，摩摩が働くよう板の表面仕上げに注意する．

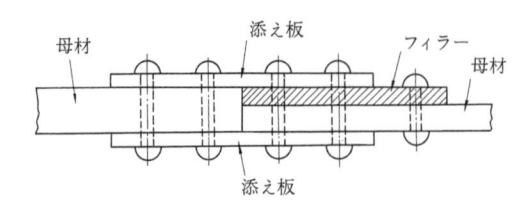

図 7.6　フィラーのあるボルト接合部

7.4.2　ボルトの配置

ボルトによる接合は，接合される材（母材）に孔をあけて接合するのであるから，できるだけ孔の数は少なくして母材を弱めないようにすべきである．一方，ボルトのせん断耐力にくらべて板の支圧耐力が小さく，ボルトの能力が十分発揮できないことも避けなければならない．

高力ボルト接合は力の伝達機構が本質的にボルトと異なり，ボルト孔周辺の母材どうしの摩擦力による接合法であって，ボルト孔の有無が母材の耐力に影響を与えないと考えられるが，滑りが生じた場合ならびにボルトとの互換性を考慮し安全側の設計法としてボルトと同じ制限に従っている．

ボルト，高力ボルトは接合される部材の材軸に平行に配置する．図7.7に示すように，配置線をゲージ線といい，ゲージ線の間隔をゲージ間隔 g，ゲージ線上のボルト間隔をピッチ p，ボルトから縁または端までの距離 e_1，e_2 を縁端距離という．e_1 は縁あき，e_2 は端あきともいう．ボルトの孔の中心間距離をボルト軸径の2.5倍以上とされており，g，p は表7.7に示した値となる．形鋼の突出部が小さくて g が十分とれない場合には，図7.7(c)に示すような千鳥に配置する．p_1 は千鳥のピッチ，p_2 をダイアゴナルピッチという．

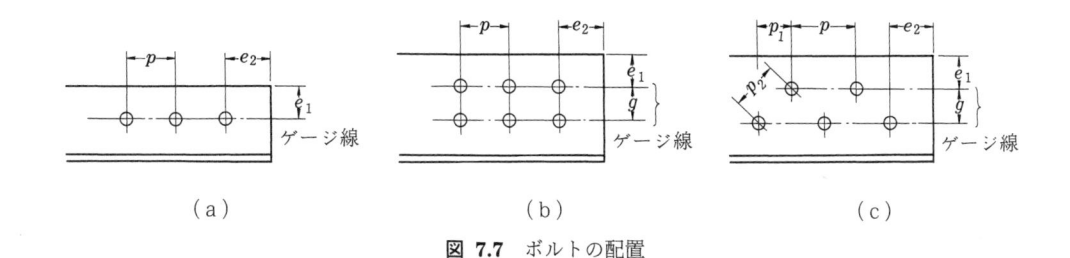

(a)　　　　　　(b)　　　　　　(c)

図 7.7 ボルトの配置

表 7.7 形鋼のゲージとボルトのピッチ

(1) 形鋼のゲージ　　　　　　　　　　　　　　　　　　　　　　　　(単位：mm)

AあるいはB	g_1	g_2	最大軸径	B	g_1	g_2	最大軸径	B	g_3	最大軸径
40	22		10	100**	60		16	40	24	10
45	25		12	125	75		16	50	30	12
50**	30		16	150	90		22	65	35	20
60	35		16	175	105		22	70	40	20
65	35		20	200	120		24	75	40	22
70	40		20	250	150		24	80	45	22
75	40		22	300*	150	40	24	90	50	24
80	45		22	350	140	70	24	100	55	24
90	50		24	400	140	90	24			
100	55		24							
125	50	35	24							
130	50	40	24							
150	55	55	24							
175	60	70	24							
200	60	90	24							

* $B=300$ は千鳥打ちとする
** 印の欄の g および最大軸径の値は強度上支障がないとき，最小縁端距離の規定にかかわらず用いることができる

表 7.7（つづき）
(2) ピッチ　　　　　　　　　　　　　　　　　　　　　　　　　　　（単位：mm）

軸径 d		10	12	16	20	22	24	28
ピッチ p	標準	40	50	60	70	80	90	100
	最小	25	30	40	50	55	60	70

(3) 千鳥打ちのゲージとピッチ　　　　　　　　　　　　　　　　　　（単位：mm）

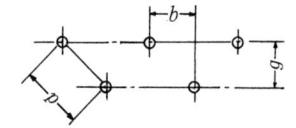

g	b		
	軸径		
	16	20	22
	$p=48$	$p=60$	$p=66$
35	33	49	56
40	27	45	53
45	17	40	48
50		33	43
55		25	37
60			26
65			12

(4) 形鋼に対する千鳥打ち　　　　　　　　　　　　　　　　　　　　（単位：mm）

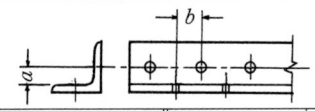

a	b			a	b		
	軸径				軸径		
	16	20	22		16	20	22
21	25	30	36	32	8	19	26
22	25	30	35	33		17	25
23	24	29	35	34		15	24
24	23	28	34	35		12	22
25	22	27	33	36		9	21
26	20	26	32	37			19
27	19	25	32	38			17
28	17	24	31	39			14
29	16	23	30	40			11
30	14	22	29	41			6
31	11	20	28	42			

（日本建築学会：鋼構造設計基準，付録より抜すい）

表 7.8 最小縁端距離 [mm]

径 [mm]	縁端の種類		径 [mm]	縁端の種類	
	せん断縁 手動ガス切断縁	圧延縁・自動ガス 切断縁・のこ引き 縁・機械仕上縁		せん断縁 手動ガス切断縁	圧延縁・自動ガス 切断縁・のこ引き 縁・機械仕上縁
10	18	16	22	38	28
12	22	18	24	44	32
16	28	22	27	49	36
20	34	26	30	54	40

縁端距離は表 7.8 で与えられる値以上とする．これは支圧力によって母材が破断したり，塑性化によって母材の孔周辺の変形が大きくなることを防ぐためで，とくに引張り材の応力方向にボルトが 3 本以上並ばない場合には，最端のボルト孔の中心から材端までの距離を軸径の 2.5 倍以上とする．しかし，いちばん外側の添え板などでは縁端距離が大きすぎると板が反ったり，さびが生じやすくなるのでその板厚の 12 倍以下，かつ 15 cm 以下とすることが推奨されている．

また，圧縮力を伝える部分の接合では，ボルト間隔内で板が局部的に座屈しないよう，その部分の最小板厚の $326/\sqrt{F}$ 倍以下，かつ 30 cm 以下のピッチにしなければならない．ここで F は表 11.3 で与えた値で単位は N/mm^2 である．

7.4.3 有効断面積の計算方法

接合部ではボルト孔のために断面積が欠損するので引張り力を伝達するときには，欠損分（孔の径×母材の板厚）を差し引いた有効断面積によって安全性を確かめる．ボルト孔径はボルト軸径に 2 mm を加えたものとする．表 7.4 にその値が示されている．

有効断面積はボルトの配置によって最も危険な破断線を想定し，破断線に沿ったボルト孔による欠損分を母材の断面積より引いて算定する．欠損面積はつぎのように計算する．図 7.8(a) の場合は破断線は図の点線と考えられるから，欠損面積はボルト 1 個の正味欠損面積 a_0（ボルト孔径×母材の板厚）に点線に沿った孔の数を掛けて求めるが，千鳥配置の場合は図 (b)，(c) に示すような破断線を想定し，b, g の値によって式 (7.24) よりボルトごとに欠損面積 a を算定する．ただし，第 1 のボルトの欠損面積は正味欠損面積 a_0 とする．

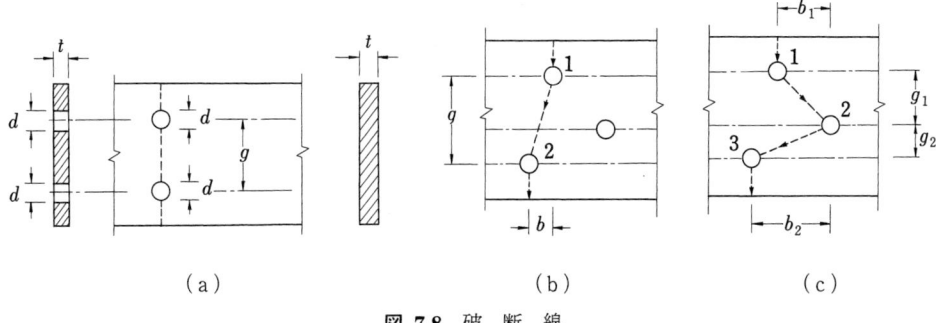

図 7.8 破断線

$$b \leqq 0.5g \quad \text{のとき} \quad a = a_0$$
$$b > 0.5g \quad \text{のとき} \quad a = \left(1.5 - \frac{b}{g}\right) a_0 \quad (7.24)$$

破断線がいろいろ想定されるときはすべての破断線に沿って有効断面積を計算し，そのうち最小のものを設計に用いる．

なお，$b > 1.5g$ のときは孔を縫う破断線は考えなくてもよい．

山形鋼，みぞ形鋼の場合には，脚の部分を展開して上記の規定に従い有効断面積を計算する．たとえば図 7.9 のようにする．

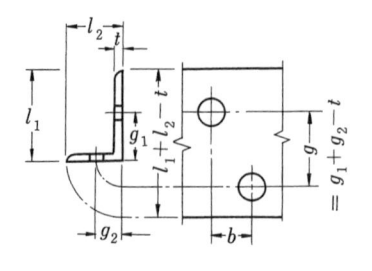

図 7.9 山形鋼の破断線

7.4.4 軸方向力やせん断力を伝達する接合部

トラス部材の接合や曲げモーメントを受ける形鋼部材のフランジの接合など軸方向の引張り力，圧縮力を伝える接合部は図 7.10 に示す形式となる．このとき，個々のボルトに生ずる力 R_N は，接合部に働く軸方向力 N を全ボルトで均等に負担するものとして決定する．すなわち，本数を n とすれば，

$$R_N = \frac{N}{n} \quad (7.25)$$

これは，母材，添え板とも剛であり，ボルトは弾性であるという仮定に従ったもので，実際には板が弾性変形するため，端部のボルトにかかる力のほうが中央部分のそれより大きく，本数 n が多いほどこの傾向が増す．したがって，本数が多い場合にはボルトの許容耐力を小さくとる考慮が必要となるであろう．

図 7.11 は形鋼部材のウェブの接合のようにせん断力 Q を伝える接合部である．このとき，ボルトに生ずる力 R_Q は式 (7.25) と同じ考えで，

$$R_Q = \frac{Q}{n} \quad (7.26)$$

とする．このように求めた R_N，R_Q がボルト 1 本あたりの許容耐力以下になるよう設計する．

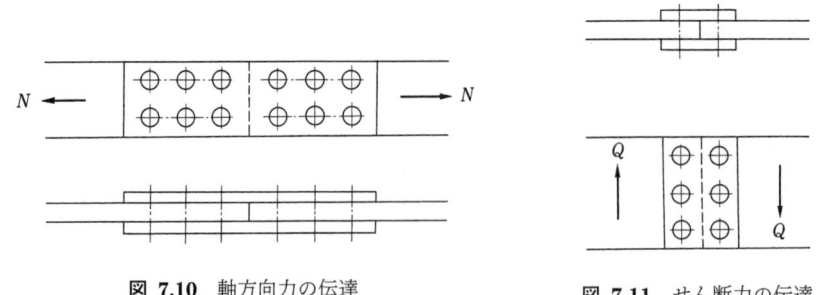

図 7.10 軸方向力の伝達

図 7.11 せん断力の伝達

7.4.5 モーメントを伝える接合部

図 7.12 に示す接合部のようにモーメント M を受ける場合，ボルトに作用する力 R_i はボルト群の重心 O からの距離 r_i に比例するものとし，これらの力の重心 O まわりのモーメントの和が外力のモーメント M に等しいとして計算する．すなわち，i 番目のボルトに生ずる力 R_i は

$$R_i = k r_i \quad (7.27)$$

ここで，k は比例定数である．R_i の点 O まわりのモーメント m_i は
$$m_i = R_i r_i = k r_i^2 \tag{7.28}$$
となるから，全ボルトについて考えると，n 個のボルトがあるとして
$$M = \sum_{i=1}^{n} k r_i^2 = k \sum_{i=1}^{n} r_i^2 \tag{7.29}$$
したがって，最大の力は点 O から最も遠い位置にあるボルトに生じ，その大きさ R_{max} は
$$R_{max} = k r_{max} \tag{7.30}$$
上式に式 (7.29) から k を求めて代入すると，
$$R_{max} = \frac{M \cdot r_{max}}{\sum_{i=1}^{n} r_i^2} = \frac{M}{S} \tag{7.31}$$
ここに $S = \dfrac{\sum_{i=1}^{n} r_i^2}{r_{max}}$

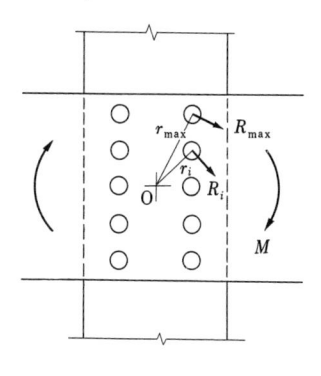

図 7.12 モーメントの伝達

モーメント M のほかに軸方向力 N，せん断力 Q が同時に作用する場合には，式 (7.31)，(7.25)，(7.26) によって，これらの外力によって生ずる力 R_M，R_N，R_Q をそれぞれ求め，その合力を計算する．モーメントによって生ずる最大の力 R_M は図 7.13 に示すように N 方向，Q 方向の成分に分解する．図の場合は $R_M' = R_M \cos\theta$，$R_M'' = R_M \sin\theta$ となるから，全合力 R は
$$\begin{aligned} R &= \sqrt{(R_N + R_M')^2 + (R_Q + R_M'')^2} \\ &= \sqrt{(R_N + R_M \cos\theta)^2 + (R_Q + R_M \sin\theta)^2} \end{aligned} \tag{7.32}$$
となる．

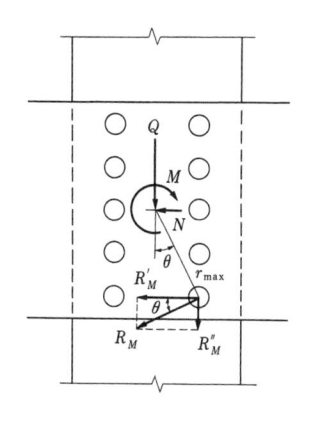

図 7.13 軸力，せん断力，モーメントの伝達

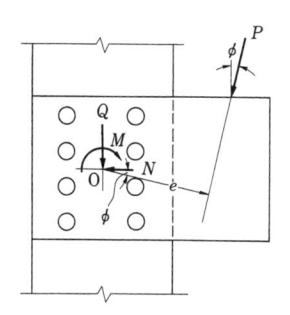

図 7.14 偏心力の作用

図 7.14 のように偏心力が作用するときは外力を N，Q，M に分解して上の式を用いればよい．この場合は
$$N = P\sin\phi, \quad Q = P\cos\phi$$
$$M = P \cdot e \tag{7.33}$$
である．

モーメントを伝達する接合部のうち，図 7.15 のエンドプレートを用いた接合部では，図 (c) のように中立軸 $n-n$ より下側では，エンドプレートの幅だけ圧縮力が作用し，中立軸より上側では引張り力がボルト部分に働く．したがって，力の作用する部分は図 (d) となるが，通常はこれを等価な図 (e)

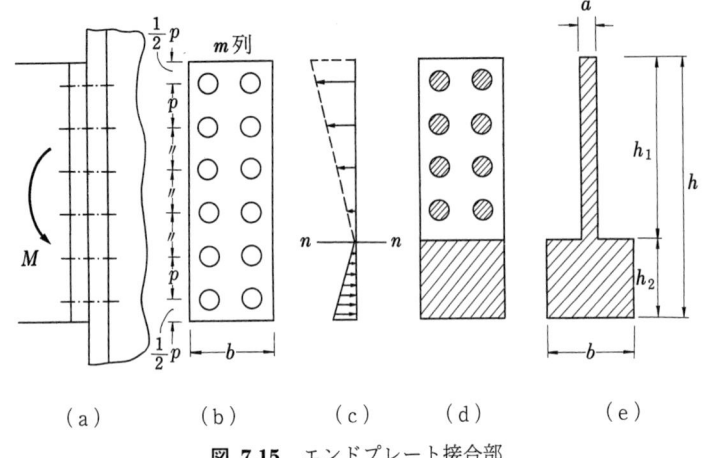

図 7.15 エンドプレート接合部

の断面を想定して計算する.
　ボルトの軸断面積を A_b, ピッチを p, 配列数を m とすれば, 等価断面の幅 a は

$$a = \frac{A_b}{p} m \tag{7.34}$$

となる.
　中立軸の位置を図 (e) のように仮定すれば, 引張り合力と圧縮合力の大きさが等しいことから,

$$\frac{1}{2} a h_1^2 = \frac{1}{2} b h_2^2 \tag{7.35}$$

これより

$$\frac{h_2}{h_1} = \sqrt{\frac{a}{b}} \tag{7.36}$$

ボルト接合の場合は $h_2/h_1 = 1/4$, すなわち

$$h_1 = 0.8h \tag{7.37}$$

としている. 中立軸が定まればボルトに働く最大値 R_{max} は

$$R_{max} = \frac{M(h_1 - p/2)}{I} A_b \tag{7.38}$$

ただし,

$$I = \frac{a h_1^3}{3} + \frac{b h_2^3}{3} \tag{7.39}$$

なお, 上記の計算は図 7.15(c) の力の分布を仮定したものであるから, このような分布が考えられない場合には上式を用いてはならない.

7.5　併　用　継　手

7.5.1　ボルト, 高力ボルトと溶接の併用

　この場合は原則として接合部に作用する全応力を溶接によって負担することにしている. これは溶接が他の接合法にくらべて剛性が高いためである. しかし, 溶接に先だって締め付けられた高力ボルトの場合は溶接の熱によって板が曲がったりするおそれがなく, 板が十分密着するので, 高力ボルトの滑りが起こりにくく, 主滑りが生ずる以前の剛性が高いので溶接との併用が認められている.

7.6 ボルトおよび高力ボルトの最大強さ[1]

ボルトおよび高力ボルトの設計に際して，許容応力度による算定のほかに破断に対する検討を必要とする場合は，ボルト1本あたりの最大強さをつぎの式により求める．

軸方向力に対して

$$P_u = {}_fA_n \cdot {}_f\sigma_u \tag{7.40 a}$$

せん断力に対して

$$Q_u = 0.60 m \cdot {}_fA_s \cdot {}_f\sigma_u \tag{7.40 b}$$

ただし ${}_fA_n$：ボルトの有効断面積 [mm^2]（$0.75{}_fA_s$ としてよい），${}_fA_s$：ボルトの軸断面積 [mm^2]，${}_f\sigma_u$：ボルトの破断強度 [N/mm^2]（表 11.6），m：せん断を受ける面の数．

演習例題 7

〔7.1〕 図 7.16 に示す高力ボルト接合による継手のボルトの長期許容耐力および最大強さを求めよ．

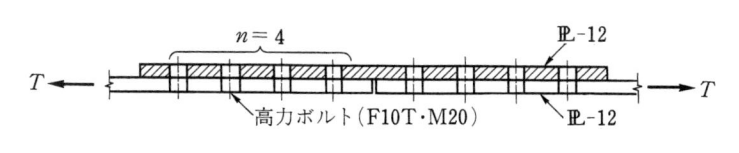

図 7.16

〔答〕

1) **長期許容耐力（T_a）**

　高力ボルト　F10T・M20 の許容せん断力（表 7.4）

　$R = 47.1$ kN（1面摩擦）

　高力ボルトの長期許容耐力　$T_a = n \cdot R = 4 \times 47.1 = 188.4$ kN

2) **最大強さ（T_u）**

高力ボルトの軸断面積 $A_b = 314$ mm^2（表 7.4），破断強度 ${}_f\sigma_u = 1000$ N/mm^2（表 7.2）であるから，式 (7.40 b) より

　高力ボルトの最大強さ

　$T_u = 0.60 \cdot m \cdot {}_fA_s \cdot {}_f\sigma_u \times n = 0.60 \times 1 \times 314 \times 1000 \times 4 = 753.6$ kN

〔7.2〕 図 7.17 に示す高力ボルト接合による継手のボルトの短期許容耐力および最大強さを求めよ．

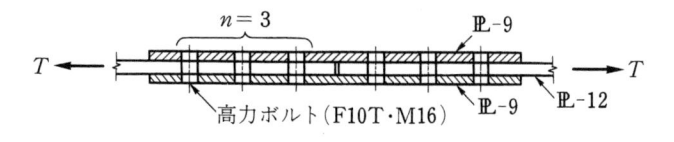

図 7.17

---

1) 日本建築学会「鋼構造限界状態設計指針・同解説」1998 年 9 月．

〔答〕
1) **短期許容耐力（T_a）**
   高力ボルト F 10 T・M 16 の許容せん断耐力（表 7.4） $R = 60.3$ kN（2 面摩擦）
   高力ボルトの短期許容耐力
   $$T_a = n \cdot R = 3 \times 60.3 \times 1.5 = 271.4 \text{ kN}$$

2) **最大強さ（T_u）**
   高力ボルトの軸断面積 $A_b = 201$ mm²（表 7.4），破断強度 $_f\sigma_u = 1000$ N/mm²（表 7.2）であるから，式（7.40 b）より
   高力ボルトの最大強さ
   $$T_u = 0.60 \cdot m \cdot {_fA_s} \cdot {_f\sigma_u} \times n = 0.60 \times 2 \times 201 \times 1000 \times 3 = 723.6 \text{ kN}$$

〔**7.3**〕 図 7.18 に示すような斜め引張り力（長期）を受ける部材を，高力ボルト（F 10 T）4 本で接合する場合のボルトの大きさを求めよ．ただし，被接合部材は十分剛であるものとする．

〔答〕 高力ボルトに対する引張りおよびせん断各方向への応力成分は
$$P_T = P \cos 30° = 200 \times \frac{\sqrt{3}}{2} = 100\sqrt{3} \text{ kN}$$
$$P_s = P \sin 30° = 200 \times \frac{1}{2} = 100 \text{ kN}$$

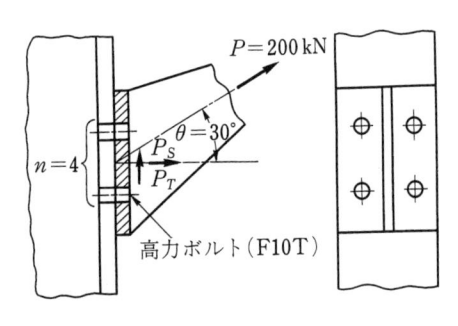

図 7.18

引張り力を同時に受ける高力ボルトの許容せん断応力度 f_{st} は式（7.20）より
$$f_{st} = f_{s0}\left(1 - \frac{\sigma_t}{T_0}\right)$$
で与えられ，また，高力ボルト F 10 T の許容せん断応力度 f_{s0} および基準張力 T_0 は表 7.2 より以下の値となる．
$$f_{s0} = 150 \text{ N/mm}^2, \quad T_0 = 500 \text{ N/mm}^2$$

したがって，高力ボルトに作用する引張り応力度 σ_t およびせん断応力度 τ は
$$\sigma_t = \frac{P_T}{n \cdot A_b} = \frac{P_T}{4A_b}, \quad \tau = \frac{P_s}{n \cdot A_b} = \frac{P_s}{4A_b}$$
であるから，
$$f_{st} = f_{s0}\left(1 - \frac{\sigma_t}{T_0}\right) = f_{s0}\left(1 - \frac{P_T}{4A_b \cdot T_0}\right) > \tau = \frac{P_s}{4A_b}$$
とおいて，これよりボルトの所要断面積は
$$A_b \geq \frac{P_T \cdot f_{s0} + P_s \cdot T_0}{4 T_0 \cdot f_{s0}} = \frac{100\sqrt{3} \times 0.15 + 100 \times 0.50}{4 \times 0.50 \times 0.15}$$
$$= 253 \text{ mm}^2$$
を得る．よって，表 7.4 より高力ボルト M 20（$A_b = 314$ mm²）を使用すればよい．

〔**7.4**〕 図 7.19 に示すような，22.0 mm のボルト孔径をもつ引張り材の有効断面積を求めよ．

〔答〕 式（7.24）より
$$a = 1.5 - \frac{b}{g}$$
とおいて，想定される破断線についての控除すべきボルト孔径を求めると（図 7.20）

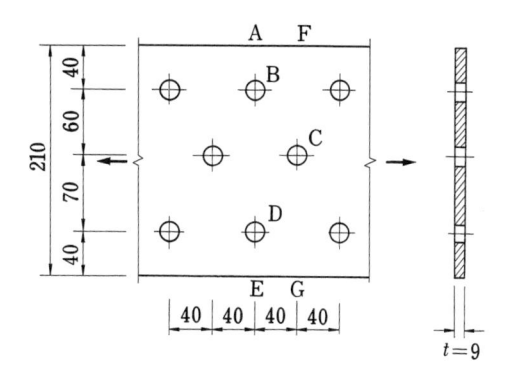

図 7.19

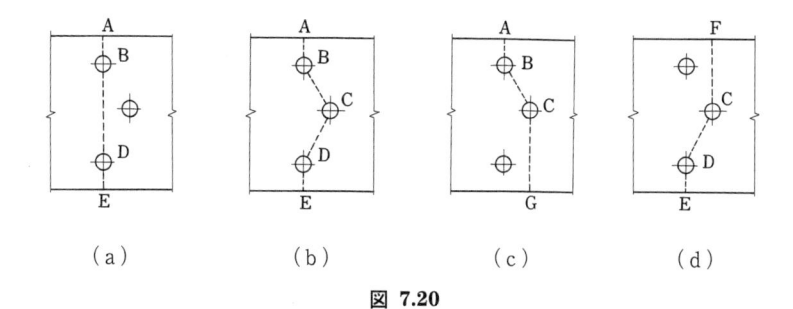

図 7.20

(1) 破断線 ABDE〔図 (a)〕
　第1ボルト B　　　　　　　　　　$d = d_0 = 22.0$ mm
　第2ボルト D($b=0$)　　　　　　$d = d_0 = 22.0$ mm
　　　　　　　　　　　　　　　　　$\sum d = 44.0$ mm

(2) 破断線 ABCDE〔図 (b)〕
　第1ボルト B　　　　　　　　　　$d = d_0 = 22.0$ mm
　第2ボルト C　　　　　　　　　　$d = \alpha_1 d_0 = 18.3$ mm
　　($b=40$ mm, $g=60$ mm, $\alpha_1=0.83$)　$d = \alpha_2 d_0 = 20.5$ mm
　第3ボルト D　　　　　　　　　　$\sum d = 60.8$ mm
　　($b=40$ mm, $g=70$ mm, $\alpha_2=0.93$)

(3) 破断線 ABCG〔図 (c)〕
　第1ボルト B　　　　　　　　　　$d = d_0 = 22.0$ mm
　第2ボルト C　　　　　　　　　　$d = \alpha d_0 = 18.3$ mm
　　($b=40$ mm, $g=60$ mm, $\alpha=0.83$)　$\sum d = 40.3$ mm

(4) 破断線 FCDE〔図 (d)〕
　第1ボルト C　　　　　　　　　　$d = d_0 = 22.0$ mm
　第2ボルト D　　　　　　　　　　$d = \alpha d_0 = 20.5$ mm
　　($b=40$ mm, $g=70$ mm, $\alpha=0.93$)　$\sum d = 42.5$ mm

となり，ABCDE が最弱断面となることがわかる．したがって，有効断面積 A_n はつぎのように求まる．

$$A_n = (210-60.8) \times 9.0 = 1340 \text{ mm}^2 = 13.40 \text{ cm}^2$$

第8章 溶　　　　接

8.1 溶接の長所と短所

溶接とは，金属材料がその接合箇所において溶融状態，粘性状態となって結合される接合法であるということができる．溶接には後に述べるように多くの種類があるが，その長所としてはつぎのことが考えられる．
　（ⅰ）　設計の自由度が大きく，効率のよい設計ができる．
　（ⅱ）　ボルト，高力ボルト接合のように孔をあける必要はなく，接合部の連続性が保て，剛性が高く，気密性もよい．
　（ⅲ）　ボルト，高力ボルト接合のようにガセットプレート，添え板，フィラーの必要がなく，材料が節約でき，重量が少ない．
　（ⅳ）　自動化，高速化が可能で作業能率がよい．
一方，短所としてはつぎのものがある．
　（ⅰ）　高温の溶融した溶接金属が冷却するとき収縮しようとするため，変形が拘束されると残留応力が生ずる．また，局所的な高温のために材に反りが発生し，その矯正によっても残留応力が導入される．
　（ⅱ）　局部的高温によって材料が劣化する．
　（ⅲ）　溶接に適した材料に制限がある．
　（ⅳ）　信頼度の高い非破壊検査法には高い技術を要する．
　（ⅴ）　工場か，現場かなどの溶接の作業環境，溶接工の技術によって溶接の信頼性が大きく異なる．

8.2 溶接の種類

溶接は大きく分けて，融接，圧接，ろう接（ろう付け）の三つに分類される．
8.2.1 融　　接
接合箇所に溶融金属を生成，供給し，接合しようとする材の一部も溶融して接合しようとするもので，熱源が必要である．融接にはつぎのものがある．
（1）アーク溶接
建築構造物の溶接に最も多く用いられている．これは，溶接棒を一つの極とし，母材を他の極としてその間に交流または直流の電圧（20～40 V，110～250 A）を加えて溶接棒の先端と母材

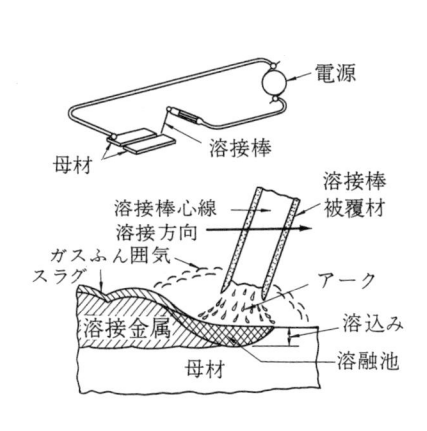

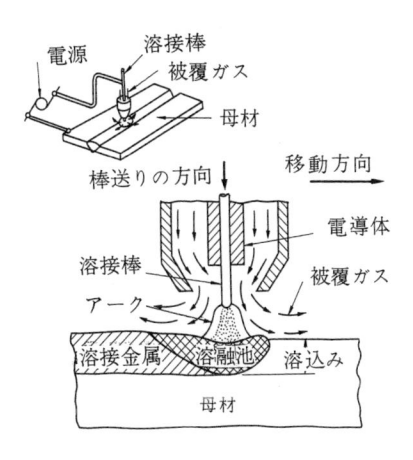

図 8.1 被覆アーク溶接　　　　　図 8.2 炭酸ガスアーク溶接

とのわずかな間げきにアーク（電弧）を発生させる．アークは6000°C程度の高温を発生し，母材の一部を溶かして溶融池をつくり，その中に溶接棒が溶け落ちて母材の一部と融合して溶接金属となって母材を接合させる．アーク溶接はアークを安定させ，溶融金属中に有害な物質が混入することを防ぐことが必要で，そのため種々なくふうがなされている．

1) 被覆アーク溶接　この溶接は，溶接金属となる心線のまわりを固形フラックスで被覆した溶接棒を用いる．固形フラックスは心線より若干後れて燃焼し，CO，CO_2，H_2ガスを発生して大気とアークを遮断して大気中の酸素や窒素が溶接金属中に混入して劣化することを防ぐとともに，アークを安定させたり，溶融点の低い適当な粘性のスラグをつくって溶接金属の表面を覆い，その凝固と冷却の速度を緩やかにしたりする効果をもつ（図8.1）[1]．

溶接棒は母材の材質，溶接継手の種類，作業状態によって最も適したものを選ぶ必要があり，JIS Z 3211（軟鋼用被覆アーク溶接棒），JIS Z 3214（高張力鋼用被覆アーク溶接棒）に品質が規定されている．

2) イナートガスアーク溶接，炭酸ガスアーク溶接　固形フラックスの燃焼ガスを用いる代わりにアルゴン，ヘリウムなどの不活性ガスをノズルから吹き出してアークと大気との間を遮断する方法がイナートガスアーク溶接である．高価な不活性ガスの代わりに安価な炭酸ガスを用いる炭酸ガスアーク溶接が実用化されている（図8.2）[1]．

3) サブマージドアーク溶接　粒状ないし粉状のフラックスを溶接箇所に盛り上げ，その中に心線を突っ込んでフラックスの中でアークを発生させる方法で，自動溶接であるため溶接の信頼性も高く，作業能率も高い（図8.3）[1]．

4) スタッド溶接　比較的径の小さい棒を母材に植えつけるときに用いられる方法で，はじめに棒の先端を母材に接触させたままで電流を流し，その後少し離してアークを発生させ，アークによって溶融池が生じたらその中にすばやく棒を突っこんで溶接させる．合成桁における鉄骨とコンクリートの接触面におけるずれ止め用のスタッドジベルの製作などに用いられる．

---

1) AISC: Structural Steel Detailing, American Institute of Structual Steel 1966.

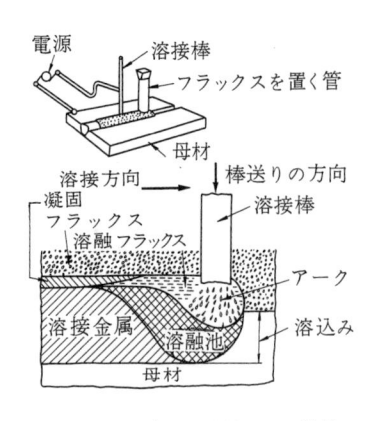

図 8.3 サブマージドアーク溶接 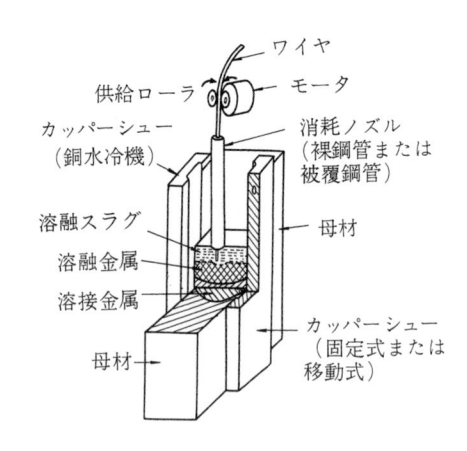　　　図 8.4 エレクトロスラグ溶接

(2) エレクトロスラグ溶接

高層建物の柱など厚板の溶接に用いられている．図 8.4 に示すように母材の隙間の両側を水冷式の銅板で囲い，粒状のフラックスを投入した後，心線を入れ電流を通じると最初はアークが発生するが，スラグが溶融するとその後は溶融スラグ中の電流の抵抗熱によって心線，母材が溶け溶接ができる．心線，スラグを供給しながら，銅板を少しずつ上へずらして溶接を続ける．

8.2.2 圧　　接

接合部分に圧力を加えて溶接するものであるが，加圧前にガス炎や電気抵抗熱によって加熱する場合と，冷間で行う場合とがある．

(1) ガス圧接

アセチレンガスと酸素の混合ガスを燃焼させて，圧着した接合部分を加熱して溶接するもので，鉄筋，レールなどの溶接に用いられる．

(2) 抵抗溶接

抵抗溶接には，接合しようとする 2 枚の金属板を電極で加圧し，短時間に電流を通して電極下の金属板を抵抗熱によって溶融し溶接するスポット溶接や，これを点ではなく連続的な線で行うシーム溶接，また接合面を軽く接触させて大電流を通じ，そこに発生する電気火花の熱を利用して母材を溶融しながら圧接するフラッシュバット溶接がある．

8.2.3 ろ　う　接

ろう接は母材を溶融することなしに，母材より溶融点の低い金属を接合面間に溶接添加して接合する方法である．添加する金属を「ろう」といっている．いわゆるはんだ付けは，ろう接の一種である．

8.3 溶 接 継 目

8.3.1 溶接継目の種類

建築構造によく用いられる溶接は，アーク溶接（手溶接）やサブマージドアーク自動溶接であるから，以下はこれらの溶接について述べる．溶接継目の種類には完全溶込み溶接，すみ肉溶接，部分溶込み溶接，プラグ溶接，スロット溶接がある．

(1) 完全溶込み溶接

部材の端面は溶接に適した形に仕上げられる．仕上げられた 2 部材を並べたときにできるみぞ

をグルーブまたは開先といい，ここに溶接金属を盛り上げて接合する．グルーブは図8.5に示す諸量によって決められるが，これらの寸法，大きさをどのように決めるかは，溶接方法，溶接姿勢，継手の形状，歪の有無，経済性による．標準的な寸法は日本建築学会の溶接工作規準に与えられている．

グルーブ（開先）の種類には，図8.6に示すようなグルーブ断面形によって分類され，I形，V形，レ形（れがた），U形，J形，X形，K形，H形，両面J形がある．

これらのグルーブに溶接を行う場合，溶接の第1層は欠陥を生じやすいので，いったん溶接が終わったら裏側から不良部分を削り取った（裏はつり）のち溶接を補うか，裏はつりが不可能の場合にはあらかじめ図8.7のように裏当て金を接合部材に密着させておき，これも含めて十分溶

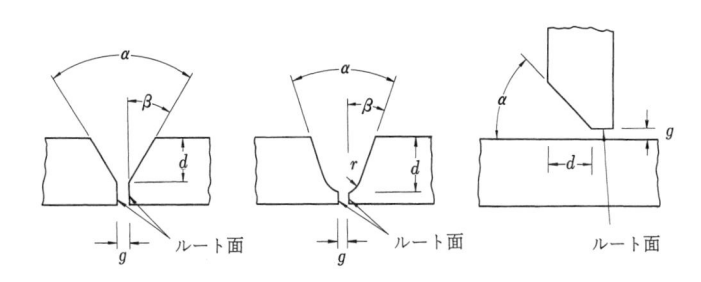

α：開先角度　　g：ルート間隔
β：ベベル角度　r：ルート半径
d：開先の深さ

図 8.5 グルーブ（開先）

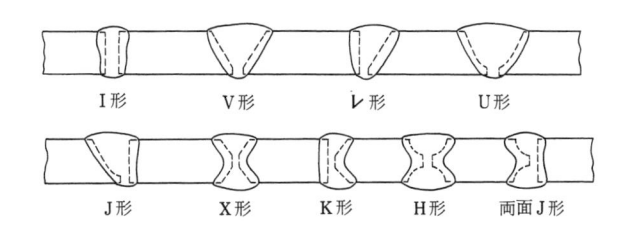

図 8.6 グルーブ（開先）の形状

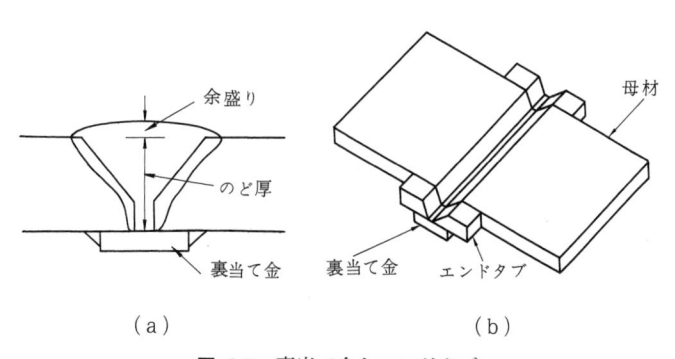

（a）　　　（b）

図 8.7 裏当て金とエンドタブ

け込むように溶接を行う．溶接部分は接合材の厚さより多少盛り上がる．これを余盛りというが，あまり大きくなっては好ましくないので，3mm 未満とする．溶接部の設計を行う場合にはこの余盛りの部分は無視し，図 8.7(a) に示すのど厚を有効厚さとして計算する．

また，完全溶込み溶接継目の始端と終端では，アーク流が不安定となりがちで欠陥が生じやすい．このため溶接線の前後に図 8.7(b) に示すようなエンドタブとよばれる小片を取り付け，この位置でアークの発生と終止を行い，溶接区間は完全溶接とする．溶接終了後にこれを除去することが望ましい．

(2) すみ肉溶接

図 8.8 に示すように，重ね継手，かど継手，T継手において，ほぼ直交する二つの面（二つの面の角度が 60°以下，120°以上の場合には，すみ肉溶接に応力を負担させないことになっている）を結合するときに用いられる溶接で，溶接部分は3角形の断面となる．

すみ肉溶接部分の断面は図 8.9 となり，このうち，すみ肉溶接の大きさを指定するサイズ S が重要である．相隣るサイズが等しいすみ肉を等脚すみ肉，サイズが異なるすみ肉を不等脚すみ肉とよんでいる．いずれの場合も，二つのサイズによってつくられる3角形はすみ肉の断面内に納まるように溶接しなければならない．また，設計計算はサイズによってできる3角形について行っている．

鋼構造設計規準では，接合される材，すなわち母材の板厚とすみ肉溶接のサイズとの関係に制

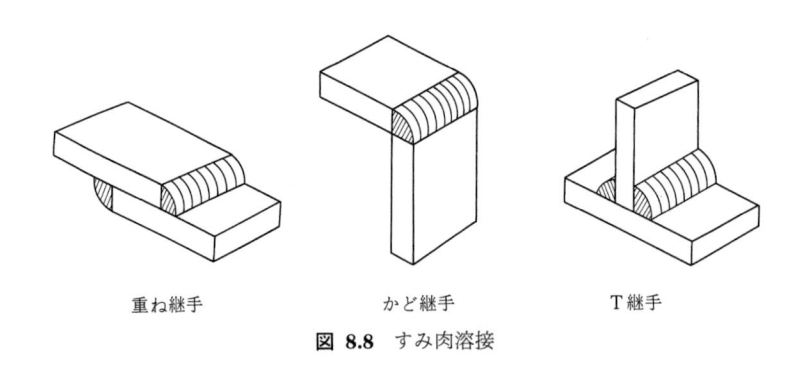

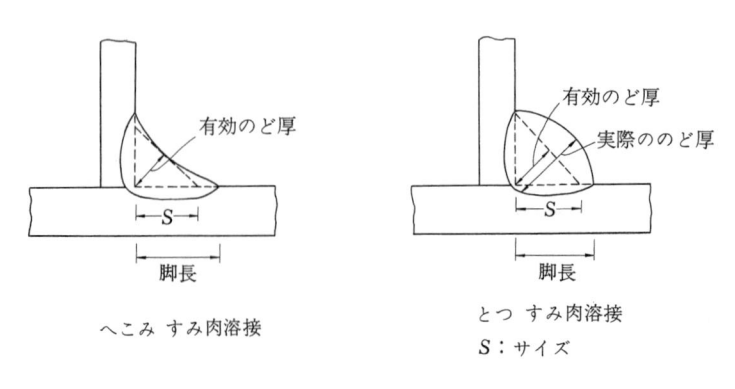

図 8.8 すみ肉溶接

図 8.9 すみ肉溶接のサイズ

限を設けている．母材の厚さを t_1, t_2 ($t_1 \geq t_2$) とするとき，サイズ S は

$$\left.\begin{array}{ll} S \leq t_2 (単位\,\text{mm}) & \\ S \geq 4\,\text{mm} & t_2 \geq 6\,\text{mm のとき} \\ S \geq 1.3\sqrt{t_1}\,(単位\,\text{mm}) & t_2 \geq 6\,\text{mm のとき} \end{array}\right\} \tag{8.1}$$

を満足しなければならない．ただし，板厚 6 mm 以下の T 継手の場合は，S を板厚の 1.5 倍，かつ 6 mm 以下まで増すことができる．

　すみ肉溶接の耐力はサイズのほか長さに関係するが，有効長さはサイズの 10 倍以上，かつ 40 mm 以上とする．ただし，あまり長すぎるとすみ肉部分の応力の不均等がいちじるしくなるので，許容応力を低減する必要がある．すみ肉溶接の終端には欠陥が生じやすいので，図 8.10 のように角部で終わるものでもそのまま連続的に角をまわしてサイズの 2 倍の長さだけ溶接を続行する，いわゆる，まわし溶接を行う．ただし，応力の計算にはこの部分の耐力は考慮しない．また，応力を伝達する重ね継手は，原則として 2 列以上のすみ肉溶接を用い，薄いほうの板厚の 5 倍以上，かつ 30 mm 以上重ね合わせる必要がある．

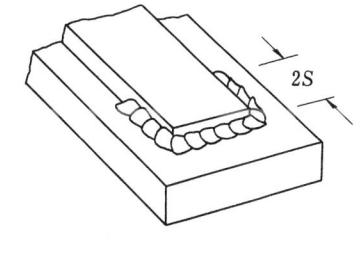

図 8.10 まわし溶接

　すみ肉溶接継目には，溶接線とそこに作用する力の方向によって側面すみ肉溶接継目，前面すみ肉溶接継目に分類される．前者は，すみ肉の溶接線が力に平行の場合であり，後者は溶接線が力の方向に直角の場合である．また，溶接線方向のすみ肉の置き方によって，連続して溶接する連続すみ肉溶接，溶接部分と溶接しない部分とが交互に存在する断続すみ肉溶接に分類される．

（3） 部分溶込み溶接

　部分溶込み溶接とは，開先加工をした母材に溶接する突合わせ溶接のうち，溶込みが完全溶込み溶接より少ないものを指すが，ルート部分までは完全に溶け込んでいなければならない．

　この溶接は，溶接部にせん断応力が作用する場合には有効であるが，引張りや曲げが作用する場合にはきわめて弱いから使用する場合に十分注意する必要がある．高層建物の箱形柱を組み立てるときのすみの接合などに用いる．

（4） プラグ溶接・スロット溶接

　プラグ溶接は，重ね継手において，一方の部材に孔をあけ，表面までいっぱいに溶接し，もう一方の部材の一部を溶け込ませて接合する溶接である．スロット溶接は同じく重ね継手の一方の部材にあけた細長いみぞに行う溶接である．いずれも，重ね部分の部材の局部的な座屈や分離を防ぐことや組立て材の集結に用いられる．

（5） フレア溶接

　部材の丸味のついた角の接合や丸鋼と平板との接合に用いられる溶接で，母材間のフレア部分に行う溶接である．

8.3.2 溶接継目の表示方法

　溶接継目の製作施工は複雑であり，また，わずかな欠陥が重大な事故を誘発することもあるので，設計者の意図が施工者に確実に伝達されなければならない．このため，溶接の種類，開先の形状・寸法，仕上げの方法，工場溶接か現場溶接かが図面上で明瞭に指示できるよう記号が用い

られる.

JIS Z 3021 では，これらの記号を規定している．規定は，溶接の種類を示す溶接記号，仕上げ方法や溶接方法を示す補助記号，これらの記号の記載方法からなっており，表 8.1 に示しておく．図 8.11 には代表的な継目について，実形と図示方法を対照させてある．

8.3.3 溶接継目の許容応力度と有効断面積

溶接継目の強度，とくにすみ肉溶接の強度を的確に算定するにはたいへん複雑な式を必要とする．これらの式の導びき方，実験による検証については他書を参考にされたい[1]．

表 8.1 溶接継目の表示方法

(1) 溶接記号

溶接部の形状	基本記号	備考
両フランジ形	八	
片フランジ形	八	
I 形	‖	アプセット溶接，フラッシュ溶接，摩擦溶接などを含む．
V 形，両面 V 形(X 型)	∨	X 形は説明線の基線(以下，基線という)に対称にこの記号を記載する．アプセット溶接，フラッシュ溶接，摩擦溶接などを含む．
レ形，両面レ形(K 形)	V	K 形は基線に対称にこの記号を記載する．記号のたての線は左側に書く．アプセット溶接，フラッシュ溶接，摩擦溶接などを含む．
J 形，両面 J 形	ν	両面 J 形は基線に対称にこの記号を記載する．記号のたての線は左側に書く．
U 形，両面 U 形(H 形)	Y	H 形は基線に対称にこの記号を記載する．
フレア V 形 フレア X 形	ᑎ	フレア X 形は基線に対称にこの記号を記載する．
フレアレ形 フレア K 形	ﾙ	フレア K 形は基線に対称にこの記号を記載する．記号のたての線は左側に書く．
すみ肉	▷	記号のたて線は左側に書く．並列溶接の場合は基線に対称にこの記号を記載する．ただし，千鳥溶接の場合は，右の記号を用いることができる．
プラグ，スロット	⊓	
ビード，肉盛	⌒	肉盛溶接の場合は，この記号を二つ並べて記載する．
スポット，プロジェクション，シーム	✳	重ね継手の抵抗溶接，アーク溶接，電子ビーム溶接などによる溶接部を表す．ただし，すみ肉溶接を除く．シーム溶接の場合は，この記号を二つ並べて記載する．

---

[1] たとえば，加藤 勉著「鉄骨構造」建築構造学大系 18，彰国社

表8.1 (続き)
(2) 補助記号

区分		補助記号	備考
溶接部の表面形状	たいら	─	
	とつ	⌒	基線の外に向かってとつとする.
	へこみ	⌣	基線の外に向かってへこみとする.
溶接部の仕上方法	チッピング	C	
	研削	G	グラインダ仕上げの場合.
	切削	M	機械仕上げの場合.
	指定せず	F	仕上方法を指定しない場合.
現場溶接 全周溶接 全周現場溶接		▶ ○ ⌾	全周溶接が明らかなときは省略してもよい.

(3) 記載方法

(i) 溶接する側が矢の反対側または向側のとき

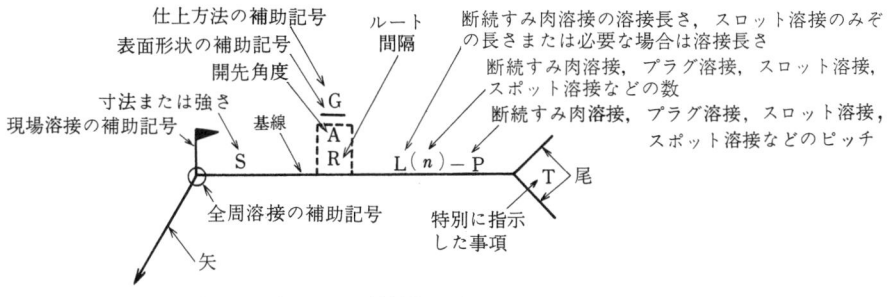

(ii) 溶接する側が矢のある側または手前側のとき

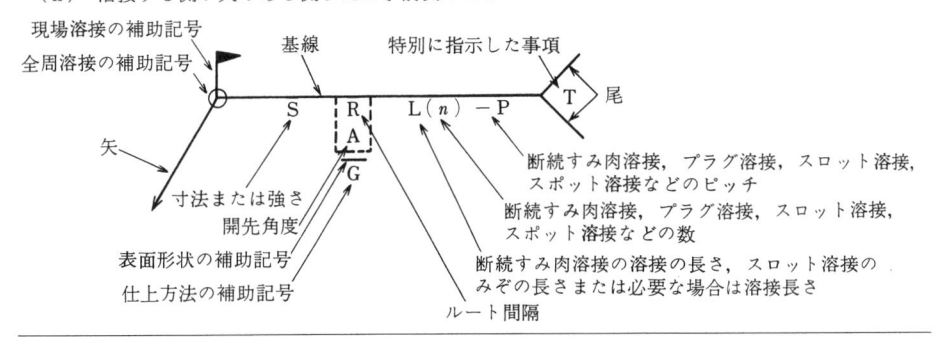

　以下，実用計算法について説明する．ただし，対象とするどんな溶接も母材の各鋼種に適合する溶接棒を使用し，十分な管理下で行われることが前提となっている．

(1) 完全溶込み溶接
　完全溶込み溶接部に作用する力は，溶接部の有効断面積で負担すると考える．有効断面積とは(有効のど厚)×(有効長さ)であり，有効のど厚は母材の板厚と同じにとる．接合される母材の板厚が異なる場合は小さいほうの板厚とする．有効長さは材軸に直角に測った接合部の幅である

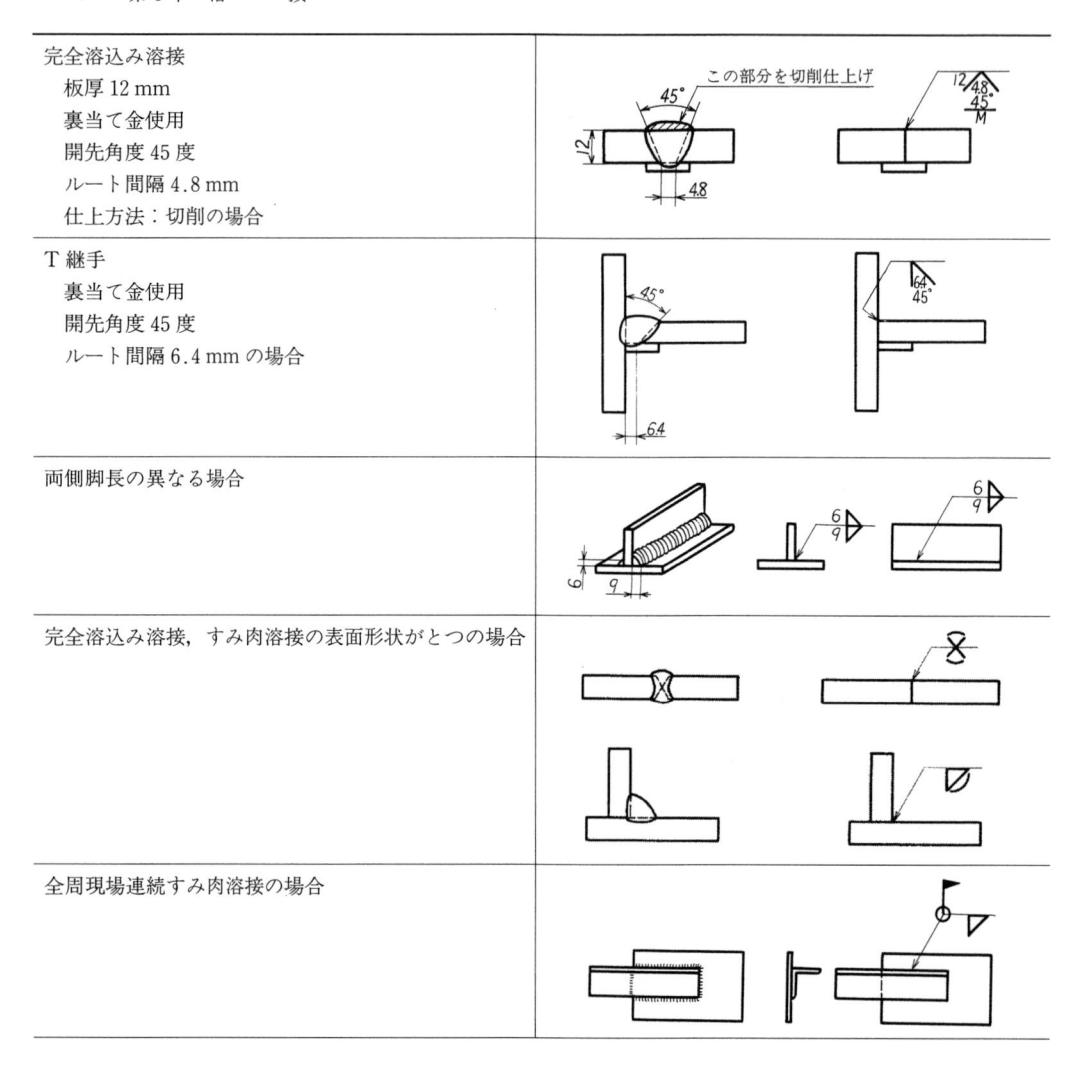

完全溶込み溶接 　　板厚 12 mm 　　裏当て金使用 　　開先角度 45 度 　　ルート間隔 4.8 mm 　　仕上方法：切削の場合	
T継手 　　裏当て金使用 　　開先角度 45 度 　　ルート間隔 6.4 mm の場合	
両側脚長の異なる場合	
完全溶込み溶接，すみ肉溶接の表面形状がとつの場合	
全周現場連続すみ肉溶接の場合	

図 8.11　記　載　例

（図 8.12 参照）．また，溶接部の許容応力度は母材の許容応力度と同じとする．したがって，母材についての強度の検討が十分なされていれば，とくに溶接部について検討する必要はない．

部分溶込み溶接の有効のど厚は母材の板厚，開先の形状によって異なり，鋼構造設計規準に細かに規定されている．この溶接は，せん断応力しか負担しないことにしているから，許容応力度も母材の許容せん断応力度とする．

（2）　すみ肉溶接

すみ肉溶接に作用する力も，溶接部の有効断面積，すなわち（有効のど厚）×（有効長さ）で負担する．この場合，前面すみ肉溶接，側面すみ肉溶接の区別は行わず，単純に加算してよいことになっている．しかしこの両者は，剛性，終局強度についてかなり異なっており，サイズなどが極端に違う場合には小さいほうを無視するなどの配慮が必要である．

有効のど厚は，図 8.13 に示すようにルートから，サイズで定まる 3 角形の対辺へ下ろした垂線の長さである．有効長さは，前述のまわし溶接を含めた溶接の全長からサイズの 2 倍を引いた

a：有効のど厚　　　　　　　　　l：有効長さ

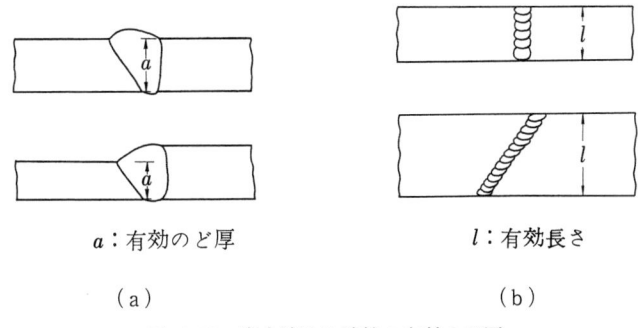

（a）　　　　　　　　　　　　　（b）

図 8.12　完全溶込み溶接の有効のど厚

ものとする．
　許容応力度は，母材の許容せん断応力度としている．前面すみ肉溶接の場合には，くわしい解析によるとかなり余力があると考えられる．

（3）プラグ溶接・スロット溶接
　この場合の有効断面積は，孔およびみぞの接着面における公称断面積とする．許容応力度は母材の許容せん断応力度とする．なお，フレア溶接の許容応力度も母材の許容せん断応力度である．

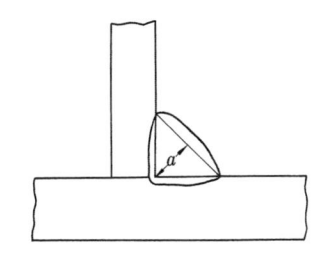

a：有効のど厚

図 8.13　すみ肉溶接の有効のど厚

8.4　溶接継手の設計

8.4.1　設計上の注意

　溶接継手は，完全に設計施工されれば十分な耐力を発揮するが，小さな欠陥があっても重大な事故につながる危険性も合わせもっている．そのため，設計は溶接に十分精通した技術者が行う必要があるが，以下に注意事項を列挙してみる．
　（ⅰ）使用する鋼材が溶接に適したものであるか否かをよく検討する．また，母材の鋼種に適した溶接法，溶接棒を選択する．
　（ⅱ）溶接作業が容易に行うことができるか否かをよく検討する．図面上では一見可能な溶接でも，溶接棒が入らず運棒が不可能であったり，その角度が不適当であったりする．
　（ⅲ）溶接順序を考慮し，溶接による歪，残留応力ができるだけ少なくなるようにする．
　（ⅳ）溶接の種類を少なくし，かつその量が少なくなるように考慮する．
　（ⅴ）現場溶接は欠陥が生じやすいのでできるだけ少なくする．
　（ⅵ）溶接部の検査が容易なように設計する．

8.4.2　溶接継手の強度計算式

（1）完全溶込み溶接
　完全溶込み溶接継目の許容応力は母材のそれと同じであるから特別な検討を要しない．母材の検討とまったく同様であるが，以下に計算式を列挙しておく．

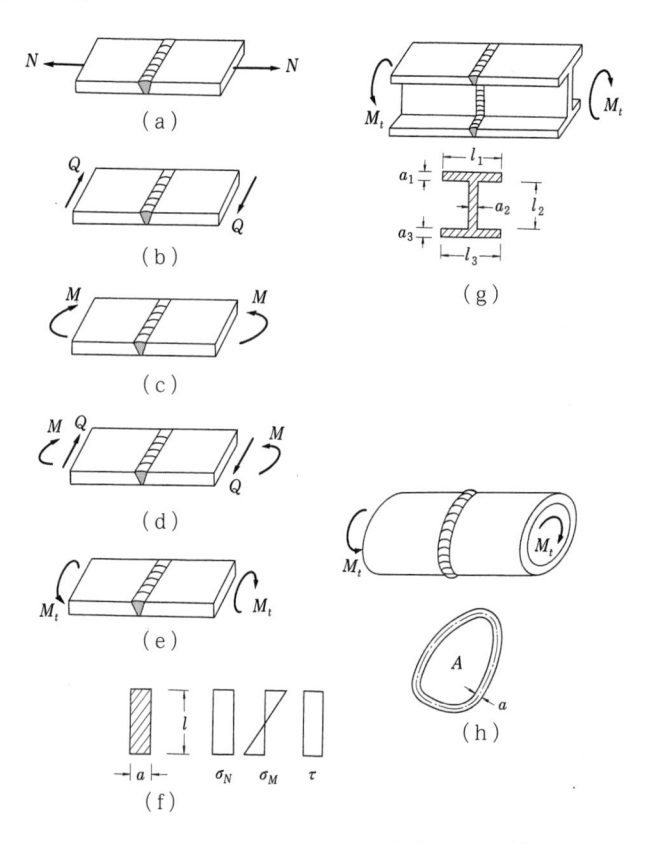

図 8.14 さまざまな力を受ける完全溶け込み溶接継目

1) **軸方向力 N が作用する場合**〔図 8.14(a)〕

$$\sigma_N = \frac{N}{al} \leqq f_t \tag{8.2}$$

ただし　a：有効のど厚，l：有効長さ，f_t：母材の許容引張り応力度$\left(=\dfrac{F}{1.5},\ F\ 値は表 11.3\right)$，〔図 8.14(f) 参照〕

2) **せん断力 Q が作用する場合**〔図 8.14(b)〕

$$\tau = \frac{Q}{al} \leqq f_s \tag{8.3}$$

ただし　f_s：母材の許容せん断応力度$\left(=\dfrac{F}{1.5\times\sqrt{3}},\ F\ 値は表 11.3\right)$．

3) **曲げモーメント M を受ける場合**〔図 8.14(c)〕

$$\sigma_M = \frac{M}{Z} \leqq f_t \tag{8.4}$$

ただし　Z：断面係数$\left(=\dfrac{al^2}{6}\right)$

4) **せん断力 Q と曲げモーメント M を受ける場合**〔図 8.14(d)〕

式 (8.3)，(8.4) によって求めた τ，σ_M を Mises の降伏条件に従って等価応力度 σ_g を求め，それが許容引張り応力度以下かどうかを検討する．

$$\sigma_g = \sqrt{\sigma_M{}^2 + 3\tau^2} \leq f_t \tag{8.5}$$

5) 捩りモーメント M_t を受ける場合〔図 8.14(e)〕

図 8.14(f) における a が l にくらべて十分小さいときには，最大せん断応力度 $\tau_{\max}$ はつぎの式で計算されるから，それが許容せん断応力度以下かどうかを検討する．

$$\tau_{\max} = \frac{M_t}{J} a \leq f_s \tag{8.6}$$

ただし J：捩り剛性 $\left(= \dfrac{1}{3} a^3 l\right)$

6) H 形鋼の継手に捩りモーメント M_t が作用する場合〔図 8.14(g)〕

$$\tau_{\max} = \frac{M_t}{J} a_1, \quad \frac{M_t}{J} a_2 \text{ あるいは } \frac{M_t}{J} a_3 \leq f_s \tag{8.7}$$

ただし $J = \dfrac{1}{3} a_1{}^3 l_1 + \dfrac{1}{3} a_2{}^3 l_2 + \dfrac{1}{3} a_3{}^3 l_3$

7) 薄肉閉断面材の継手に捩りモーメント M_t が作用する場合〔図 8.14(h)〕

Bredt の公式によれば，せん断応力度はつぎの式で計算できる．

$$\tau = \frac{M_t}{2 \cdot A \cdot a} \tag{8.8a}$$

ただし，A は図 (h) に示すように，肉厚の中心線によって囲まれた面積である．よって

$$\tau \leq f_s \tag{8.8b}$$

(2) すみ肉溶接

1) 重ね継手の場合〔図 8.15(a)〕

前に説明したように，すみ肉溶接の前面，側面の区別はしないからすべてのすみ肉溶接ののど断面に働くせん断応力で外力に抵抗すると考える．したがって，計算に際しては，のど厚断面を母材面上に展開しておくと便利である．そのとき溶接の有効長さも求めておく．図 (a) の場合は

$$\tau = \frac{N}{a_1(L_1 - 2S_1) + 2a_2(L_2 - 2S_2)} \leq f_s \tag{8.9}$$

となる．

2) T 継手の場合〔図 8.15(b)〕

軸方向力 N，せん断力 Q，モーメント M，捩りモーメント M_t が別個に作用するときは，それぞれつぎのようになる（図 (d) 参照）．

$$\tau_N = \frac{N}{2 \cdot a(L - 2S)} \leq f_s \tag{8.10}$$

$$\tau_Q = \frac{Q}{2 \cdot a(L - 2S)} \leq f_s \tag{8.11}$$

$$\tau_M = \frac{M}{2 \cdot a(L - 2S)^2/6} \leq f_s \tag{8.12}$$

$$\tau_{Mt} = \frac{M_t \cdot a}{2 \cdot a^3 (L - 2S)/3} \leq f_s \tag{8.13}$$

これらの力が二つ以上同時に作用する場合は，それぞれのせん断応力のベクトル和が許容せん断応力度以下になるように設計する．たとえば，せん断力 Q とモーメント M が同時に作用すれば，

$$\tau = \sqrt{\tau_Q{}^2 + \tau_M{}^2} \leq f_s \tag{8.14}$$

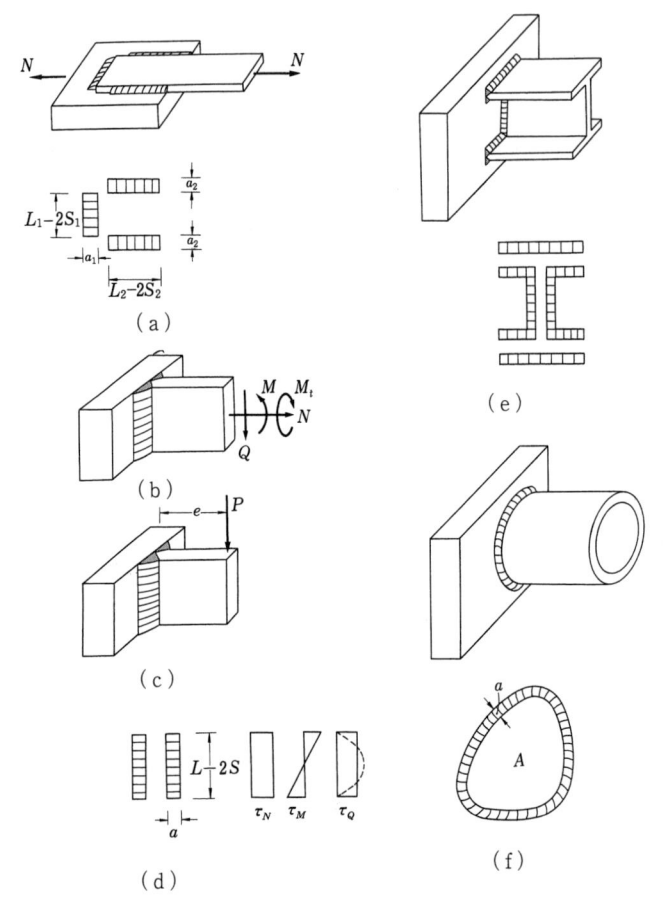

図 8.15 さまざまな力を受けるすみ肉溶接継目

が満足されなければならない．図 8.15(c) の場合には，すみ肉溶接継目には，

$$Q = P \tag{8.15 a}$$
$$M = P \cdot e \tag{8.15 b}$$

が作用するから式 (8.11)，(8.12) から τ_Q，τ_M を求め，式 (8.14) に代入する．

3) H 形断面の場合〔図 8.15(e)〕

母材断面の外周の外側にのど厚断面を展開し，この仮想の断面について応力の検討を行う．

4) 薄肉閉断面の場合〔図 8.15(f)〕

この場合も母材断面の外周の外側にのど厚を展開して仮想の断面をつくる．式 (8.8a) の公式において，A は母材の外周に $a/2$ を加えた閉曲線に囲まれた面積となる．

(3) 鋼管の分岐継手

鋼管構造においては，図 8.16 に示す分岐継手が用いられる．この継手は円管と円管の接合となるため，接合線は複雑な空間曲線となり，接合前の材端は専用の切断機を用

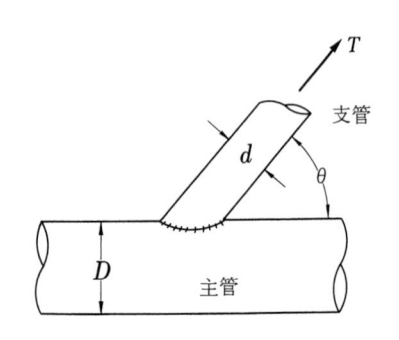

図 8.16 鋼管の分岐継手

いて完全溶込み溶接，またはすみ肉溶接ができるよう開先加工をしなければならない．また，すみ肉溶接の場合でも母材間の角度が 30°以上 150°以下であれば応力を負担させてよいことになっている．

溶接の有効断面積を求めるときの有効長さは，つぎの式で計算する．

$$l = a + b + 3\sqrt{a^2 + b^2} \tag{8.16}$$

$$\left. \begin{array}{l} a = \dfrac{d}{2}\operatorname{cosec}\theta \\[2mm] b = \dfrac{d}{3} \cdot \dfrac{3 - \left(\dfrac{d}{D}\right)^2}{2 - \left(\dfrac{d}{D}\right)^2} \end{array} \right\} \tag{8.17}$$

ただし l：有効長さ，θ：主管と支管の交角，d：支管の外径，D：主管の外径．
鋼構造設計規準の解説には上の式の値が表で与えられている．

有効のど厚は，完全溶込み溶接の場合は支管の肉厚 t，すみ肉溶接の場合は $1.4t$（t：支管の肉厚）までとることができる．

許容応力度は母材の許容せん断応力度とする．したがって，図 8.16 のすみ肉溶接の場合には

$$\frac{T}{1.4tl} \leq f_s \tag{8.18}$$

が検定式である．

8.5 溶接継目の最大強さ[1]

溶接設計にあたり，許容応力度による算定のほかに，溶接部の破断に対する検討を必要とする場合は，溶接継目の最大強さはつぎの式により計算する．

（1） 完全溶込み溶接

軸方向に対して

$$P_u = {}_wA_1 \cdot \sigma_u \tag{8.19 a}$$

せん断力に対して

$$Q_u = {}_wA_1 \cdot \sigma_u/\sqrt{3} \tag{8.19 b}$$

ただし ${}_wA_1$：完全溶込み溶接継目の有効断面積 [mm^2]，σ_u：接合される母材の破断強度 [N/mm^2]（表 11.6 に示す値）

（2） すみ肉溶接

側面すみ肉溶接継目

$$Q_u = {}_wA_2 \cdot \sigma_u/\sqrt{3} \tag{8.20}$$

ただし ${}_wA_2$：すみ肉溶接継目の有効のど断面積 [mm^2]

（3） 部分溶込み溶接

$$P_u = {}_wA_3 \cdot \sigma_u \tag{8.21 a}$$

$$Q_u = {}_wA_3 \cdot \sigma_u/\sqrt{3} \tag{8.21 b}$$

ただし ${}_wA_3$：当該溶接継目の有効断面積 [mm^2]

---

[1] 前出 105 ページの脚注参照．

8.6 溶接継目の欠陥と検査

溶接継目の欠陥としては，溶接金属の寸法不足，余盛りの過大・過小のほか，溶接技術や作業環境の悪さによって発生する溶接金属の割れ，図8.17に示すアンダカット，オーバラップ，スラグ巻込み，ブローホール，溶込み不足などがある．これらの欠陥は溶接部の滑らかな力の伝達を妨げ，応力集中，疲労によってクラックを発生させ，溶接部の破断をもたらす．したがって，溶接後はよく検査を行い，不良箇所があれば，それを除去して新たに溶接をしなおすことが必要である．

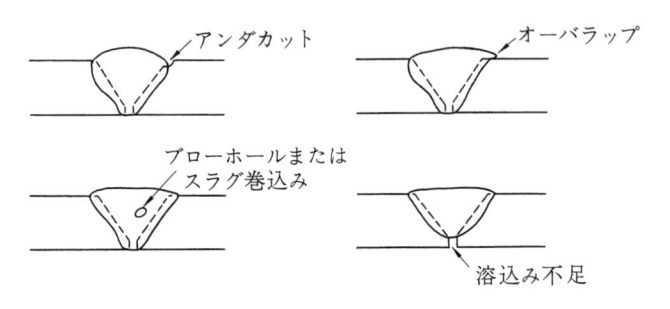

図 8.17 溶接継目の欠陥

溶接継目の欠陥は視察による外観検査では発見できないものが多い．その場合の検査方法に非破壊検査がある．非破壊検査のうちよく用いられるものにX線透過検査，超音波探傷検査がある．X線透過検査は，溶接部にX線を当て，反対側においたフィルムに透過写真を撮り，その写真を分析することによって欠陥の種類，位置を知るものであるが，装置が大がかりなこと，すぐに結果を知ることができないなどの理由で，工場溶接の検査に適するが，現場作業には不向きである．

超音波探傷は溶接部に超音波を与え，反射音の強弱，反射してくるまでの時間を測定することによって内部欠陥を見つけようとするもので，ブラウン管に表示してただちに結果がわかるので現場における検査にも用いられている．ただし，この取扱いや分析には熟練を要する．

演 習 例 題 8

〔8.1〕 図8.18に示すような，完全溶込み溶接による引張り継手の許容耐力（長期）を求めよ．ただし，母材はSM 400とする．

〔答〕

　　　　有効のど厚　　$a=9.0\,\mathrm{mm}$

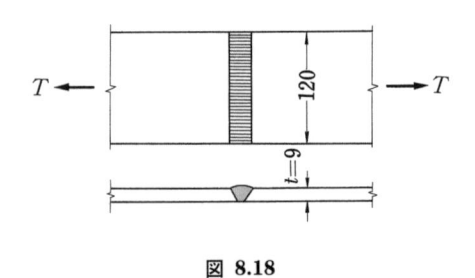

図 8.18

有効長さ　　　$l = 120$ mm
有効面積　　　$al = 9.0 \times 120 = 1080$ mm^2 $= 10.8$ cm^2
完全溶込み溶接の許容引張り応力度　　$f_w = f_t = F/1.5 = 235/1.5 = 156$ N/mm^2 $= 15.6$ kN/cm^2
ゆえに，この継手の許容引張り耐力は
　　　　$T_a = al \cdot f_t = 10.8 \times 15.6 = 168$ kN

〔**8.2**〕　図 8.19 に示すような引張り継手の側面すみ肉溶接の許容耐力（短期）および最大強さを求めよ．ただし，母材は SM 400 とする．

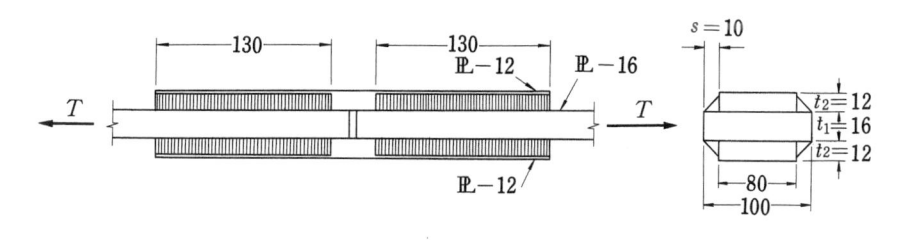

図 8.19

〔答〕
　　すみ肉のサイズ　　$S = 10$ mm $< t_2 = 12$ mm　　　　　　　　　　　　　　　　　　　可
　　有効のど厚　　$a = 0.7S = 0.7 \times 10 = 7$ mm
　　有効長さ（1 ビートにつき）　　$l = 130 - 2 \times 10 = 110$ mm $> 10S = 100$ mm，かつ 40 mm　可
　　重ね長さ　　130 mm $> 5t_2 = 5 \times 12 = 60$ mm，かつ 30 mm　　　　　　　　　　　可
　　有効面積　　$4al = 4 \times 7 \times 110 = 3080$ mm^2 $= 30.8$ cm^2
　　すみ肉溶接の短期許容応力度　　$f_w = f_s = 90.4 \times 1.5 = 135.6$ N/mm^2 $= 13.56$ kN/cm^2
よって，この継手の許容耐力は　　$T_a = 4al \cdot f_s = 30.8 \times 13.56 = 418$ kN
また，母材の破断強度は $\sigma_u = 400$ N/mm^2 $= 40$ kN/cm^2（表 11.6）であるから，式（8.20）よりすみ肉溶接の最大強さは　　$T_u = 4al \cdot \sigma_u / \sqrt{3} = 30.8 \times 40 / \sqrt{3} = 711$ kN

〔**8.3**〕　図 8.20 に示すような溶接接合部に長期応力として，曲げモーメント $M = 12$ kN·m，せん断力 $Q = 60$ kN が作用する場合について検討せよ．ただし，母材は SM 400 とし，溶接はすみ肉溶接とする．
〔答〕　サイズを $S = 9$ mm とすると
　　　$S \leq t_2 = 9$ mm　　　　　　　　　　　　　　　可
　　　> 4 mm　　　　　　　　　　　　　　　　　　可
　　　$> 1.3\sqrt{t_1} = 1.3\sqrt{12} = 4.5$ mm　　　　　　　可
　　有効のど厚　　$a = 0.7S = 0.7 \times 9.0 = 6.3$ mm
　　有効長さ（1 ビートにつき）
　　　$l = 300 - 2 \times 9.0 = 282$ mm $> 10S = 90$ mm，かつ 40 mm
　　　　　　　　　　　　　　　　　　　　　　　　　可
　　有効面積　　$2al = 2 \times 6.3 \times 282 = 3550$ mm^2 $= 35.5$ cm^2
　　溶接部の断面係数　　$Z = \dfrac{2al^2}{6} = \dfrac{2 \times 0.63 \times 28.2^2}{6} = 167$ cm^3

これより

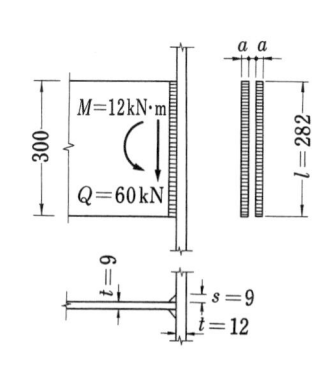

図 8.20

$$\tau_M = \frac{M}{Z} = \frac{1200}{167} = 7.19 \text{ kN/cm}^2$$

$$\tau_Q = \frac{Q}{2al} = \frac{60}{35.5} = 1.69 \text{ kN/cm}^2$$

すみ肉溶接の許容応力度　　$f_w = f_s = \dfrac{F}{1.5\sqrt{3}} = 90.4 \text{ N/mm}^2 = 9.04 \text{ kN/cm}^2$（長期）

よって，式（8.14）により溶接部の検定を行うと

$$\sqrt{\tau_M{}^2 + \tau_Q{}^2} = \sqrt{7.19^2 + 1.69^2} = 7.39 \text{ kN/cm}^2 < f_s = 9.04 \text{ kN/cm}^2 \qquad 可$$

第9章 接　　合　　部

9.1 概　　説

　一般に鉄骨構造は，形鋼や鋼板などの構造部材をボルト，高力ボルトや溶接によって接合して組み立てられる．したがって，鉄骨構造が構造物全体として外力・荷重に耐え，要求される機能を満足させるためには，接合部は部材のもっている耐力が十分発揮されるよう，また，解析の仮定をいちじるしく損うことのないような十分な強度と剛性をもっていなければならない．
　もし，これが満足されない場合には，部材の早期降伏をもたらし変形を助長させ，接合部自体も降伏し剛性を低下させて，結果として，構造物の強度と剛性を低下させることになる．たとえ崩壊に至らなくても，過度の変形やゆがみが仕上材の破損の原因となって，建物の機能を保持できなくなる．接合部の設計が鉄骨構造設計のうちで最も大切で，またむずかしいといわれるのはこのような理由による．
　接合部の設計にあたってどの程度の強度を必要とし，また，いかなる変形特性を確保すべきかは答えるのに困難な問題である．設計者が自己の設計方針に従って決定していかねばならない．力でいえば，部材に作用するであろう力だけを伝えるのか，部材の全能力を伝えるのかによって接合部の設計応力が異なるし，変形に対しても剛接合を目指すか，それともある程度の変形が可能な接合法にするかによって接合部の形が異なってくる．
　さらに，接合部の応力はたいへん複雑であるから，設計過程において厳密な解析は困難な場合が多いので，力の流れを考慮して十分安全な結果が得られるような設計上の仮定を設けて必要な計算を行うことになる．
　このようなわけで，接合部の設計は場合に応じて，また，経験をふまえて行うことになるが，ここでは，ごく基本的な計算方法や設計式および通常よく用いられる設計手法について説明する．
　1980年建築基準法施行令が改正される以前は，ほとんどの設計が許容応力度設計法でなされていた．改正後も許容応力度設計法が基本であるけれども，耐震設計に関する新しい規定では，制限規定を満足しないとき保有水平耐力の検討が必要になった．このため接合部の設計においても最大強さを算定することが要求される．
　すでに第7章，第8章においてボルト，溶接継目の最大強さの算定式を示しておいた．したがって，接合部の最大強さは，これらの算定法を利用して算出することになる．その際の注意事項もあるので次節以下の解説を参考されたい．
　部材の接合には，梁の継手，柱の継手，柱梁接合部，大梁・小梁接合部，柱脚，支承などがある．これらについては以下に例をあげて説明する．このほかにも母屋や胴縁，間柱の接合，壁

体・床版の取付けなどがある．これらの接合法は建物の機能保持上重要であり，暴風時，地震時の被害を少なくするうえでは特に重要なものであるが説明はしていない．筋違材やトラス部材の接合法については第3章 引張り材，第10章 トラスで解説してあるので参照されたい．

9.2 継　　　手

おもに同一部材間の接合を継手という．鉄骨骨組の継手には，梁材と梁材を接合する梁継手と，柱材と柱材を接合する柱継手とがある．継手は被接合部の存在応力を十分伝達できるように設計すればよいのであるが，一般に継手部における施工上の問題や，その位置での応力を確実に把握することがむずかしいことを考慮して，十分余裕をもった設計としたい．できれば継手部の剛性，強度の連続性の確保という意味をふまえて，継手は被接合部材の許容耐力に基づいた全強度接合設計とすることが望ましい．

継手の設計方法としては，通常力学的な挙動を考慮して，設計上支障のない範囲内で継手を各部分（フランジ継手部分とウェブ継手部分）に分け，継手部において伝達すべき設計応力をある仮定のもとで各部分への応力配分を行い，それぞれ配分された応力に対して継手各部を設計する方法がとられている．なお，ここでいう設計応力とは継手設計時に用いる応力で存在する応力のみを意味しない．

9.2.1 梁　継　手

梁継手の接合形式には，図9.1に示すようなボルト継手，図9.2に示す溶接継手，図9.3に示すボルトと溶接を併用した継手とがあり，このうちボルト継手が最も多く用いられている．これら梁継手の設定位置は，存在応力の小さい箇所に設けるのが理想的ではあるが，通常は組立て時の作業性などを考慮して決められる．

梁の継手部には一般に曲げモーメント M とせん断力 Q が作用する．したがって，梁継手はこれら伝達すべき応力に対して設計すればよい．この場合継手部を先に述べたように，

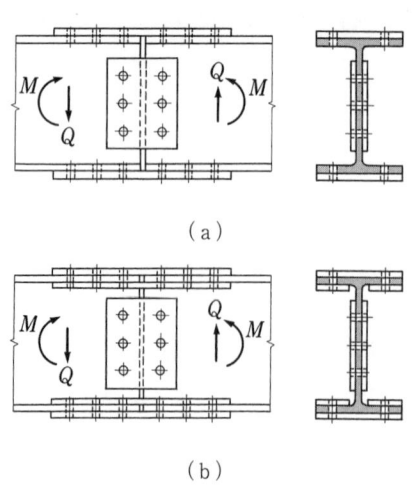

図 9.1　梁継手（ボルト継手）

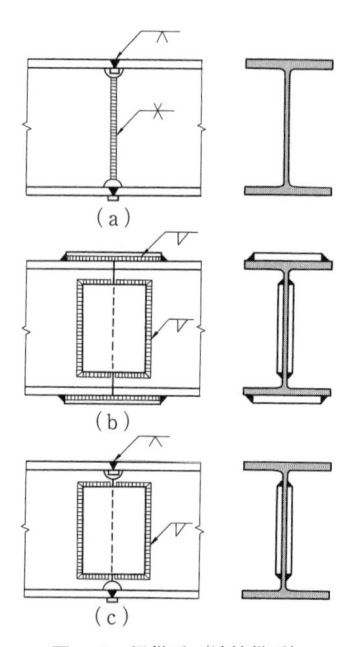

図 9.2　梁継手（溶接継手）

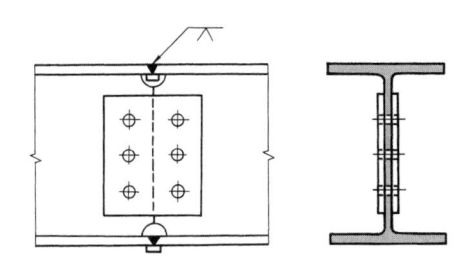

図 9.3 梁継手（併用継手）

フランジ継手部分とウェブ継手部分に分けて行うものとすれば，継手の設計応力，M および Q の継手各部への応力分担とそれに伴う各部の設計は，つぎに示す方法に従って行えばよい．

（i）曲げモーメント M は，フランジおよびウェブがその剛性に応じて式 (9.1)，(9.2) によりそれぞれ分担し，せん断力 Q はすべてウェブが負担するものと考える．

$$M_f = \frac{I_f}{I} M \tag{9.1}$$

$$M_w = \frac{I_w}{I} M \tag{9.2}$$

ただし　M_f：フランジが負担する曲げモーメント，M_w：ウェブが負担する曲げモーメント，I_f：被接合部材のフランジの断面2次モーメント，I_w：被接合部材のウェブの断面2次モーメント，I：被接合部材の全断面についての断面2次モーメント $I = I_f + I_w$．

まずフランジ継手の設計は，フランジが負担する曲げモーメント M_f を式 (9.3) より，フランジの軸方向力 N_f に置き換え

$$N_f = \frac{M_f}{h} \tag{9.3}$$

ただし　h：フランジの重心間距離．

この N_f に対して，フランジ継手板（添え板）の大きさ，およびボルト継手であればボルトの本数，溶接継手であれば溶接ののど断面積を求める．

ウェブ継手の設計は，図 9.4(c)，図 9.5 に示すように，ボルトまたは溶接の重心 G の位置において，曲げモーメント M_w' とせん断力 Q を同時に受けるものとして，ウェブ継手板の算定を行うとともに，ボルト継手であればボルトに生ずる最大応力 R についての検定をする．溶接継

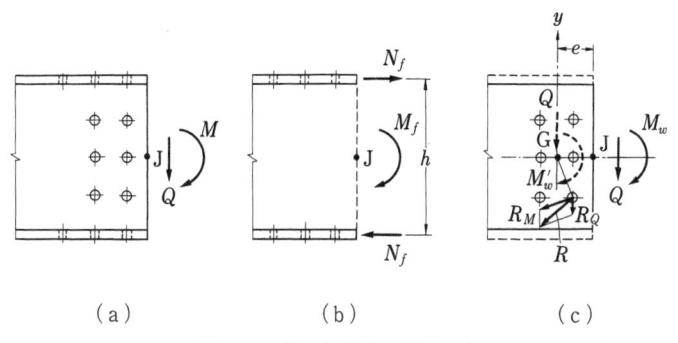

図 9.4 ボルト継手の各部の力

128　第9章　接合部

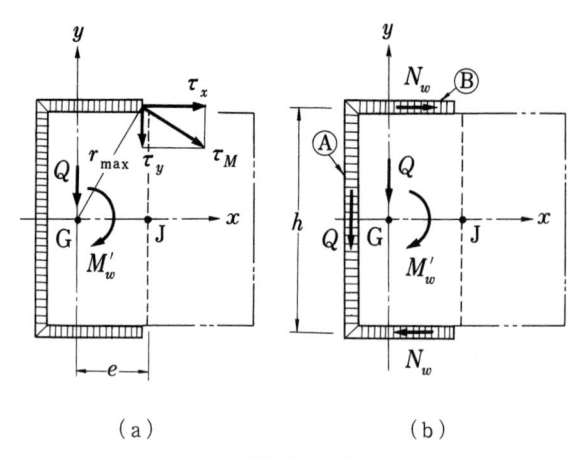

図 9.5　溶接継手の各部の力

手であれば，図9.5(a) に対しては溶接部に次式で与えられる τ_M と τ_Q が同時に作用するものとして溶接継目を検定する．

$$\tau_M = \frac{M_w' \cdot r_{\max}}{I_p} \tag{9.4}$$

$$\tau_Q = \frac{Q}{\sum al} \tag{9.5}$$

$$\tau = \sqrt{\tau_x^2 + (\tau_Q + \tau_y)^2} \leq f_w \tag{9.6}$$

　　ただし　I_p：溶接継目の重心Gに関する極2次モーメント，$r_{\max}$：重心Gより溶接継目の最遠端距離，τ_x, τ_y：τ_M の x, y 方向成分，f_w：溶接の許容応力度．

　また図9.5(b) に示すように，溶接継目の Ⓐ 部分はせん断力 Q を，Ⓑ 部分は曲げモーメント M_w' を負担するものと考える場合は，おのおの次式で与えられる応力に対して溶接継目を検定すればよい．

$$\tau_Q = \frac{Q}{\sum al_1} \leq f_w \tag{9.7}$$

$$\tau_N = \frac{M_w'}{h \sum al_2} \leq f_w \tag{9.8}$$

　　ただし　h：Ⓑ 部分の重心間距離，l_1：Ⓐ 部分の溶接の有効長さ，l_2：Ⓑ 部分の溶接の有効長さ，a：溶接継目の有効のど断面積．

　ここに M_w' はウェブ接合材の重心Gに働く曲げモーメントで次式で与えられる．

$$M_w' = M_w + Q \cdot e \tag{9.9}$$

　(ⅱ)　H形断面材のように，フランジの剛性がウェブのそれにくらべて相当に大きいものについては，曲げモーメント M はすべてフランジが，せん断力 Q はすべてウェブが負担するものと考えることができる．この考え方は，接合部近傍での応力の流れからみれば（ⅰ）の考え方よりはやや妥当性に欠けるが，ボルト継手などにおいてはこのほうが比較的実状に即しており，最近ではほとんどこの方法により継手の設計がなされている．

　例としてボルト継手の設計法について以下に示しておく．

　1) フランジ継手の設計　　設計用曲げモーメント M を式（9.3）よりフランジの軸方向力

N_f に置換し，これに対してフランジ継手板の算定を行い，下式によりボルトの所要本数 n_f を求める．

$$n_f = \frac{M}{h \cdot R} = \frac{N_f}{R} \tag{9.10}$$

ただし R：ボルト1本あたりの許容耐力．

2) ウェブ継手の設計 設計用せん断力 Q のみを受けるものとしてウェブ継手板の算定を行い，下式によりボルトの所要本数 n_w を求める．

$$n_w = \frac{Q}{R} \tag{9.11}$$

以上，梁継手の設計方法について概略述べてきたが，継手部においては強度のみならず，剛性の連続性保持の観点から，継手板の設計に際して，下式を満足するようにしたい．

$$_F A_n \geq A_{fn} \tag{9.12}$$
$$_w A_n \geq A_{wn} \tag{9.13}$$

かつ
$$_R Z_n \geq Z_n \tag{9.14}$$

ただし A_{fn}：ボルトを控除した片側フランジの断面積，$_F A_n$：ボルト孔を控除した片側フランジに要する継手板の断面積，A_{wn}：ボルト孔を控除したウェブの断面積，$_w A_n$：ボルト孔を控除したウェブ継手板の全断面積，Z_n, $_R Z_n$：被接合部材および全継手板のボルト孔を控除した断面係数．

なお，梁継手を全強度接合として設計するような場合は，設計応力として曲げモーメントおよびせん断力は下式で示す値を用いればよい．

$$M_n = Z_n \cdot f_t \tag{9.15}$$
$$Q_n = Q_{wn} \cdot f_s \tag{9.16}$$

ただし Z_n：ボルトなどによる孔を控除した被接合部材の断面係数，f_t：許容引張り応力度，f_s：許容せん断応力度．

9.2.2 柱 継 手

柱継手の接合形式には，比較的 H 形断面柱によく用いられるボルト継手〔図 9.6(a)〕，ボルトと溶接を併用した継手〔図 9.6(b)〕，円形断面柱や箱形断面柱に用いられる溶接継手〔図 9.6(c)〕とがある．

柱の継手位置は梁継手同様，なるべく設計応力の小さい箇所に設けるのが望ましいが，高層骨組などの現場継手においては，実用上，部材の運搬，現場の建て方，部材の加工程度などの施工性や経済性を考慮して，あらかじめ 2～3 層分の柱を製作しておき，床上 0.8～1.2 m ぐらいの所に継手位置を設け，現場での取付け作業を容易にする方法がとられている．

柱の継手位置には一般に曲げモーメント M，せん断力 Q および軸方向力 N の各応力が同時に作用する．したがって，継手はこれらの応力に対して設計すればよいわけであるが，暴風時または地震時での応力の組み合わせにおいては，積載荷重を無視した場合の応力状態に対しても完全でなければならない．なお，継手位置において，長期，短期いずれの設計荷重時のもとでも部材断面に引張り応力が生じない場合には，接合する柱の端面を削り仕上げなどにより互いに密着（メタルタッチ）させることによって，曲げモーメント M および軸圧縮力 N のおのおの 1/4 は接触面より直接伝達するものとみなすことができる．

図 9.6 柱 継 手

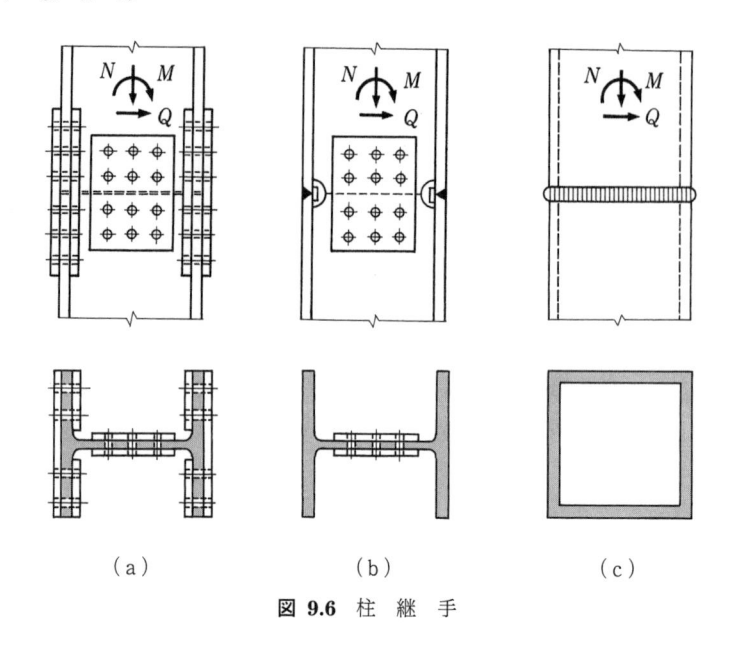

　柱継手はその位置での存在応力を安全に伝達できればよいわけであるが，構造体の連続性や強度，剛性の確保という意味から，存在応力がたとえ小さくとも，被接合部材の許容耐力の1/2以上を伝え得るように設計しなければならない．できれば被接合部材の許容耐力に基づいた全強度接合設計とすることが望ましい．
　柱継手の設計は梁継手同様，継手部をフランジ継手部分とウェブ継手部分に分け，設計応力 M, N, Q の応力配分に基づいて継手各部の設計をすればよい．
　以下に継手各部への応力配分の方法を二つほど示しておく．なお，設計上の取扱いについては梁継手に準ずる．
　（ⅰ）曲げモーメント M はフランジとウェブがその剛性に応じて式 (9.1), (9.2) により，軸方向力 N はフランジとウェブの断面積に比例して式 (9.17), (9.18) によりそれぞれ分担し，せん断力 Q はすべてウェブが負担するものとする．

$$N_f = \frac{A_f}{A} N \tag{9.17}$$

$$N_w = \frac{A_w}{A} N \tag{9.18}$$

ただし　N_f：片側フランジが負担する軸方向力，N_w：ウェブが負担する軸方向力，A_f：柱材の片側フランジの断面積，A_w：柱材のウェブの断面積，A：柱材の全断面積 $A = 2A_f + A_w$．
　（ⅱ）軸方向力 N はフランジとウェブがそれぞれの断面積に比例して式 (9.17), (9.18) により分担し，曲げモーメント M はすべてフランジが，せん断力 Q はすべてウェブが負担するものと考える．
　以上のうち，鉄骨骨組で比較的多く見受けられる．柱材がH形断面材でボルト継手を設けるような場合は，一般に（ⅱ）に示す応力配分を用いて継手各部の設計を行う方法がとられている．

ボルト継手を全強度接合として設計するような場合は，以下に示す方法によればよい．

1) フランジ継手の設計　　フランジ継手に要するボルトの所要本数 n_f は下式による．

$$n_f \geqq \frac{M_n}{h \cdot R} \quad \text{または} \quad n_f \geqq \frac{A_f \cdot f_t}{R} \tag{9.19}$$

ただし　M_n：許容曲げモーメント，式 (9.15) 参照．

2) ウェブ継手の設計　　ウェブ継手に要するボルトの所要本数 n_w は下式による．

$$n_w = \frac{A_w \cdot f_t}{R} \tag{9.20}$$

なお，継手板は式 (9.12)〜(9.14) を満足すること．

9.2.3　設計上配慮すべき事項

梁継手および柱継手を設計するにあたり，考慮すべきいくつかの事項を以下に示しておく．

（ⅰ）　ボルト継手の場合，被接合部は接合に要するボルト孔のため断面性能が低下するので，これに対しての応力検定を行う．

（ⅱ）　継手各部の継手板（添え板）は施工性などによるが，できるだけ両面継ぎとし，その両面の断面積はほぼ等しく配置する．

（ⅲ）　継手部においては応力の流れを円滑にし，応力集中や局所的変化などが生じないよう十分注意する．

（ⅳ）　垂直ハンチを有する梁継手を設ける場合，継手位置としてハンチ隅角部はさけること．

（ⅴ）　継手部において，被接合部材のせいが異なるときや板厚が違う場合には，被接合部材の材片と継手板の間にフィラーを挿入して接合してもよい．ただし，フィラーは 4 枚以上重ねない．

9.3　柱・梁接合部

柱と梁の接合部の接合状態は，その構造物の設計時における応力の伝達方法の設定によっていろいろと変わってくる．とくに柱・梁の接合部は構造物全体のかなめとなるところであるから，柱材・梁材間の伝達すべき応力に対して十分満足すべき接合部形式を選定しなければならない．

一般に接合部の形式を大別すると，柱・梁間においてせん断力（軸力を含む場合もある）を伝えるピン接合形式と，柱と梁が一体として構成され，曲げモーメントおよびせん断力を十分伝え得る剛接合形式とに分けられる．

いずれにしても柱・梁の接合部は，部材間の伝達応力に対して，十分な強度と剛性をもたせなければならない．また接合形式を定めるにあたっても，できるだけ付加応力を避ける配慮が必要である．やむを得ず付加応力が生ずる場合は，これを考慮した設計をしなければならない．接合部の構成としては，柱貫通形式と梁貫通形式とがあり，それらの選択は構造設計時において決定される．通常は柱貫通形式の接合部が多く使用されているので，ここでは主として柱貫通形式について説明する．

9.3.1　ピン接合部

図 9.7 にピン接合部の例を示す．このような接合部の形式は通常接合部の曲げ剛性が小さいことからこれを無視し，ピン状態として考える．これらは一般に水平力をブレースに負担させる方向の骨組の柱・梁接合部に多く用いられ，主としてせん断力または軸方向力を伝える．

(a)　　　　　　　　(b)

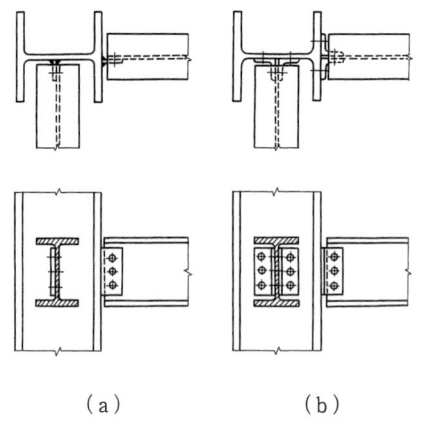

図 9.7　ピン接合部

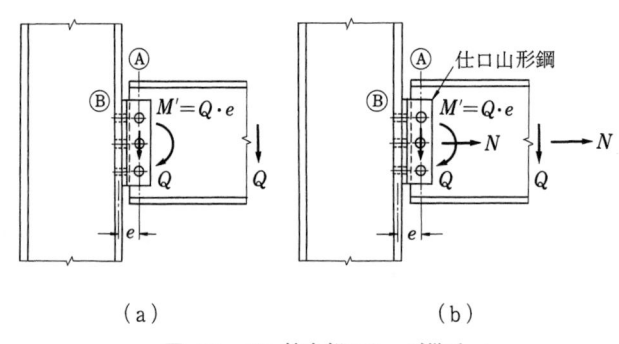

(a)　　　　　　　　(b)

図 9.8　ピン接合部のウェブ継手

　接合部の設計は図 9.8 に示すように，部材間の伝達応力に対してボルトや溶接部および接合補助材（仕口山形鋼など）について検討を行うが，このような接合部の多くは付加応力を生ずるので，これらに対しても十分考慮して設計しなければならない．

　図 (a) はせん断力だけを伝える接合部の場合で，梁ウェブと仕口山形鋼との接合ボルト Ⓐ は，せん断力 Q と付加モーメント $M' = Q \cdot e$ を同時に受けるものとし，柱材と仕口山形鋼の接合ボルト Ⓑ は，せん断力 Q と付加モーメント $Q \cdot e$ による引張り力を同時に受けるものとしてそれぞれ算定すればよい．また柱材との取付けが溶接の場合は，せん断力 Q と付加モーメント $Q \cdot e$ に対して溶接継目の検定を行う．もちろんボルト孔による欠損部分を控除した梁材についてもその安全性の確認をしなければならない．

　図 (b) はせん断力と軸方向力を伝える接合部の場合で，Ⓐ 配置のボルトはせん断力 Q，軸方向力 N および付加モーメント $Q \cdot e$ を同時に受けるものとし，Ⓑ 配置のボルトはせん断力 Q と軸方向力 N および付加モーメント $Q \cdot e$ による引張り力を同時に受けるものとする．もし柱材との取付けが溶接の場合には，溶接継目がせん断力 Q，軸方向力 N および付加モーメント $Q \cdot e$ を同時に受けるものとして設計する．

　またこのような接合部の設計にあたっては，応力集中や局部変形が起こりやすいので，十分注意しなければならない．とくに仕口山形鋼はリブなどを設けて補強する必要がある．

　上述において，ボルトの算定は式 (7.20)，(7.23)，(7.32) により，溶接継目の検定は式

(8.5), (8.14) に従って行えばよい.

9.3.2 剛接合部

剛接合の接合部は接合する部材間の連続性を考え, 柱, 梁部材が一体として構成され, 曲げモーメントやせん断力などの伝達応力に対して十分な強度と剛性を保ち, かつ高い固定度をもつ接合形式が要求される.

剛接合接合部の接合方法として, ボルトによるボルト接合, 溶接による溶接接合, そして両者を併用する方法とが考えられる. 図 9.9 に被接合部材が H 形断面柱の, 図 9.10 に箱形断面柱の剛接合部の例を示す.

(1) ボルト接合

図 9.9(a), (b), (c) はボルト接合の例を示す. 図 (a) はトップアングルを用いて梁フランジを柱材に接合する方法である. この場合, トップアングルは偏心曲げにより変形を起こすおそれがあるので, リブなどを設けて十分補強する必要がある. また梁ウェブは仕口山形鋼などを用いて柱材に接合する.

図 (b) はトップアングルの代わりにスプリットティーなどを用いて梁フランジを接合する方法で, この場合も, 曲げモーメントが大きくなると T 形鋼が変形を起こし, ボルトに対し偏心付加応力が加わるので十分注意する必要がある. 梁ウェブの接合については先と同様に仕口山形鋼などが用いられている.

図 (c) は梁の材端部に十分剛なプレート (エンドプレート) を溶接しておき, これを介して柱に接合する方法である.

図 (a), (b) の接合部の設計にあたっては, 伝達すべき応力の配分をフランジ接合部とウェブ接合部の剛性に応じて分担するものと考えればよいわけであるが, このような形式の接合部の場合は, 一般にウェブ接合部の曲げ剛性が小さいことから, 通常は曲げモーメントはフランジが,

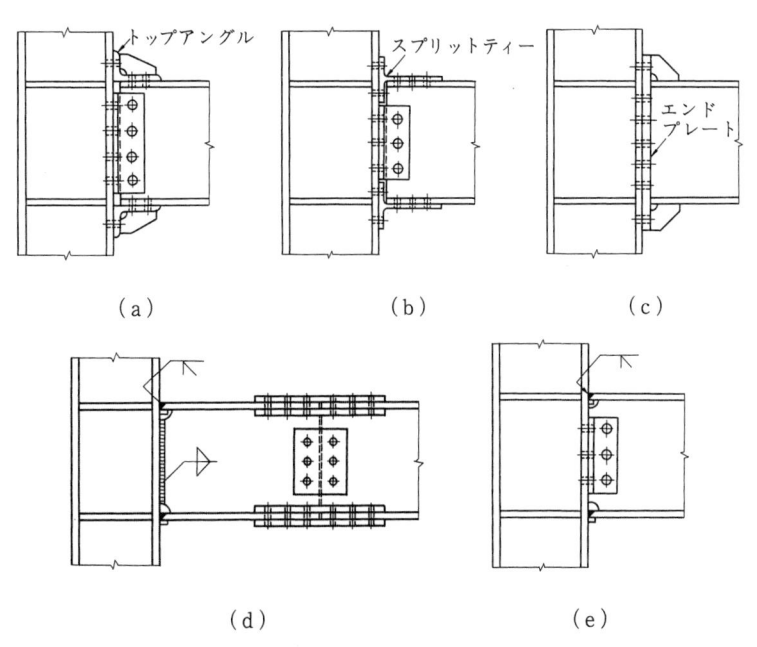

図 9.9 H 形断面柱と梁の剛接合

せん断力はウェブが負担するものと仮定して，それぞれ負担する応力に対して，フランジ接合部およびウェブ接合部を設計すればよい．したがってフランジ接合部は，梁の継手同様，梁の材端モーメントをフランジの圧縮または引張りの軸力に置換し，その軸力に対して安全であるように設計し，ウェブ接合部については，先に述べたピン接合の場合に準じて設計すればよい．図 (c) においては，伝達すべき応力に対し，梁とエンドプレートの溶接部，柱との接合ボルト，およびエンドプレートの強度，剛性を検定する．

ボルトおよび溶接の検定にあたってはそれぞれ第 7 章，第 8 章に従って行えばよい．

（2） 溶接接合

図 9.9(d) は H 形断面柱の，図 9.10 は箱形断面柱の溶接接合の接合部の例を示したものである．一般にこのような溶接接合による場合は，図 9.9(d) でもわかるようにあらかじめ工場で柱材と梁材の一部（ブラケット）を溶接しておき，現場ではブラケットの先端と梁材をボルトにより接合するものである．通常溶接は図 9.11 に示すように，梁の端部においてフランジは完全溶込み溶接により，ウェブはすみ肉溶接により接合する方法が多くとられている．

このような場合の溶接部の検定は，完全溶込み溶接とすみ肉溶接とでは許容応力度が異なるの

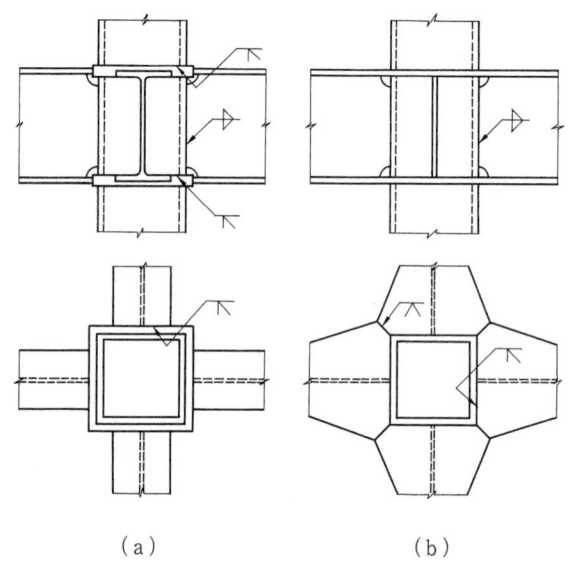

(a)　　　　　　　　　(b)

図 9.10　箱形断面柱と梁の剛接合

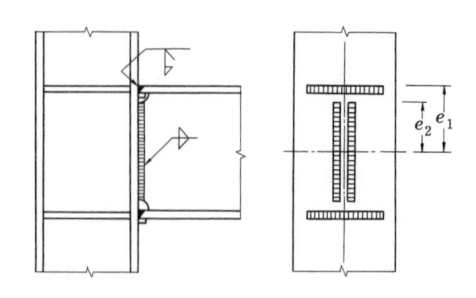

図 9.11　梁端部の溶接

で，曲げ応力に対する溶接継目の断面係数 Z の算定はつぎのうちどちらかにより行う．

（i） 溶接の許容応力度はすみ肉溶接のそれを用い，フランジの完全溶込み溶接はのど断面をそのままで，溶接長さをすみ肉溶接に換算した有効長さとし，ウェブのすみ肉溶接はそのままとした等価断面について Z を計算する．

（ii） 溶接の許容応力度は完全溶込み溶接のそれを用い，ウェブのすみ肉溶接はのど厚を完全溶込み溶接に換算した断面とし，フランジの完全溶込み溶接はそのままとした等価断面について Z の計算を行う．

したがって，曲げモーメント M を受けるフランジ完全溶込み溶接継目の検定はつぎの式による．

$$\sigma_M = \frac{M}{Z_1} \leqq f_w, \tag{9.21}$$

ここに $Z_1 = \dfrac{wI}{e_1}$ \hfill (9.22)

せん断力 Q と曲げモーメント M を受けるウェブすみ肉溶接継目に対しては

$$\tau_M = \frac{M}{Z_2}, \qquad \tau_Q = \frac{Q}{\sum al} \tag{9.23}$$

$$\tau = \sqrt{\tau_M{}^2 + \tau_Q{}^2} \leqq f_w \tag{9.24}$$

ここに $Z_2 = \dfrac{wI}{e_2}$ \hfill (9.25)

ただし I_w：溶接継目の等価断面についての断面2次モーメント，e_1, e_2：図 9.11 のようにとる．Z_1, Z_2：溶接継目の等価断面についての断面係数，$\sum al$：せん断力を負担する溶接継目ののど断面積の総和，f_w：溶接の許容応力度．

なお，このような場合，梁材はスカラップにより断面性能が低下し，許容耐力の減少が考えられるので，梁材の断面算定にあたっては十分注意を要する．

また接合部の溶接継目の検定方法として，近似的に，曲げモーメントはすべてフランジが，せん断力はすべてウェブが負担するものとみなして，それぞれの溶接継目を検定する略算法を用いる場合もある．

（3） ボルト接合と溶接接合の併用

図 9.9(e) はボルト接合と溶接接合を併用した接合部の例を示したものである．一般に併用の手法としては図に示すように，梁フランジを完全溶込み溶接，ウェブをボルト接合とする場合が多い．

接合部の設計としては，伝達される応力に対しての応力の負担を，フランジ接合部とウェブ接合部の剛性を比例して行えばよいわけであるが，ボルト接合〔図 9.9(a)，(b)〕同様，通常はウェブの曲げ剛性が小さいことから，曲げモーメントはすべてフランジが，せん断力はウェブがそれぞれ負担するものとして，梁フランジの完全溶込み溶接部およびウェブのボルト接合部の検定を行う．

9.3.3 ダイアフラムの検討

剛接合の柱・梁接合部において，梁端部より柱へ伝達される曲げモーメント M は，先に述べたように主として梁フランジの引張り，または圧縮の軸方向力として柱に伝達するものとみなすことができる．したがって，図 9.12 に示すように，梁フランジの上下の位置に集中応力として，

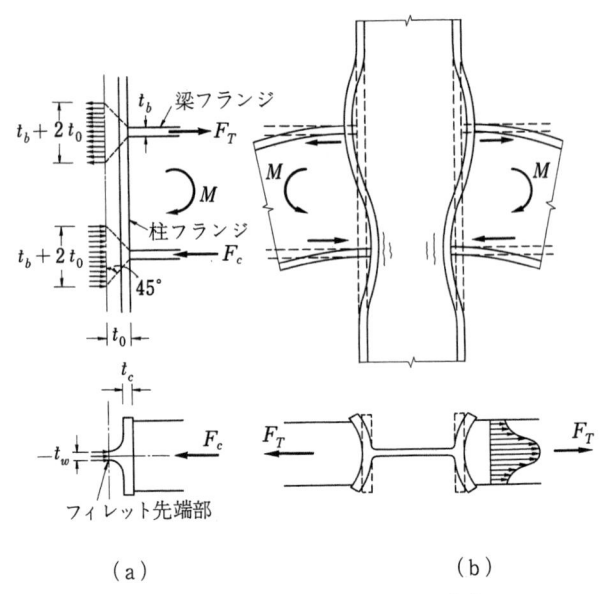

図 9.12 柱に作用する梁フランジ応力

圧縮力または引張り力が柱フランジに作用することになる．この場合接合部は，柱フランジの応力方向への変形，接合点の応力集中，引張り側柱フランジの剥離や破断，圧縮側柱ウェブの圧壊や局部座屈などが生ずるおそれがある．よって接合部はこれらの現象に対して十分安全であるように設計しなければならない．

圧縮側についての柱材の応力検定は，梁フランジからの集中応力が柱フランジを介して45°方向の広がりをもって柱ウェブに伝達されるものとして，ウェブフィレット先端部における圧縮応力度をつぎの式により検定する．

$$\frac{F_c}{t_w(t_b+2t_0)} \leq f_c' \tag{9.26}$$

ただし　F_c：梁フランジからの圧縮の集中力，t_w：柱ウェブの板厚，t_0：柱フランジ外端よりウェブフィレット先端まで距離，t_b：梁フランジの板厚，f_c'：ウェブフィレット先端部の許容圧縮応力度．

ここに　$$f_c' = \frac{F}{1.3} \tag{9.27}$$

もし式 (9.26) が満足されない場合は，ダイアフラムを設けて，超過した分の応力に対して補強しなければならない．ダイアフラムの所要断面積 A_d の算定は，ダイアフラムが負担する応力に対してつぎの式により求められる．

$$A_d \cdot f_t \geq F_c - f_c' t_w (t_b + 2t_0)$$

$$\therefore \quad A_d \geq \frac{F_c}{f_t} - 1.15 t_w (t_b + 2t_0) \tag{9.28}$$

上式において，梁フランジからの集中力 F_c を安全側に，梁フランジの許容耐力にとるとすれば

$$F_c = A_f \cdot f_t \tag{9.29}$$

とおいて，ダイアフラムの所要断面積を求めると

$$A_d \geqq A_f - 1.15t_w(t_b + 2t_0) \tag{9.30}$$

となる．引張り側についても圧縮側と同様に取り扱えばよい．またたとえ式 (9.26) が満足されている場合でも，接合部の変形の防止や，後述するパネルゾーンに対する補強という意味も含め，ダイアフラムはできるだけ設けることが望ましい．ダイアフラムを設ける場合，H 形断面柱のような開断面材では図 9.9 に見るように比較的簡単に取り付けられるが，円形断面柱や箱形断面柱などの閉断面材では取付け施工がむずかしくなる．一般には図 9.10(a) に示すような柱を梁の位置で切断してダイアフラムを挿入する貫通（通し）ダイアフラム形式と，図 9.10(b) に示すような柱の外周にダイアフラムを設けた外ダイアフラム形式とがある．

これらダイアフラムの設定位置は，梁フランジの中心線とダイアフラムの中心線を一致させるようにする．またダイアフラムと柱材との取付けは，柱フランジとの接合を完全溶込み溶接，ウェブをすみ肉溶接とする．この場合，ダイアフラムが負担する応力に対して，溶接が十分な強度をもつように設計しなければならない．

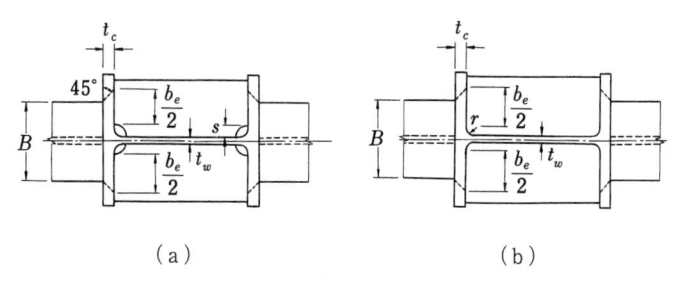

図 9.13 ダイアフラムの有効幅

H 形断面柱のダイアフラムの有効幅の取り方を図 9.13 に示す．有効幅 b_e はダイアフラムの加工の仕方によりつぎのようにして求める．柱材フィレットの部分にスカラップを設けた場合〔図 (a)〕は式 (9.31) により，すみ切り加工した場合〔図 (b)〕は式 (9.32) による．ただし，ダイアフラムの幅は柱フランジ幅以内に抑える．

$$b_e = B + 2t_c - 2s - t_w \tag{9.31}$$
$$b_e = B + 2t_c - 2r - t_w \tag{9.32}$$

ただし　B：梁フランジの幅，t_c：柱フランジの板厚，t_w：柱ウェブの板厚，s：スカラップの半径，r：柱材のフィレットの半径．

なおダイアフラムの厚さとしては，梁フランジの厚さと同程度のものと考えればよいであろう．

9.3.4　パネルゾーンの検討

剛接合の柱・梁接合部では，柱と梁で囲まれた部分（パネルゾーン）は，水平荷重時に大きなせん断力を受け，図 9.14 に示すようなせん断変形を起こす．このためパネルゾーンは十分剛性を高めておく必要がある．

一般にパネルゾーンにおける応力状態は複雑で，厳密に解析することは困難であるため，近似的に応力の伝達を図 9.15 に示すように仮定すれば比較的容易に，パネルゾーンに作用するせん断力を求めることができる．

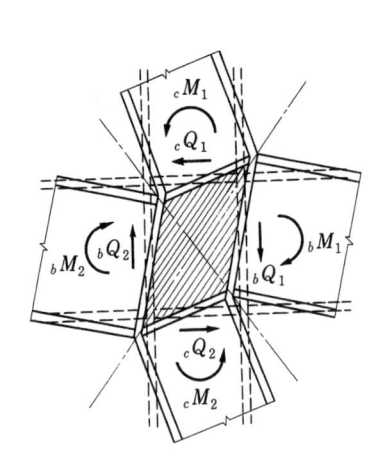

図 9.14 パネルゾーンのせん断変形 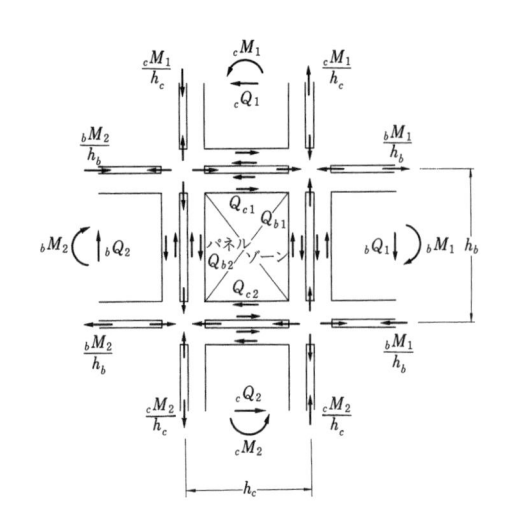　　**図 9.15** パネルゾーンに作用する応力

$$\left.\begin{array}{l} Q_{c1} = \dfrac{{}_bM_1 + {}_bM_2}{h_b} - {}_cQ_1 \\[6pt] Q_{c2} = \dfrac{{}_bM_1 + {}_bM_2}{h_b} - {}_cQ_2 \\[6pt] Q_{b1} = \dfrac{{}_cM_1 + {}_cM_2}{h_c} - {}_bQ_1 \\[6pt] Q_{b2} = \dfrac{{}_cM_1 + {}_cM_2}{h_c} - {}_bQ_2 \end{array}\right\} \tag{9.33}$$

これらのせん断力が，パネルゾーンの周辺に一様に作用するものとしてせん断応力度を求めると，

$$\tau = \frac{1}{t_w h_c}\left(\frac{{}_bM_1 + {}_bM_2}{h_b} - {}_cQ_1\right) \tag{9.34}$$

ただし　t_w：パネルゾーンの板厚，h_b：梁フランジの重心間距離，h_c：柱フランジの重心間距離．

よって

$$\tau \leq f_s \quad (短期) \tag{9.35}$$

として検定すればよいわけであるが，式 (9.34) の ( ) 内の 2 項目は 1 項目の値にくらべて小さいので省略し，また接合部の実験などにより，降伏後も耐力は低下することなく，また変形能力も大きいことが判明しているので，ある程度許容値を緩和して $\dfrac{{}_bM_1 + {}_bM_2}{h_b h_c t_w} \leq f_s (短期) = 1.5 f_s (長期) \xrightarrow{割増} 2 f_s (長期)$ としたつぎの式によりパネルゾーンの検定を行えばよい．

$$\frac{{}_bM_1 + {}_bM_2}{2 h_b h_c t_w} \leq f_s \quad (長期) \tag{9.36}$$

ただし，この場合柱・梁接合部は原則として柱貫通形とし，パネルゾーンは梁の上下フランジのレベルにダイアフラムを配して，これによって囲まれているものとして取り扱う．

以上にこれらのことを考慮して，柱・梁剛接合部のパネルゾーンの検定を柱の断面形状に応じ

てつぎのように行うものとする[1].

$$\frac{{}_bM_1 + {}_bM_2}{2V_e} \leq f_s \quad (長期) \tag{9.37}$$

ただし V_e：柱の断面形状に応じて下記の値をとる．

（ⅰ）H形断面の場合〔図9.16(b)〕

$$V_e = h_b h_c t_w \tag{9.38}$$

（ⅱ）箱形断面の場合〔図9.16(c)〕

曲げモーメントの作用面に平行な二つのウェブの体積の和

$$V_e = 2h_b h_c t_w \tag{9.39}$$

（ⅲ）鋼管断面の場合〔図9.16(d)〕

$$V_e = \frac{\pi Dt}{2} \tag{9.40}$$

（ⅳ）十字形断面の場合〔図9.16(e)〕

$$V_e = \phi V_w \tag{9.41}$$

ただし

$$\phi = \frac{\alpha^2 + 2.6(1+2\beta)}{\alpha^2 + 2.6}$$

$$\alpha = \frac{h_b}{b}, \quad \beta = \frac{A_f}{A_w}, \quad V_w = A_w \cdot h_b,$$

もし上式が満足されない場合は，超過した分の応力に対して図9.17に示すような，ダブラープレート，垂直スチフナ，ダイアゴナルスチフナなどを設けて補強するか，またはパネルゾーンの板厚を必要な厚さをもつ鋼板に取り換えるかして，接合部が十分な強度をもつように設計する．

しかし，上述の算定式は柱の軸方向力を無視しているので，軸方向力の大きくなる所では，多少余裕をもたせた設計をするか，または軸力を考慮したパネルゾーンの設計式を用いることが必要である．

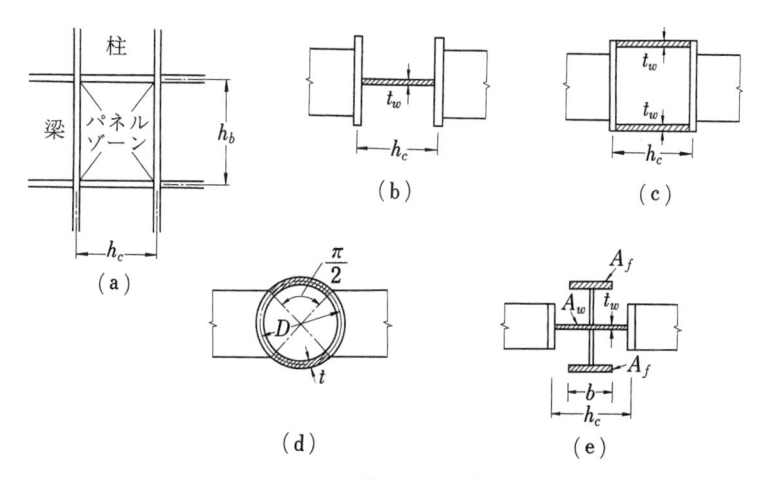

図 9.16 有効なパネルゾーン

---

[1] 加藤 勉：水平力をうける剛接ラーメンの柱梁接合部（パネルゾーン）の設計式について，JSSC VOL.5, No. 40, 1969

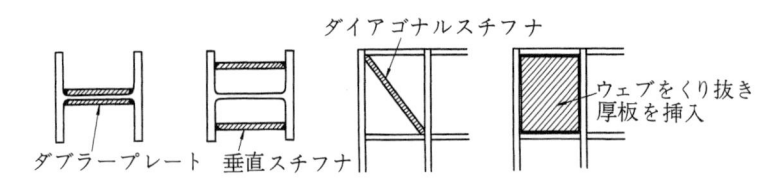

図 9.17 パネルゾーンの補強

9.4 大梁と小梁の接合部

　接合部の設計にあたり，小梁を単純梁として取り扱う場合には，小梁と大梁の接合をピン接合として，小梁からのせん断力に対して接合部を設計すればよい．ただし，この場合大梁の捩れ抵抗による拘束は無視する．

　図9.18に大梁と小梁の接合部の例を示す．図 (a) は仕口山形鋼の類を用いて小梁を大梁のウェブに直接取り付ける場合，図 (b)，(c) は大梁にスチフナを設け，それに小梁のウェブを直接取り付ける場合，図 (d) は大梁のスチフナと小梁のウェブとの間に継手板を配して取り付ける場合の例である．図 (a)，(b)，(c) はともに小梁のフランジを切り欠く手間が必要となる．いずれにしても接合ボルトの算定にあたっては，偏心による影響を考慮しなければならない．

　接合ボルトの検定は，小梁より大梁へ伝達すべきせん断力に対して9.3.1項のピン接合部に準じて行えばよい．できれば小梁のボルト孔を控除したウェブ断面の許容せん断耐力を設計応力として，接合部を設計することが望ましい．この場合，小梁はボルト孔によりウェブの断面が減少するので，これに対しても安全性の確認をしておく必要がある．大梁に設けるスチフナの板厚は，小梁のウェブ厚と同程度のものを用いればよいであろう．また図 (d) において，もしスチフナと小梁ウェブの板厚が異なるときはフィラーを挿入する．

　一方，小梁の設計を大梁を介した連続梁として取り扱った場合には，図 (e)，(f)，(g) に示すようなつなぎ板，またはブラケットなどを用いて両側の小梁を十分剛に連結させ，応力の伝達

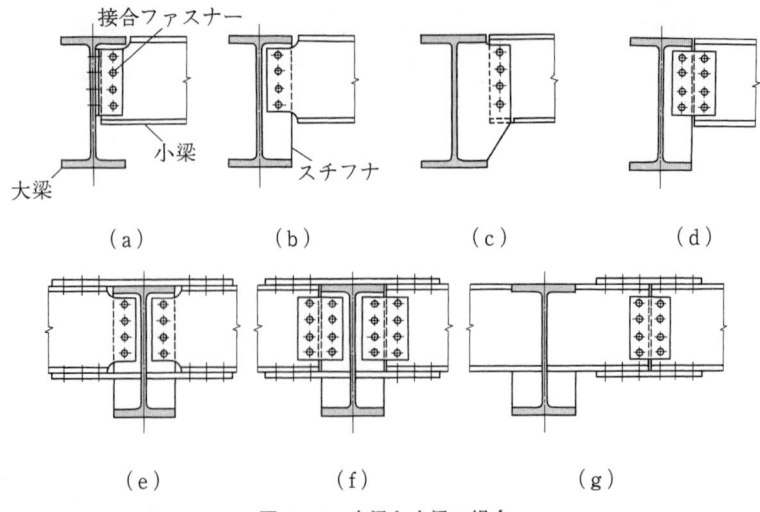

図 9.18 大梁と小梁の場合

が完全に行われるような設計としなければならない．接合部材の算定は梁の継手に準ずる．

9.5 柱　　　脚

柱脚は上部構造の骨組に作用する応力を，柱から基礎へ伝達させる役目をする．柱脚の接合形式には柱からの伝達応力として，軸方向力またはせん断力を伝えるピン接合形式の柱脚と，曲げモーメント，軸方向力，せん断力を基礎へ完全に伝える剛接合形式の柱脚とがある．これら柱脚の接合形式の選定にあたっては設計時においてさまざまな条件を考慮検討したうえで決められる．

これより設定した柱脚のもとで応力解析を行い，その結果に従って柱脚部の各要素が十分安全であるように設計すればよい．この場合，暴風時，地震時の応力の組み合せにおいては柱継手同様，積載荷重を無視したことによって生ずる引張り力についても検討しなければならない．

また，柱脚は上部鉄骨構造と下部基礎コンクリート構造との異種構造による接合部で，施工上いろいろと問題が生じやすいところであり，その取り扱いには十分な注意が必要である．

9.5.1 露出型柱脚

骨組の応力解析において柱脚をピンと仮定した場合，当然柱脚部では曲げモーメントは0となり，軸方向力およびせん断力だけが作用することになるので比較的軽微な柱脚がつくられる．図9.19はその場合の例である．これは完全なピン接合とはいえないが，柱脚部の固定度が小さいことから通常ピン状態とみなして一般に多く用いられている．しかし，回転量の拘束にともなう曲げモーメントの発生は避けられず，これに耐える強度と変形能力が要求されてくる．

設計上，特にアンカーボルトは変形能力確保のため，降伏比の低いボルト（JIS B 1178 基礎ボルト，強度区分4T）を使用し，十分な定着長さ（$20d$ 以上）をとり，先端には図9.20に示すようなアンカーフレームなどを取り付けて引張り力に抵抗させる必要がある．なお，アンカーボルトをコンクリートに埋め込むときは，コンクリートの打込み時に移動しやすいので，上部に円すい状の打残し部分を設けてボルトを正しい位置に矯正した後，モルタルを充てんして固めるなどの配慮が必要である．また，アンカーボルトを締め付ける場合は座金を使用し，ダブルナットその他の方法により絶対に緩まないようにする．

柱脚部での応力の伝達は，軸圧縮力はベースプレートより基礎コンクリートへ直接伝達される

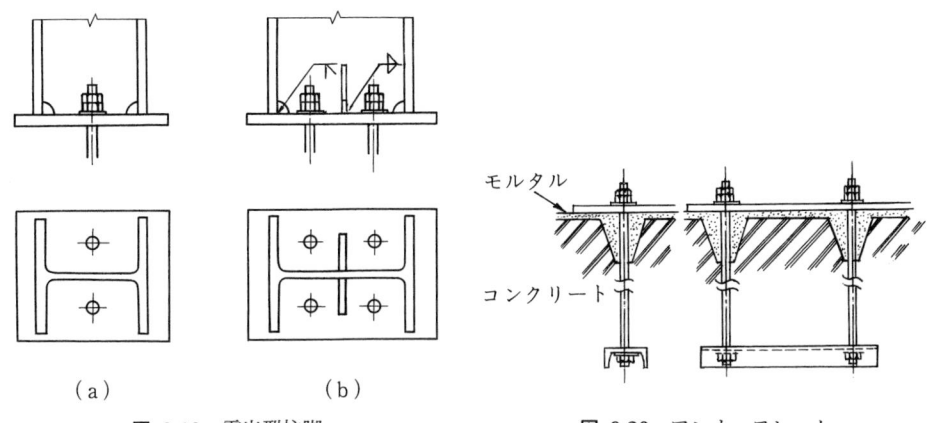

図 9.19　露出型柱脚

図 9.20　アンカーフレーム

ので，ベースプレート下のコンクリートは圧壊や剥落が生じないような設計とする．軸引張り力の場合はアンカーボルトを介して行う．せん断力はベースプレート底面と基礎上面とが十分密着している場合に限り，ベースプレート底面と基礎コンクリートとの間の摩擦力によって伝達するとみなすことができる．この場合，摩擦係数は 0.4 を用い，その許容値は下式で与えられる．

$$Q \leq 0.4N \tag{9.42}$$

もし，上式が満足されない場合は，摩擦力を無視してすべてのせん断力はアンカーボルトに負担させる．なお，軸引張り力が作用する場合は当然この摩摩力に期待することはできないので，アンカーボルトは引張り力とせん断力を同時に受けるものとして検定しなければならない．ただし，せん断力をアンカーボルトに負担させる場合，通常ベースプレートにおけるアンカーボルトの孔は，施工性を考慮して 5 mm 程度のクリアランスが許されているので，そのままではせん断力をアンカーボルトに負担させることはできない．したがって，ボルトの軸径に比較してきわめて緩みの少ない孔径をもつ厚物の座金を用い，これをベースプレートに溶接するなどの配慮が必要となってくる．

一般にアンカーボルトの大きさは 16〜30 mmϕ のものが多く使用されている．アンカーボルトの検定にあたり，ボルトの許容応力度は表 7.5 の値を用い，ナットはダブルに配する．

ベースプレートの検定はその配置により，片持梁，2 辺固定板，3 辺固定板，4 辺固定板などとして取り扱い，これらが面外に曲げを受けるものとして断面算定を行えばよい．

柱脚部の回転を完全に確保したい場合は，図 9.24 に示すようなピン支承などを用いればよい．

露出型柱脚のうちでも図 9.21 は曲げモーメントも伝える．柱脚はその性質上，十分な固定度と剛性を有し，柱の曲げモーメントを確実に基礎または基礎梁に伝達するとともに，所要の回転能力を発揮しなければならない．

図 9.21(a) に箱形断面柱の，図 9.21(b) に H 形断面柱の例を示した．柱脚は図に示すようなリブなどを用いてベースプレートの剛性を高めるとともに柱主材とベースプレートの接合を完全にし，かつ，ベースプレート底面と基礎コンクリート上面とを十分に密着させることにより，柱脚部に作用する曲げモーメントや軸方向力を，ベースプレートを通して基礎に確実に伝達しうるような設計とする．

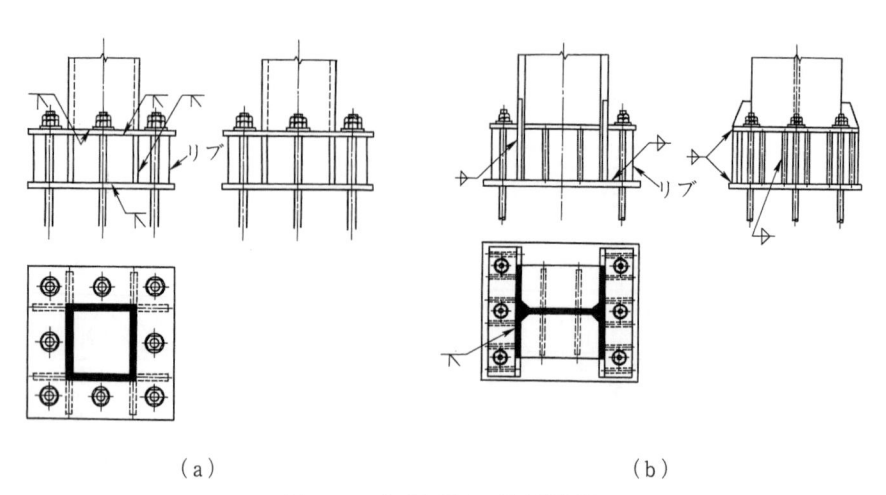

(a)   (b)

図 9.21 曲げを伝える露出型柱脚

上述のようにベースプレートが十分補強され剛性が高められている場合は，ベースプレートの底面に加わる圧力分布は底面に直線的に分布するものとみなすことができるとして，柱脚はベースプレートの底面を断面積とし，引張り側アンカーボルトを引張り鉄筋とする鉄筋コンクリートの柱に準じて，基礎コンクリートに生ずる圧縮応力度ならびにアンカーボルトに生ずる引張り力を算定する方法が利用されている．そのときベースプレートはそれに加わる反力に対し，ピン形式柱脚と同様に補剛材で区分された長方形板として算定する．一般にベースプレートの大きさやアンカーボルトの径，配置などはあらかじめ仮定しておき，これに対して応力度の検定を行う．

9.5.2 根巻型柱脚

図 9.22 は根巻型柱脚の例である．図からもわかるように根巻型柱脚は柱脚部を鉄筋コンクリートによって覆ったもので，高い固定度が得られる．

柱脚部での応力の伝達はたいへん複雑となるので，設計にあたっては一般につぎのような仮定に従って柱脚の各要素を検定する方法がとられている．軸方向力はベースプレートより基礎コンクリートへ直接伝達されるものとして，ベースプレートならびにコンクリートの算定を行う．せん断力は曲げモーメントと同様に根巻鉄筋コンクリート部分より伝達されるものとして算定を行えばよいが，場合によってはアンカーボルトに負担させることもある．

曲げモーメントは鉄骨柱より根巻鉄筋コンクリート部分を介して基礎ならびに基礎ばりに伝達されるものとする．したがって，応力の伝達を完全にするため，鉄骨柱には所要のシアコネクタを取り付け，根巻部分は鉄筋コンクリート柱として十分な大きさと適切な量の配筋を有するよう設計しなければならない．なお，根巻コンクリート部分の高さは柱せいの 2.5 倍以上とする．

9.5.3 埋込み型柱脚

図 9.23 は埋込み型柱脚の例である．埋込み型柱脚は図に示すように柱脚部を基礎または基礎

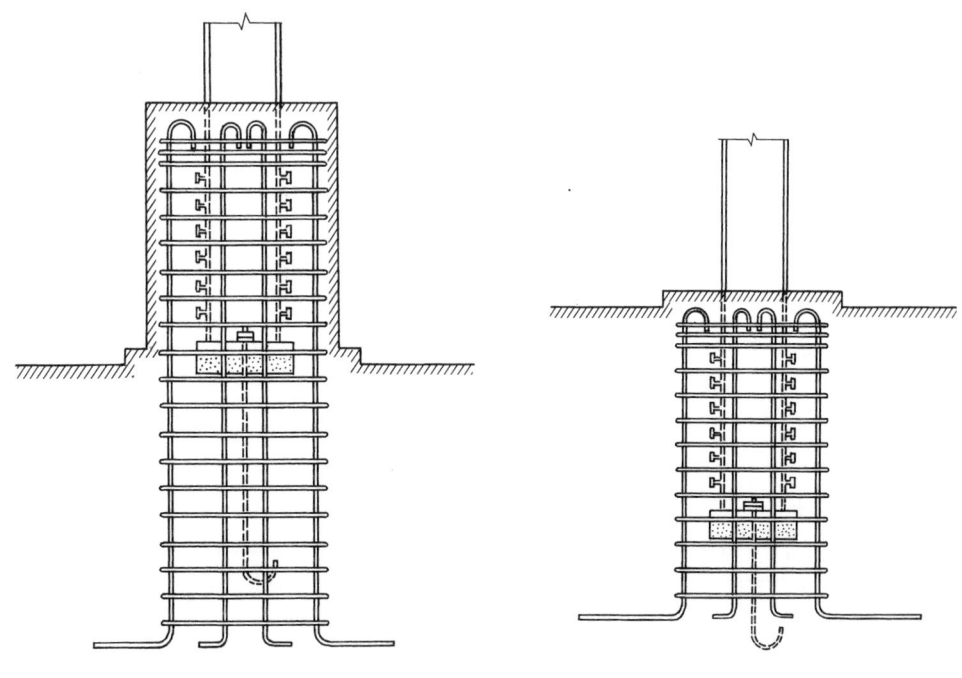

図 9.22 根巻型柱脚   **図 9.23** 埋込み型柱脚

梁の中に埋め込んだもので，根巻型柱脚と同様に高い固定度をもつ．柱脚部の設計は根巻型柱脚とほぼ同じ考え方に基づいて取り扱えばよい．なお，鉄骨柱の埋込み深さは柱せいの2倍以上とし，基礎コンクリートの鉄骨柱との接触部での局部的圧壊やコンクリート上面での鉄骨柱の局部座屈の防止，柱材と基礎梁主筋とのおさまりなどは十分検討しておく必要がある．

9.6 支　承

9.6.1 ピン支承

ピン支承は橋梁などにはよく用いられるが，一般の建築物での使用は少ない．ただ特殊なラーメン，アーチなどの柱脚や，プレートガーダー，トラス梁のピン支持点などには用いられることがある．

図9.24にピン支承の例を示す．このようなピン支承では連結部において部材の移動やナットの緩みなどが起こらないよう十分注意するとともに，ピン軸に適合したピン孔を設ける必要がある．

(1) ピン軸の応力度の算定

ピン軸はその軸径に比較して荷重の支持点間隔の短い梁とみなすことができる．したがって，軸内に生ずる曲げ応力度またはせん断応力度の分布は，通常の細長い曲げ材の応力度分布とは異なる．とくに曲げ応力度の分布は図9.25(b)のようになり，最外端にはきわめて大きな応力が生ずる．いま，この縁応力度 σ_x を表すと

$$\sigma_x = k_1 \frac{M}{Z} \tag{9.43}$$

ただし，k_1 は図(c)に示す値をとる．

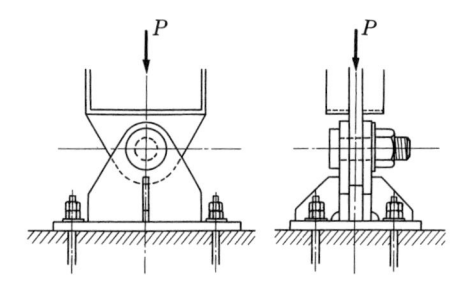

図 9.24 ピン支承

1) 曲げ応力度の検定　曲げ応力度は式(9.43)で与えられるが，一般にこの値はピンの耐力に対してあまり影響を与えないので，通常は式(9.44)により算定してよい．ただし，この場合のピンの許容曲げ応力度 f_{b1} は式(9.45)をとる．

$$\sigma_b = \frac{M}{Z} \leq f_{b1} \tag{9.44}$$

$$f_{b1} = \frac{F}{1.1} \tag{9.45}$$

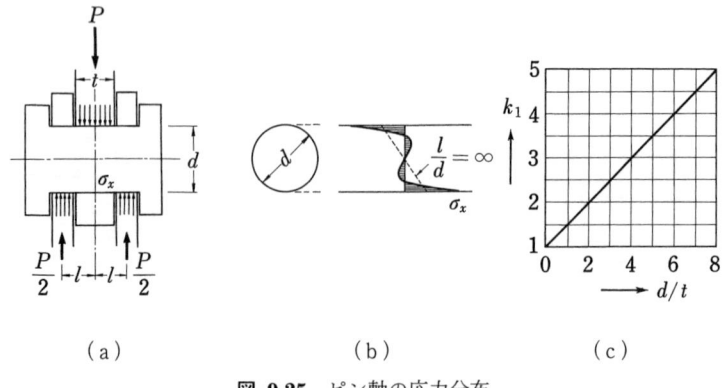

図 9.25 ピン軸の応力分布

ただし Z：ピンの断面係数，M：ピンに作用する最大曲げモーメント．
モーメント M の算定にあたっては，スパンが $2l$ の単純梁として取り扱えばよい．

2) せん断応力度の検定　ピンに生ずるせん断応力度は，つぎの式により算定する．

$$\tau = \frac{Q}{A} = \frac{P}{2A} \leq f_s \tag{9.46}$$

ただし A：ピンの軸断面積，P：圧縮力，f_s：許容せん断応力度．

（2）支承の支圧応力度の算定

圧縮を受けるピン支承のピンと板部との接触部における支圧応力度の分布は，公称軸断面積 $t \cdot d$ に一様に分布するものと仮定して，支圧応力度 σ_p を式（9.48）により算定すればよい．ただし，ピンおよび荷重点スチフナの接触部，その他仕上面一般に対する許容支圧応力度 f_{p1} はつぎの式による．

$$f_{p1} = \frac{F}{1.1} \tag{9.47}$$

上の式で，F の値は接触する材の材質が異なるときは小さいほうの値をとる．

$$\sigma_p = \frac{P}{d \cdot t} \leq f_{p1} \tag{9.48}$$

ただし d：ピンの直径，t：板部の厚さ．

9.6.2 滑り支承またはローラ支承

滑り支承またはローラ支承は，たわみなどにより長さが変化するような場合の梁受けや，温度による材長の変化に対処できる支点などに用いられる．図 9.26 にその例を示す．

滑り支承およびローラ支承の接触面における支圧応力度 σ_p は式（9.50）により算定する．ただし，滑り支承およびローラ支承の許容支圧応力度 f_{p2} はつぎの式による．

$$f_{p2} = 1.9F \tag{9.49}$$

上式で，F の値は接触する材の材質が異なるときは小さいほうの値をとる．

$$\sigma_p = 0.42\sqrt{\frac{P \cdot E}{b \cdot r}} \leq f_{p2} \tag{9.50}$$

ただし E：ヤング係数，b：支圧部の幅，r：支承部の曲率半径．

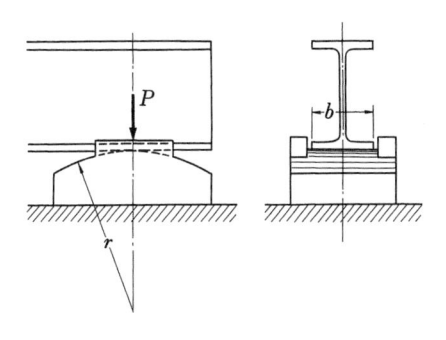

図 9.26　滑り支承

9.7 保有耐力接合

建築基準法施行令で定める保有水平耐力は，極限解析の手法などを用いて算定される．そこでは，部材の最大耐力をその部材の全塑性モーメントの値と考えてよい．そのために接合部は，部材の全塑性モーメントの値が十分発揮されるように設計されていなければならない．すなわち，部材の応力が全塑性モーメントに到達する以前に接合部が破断したり，部材に塑性ヒンジが形成

されて十分な塑性変形が生ずる以前に接合部の耐力が限界に達することのないようにしなければならない．このような事態が生じないよう配慮された接合を保有耐力接合とよぶ[1]．それでは，保有耐力接合を設計する場合，接合部の最大強さをどう定めればよいであろうか．

極限解析のうち，骨組の解析によく用いられるものは塑性ヒンジ法である．この解析では，塑性状態になる部分を一点に集約し，いわゆる塑性ヒンジの存在を仮定する．塑性ヒンジは全塑性モーメントを保ちながら，無制限の回転をするものとしている．しかし実際の構造物では必ずしもこの仮定が満足されているわけではない．

例として，鉄骨骨組の一部材に集中荷重が作用している場合を考えよう．荷重が増加していくと荷重点下の部材の外縁より塑性状態になり，いずれ，その点は全塑性状態に達し，曲げモーメントは全塑性モーメントに等しくなる．しかしこのときには，荷重点下だけではなく，その近傍も外縁から塑性状態となっており，塑性部分はある広がりをもっている．さらに荷重が増加してこの塑性部分に回転が要求されると塑性変形はさらに進む．

実際の鋼には2.3節で説明したように歪硬化現象があるから，ある程度の塑性変形後は応力の再上昇が起きる．もし，この塑性ヒンジが初期に生じたものであれば，骨組の崩壊時まである程度の回転量が必要である．応力の再上昇のために，その点の曲げモーメントは全塑性モーメントの値を上回ったものとなっているはずである．

いま，この塑性ヒンジ部の近傍に接合部があったとしよう．もし，この接合部の最大強さが全塑性モーメントの値とほぼ同度程であったとすれば，この接合部は，塑性ヒンジが必要な回転をする前に破断してしまうに相違ない．すなわち，骨組に作用する荷重が，解析で求められた崩壊荷重に到達する以前に接合部が破断し，解析の仮定が満足されないことになる．

このような事態を避けるために，保有耐力接合設計の最大強さは，部材の全塑性モーメントを基に求めた値より若干大きくしておく必要がある．日本建築学会[1]では次項に示す値を提案している．

9.7.1 継手（梁継手，柱継手）の最大強さ

最大強さはつぎの式とする．

$$\begin{pmatrix}継手の最大\\曲げ強さ\end{pmatrix} \geq 1.2 \times \begin{pmatrix}部材の全塑性\\モーメント\end{pmatrix} \tag{9.51}$$

$$\begin{pmatrix}継手の最大\\軸方向強さ\end{pmatrix} \geq 1.2 \times \begin{pmatrix}保有水平耐力算定時\\の部材の軸方向力\end{pmatrix} \tag{9.52}$$

$$\begin{pmatrix}梁継手の最大\\せん断強さ\end{pmatrix} \geq 1.4 \times \left(\frac{梁の左右端の全塑性モーメントの和}{スパン}\right) \tag{9.53}$$

$$\begin{pmatrix}柱継手の最大\\せん断強さ\end{pmatrix} \geq 1.3 \times \left(\frac{柱の上下端の全塑性モーメントの和}{階高}\right) \tag{9.54}$$

9.7.2 柱・梁接合部の最大強さ

柱・梁接合部はそこに集結する部材が全塑性状態になるまで破断しない強さをもつことを原則とする．ただし，材端部での塑性変形性状を考慮して次式を満たすものとする．

$$(接合部の最大曲げ強さ) \geq 1.3 \times (部材の全塑性モーメント) \tag{9.55}$$

---

[1] 前出105ページの脚注参照．

また，柱・梁接合部の最大せん断強さは，梁継手，柱継手の規定に準ずる．

なお，柱・梁接合部が溶接接合による場合は，梁端または柱端のフランジは完全溶込み溶接とし，梁フランジ（梁貫通形式では柱フランジ）に対応する位置にフランジの厚さまたはフランジの断面積と同等以上のダイアフラムを設ける．この場合，両方向ラーメン構造で両方向の梁せいが異なるときは，ハンチを設けるかまたはそれぞれの梁フランジの位置にダイアフラムを設ける．

9.7.3 柱脚の最大強さ
（1） ピン接合形式の柱脚
この柱脚の最大強さはつぎの式による．

$$（柱脚の最大せん断強さ）\geq 1.3\times\left(\frac{柱頭の全塑性モーメント}{階高}\right) \tag{9.56}$$

$$（柱脚の最大軸方向強さ）\geq 1.2\times\binom{保有水平耐力算定時の}{柱脚に生ずる軸方向力} \tag{9.57}$$

（2） 剛接合形式の柱脚
この柱脚部の設計は柱・梁接合部に準じて行う．なお柱脚部には基礎梁を設けるなどして，柱下端部の応力を十分基礎に伝達しうる設計としなければならない．

9.7.4 接合部の最大強さの算定
保有耐力接合における接合部の最大強さは材料の破断強度に基づいて算定される．これについてはすでに述べてきたところであるが，ここにまとめて示しておく．

（1） ボルトの最大強さ
7.6節により，式（7.40）を用いて算定する．

（2） 溶接継目の最大強さ
8.5節により，式（8.19）～（8.21）を用いて算定する．

（3） 引張り材端部の最大強さ
3.4節により，式（3.4）を用いて算定する．

なお，軸組み筋違の材端接合部の最大強さの検定は式（3.5）による．

演 習 例 題 9

〔**9.1**〕 短期応力として曲げモーメント $M_x=130$ kN·m，せん断力 $Q=100$ kN を受ける H−350×175×7×11（SN 400）の梁継手を設計せよ．ただし，使用鋼材は SN 400 とする．

〔答〕

1) **設計上の仮定**

継手部の接合は高力ボルト摩擦接合とする．設計応力としては存在応力を用いるものとし，フランジおよびウェブへの応力分担は，梁せいが大きくないことから曲げモーメントはすべてフランジが，せん断力はすべてウェブが負担するものと仮定する．なお，参考までに全強度接合の検討を加える．

2) **使用材料**

    梁材   H−350×175×7×11   断面2次モーメント $I_x=13500$ cm⁴

    フランジ継手板   PL−9×175×405,   2PL−9×70×405

    ウェブ継手板   2PL−6×165×260

    高力ボルト   F 10 T・M 16, $p=60$ mm, 端あき寸法 40 mm, 2面摩擦使用

3) フランジ継手の設計

曲げモーメント $M_x=130$ kN·m をフランジの軸方向力 N_f に置換すると，式 (9.3) より

$$N_f = \frac{M_x}{h} = \frac{13000}{33.9} = 383 \text{ kN}$$

(1) フランジボルトの検定

高力ボルト F 10 T・M 16 の許容耐力　$R=60.3$ kN（2 面摩擦）

所要ボルト本数　$n_f = \dfrac{N_f}{R} = \dfrac{383}{60.3 \times 1.5} = 4.2 \longrightarrow 6$ 本

(2) 継手板の検定

片側フランジについて

フランジの有効断面積　$A_{fn} = 17.5 \times 1.1 - 1.8 \times 1.1 \times 2 = 15.29$ cm²

継手板の有効断面積　$\text{PL}-9 \times 175$, 　$2\text{PL}-9 \times 70$

$$_F A_n = (17.5 - 1.8 \times 2) \times 0.9 + (7 - 1.8) \times 0.9 \times 2 = 21.87 \text{ cm}^2 > A_{fn} = 15.29 \text{ cm}^2$$

となり十分であるが，参考までに引張り応力度の検定を行うと

$$\sigma_t = \frac{N_f}{_F A_n} = \frac{383}{21.87} = 17.5 \text{ kN/cm}^2 < f_t = F = 23.5 \text{ kN/cm}^2 \qquad \text{可}$$

4) ウェブ継手の設計

ウェブ継手はせん断力 $Q=100$ kN を受けるものとして

(1) ウェブボルトの検定

高力ボルト　F 10 T・M 16 の許容耐力　$R=60.3$ kN（2 面摩擦）

所要ボルト本数　$n_w = \dfrac{Q}{R} = \dfrac{100}{60.3 \times 1.5} = 1.1 \longrightarrow 4$ 本

2 本であれば安全であるが，ウェブ継手の剛性を考慮して 4 本とする．

(2) 継手板の検定

ウェブの有効断面積　$A_{wn} = 32.8 \times 0.7 - 1.8 \times 0.7 \times 4 = 17.92$ cm²

継手板の有効断面積　$2\text{PL}-6 \times 260$

$$_w A_n = (26.0 - 1.8 \times 4) \times 0.6 \times 2 = 22.56 \text{ cm}^2 > A_{wn} = 17.92 \text{ cm}^2$$

となり十分であるが，参考までにせん断応力度の検定を行うと

$$\tau = 1.5 \times \frac{Q}{_w A_n} = \frac{1.5 \times 100}{22.56} = 6.65 \text{ kN/cm}^2 < f_s = 9.04 \times 1.5 = 13.56 \text{ kN/cm}^2 \qquad \text{可}$$

また，ウェブ継手の曲げ負担として伝達効率 $\varphi=0.4$ を考慮したとしても，ウェブの断面 2 次モーメントは $I_w = \dfrac{0.7 \times 32.8^2}{12} = 2060$ cm⁴ から負担モーメントは $M_w = \varphi \dfrac{I_w}{I_x} M = 0.4 \times \dfrac{2060}{13500} \times 130 = 7.93$ kN·m

となり，ウェブボルトに作用する最大応力は

$$q_{\max} = \sqrt{\left(M_w \frac{y_m}{r_i^2}\right)^2 + \left(\frac{Q}{n_w}\right)^2} = \sqrt{\left(793 \times \frac{9}{2 \times (3^2 + 9^2)}\right)^2 + \left(\frac{100}{4}\right)^2}$$

$$= 46.9 \text{ kN} < R = 60.3 \times 1.5 = 90.45 \text{ kN}$$

として求められ十分安全である．

5) 継手板の剛性

(1) 梁材の断面 2 次モーメント　$I_x = 13500$ cm⁴, 断面係数 $Z_x = 771$ cm³

ボルト孔の断面 2 次モーメント

$$I_{xR} = \left\{ \frac{1.8 \times 1.1^3}{12} \times 2 + 1.8 \times 1.1 \times 16.95^2 \times 2 + \frac{0.7 \times 1.8^3}{12} \right.$$

$$\left. \times 2 + 0.7 \times 1.8 \times 9^2 + 0.7 \times 1.8 \times 3^2 \right\} \times 2 = 2500 \text{ cm}^4$$

有効断面2次モーメント　　　$I_{xn} = I_x - I_{xR} = 13500 - 2500 = 11000 \text{ cm}^4$

有効断面係数　　$Z_{xn} = \dfrac{11000}{17.5} = 628 \text{ cm}^3$

（2）全継手板に対して

断面2次モーメント　　${}_{PL}I_x$ は

$${}_{PL}I_x = \left\{ \dfrac{17.5 \times 0.9^3}{12} + 17.5 \times 0.9 \times 17.95^2 + \dfrac{7 \times 0.9^3}{12} \times 2 + 7 \times 0.9 \times 15.95^2 \times 2 \right\}$$

$$\times 2 + \dfrac{0.6 \times 26^3}{12} \times 2 = 16560 + 1760 = 18320 \text{ cm}^4$$

ボルト孔の断面2次モーメント　　${}_{PL}I_{xR}$ は

$${}_{PL}I_{xR} = \left\{ \dfrac{1.8 \times 0.9^3}{12} \times 2 + 1.8 \times 0.9 \times 17.95^2 + 1.8 \times 0.9 \times 15.95^2 \right\} \times 4$$

$$+ \left\{ \dfrac{0.6 \times 1.8^3}{12} \times 2 + 0.6 \times 1.8 \times 9^2 + 0.6 \times 1.8 \times 3^2 \right\} \times 4$$

$$= 3740 + 390 = 4130 \text{ cm}^4$$

有効断面2次モーメント　　${}_{PL}I_{xn} = {}_{PL}I_x - {}_{PL}I_{xR} : 18320 - 4130 = 14190 \text{ cm}^4$

断面係数　　${}_{PL}Z_x = \dfrac{18320}{18.4} = 995 \text{ cm}^3 > Z_x = 771 \text{ cm}^3$

有効断面係数　　${}_{PL}Z_{xn} = \dfrac{14190}{18.4} = 771 \text{ cm}^3 > Z_{xn} = 628 \text{ cm}^3$

（3）曲げはすべてフランジが負担するとしたので，フランジ継手板のみに対して検討すると

断面2次モーメント　　${}_{FPL}I_x = 16560 \text{ cm}^4$

ボルト孔の断面2次モーメント　　${}_{FPL}I_{xR} = 3740 \text{ cm}^4$

有効断面2次モーメント　　${}_{FPL}I_{xn} = 16560 - 3740 = 12820 \text{ cm}^4$

断面係数　　${}_{FPL}Z_x = \dfrac{16560}{18.4} = 900 \text{ cm}^3 > Z_x = 771 \text{ cm}^3$　　　　可

有効断面係数　　${}_{FPL}Z_{xn} = \dfrac{12820}{18.4} = 697 \text{ cm}^3 > Z_{xn} = 628 \text{ cm}^3$　　　　可

したがって，この場合はすべてについて梁材の断面係数を上回ったことになる．

継手部の詳細を図9.27に示す．

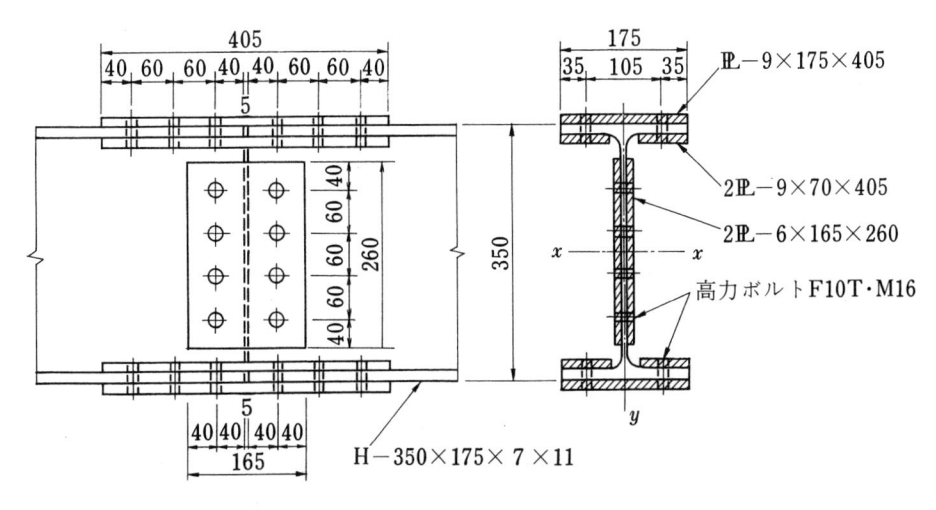

図 9.27

6) 部材の検定

梁材は高力ボルトの取り付け孔のため部材断面が欠損するので，これに対して検定を行う．梁材のボルト孔は引張り側・圧縮側とも控除するものとし，許容曲げ応力度を $f_b=23.5\,\text{kN/cm}^2$（短期）として与えると

曲げ応力度の検定　　$\sigma_b=\dfrac{M}{Z_{xn}}=\dfrac{13000}{628}=20.7\,\text{kN/cm}^2<f_b=23.5\,\text{kN/cm}^2$　　可

せん断応力度の検定　　$\tau=\dfrac{Q}{A_{wn}}=\dfrac{100}{17.92}=5.58\,\text{kN/cm}^2<f_s=13.56\,\text{kN/cm}^2$　　可

よって，梁材は安全である．

7) 全強度接合設計

継手を梁材の許容耐力に基づいて設計する．設計応力は式 (9.15)，(9.16) より

曲げモーメント　　　$M_n=Z_{xn}\cdot f_t=628\times15.6=9800\,\text{kN}\cdot\text{cm}=98.0\,\text{kN}\cdot\text{m}$

せん断力　　$Q_n=A_{wn}\cdot f_s=17.92\times9.04=162\,\text{kN}$

（1）フランジ継手の設計

フランジの所要ボルト本数　　$n_f=\dfrac{M_n}{h\cdot R}=\dfrac{9800}{33.9\times60.3}=4.8\longrightarrow 6\,\text{本}$

継手板の検定　　${}_FA_n=21.87\,\text{cm}^2>A_{fn}=15.29\,\text{cm}^2$　　可

（2）ウェブ継手の設計

ウェブの所要ボルト本数　　$n_w=\dfrac{Q_n}{R}=\dfrac{162}{60.3}=2.7\longrightarrow 4\,\text{本}$

継手板の検定　　${}_wA_n=22.56\,\text{cm}^2>A_{wn}=17.92\,\text{cm}^2$　　可

なお，ウェブ継手への曲げ負担について考慮したとき，伝達効率 $\varphi=0.4$ として，ウェブ継手への曲げモーメントを求めると，$M_w=\varphi\dfrac{I_w}{I_x}M_n=0.4\times\dfrac{2060}{13500}\times98=5.98\,\text{kN}\cdot\text{m}$ となり，ウェブボルトに作用する最大応力は

$$q_{\max}=\sqrt{\left(M_w\dfrac{y_m}{r_i^2}\right)^2+\left(\dfrac{Q_n}{n_w}\right)^2}=\sqrt{\left(598\times\dfrac{9}{2\times(3^2+9^2)}\right)^2+\left(\dfrac{162}{4}\right)^2}=50.3\,\text{kN}<R=60.3\,\text{kN}$$

となり問題はない．

（3）継手板の剛性

曲げを負担するフランジ継手板の断面係数に対して

${}_{F\!R}Z_x=900\,\text{cm}^3>Z_x=771\,\text{cm}^3$ または ${}_{F\!R}Z_{xn}=697\,\text{cm}^3>Z_{xn}=628\,\text{cm}^3$　　可

以上の結果，図 9.27 は全強度接合であるといえる．

なお，保有耐力接合としての接合部の最大強さは，曲げに対して

$M_{u1}=Z_{pn}\cdot\sigma_u=676\times40=270\,\text{kN}\cdot\text{m}$

$M_{u2}={}_FA_{n1}\cdot\sigma_u\cdot h_1+{}_FA_{n2}\cdot\sigma_u\cdot h_2$
　　　$=13.9\times0.9\times40\times35.9+5.2\times0.9\times40\times31.9\times2=299\,\text{kN}\cdot\text{m}>M_{u1}$

$M_{u3}=0.60m\cdot n_f\cdot {}_fA_s\cdot\sigma_u\cdot h$
　　　$=0.60\times2\times6\times2.01\times100\times33.9=491\,\text{kN}\cdot\text{m}>M_{u1}$

$M_{u4}=n_f\cdot e\cdot t\cdot h\cdot\sigma_u=6\times4\times1.1\times33.9\times40=358\,\text{kN}\cdot\text{m}>M_{u1}$

$M_{u5}=n_f\cdot e(t_1h_1+t_2h_2)\sigma_u$
　　　$=6\times4\times(0.9\times35.9+0.9\times31.9)\times40=586\,\text{kN}\cdot\text{m}>M_{u1}$

梁材の全塑性モーメント $M_{px}=203\,\text{kN}\cdot\text{m}$（付表 3.6）であるから式 (9.51) より

$M_u=270\,\text{kN}\cdot\text{m}>1.2M_p=1.2\times203=244\,\text{kN}\cdot\text{m}$　　可

〔9.2〕 短期応力として軸方向力 $N=1500$ kN，曲げモーメント $M_x=150$ kN·m，せん断力 $Q=260$ kN を受ける H－350×350×12×19（SN 400）の柱継手を設計せよ．ただし，使用鋼材は SN 400 とする．

〔答〕
1） 設計上の仮定

継手部の接合は高力ボルト摩擦接合とする．
　フランジおよびウェブへの応力分担は，軸方向力はそれぞれの断面積に比例して負担し，柱せいが大きくないことから曲げモーメントはすべてフランジが，せん断力はすべてウェブが負担するものとする．
　なお，参考までに梁継手同様，全強度接合の検討を加える．

2） 使用材料

　　柱材　　H－350×350×12×19
　　　　　$I_x=39800$ cm⁴，$Z_x=2280$ cm³，$A=171.9$ cm²，$A_w=37.5$ cm²，$A_f=67.2$ cm²
　　フランジ継手板　　PL－12×350×285，　2PL－16×140×285
　　ウェブ継手板　　2PL－9×260×165
　　高力ボルト　　F 10 T·M 20，$p=60$ mm，端あき寸法 40 mm，2 面摩擦使用

3） 部材応力

　　圧縮応力度　　$\sigma_c = \dfrac{N}{A} = \dfrac{1500}{171.9} = 8.73$ kN/cm²

　　曲げ応力度　　$\sigma_b = \dfrac{M}{Z} = \dfrac{15000}{2280} = 6.58$ kN/cm² $< \sigma_c = 8.73$ kN/cm²

　　せん断応力度　　ウェブ部分に幾何学的に入りうるボルト本数は 4 本であるから
これに基づいて

$$\tau = \dfrac{Q}{A_{wn}} = \dfrac{260}{37.5 - 2.20 \times 1.2 \times 4} = \dfrac{260}{26.94} = 9.65 \text{ kN/cm}^2 < f_s = 13.56 \text{ kN/cm}^2 \quad 可$$

$\sigma_b < \sigma_c$ であるから断面ならびに継手部分には引張りは生じない．よって，継手位置での部材断面の検定は省略する．

　　各許容耐力
　　曲げモーメント　　$M_a = Z_x \cdot f_t = 2280 \times 23.5 = 536$ kN·m
　　軸方向力　　$N_a = A \cdot f_t = 171.9 \times 23.5 = 4040$ kN
　　せん断力　　$Q_a = A_w \cdot f_s = 37.5 \times 13.56 = 508$ kN

$$\dfrac{M}{M_a} + \dfrac{N}{N_a} = \dfrac{150}{536} + \dfrac{1500}{4040} = 0.65 > \dfrac{1}{2}$$

$$\dfrac{Q}{Q_a} = \dfrac{260}{508} = 0.51 > \dfrac{1}{2}$$

したがって，存在応力によって継手を設計してよい．

4） フランジ継手の設計

　　フランジに作用する軸方向力 N_f は

$$N_f = N\dfrac{A_f}{A} + \dfrac{M}{h} = 1500 \times \dfrac{67.2}{171.9} + \dfrac{15000}{33.1} = 586 + 453 = 1039 \text{ kN}$$

（1）フランジボルトの検定

　　高力ボルト　　F 10 T·M 20 の許容耐力　　$R=94.2$ kN（2 面摩擦）

　　所要ボルト本数　　$n_f = \dfrac{N_f}{R} = \dfrac{1039}{94.2 \times 1.5} = 7.4 \longrightarrow 8$ 本

（2）継手板の検定

片側フランジについて

　　フランジの有効断面積　　$A_{fn} = 35.0 \times 1.9 - 2.2 \times 1.9 \times 4 = 49.78$ cm²

152　第9章　接　合　部

継手板の有効断面積　　PL-12×350, 16×140

$$_FA_n = (35-2.2\times4)\times1.2 + (14-2.2\times2)\times2\times1.6$$
$$= 62.16 \text{ cm}^2 > A_{fn} = 49.78 \text{ cm}^2$$

となり十分である.

5)　ウェブ継手の設計

ウェブに作用する応力　　軸方向力　　$N_w = N\dfrac{A_w}{A} = 1500\times\dfrac{37.5}{171.9} = 328$ kN

せん断力　$Q = 260$ kN

（1）ウェブボルトの検定

N_w と Q の面内合力　　$P_w = \sqrt{N_w^2 + Q^2} = \sqrt{328^2 + 260^2} = 419$ kN

所要ボルト本数　　$n_w = \dfrac{P_w}{R} = \dfrac{419}{94.2\times1.5} = 3.0 \longrightarrow 4$ 本

なお，ウェブ継手の曲げ負担として伝達効率 $\varphi = 0.4$ を考慮したとしても，$I_w = \dfrac{1.2\times31.2^3}{12} = 3040$ cm^4

であるから負担モーメント $M_w = \varphi\dfrac{I_w}{I_x}M = 0.4\times\dfrac{3040}{39800}\times150 = 4.58$ kN·m となり，ウェブボルトに作用する最大応力は

$$q_{\max} = \sqrt{\left(M_w\dfrac{y_m}{r_i^2} + \dfrac{N_w}{n_w}\right)^2 + \left(\dfrac{Q}{n_w}\right)^2} = \sqrt{\left(458\times\dfrac{9}{2\times(3^2+9^2)} + \dfrac{328}{4}\right)^2 + \left(\dfrac{260}{4}\right)^2}$$
$$= 123 \text{ kN} < R = 94.2\times1.5 = 141 \text{ kN}$$

であり安全である.

（2）継手板の検定

ウェブの有効断面積　　$A_{wn} = 26.94$ cm^2

継手板の有効断面積　　2PL-9×260　　$_wA = 26\times0.9\times2 = 46.8$ cm^2

$$_wA_n = (26-2.2\times4)\times0.9\times2 = 30.96 \text{ cm}^2 > A_{wn} = 26.94 \text{ cm}^2$$

となり十分であるが，参考までに応力度の検定を行うと

$$\sigma_{wN} = \dfrac{N_w}{_wA} = \dfrac{328}{46.8} = 7.01 \text{ kN/cm}^2, \quad \tau = 1.5\times\dfrac{Q}{_wA_n} = 1.5\times\dfrac{270}{30.96} = 8.72 \text{ kN/cm}^2$$

$$\sqrt{\sigma_{wN}^2 + 3\tau^2} = \sqrt{7.01^2 + 3\times12.6^2} = \sqrt{525.4} = 22.9 \text{ kN/cm}^2 < f_t = F = 23.5 \text{ kN/cm}^2 \quad 可$$

6)　継手板の剛性

（1）柱材に対して

ボルト孔の断面2次モーメント

$$I_{xR} = \left\{\dfrac{2.2\times1.9^3}{12}\times4 + 2.2\times1.9\times16.55^2\times4 + \dfrac{1.2\times2.2^3}{12}\times2 + 1.2\right.$$
$$\left.\times2.2\times9^2 + 1.2\times2.2\times3^2\right\}\times2 = 9650 \text{ cm}^4$$

有効断面2次モーメント　　$I_{xn} = I_x - I_{xR} = 39800 - 9650 = 30150$ cm^4

有効断面係数　　$Z_{xn} = \dfrac{30150}{17.5} = 1720$ cm^3

（2）全継手板に対して

断面2次モーメント

$$_RI_x = \left\{\dfrac{35\times1.2^3}{12} + 35\times1.2\times18.1^2 + \dfrac{14\times1.6^3}{12}\times2 + 14\times1.6\times14.8^2\times2\right\}$$
$$\times2 + \dfrac{0.9\times26^3}{12}\times2 = 47170 + 2640 = 49810 \text{ cm}^4$$

ボルト孔の断面2次モーメント

$$
{}_{\text{PL}}I_{xR}=\left\{\frac{2.2\times1.2^3}{12}\times4+2.2\times1.2\times18.1^2\times4+\frac{2.2\times1.6^3}{12}\times4+2.2\right.
$$
$$
\left.\times1.6\times14.8^2\times4\right\}\times2+\left\{\frac{0.9\times2.2^3}{12}\times4+0.9\times2.2\times9^2\times2+0.9\right.
$$
$$
\left.\times2.2\times3^2\times2\right\}\times2=13100+720=13820\ \text{cm}^4
$$

有効断面 2 次モーメント　${}_{\text{PL}}I_{xn}={}_{\text{PL}}I_x-{}_{\text{PL}}I_{xR}=49810-13820=35990\ \text{cm}^4$

断面係数　${}_{\text{PL}}Z_x=\dfrac{49810}{18.7}=2660\ \text{cm}^3$

有効断面係数　${}_{\text{PL}}Z_{xn}=\dfrac{35990}{18.7}=1920\ \text{cm}^3>Z_{xn}=1720\ \text{cm}^3$

（3）曲げはすべてフランジが負担するとしたので，フランジ継手板のみに対して検定すると

断面 2 次モーメント　${}_{F\text{PL}}I_x=47170\ \text{cm}^4$

ボルト孔の断面 2 次モーメント　${}_{F\text{PL}}I_{xR}=13100\ \text{cm}^4$

有効断面 2 次モーメント　${}_{F\text{PL}}I_{xn}={}_{F\text{PL}}I_x=-{}_{F\text{PL}}I_{xR}=47170-13100=34070\ \text{cm}^4$

断面係数

$${}_{F\text{PL}}Z_x=\frac{47170}{18.7}=2520\ \text{cm}^3$$

有効断面係数

$${}_{F\text{PL}}Z_{xn}=\frac{34070}{18.7}=1820\ \text{cm}^3>Z_{xn}=1720\ \text{cm}^3 \qquad \text{可}$$

以上の結果，継手部の詳細を図 9.28 に示す．

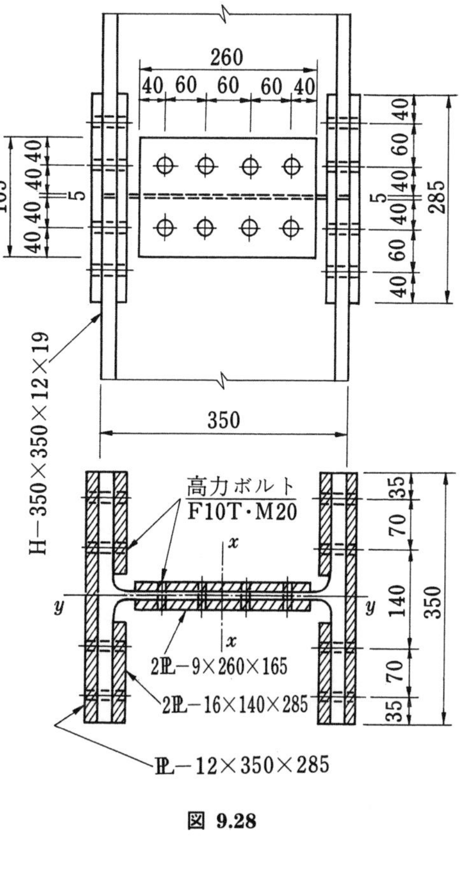

図 9.28

7) 全強度接合設計

継手を柱材の許容耐力に基づいて設計する．

フランジの降伏条件は

$$\frac{N}{A}+\frac{M}{Z}=f_t$$

ウェブの降伏条件は

$$\left(\frac{N_w}{A_w}\right)^2+3\left(\frac{Q}{A_w}\right)^2=(f_t)^2$$

であるからフランジは $M=Z\cdot f_t$ を，ウェブは $N_w=A_w\cdot f_t$ を設計応力として設計する．

（1）フランジ継手の設計

設計応力　　$M=Z\cdot f_t=2280\times 23.5=536\,\text{kN}\cdot\text{m}$

$$N_f=\frac{M}{h}=\frac{53600}{33.1}=1620\,\text{kN}$$

フランジの所要ボルト本数　　$n_f=\dfrac{N_f}{R}=\dfrac{1620}{141}=11.5\longrightarrow 12\,\text{本}$

継手板の検定　　$_FA_n=62.16\,\text{cm}^2>A_{fn}=49.78\,\text{cm}^2$　　　　　　　　　　　可

（2）ウェブ継手の設計

設計応力　　$N_w=A_w\cdot f_t=37.5\times 23.5=881\,\text{kN}$

ウェブの所要ボルト本数　　$n_w=\dfrac{N_w}{R}=\dfrac{881}{141}=6.2\longrightarrow 8\,\text{本}$

継手板の検定　　$_WA_n=30.96\,\text{cm}^2>A_{wn}=26.94\,\text{cm}^2$　　　　　　　　　　　可

なお，ウェブ継手への曲げ負担として伝達効率 $\varphi=0.4$ を考慮したとき，負担モーメントは $M_w=\varphi\dfrac{I_w}{I_x}M$

$=0.4\times\dfrac{3040}{39800}\times 536=16.4\,\text{kN}\cdot\text{m}$ であり，この場合の軸力 N_w は $\dfrac{M_w}{M_{wy}}+\dfrac{N_w}{N_{wy}}=\dfrac{M_w}{Z_wF}+\dfrac{N_w}{A_wF}\leqq 1$ より

$N_w=37.5\times 23.5\times\left(1-\dfrac{1640}{195\times 23.5}\right)\leqq 566\,\text{kN}$ となり，これよりウェブボルトの最大応力は

$$q_{\max}=\sqrt{\left(M_w\frac{y_m}{r_i^2}+\frac{N_w}{n_w}\right)^2+\left(M_w\frac{x_m}{r_i^2}\right)^2}=\sqrt{\left(1640\times\frac{9}{4\times(90+18)}+\frac{566}{8}\right)^2+\left(1640\times\frac{3}{4\times(90+18)}\right)^2}$$

$=106\,\text{kN}<R=141\,\text{kN}$

で十分である．

（3）継手板の剛性

曲げを負担するフランジ継手板の断面係数に対して

　　$_{FR}Z_x=2520\,\text{cm}^3>Z_x=2280\,\text{cm}^3$　　または　　$_{FR}Z_{xn}==1820\,\text{cm}^3>Z_{xn}=1720\,\text{cm}^3$　　　可

以上の結果を図9.29に示す．

なお，保有耐力接合としての接合部の最大強さは，曲げに対して

$M_{u1}=Z_{pn}\cdot\sigma_u=1876\times 40=750\,\text{kN}\cdot\text{m}$

$M_{u2}={}_FA_{n1}\cdot\sigma_u\cdot h_1+{}_FA_{n2}\cdot\sigma_u\cdot h_2=26.2\times 1.2\times 40\times 36.2+9.6\times 1.6\times 40\times 29.6\times 2$

　　　$=819\,\text{kN}\cdot\text{m}>M_{u1}$

$M_{u3}=0.60m\cdot n_f\cdot{}_fA_s\cdot{}_f\sigma_u\cdot h$

　　　$=0.60\times 2\times 12\times 3.14\times 100\times 33.1=1497\,\text{kN}\cdot\text{m}>M_{u1}$

$M_{u4}=n_f\cdot e\cdot t\cdot h\cdot\sigma_u=12\times 4\times 1.9\times 33.1\times 40=1207\,\text{kN}\cdot\text{m}>M_{u1}$

$M_{u5}=n_f\cdot e(t_1h_1+t_2h_2)\sigma_u$

　　　$=12\times 4\times(1.2\times 36.2+1.6\times 29.6)\times 40=1743\,\text{kN}\cdot\text{m}>M_{u1}$

柱材の全塑性モーメント　　$M_{px}=591\,\text{kN}\cdot\text{m}$（付表3.6）であるから，式（9.51）より

図 9.29

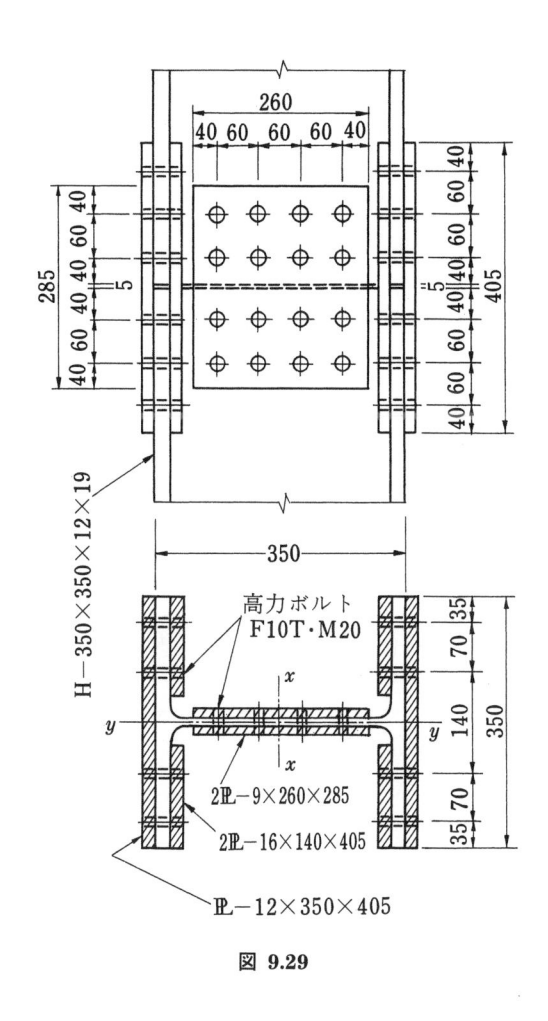

$M_u = 750$ kN·m $> 1.2 M_p = 1.2 \times 591 = 709$ kN·m　　可

〔9.3〕 図 9.30 に示すような，せん断力 $Q = 70$ kN（長期）を伝達する大梁と小梁の接合部を検討せよ．ただし，使用鋼材は SN 400 とする．

〔答〕

1) 使用部材

　　小梁　　　　H−250×125×6×9
　　ウェブ継手板　2 PL−6×140×165
　　高力ボルト　　F 10 T·M 16

2) 部材の検定

　　ボルト孔を控除したウェブ断面に対して
　　$A_{wn} = (25 - 2 \times 0.9) \times 0.6 - 1.8 \times 0.6 \times 2 = 11.76$ cm²

　　せん断応力度の検定
　　$\tau = \dfrac{Q}{A_{wn}} = \dfrac{70}{11.76} = 5.95$ kN/cm² $< f_s = 9.04$ kN/cm²　　可

3) ウェブ継手の検定

　　（1）継手板の検定

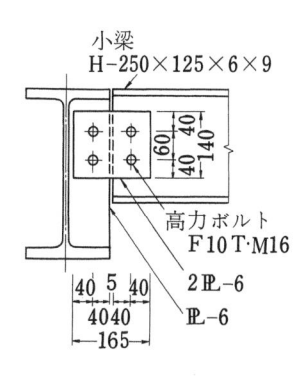

図 9.30

2PL-6×140

$_wA_n=14\times0.6\times2-1.8\times0.6\times4=12.48\,\text{cm}^2$

せん断応力度の検定

$$\tau=1.5\frac{Q}{_wA_n}=\frac{1.5\times70}{12.48}=8.41\,\text{kN/cm}^2<f_s=9.04\,\text{kN/cm}^2 \quad 可$$

(2) 高力ボルトの検定

F 10 T・M 16 の許容耐力　　$R=60.3\,\text{kN}$（2面摩擦）

曲げモーメント　　$M_w{'}=Q\cdot e=70\times4=280\,\text{kN}\cdot\text{cm}$ により

$$R_M=\frac{280}{6}=46.7\,\text{kN}$$

せん断力 Q により

$$R_Q=\frac{Q}{n}=\frac{70}{2}=35.0\,\text{kN}$$

したがって

$$R_{\max}=\sqrt{R_M{}^2+R_Q{}^2}=\sqrt{46.7^2+35.0^2}=58.4\,\text{kN}<R=60.3\,\text{kN} \quad 可$$

〔**9.4**〕 図 9.31 に示すような短期応力を受ける柱 H$-300\times300\times10\times15$（SN 400）と梁 H$-400\times200\times8\times13$（SN 400）からなる剛接合部の設計をせよ．

〔答〕

1) 設計上の仮定

柱と梁の取り付けを溶接接合する．接合部への応力の伝達は，せん断力はすべてウェブから，曲げモーメントはフランジとウェブより，その剛性に比例してなされるものと仮定する．

2) 部材の検定

梁材の端部はスカラップを設けることにより断面が欠損するので，これの検定を行う．スカラップを 3.5 cm とする．

梁材の許容曲げ応力度を $f_b=f_t=23.5\,\text{kN/cm}^2$（短期）とすると

フランジの断面 2 次モーメント

$$I_{f'}=\frac{20\times1.3^3}{12}\times2+20\times1.3\times19.35^2\times2=19480\,\text{cm}^4$$

ウェブの断面 2 次モーメント

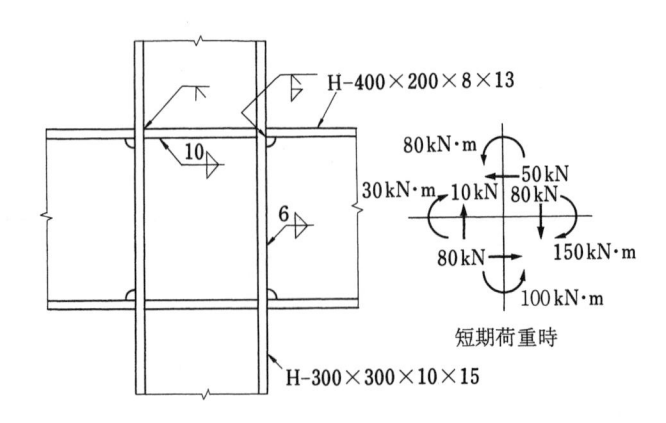

図 9.31

$$I_w' = \frac{0.8 \times 30.4^3}{12} = 1870 \text{ cm}^4$$

したがって，この部分の梁の断面 2 次モーメントは

$$I_x' = I_f' + I_w' = 21350 \text{ cm}^4, \qquad Z_{x1}' = \frac{21350}{20} = 1067 \text{ cm}^3$$

$$Z_{x2}' = \frac{21350}{15.2} = 1405 \text{ cm}^3$$

フランジの検定

$$\sigma_{bf}' = \frac{M}{Z_{x1}'} = \frac{15000}{1067} = 14.1 \text{ kN/cm}^2 < f_b = 23.5 \text{ kN/cm}^2 \qquad 可$$

ウェブの検定

$$\sigma_{bw}' = \frac{M}{Z_{x2}'} = \frac{15000}{1405} = 10.7 \text{ kN/cm}^2$$

$$\tau' = \frac{Q}{A_w'} = \frac{80}{(40 - 2 \times 1.3 - 2 \times 3.5) \times 0.8} = 3.29 \text{ kN/cm}^2$$

$$\therefore \sqrt{\sigma_{bw}'^2 + 3\tau'^2} = \sqrt{10.7^2 + 3 \times 3.29^2} = 12.1 \text{ kN/cm}^2 < f_b = 23.5 \text{ kN/cm}^2 \qquad 可$$

よって，梁端部は安全である．

3) 梁端部の溶接の検定

フランジを完全溶込み溶接，ウェブを両面すみ肉溶接とする．

　溶接の許容応力度

　　完全溶込み溶接　　$f_w = f_t = F = 23.5 \text{ kN/cm}^2$（短期）

　　すみ肉溶接　　　　$f_w = f_s = F/\sqrt{3} = 13.56 \text{ kN/cm}^2$（短期）

（1）完全溶込み溶接継目

完全溶込み溶接とすみ肉溶接では許容応力度が異なるので，フランジの完全溶込み溶接部の断面をすみ肉溶接に換算する．

　　有効長さ　　　$b = 20 \text{ cm}$

　　換算長さ　　　$b_e = 20 \times \dfrac{f_t}{f_s} = 20 \times \sqrt{3} = 34.6 \text{ cm}$

（2）すみ肉継目

ウェブのすみ肉溶接のサイズを $S = 6 \text{ mm}$ とする．

　　有効長さ

　　　　$l = 40 - 2 \times 1.3 - 2 \times 3.5 - 2 \times 0.6 = 29.2 \text{ cm}$

　　有効のど厚

　　　　$a = 0.7S = 0.7 \times 0.6 = 0.42 \text{ cm}$

換算溶接断面（図 9.32）の中立軸に関する断面 2 次モーメント I は

$$I = \left(\frac{34.6 \times 1.3^3}{12} + 34.6 \times 1.3 \times 19.35^2 + \frac{0.42 \times 29.2^3}{12} \right) \times 2 = 35400 \text{ cm}^4$$

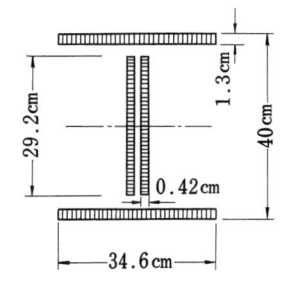

図 9.32

　　フランジ端断面係数　　$Z_1 = \dfrac{35400}{20} = 1770 \text{ cm}^3$

　　ウェブ端断面係数　　　$Z_2 = \dfrac{35400}{14.6} = 2420 \text{ cm}^3$

　　ウェブすみ肉溶接の有効断面積　　$_wA = 29.2 \times 0.42 \times 2 = 24.53 \text{ cm}^2$

（3）溶接部の応力検定

フランジ溶接について〔式 (9.21) より〕

$$\sigma_M = \frac{M}{Z_1} = \frac{15000}{1770} = 8.47 \text{ kN/cm}^2 < f_s = 13.56 \text{ kN/cm}^2 \qquad 可$$

ウェブ溶接について〔式（9.23）より〕

$$\tau_M = \frac{M}{Z_2} = \frac{15000}{2420} = 6.20 \text{ kN/cm}^2, \quad \tau_Q = \frac{Q}{{}_wA} = \frac{80}{24.53} = 3.26 \text{ kN/cm}^2$$

式（9.24）より

$$\tau = \sqrt{\tau_M{}^2 + \tau_Q{}^2} = \sqrt{6.20^2 + 3.26^2} = 7.00 \text{ kN/cm}^2 < f_s = 13.56 \text{ kN/cm}^2 \quad 可$$

4）梁フランジの集中力による局部応力の検定

図9.33に示すように，梁の曲げモーメントにより，柱に取り付けた梁フランジから柱に集中力 F_c が作用する．F_c の大きさは梁が負担する曲げモーメントに対し式（9.1），（9.3）で与えられる．

$$F_c = \frac{I_f{}'}{I_x{}'} \cdot \frac{M}{h} = \frac{19480}{21350} \times \frac{15000}{38.7} = 354 \text{ kN}$$

柱ウェブフィレット先端部に生ずる局部圧縮応力度は式（9.26），（9.27）より

$$\sigma_c{}' = \frac{F_c}{t_w(t_b + 2t_0)} = \frac{354}{1.0 \times (1.3 + 2 \times 2.8)}$$

$$= 51.3 \text{ kN/cm}^2 > f_c{}' = 1.5 \times \frac{F}{1.3} = 27.0 \text{ kN/cm}^2 \quad 不可$$

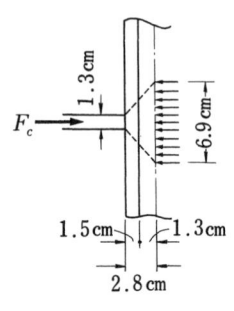

図 9.33

したがって，ダイアフラムを設けて補強する必要がある．

5）ダイアフラムの算定

集中力 F_c を安全側に梁フランジの許容耐力にとれば，ダイアフラムの所要断面積 A_d は式（9.30）より

$$A_d = A_f - 1.15 t_w (t_b + 2t_0)$$

$$= 20 \times 1.3 - 1.15 \times 1.0 \times (1.3 + 2 \times 2.8) = 18.06 \text{ cm}^2$$

ダイアフラムの大きさを $2\text{PL}-15\times110$（SN 400）とし，図9.34に示すように柱フランジとの溶接を完全溶込み溶接，柱ウェブとの溶接をサイズ $S=10$ mm のすみ肉溶接とする．また，隅部にはスカラップは設けず，すみ切り加工とする．

ダイアフラムの有効幅 b_e は式（9.32）より

$$b_e = B + 2t_c - 2r - t_w$$

$$= 20 + 2 \times 1.5 - 2 \times 1.3 - 1.0 = 19.4 \text{ cm}$$

ダイアフラムの所要厚 t_d は

$$t_d = \frac{A_d}{b_e} = \frac{18.06}{19.4} = 0.93 \text{ cm} < 1.5 \text{ cm} \quad 可$$

ダイアフラムに作用する応力

$$P_d = A_d \cdot f_t = 18.06 \times 23.5 = 424 \text{ kN}$$

図 9.34

（1）溶接部の検定

　a）ダイアフラムと柱フランジの溶接の検定

　　完全溶込み溶接としたので検定は省略する．

　b）ダイアフラムと柱ウェブの溶接の検定

　　サイズ $S=10$ mm のすみ肉溶接であるから，有効のど厚 a は

　　$a = 0.7S = 0.7 \times 1.0 = 0.70$ cm

　有効長さ（1ビートにつき）

　　$l = 30 - 2 \times 1.5 - 2 \times 1.3 - 2 \times 1.0 = 22.4$ cm

　溶接の耐力

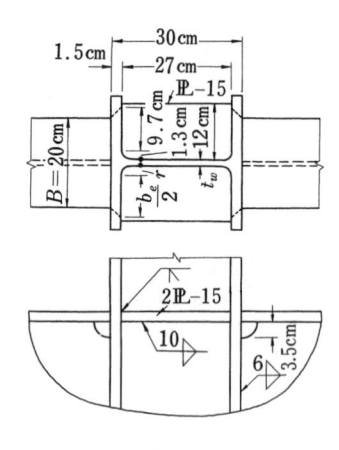

$$\frac{1}{2}\sum al \cdot f_w = \frac{1}{2} \times 4 \times 0.70 \times 22.4 \times 13.56$$
$$= 425 \text{ kN} > P_d = 424 \text{ kN} \qquad 可$$

6) パネルゾーンの検定

式 (9.36) により検定を行う

$$\frac{_bM_1 + {_bM_2}}{2h_b h_c t_w} = \frac{3000 + 15000}{2 \times 38.7 \times 28.5 \times 1.0} = 8.16 \text{ kN/cm}^2 < f_s = 9.04 \text{ kN/cm}^2 \qquad 可$$

したがって,パネル部を補強する必要はない.

7) 保有耐力接合としての検討

接合部の最大曲げ強さは,はり材端部において

母材に対して

$$M_{u1} = A_f \cdot \sigma_u \cdot h + \frac{1}{4} A_w \cdot \sigma_u \cdot h_w = 20 \times 1.3 \times 40 \times 38.7$$
$$+ \frac{1}{4} \times 0.8 \times 30.4 \times 40 \times 30.4 = 476 \text{ kN} \cdot \text{m}$$

溶接部に対して

$$M_{u2} = A_f \cdot \sigma_u \cdot h + \frac{1}{4} \cdot 2a \cdot l \cdot \sigma_u / \sqrt{3} \cdot l = 20 \times 1.3 \times 40 \times 38.7$$
$$+ \frac{1}{4} \times 2 \times 0.7 \times 0.6 \times 29.2 \times 40/\sqrt{3} \times 29.2 = 444 \text{ kN} \cdot \text{m} < M_{u1}$$

梁材の全塑性モーメント M_p は $M_{px} = 308 \text{ kN} \cdot \text{m}$(付表 3.6)であるから式(9.55)より

$$M_u = 444 \text{ kN} \cdot \text{m} > 1.3 M_p = 1.3 \times 308 = 400 \text{ kN} \cdot \text{m} \qquad 可$$

また,ダイアフラムの断面積および板厚は

$$A_d = 1.5 \times 11 \times 2 = 33.0 \text{ cm}^2 > A_f = 20 \times 1.3 = 26.0 \text{ cm}^2 \qquad 可$$
$$t_d = 1.5 \text{ cm} > t_b = 1.3 \text{ cm}$$

となり,保有耐力接合の条件を満足している.

なお,接合部の最大せん断強さについては省略する.

第10章 ト ラ ス

10.1 概　　　説

　トラスは直線材により一つの構面が3角形をなすようにして組み立てられ，節点がピン接合で結合された構造で，おもに木構造や鋼構造の骨組に用いられる．いま荷重はすべて節点に作用するものとして部材応力を計算すれば，トラス部材には引張りまたは圧縮の軸方向力だけが生ずることになる．したがって，トラスの各部材は引張り力または圧縮力だけを受けるものとして断面算定を行えばよい．

　しかし，部材の節点（接合部）は普通これをピンとみなして取り扱うが，実際の設計においては完全なピン接合ではなく，ある程度の固定度のある接合方法が多くとられているので，部材には曲げモーメントや，せん断力などの応力が加わることになる．通常これらの2次応力は比較的小さいので無視しても差し支えないが，大規模な構造材で節点が溶接その他の方法により剛接合されている場合には，無視できなくなるので2次応力に対しても十分検討する必要がある．また母屋や胴縁が節点間に配されている場合のトラスの合掌材やラチス柱の主材などは，途中荷重が作用することになるので，曲げモーメントを同時に受けるものとして断面算定を行わなければならない．

　トラス構造の架構については建築構法などの図書にその例が示されている．一般にトラスを構成する部材には，形鋼，鋼管，平鋼などの鋼材が使用される．これらは強度，剛性，または施工性，経済性などを考慮して，単一材として用いる場合と，組立て材として用いる場合とがある．とくに簡単な平面トラスの場合などには多く山形鋼が用いられる．

　トラスの応力算定にあたり，まず建物に作用する荷重および外力がどのようにして基礎へ伝達されるか，その力の流れについて知る必要がある．またこれによってトラスにはどのくらいの部材応力が生ずるかを計算する必要がある．しかしこれらは構造力学にゆだねるとして，その解法については省略する．

　トラスの設計は各部材に作用する応力を求め，これに対して第3章，第4章，第5章，第6章により断面算定を行えばよいが，トラスの節点（接合部）における安全性の確認ならびに剛性，たわみなどについても検討する必要がある．

　以下に主としてトラスの接合部の取り扱いについて述べることにする．

10.2 トラスの接合部

10.2.1 接合部の構成およびボルトの算定

トラスの節点は通常ピンとして取り扱うから，接合部においてはトラスの基準線と各部材の重心線とを一致させ，かつ一点で会するようにしなければならない．しかし，山形鋼をボルト接合により組み立てられたトラスでは，ボルトはゲージ線上に取り付けられるため，部材重心線と接合ボルトの中心線とは一致しない．したがって，トラス基準線と部材重心線およびボルト中心線の3者を一致させることは不可能である．このような場合はトラス基準線と重心線を一致させる方法（図10.1）を採るか，またはトラス基準線とボルトの中心線を一致させる方法（図10.2）を採るかということになる．

一般に山形鋼を用いたトラスでは図10.2に示す方法が多く採られている．いずれにしても応力はボルトよりガセットプレートを介して伝達されるわけであるから，偏心による付加モーメントは避けられない．とくに図10.2に示す場合は節点において部材重心線が一点に会さないので $M = (N_1 - N_4) \cdot e_1$ という付加モーメントが存在することになる．この場合のモーメントは集結部材の各剛度に比例して分担するものとして取り扱えばよい．しかし，通常の場合この付加モーメントはそれほど大きくないので，その影響を無視しても差し支えないが，大きな荷重が作用するトラスに対しては付加モーメントを考慮して検定しなければならない．また接合にあたりボルトが1本の場合は偏心その他悪影響を起こさせるので，部材の応力が小さい場合でも2本以上のボ

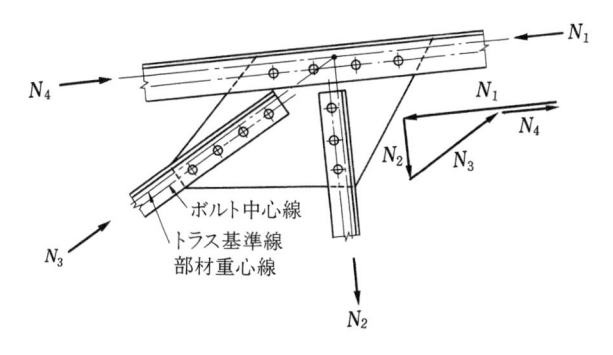

図 10.1 山形鋼のトラスの例1

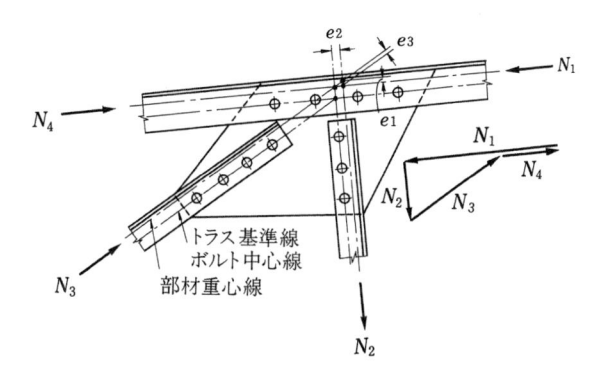

図 10.2 山形鋼のトラスの例2

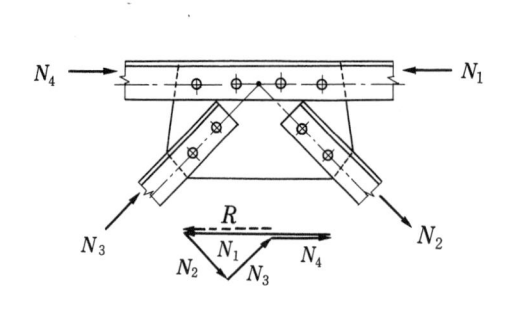

図 10.3 トラスの伝達応力

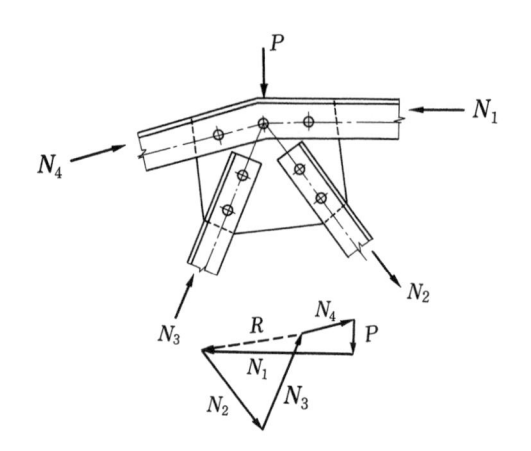

図 10.4 荷重が作用する節点の力のつり合い

ルトで接合する必要がある．

接合に要するボルトの本数は付加モーメントの影響がないものとすれば，部材間の伝達応力は軸方向力 N だけであるから式（7.25）により求めればよい．ただし，この場合わずかな付加モーメントは避けられないので，余裕をもたせる必要があろう．付加モーメントを考慮する場合には，軸力とモーメントを同時に受けるものとして式（7.32）より求める．また，たとえ部材応力が小さくとも接合部にはある程度の剛性，強度をもたせ，偏心や変形または多少の応力の変動に対しても安全であるように設計することが望ましい．鋼構造設計規準では，トラスの接合部は部材の許容耐力の 1/2 以下の耐力であってはならないと規定している．

トラスの弦材などの通し材に要する接合ボルトの本数は，通し材とガセットプレート間の伝達応力に対して算定すればよい．伝達応力 R の大きさは，たとえば図10.3に示す場合は $R=N_1-N_4$ として求められるが，図10.4に示すような通し材が節点で折れ曲がり，かつ集中荷重が作用している場合などは，示力図を描いて R を求めればよい．

トラスの合掌尻において図10.5に示すような偏心が生ずる場合，下部構造は偏心によるモーメントを受けるものとして取り扱わなければならない．いずれにしても，トラスの節点はできるだけ偏心を避けるような配慮が必要である．

10.2.2 ガセットプレートの検定

ガセットプレートは節点に集結する部材間の応力を十分伝達し得るように設計する．しかし，ガセットプレートにおける応力状態を厳密に解析することは困難である．したがって，ガセットプレートの検定は接合部の構成やガセットプレートの大きさなどにより，以下に述べる方法が実用的に用いられている．

すなわち，図10.6に示すような接合部においては，部材からガセットプレートへ伝わる応力はガセットプレートの外周に近いボルトよりゲージ線に対して 30° の広がりをもって伝達されるものとみなし，最も内側のボルトの位置において断面算定を行う．ただし，ガセットプレートに作用する応力は，部材重心線とボルト中心線との偏心による付加応力を考慮する必要がある．したがってつぎの式により応力の検定を行う．

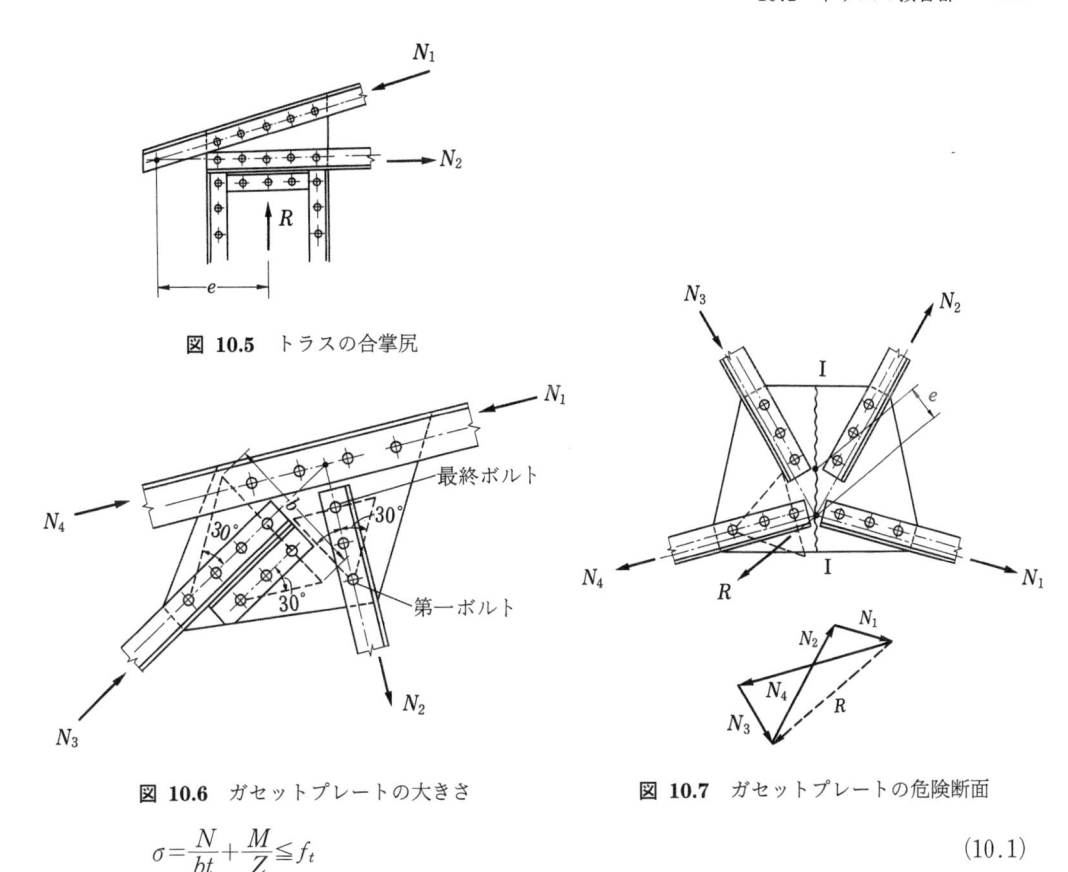

図 10.5 トラスの合掌尻

図 10.6 ガセットプレートの大きさ

図 10.7 ガセットプレートの危険断面

$$\sigma = \frac{N}{bt} + \frac{M}{Z} \leq f_t \tag{10.1}$$

ただし N：部材応力，b：最終ボルトの位置での作用幅，t：ガセットプレートの板厚，Z：作用幅に対する断面係数，$Z = tb^2/6$，M：偏心付加モーメント，f_t：許容引張り応力度．

しかし，図 10.7 に示すような 30°の広がりをもった区域が，ガセットプレートの外に出てしまうような場合には，ガセットプレートの最も危険と思われる位置（I-I）を想定し，この断面が N_1，N_2 または N_3，N_4 の合力 R を受ける偏心材として式（10.1）により検定する．

ガセットプレート内で弦材を継ぐ場合は，ガセットプレートに継手の役割をさせてはならず，継手部に形鋼などを配して弦材を完全に添継ぎとし，弦材の応力はすべて継手部で処理しなければならない．なお，弦材の一部だけに継手板などを用いて接合するような場合には，図 10.7 に示した方法に準じてガセットプレートの検定を行う必要がある．

10.2.3 溶接による接合部

図 10.8 はトラスの節点を溶接接合により結合した場合で，ボルト接合にはない自由な節点構成が可能となる．またトラスの基準線と部材の重心線を一致させ，かつ部材の重心線と溶接部の中心線を一致させることにより偏心を避けることができる．

しかし，節点が溶接により剛に接合されているため，曲げモーメントやせん断力を起こさせることになる．したがって，これらの 2 次応力に対して十分安全であるように設計しなければならない．また，応力集中や局部変形が起こりやすいので，この点についても十分注意する必要がある．

図 10.8 溶接接合のトラス節点

図 10.9 鋼管トラスの節点

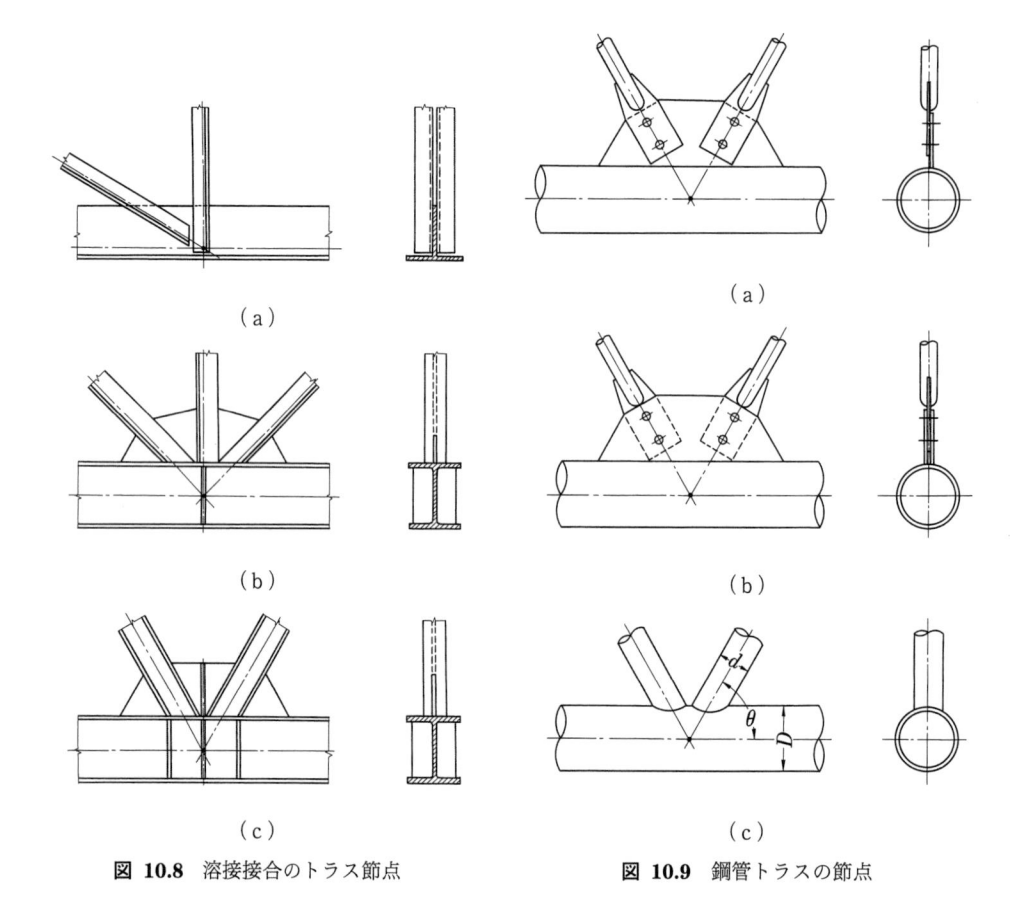

10.2.4 鋼管トラスの接合部

鋼管は他の鋼材に比較して，2方向曲げ，捩れ剛性などの点で優れており，とくに剛接鋼管トラスでは山形鋼のトラスにくらべて捩れ抵抗が大きく，かつ接合部においてトラスの基準線と部材の重心線を一致させ，一点に会することができるので，偏心による付加応力を避けることが可能である．またガセットプレートが省略できるのも一つの利点である．一般に鋼管トラスは建築構造物において大スパンの屋根架構によく用いられる．

図10.9に鋼管トラスの節点の例を示す．図 (a)，(b) はガセットプレートを用いてボルト接合により結合した場合の例である．ただし，図 (a) は偏心接合となるので軽微な構造体以外は使用しないほうがよい．図 (c) は主管と支管を直接溶接により接合した場合の例で最も多く用いられる．このような鋼管の分岐継手の設計において，いちばん問題になるのは局部変形である．したがって，接合部の構成にあたっては局部変形が起こりにくい接合形式を採るか，またはリブなどを設けて補強する必要がある．

図10.9 (a)，(b) の接合部の設計は先に述べたボルト接合に準じて，ボルトの所要本数およびガセットプレートの検定を行えばよいが，主管とガセットプレートの接合において，支管の応力がガセットプレートより主管の管壁に集中して加わるので，主管に局部変形を起こすおそれがある．よってこのような場合はガセットプレートと主管の間に補強リブを設ける必要がある．図 (c) に示すような主管の表面に支管を直接突き付けて溶接接合する場合は，設計にあたり溶接継

目の検定のほかに
- （ⅰ） 主管と支管の両軸が交わるようにする．
- （ⅱ） 支管の厚さは主管の厚さより小さくする．
- （ⅲ） 支管の外径は主管の外径の 1/4 以上にする．
- （ⅳ） 支管と主管の交角 θ は 30° 以上とする．
- （ⅴ） 溶接を完全にするため，自動鋼管切断機を用いて開先加工を行う．

などの配慮が必要である．

10.3 トラスの圧縮部材の座屈長さ

トラスの圧縮部材の算定にあたっては，構面内座屈と構面外座屈の両方について検討を行う必要がある．したがって，座屈長さもそれぞれの支持条件に対して求めることになるが，精算によらない場合は 10.3.1，10.3.2 項のようにとればよい．

10.3.1 トラスの弦材

弦材の座屈長さは，構面内座屈に対して図 10.10(a) に示すように節点間の距離をとり，構面外座屈に対しては図 10.10(b) に示すように，つなぎ梁などで横方向の移動が拘束されている支点間の距離をとればよい．ただし，図 10.11 に示すように弦材の横方向支持点間の中央部にウェブ材が配され，材の両半分が異なった大きさの圧縮力を受ける場合の構面外の座屈長さは，大きいほうの圧縮力に対して次式により求める．

$$l_k = l\left(0.75 + 0.25\frac{N_2}{N_1}\right) \quad \text{かつ}, \quad l_k \geq 0.5l \tag{10.2}$$

ただし　l：横方向支点間距離，N_1：大きいほうの圧縮力の大きさ，N_2：小さいほうの圧縮力の大きさ．

もし，一方が引張りである場合は，N_2 を引張り力の大きさとし負符号をつける．

また，図 10.12 に示すように，いくつかのウェブ材により段階的に圧縮力が変化する場合には，略算法として点線で示すように連続的に軸力が変化するものとみなして，図 10.13 に示すような圧縮力を受ける圧縮材として取り扱うことができる．

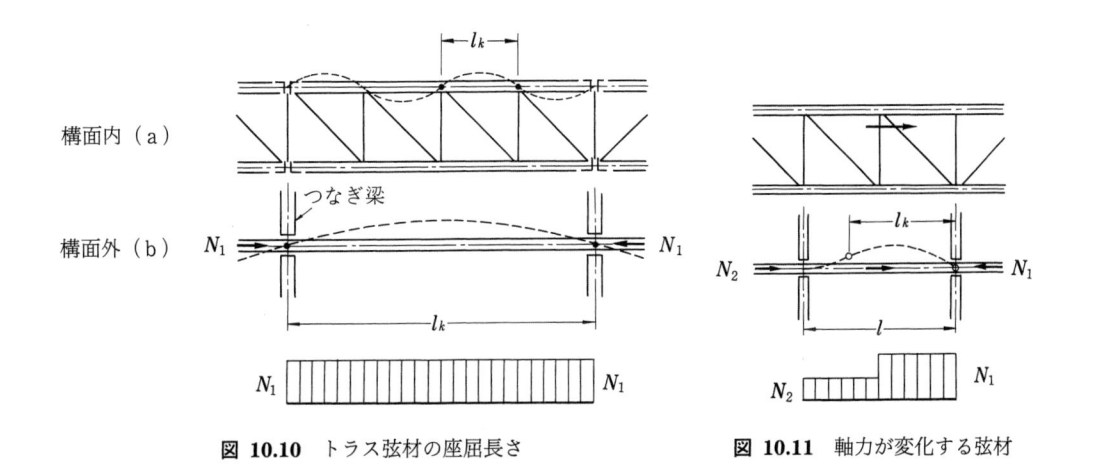

図 10.10 トラス弦材の座屈長さ　　**図 10.11** 軸力が変化する弦材

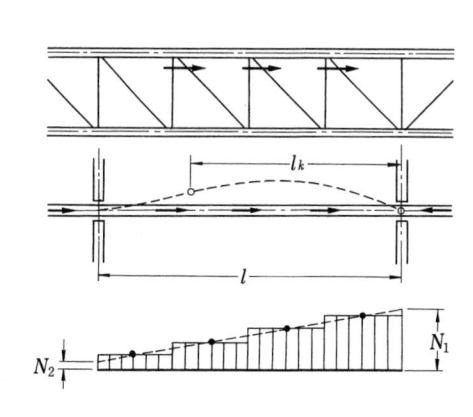

図 10.12 軸力が段階的に変化する弦材

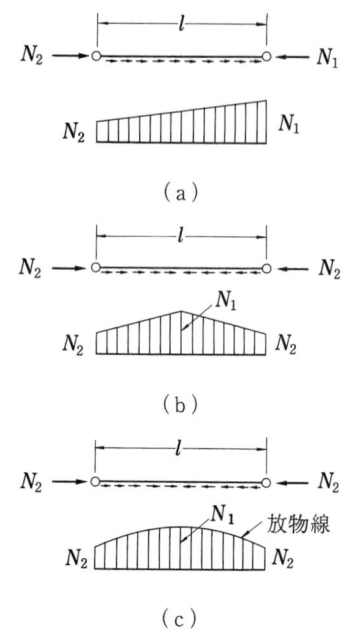

図 10.13 軸力が連続的に変化する弦材

図 10.13(a) の場合

$$l_k = l\sqrt{\frac{1+0.88\cdot\frac{N_2}{N_1}}{1.88}} \qquad \text{かつ,} \qquad l_k \geq 0.66l \tag{10.3}$$

図 10.13(b) の場合

$$l_k = l\sqrt{\frac{1+2.18\cdot\frac{N_2}{N_1}}{3.18}} \qquad \text{かつ,} \qquad l_k \geq 0.42l \tag{10.4}$$

図 10.13(c) の場合

$$l_k = l\sqrt{\frac{1+1.09\cdot\frac{N_2}{N_1}}{2.09}} \qquad \text{かつ,} \qquad l_k \geq 0.62l \tag{10.5}$$

ただし,圧縮力は最大値 N_1 を用い,N_2 が引張りの場合は負符号をつける.

10.3.2 トラスの腹材

腹材については,構面内座屈および構面外座屈ともそれぞれその節点間の距離をもって座屈長さとする.ただし,図 10.14 に示すような両端が剛接と考えられる構面内座屈においては,接合ボルト群または溶接部の重心間距離をもって座屈長さとすることができる.

腹材が単一山形鋼からなり,一方の脚だけがガセットプレートなどに接合されている場合には,偏心の影響を考慮して両方向の座屈に対して節点間距離を座屈長さにとる.ただし,この場合1本のボルトで材端を接合するときは,偏心によりいちじるしく耐力が低下するので,材の許容応力度を 1/2 に低減する必要がある.また,腹材や筋違などで,図 10.15 に示すように中央で部材が交差する場合の圧縮材の構面外座屈に対する座屈長さは,つぎの式で求められる.

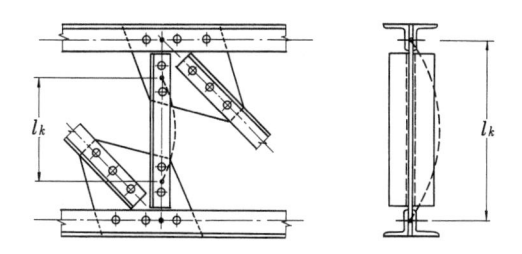

図 10.14 剛接されたトラス部材

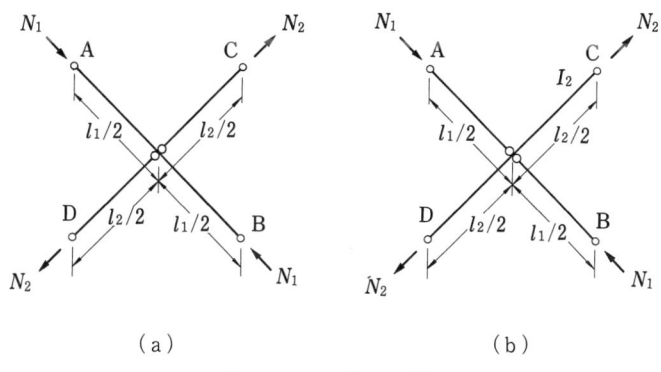

図 10.15 交差する部材

図 10.15(a) の場合

$$l_k = l_1\sqrt{1 - 0.75\frac{N_2 l_1}{N_1 l_2}} \quad \text{かつ}, \quad l_k \geqq 0.5 l_1 \tag{10.6}$$

図 10.15(b) の場合

$$l_k = l_1\sqrt{1 - \frac{N_2 l_1}{N_1 l_2}\left(0.75 + \frac{\pi^2 E I_2}{l_2^2 N_2}\right)} \quad \text{かつ}, \quad l_k \geqq 0.5 l_1 \tag{10.7}$$

演 習 例 題 10

[10.1] 図 10.16 に示すような,長期応力を受けるトラスの節点について検討せよ.ただし,使用鋼材は SS 400 とする.

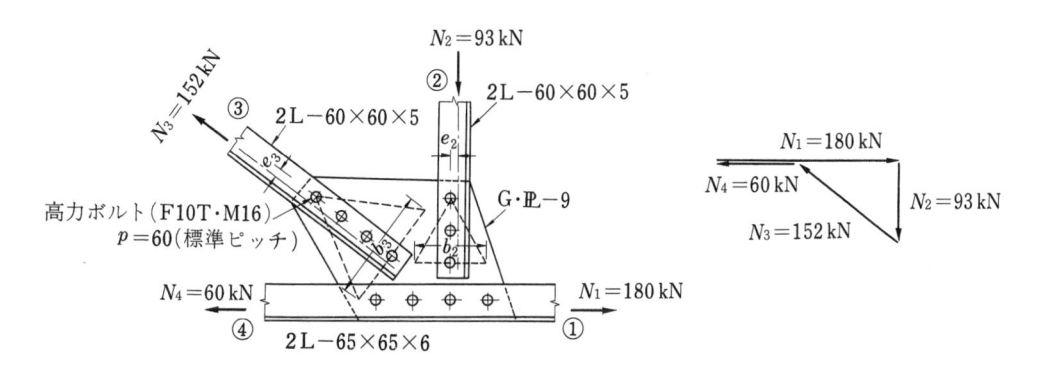

図 10.16

〔答〕
ガセットプレートの検定は，部材応力が図 10.16 に示すような部材方向の両側に 30°の方向でくさび形に広がった区域に伝達されるものとする．

1) 部材 ② について

(1) トラス材の算定　2L－60×60×5（SS 400）

　　断面積および重心　$A=5.802\ \text{cm}^2$, $C_x=1.66\ \text{cm}$

部材長さが与えられていないので，断面算定は省略．

(2) 高力ボルトの検定

　　高力ボルト　F 10 T・M 16 の許容せん断力　$R=60.3\ \text{kN}$（2 面摩擦）

$$\frac{1}{2}（母材の許容耐力）=\frac{1}{2}\times 5.802\times 2\times 15.6=90.5\ \text{kN}<N_2=93\ \text{kN}$$

よって，部材応力で算定する．

　　高力ボルトの所要本数　　$n=\dfrac{N_2}{R}=\dfrac{93}{60.3}=1.6<3$ 本　　　　　　　　　　　可

(3) ガセットプレートの検定　　PL－9（SS 400）

　　作用幅 b_2 および偏心距離 e_2 は

$$b_2=\frac{2\times 6}{\sqrt{3}}\times 2=13.9\ \text{cm},\quad e_2=3.5-1.66=1.84\ \text{cm}$$

これより

$$A=0.9\times 13.9=12.51\ \text{cm}^2,\quad Z=\frac{0.9\times 13.9^2}{6}=29.0\ \text{cm}^3$$

$$M_2=e_2\cdot N_2=1.84\times 93=171\ \text{kN}\cdot\text{cm}$$

よって，式 (10.1) より

$$\frac{N_2}{A}+\frac{M_2}{Z}=\frac{93}{12.51}+\frac{171}{29.0}=13.3\ \text{kN/cm}^2<f_t=15.6\ \text{kN/cm}^2\qquad 可$$

2) 部材 ③ について

(1) トラス材の算定　2L－60×60×5（SS 400）

　　断面積および重心　$A=5.802\ \text{cm}^2$, $C_x=1.66\ \text{cm}$

　　有効断面積　$A_n=5.802-0.5\times 1.8=4.902\ \text{cm}^2$

　　断面算定　　$\sigma_t=\dfrac{N_3}{2A_n}=\dfrac{152}{2\times 4.902}=15.5\ \text{kN/cm}^2<f_t=15.6\ \text{kN/cm}^2$　　可

(2) 高力ボルトの検定

　　高力ボルト　F 10 T・M 16 の許容せん断力　$R=60.3\ \text{kN}$（2 面摩擦）

$$\frac{1}{2}（母材の許容耐力）=\frac{1}{2}\times 5.802\times 2\times 15.6=90.5\ \text{kN}<N_3=152\ \text{kN}$$

よって，部材応力で算定する．

　　高力ボルトの所要本数　　$n=\dfrac{N_3}{R}=\dfrac{152}{60.3}=2.5<4$ 本　　　　　　　　　　　可

(3) ガセットプレートの検定　　PL－9

　　作用幅 b_3 および偏心距離 e_3 は

$$b_3=\frac{3\times 6}{\sqrt{3}}\times 2=20.8\ \text{cm},\quad e_3=3.5-1.66=1.84\ \text{cm}$$

これより

$$A_n=0.9\times (20.8-1.8)=17.10\ \text{cm}^2,\quad Z_n\fallingdotseq Z=\frac{0.9\times 20.8^2}{6}=64.9\ \text{cm}^3$$

$$M_3=e_3\cdot N_3=1.84\times 152=280\ \text{kN}\cdot\text{cm}$$

よって，式（10.1）より

$$\frac{N_3}{A_n}+\frac{M_3}{Z_n}=\frac{152}{17.10}+\frac{280}{64.9}=13.2 \text{ kN/cm}^2<f_t=15.6 \text{ kN/cm}^2 \qquad 可$$

3) 部材①，④について

（1）トラス材の算定　2L－65×65×6（SS 400）

断面積および有効断面積

$$A=7.527 \text{ cm}^2, \quad A_n=7.527-0.6\times1.8=6.447 \text{ cm}^2$$

断面算定　　　$\sigma_t=\dfrac{N_1}{2A_n}=\dfrac{180}{2\times6.447}=14.0 \text{ kN/cm}^2<f_t=15.6 \text{ kN/cm}^2$ 　　可

（2）高力ボルトの検定

高力ボルト　F 10 T・M 16 の許容せん断耐力　$R=60.3$ kN（2面摩擦）

$$\frac{1}{2}(母材の許容耐力)=\frac{1}{2}\times7.527\times2\times15.6=117 \text{ kN}<N_1-N_4=120 \text{ kN}$$

したがって，部材応力 N_1-N_4 で算定する．

高力ボルトの所要本数　　$n=\dfrac{N_1-N_4}{R}=\dfrac{120}{60.3}=2.0<4$ 本 　　可

（3）ガセットプレートの検定

①，④材は通し材であるから，ガセットプレートに対する検定は必要ない．

第11章　構造設計の方法

11.1 許容応力度設計法と限界状態設計法

構造物を設計する際には，その構造物が耐用年限中に受けるであろう外力・荷重に対して，使用予定の部材や接合部の性能で十分安全が確保できるか，建物に期待されている機能が発揮できるかを考えなければならない．安全性，機能性を検討する方法としては，つぎの二つに大別される．

11.1.1 許容応力度設計法

許容応力度設計法では，最大級の外力・荷重を作用する荷重と考え，それに対する構造物の各部に生ずる応力，変形を弾性解析によって求める．この部材応力が別に定めた許容応力度以下であるよう部材断面を定める．また変形も過度のものにならないよう検討する．許容応力度は実際の材料強度より低く抑えられている．

日本建築学会の「鋼構造設計規準」は許容応力度設計法の体系で構成されている．なお，作用荷重の値は建築基準法施行令にその最低値が与えられているので，通常の設計ではそれが用いられている．

11.1.2 限界状態設計法

構造物または部材が降伏や破壊などによってその機能を果たさなくなるなど，あらかじめ定めた設計目的を満足しなくなる状態はいろいろ考えられる．それらを限界状態として明確に定義しておいて，その状態以下になるよう部材断面，接合部を定める設計法を限界状態設計法という．限界状態は通常，つぎの二つのグループに分けられる．

（1） 終局限界状態

転倒，主要部材の破断，骨組崩壊状態の形成，さまざまな座屈現象による不安定状態，疲労，塑性化やクリープに起因する大変形など．

（2） 使用限界状態

過度の変形，過度の振動，腐食，部分的な破損など．

しかし，実際の問題として，これらの限界状態を明確に定義し，それを定量的に表現することは困難な場合が多い．そこで現実的な方法として，荷重や材料強度の規定値に安全係数を掛けることにし，その係数に大小の差をつけて限界状態を区別する方法が採られている．

雪荷重，風圧力，地震力など自然現象に起因する荷重・外力はもちろんのこと，固定荷重，積載荷重など人為的な荷重も本来，法令に定められているような確定値ではない．必ず，ばらつきがある．また，材料強度にもばらつきがあるし，さらには，構造解析など設計行為にも精粗があ

る．そこで，このようなばらつきを積極的に評価し，確率統計論的に荷重・外力の大きさや構造物の強度を定めようとする方法が提案されている．

11.2 荷重および外力

　構造計算を始めるには，まずその構造物が耐用年限中に受けるであろう荷重・外力を想定しなければならない．荷重・外力には，固定荷重，積載荷重，積雪荷重，風圧力，地震力のほか，土圧，水圧，設置されている機械設備の振動，衝撃力などの外力がある．これらの荷重・外力の値を実際に正しく設定することは非常にむずかしい問題である．

　第1に構造物に作用する荷重・外力は多種多様，複雑であって，それを正確に表現することは不可能であること，第2に設計する立場からいえば，荷重・外力はできるだけ簡潔な表現でなければならないこと，第3には，そのような荷重・外力に対して，どのような構造解析を行い，どんな判定基準で安全性を確かめるかが関連してくるからである．

　そこで，通常は，いろいろな経験をふまえて建築基準法施行令に制定された荷重・外力の値を用いて構造計算を行っている．このほか，日本建築学会でも，建築物荷重指針1993を刊行し，設計者の参考に供している．しかし，内容は必ずしも建築基準法施行令と一致しないから，実際設計においては注意する必要がある．以下，各荷重・外力について簡単に説明しよう．

11.2.1　固定荷重
　建物各部の自重で，死荷重ともいう．計算の際は，まず仮定した寸法に基づき，各部の重量を算出する．したがって，設計が終了した段階で，最初に仮定した寸法と最終決定の寸法がいちじるしく異なっていないかを確かめる必要がある．おもな各部重量は，建築基準法施行令第84条や日本建築学会の荷重指針に示されているので参照されたい．

11.2.2　積載荷重
　建物が使用される段階で作用する荷重で，人，機械器具，物品などの重量が考えられる．したがって，建物の各部屋の使用状況によって重量を計算すべきであるが，実際には使用状況を正確に予測することは困難である．

　そこで，部屋の種類別積載荷重値が，施行令第85条に示されているので，実際設計においてよく利用される（表11.1参照）．この表の特徴は，重量の偏在や，集中度，作用の頻度などを考慮して，床の計算用，柱・梁・基礎の計算用，地震力の計算用として，それぞれ別な値を与えていることである．

11.2.3　積雪荷重
　積雪荷重は，積雪の単位重量に屋根の水平投影面積および垂直最深積雪量を掛けて求める．単位重量は施行令第86条では垂直最深積雪量1mを基準として，積雪量1cmあたり$20\,\text{N/m}^2$と定め，多雪地域ではこれと異なる決め方をしている．雪の重量は，降ったばかりのものと，多雪地域のように根雪となって何か月も残っているものとではたいへんな違いがあり，日本建築学会の荷重基準では，この点を考慮して，地上積雪深さによって単位重量を変えている．施行令では上記の積雪荷重のてい減率を下記のようにいろいろ与えている．

（ⅰ）屋根勾配によるてい減率
（ⅱ）常時荷重（長期間作用する荷重），風圧力や地震力と同時に作用するときの荷重（短期

表 11.1　室の種類別の積載荷重 [N/m²]

室の種類		構造計算の対象	(い) 床の構造計算をする場合	(ろ) 大梁，柱または基礎の構造計算をする場合	(は) 地震力を計算する場合
(一)	住宅の居室，住宅以外の建築物における寝室または病室		1800	1300	600
(二)	事務室		2900	1800	800
(三)	教室		2300	2100	1100
(四)	百貨店または店舗の売り場		2900	2400	1300
(五)	劇場，映画館，演芸場，観覧場，公会堂，集会場その他これらに類する用途に供する建築物の客席または集会室	固定席の場合	2900	2600	1600
		その他の場合	3500	3200	2100
(六)	自動車車庫および自動車通路		5400	3900	2000
(七)	廊下，玄関または階段		略		
(八)	屋上広場またはバルコニー		(一)の数値による．ただし，学校または百貨店の用途に供する建物にあっては，(四)の数値による．		

間作用する荷重）のてい減率（それぞれ 70% および 35%）

　(iii)　垂直最深積雪量の限度

　雪下ろしの習慣がある地域において最深積雪量を 1 m とすることができる．しかし，雪は均等に降ることはなく，建物の形によって吹きだまりが生じたり，日射や暖房の条件によって積もり方が偏ってくるので部分的な集中荷重，偏在荷重となりやすく，十分注意する必要がある．

11.2.4　風　圧　力

　風圧力 p は，つぎの式で計算される．

$$p = C_f q \tag{11.1}$$

ここで，q は速度圧とよばれ，施行令第 87 条ではつぎの式で計算することになっている．

$$q = 0.6 E V_0^2 \tag{11.2}$$

　ただし　q：[N/m²]，E：風速に影響を与えるものの状況に応じて国土交通大臣が定める方法により算出した数値，V_0：30 m/秒から 46 m/秒の範囲において国土交通大臣が定める風速，C_f：風力係数

　風力係数 C_f は建物の形状によって各部における C_f の値が異なり，施行令で示されている．もともと，風の強さは，建物の建設される地方や立地条件によって非常に異なるものであるから，施行令でも過去に台風などの風による被害も少なく，大風の吹くおそれのない地方では速度圧の値を小さくしてもよいことにしたり，建物周辺の状況に応じて，てい減率を与えている．

　風力係数は，本来風洞実験によって定めるべきものであるが，それによらない場合の値を施行令で示してある．なお，この風力係数は建物各部の平均値的な分布を示しているから，局部的な風圧によって影響を受ける部分については別な注意が必要である．

11.2.5 地 震 力

地震時には地盤が振動し，それに伴って上部の建物が振動する．振動すると建物の各部には，その質量に比例した慣性力が作用し，この慣性力が大きくなると建物を破損させる要因となる．したがって，できるだけ慣性力が大きくならないよう，また，その慣性力に耐えるよう部材や接合部を決定することが耐震設計である．

厳密な耐震設計を行うには，建物の振動解析を行って，地震時に建物の各部分がどのような動きをするか，あるいは，どの程度の力が作用するかを確かめる必要がある．現に高層建築物は振動解析をもとにして設計されている．しかし，これはかなりめんどうな作業であるので，中低層の建物を設計する場合には地震によって振動中に発生する変形の最大値を想定し，同じ変形を生じさせる仮想の水平力を地震力と定義する．そしてこの地震力に対する安全性を確保する設計を行っている．

建物の地上部分に作用する地震力は，その部分が支える固定荷重と積載荷重の和（多雪地域では雪荷重も加える）に，次式で与えられる地震層せん断力係数 C_i を乗じて計算される層せん断力として与える．

$$C_i = ZR_t A_i C_o \tag{11.3}$$

上式中，Z は地域によって定められる数値（$1.0\sim0.7$）で，過去の震害や地震の活動度に応じて告示で規定されている（国土交通省告示1793号）．R_t は建築物の振動と地盤の性状に関わる数値で，建築物の固有周期と地盤の種類によって上記告示で与えられる式から計算される．A_i は地震層せん断力係数の高さ方向の分布を与えるもので，同じく告示に計算式が与えられている．C_o は標準せん断力係数とよばれ，0.2以上と規定されている．地下部分の地震力の算出は地下部分の固定荷重と積載荷重の和に次式の水平震度を乗じる．

$$k = \geq 0.1\left(1-\frac{H}{40}\right)Z \tag{11.4}$$

上式中，H は地下部分各部の地盤面からの深さで，$H \leq 20$ m とする．小規模の建築物[1]や31 m 以下の建物のうち構造計算上の特別な規定（偏心率，剛性率の制限など）[2]を満足する場合には，

---

[1] 国土交通省告示第1790号には，保有水平耐力の検討を要しない小規模な鉄骨造建物の条件として，つぎの項目があげられている．
  ⅰ） 地階を除く階数が3以下であるもの
  ⅱ） 高さが13 m 以下で，軒高が9 m 以下のもの
  ⅲ） スパンが6 m 以下のもの
  ⅳ） 延べ面積が500 m² 以内のもの
  ⅴ） 式 (11.3) の C_o を0.3として計算した地震力によって安全が確かめられたもの
  ⅵ） 水平力を負担する軸組筋違の軸部が降伏するとき，筋違端部や接合部が破断しないことを確かめられたもの

[2] 施行令第82条の6には，剛性率 R_s と偏心率 R_e に関する制限値が定められている．
  $R_s = r_s/\bar{r}_s \geq 0.6$
  ただし R_s：各階の剛性率，r_s：各階層間変形角の逆数，$\bar{r}_s$：r_s の相加平均
  $R_e = e/r_e \leq 0.15$
  ただし R_e：各階の偏心率，e：各階の荷重重心と剛心との距離の成分，r_e：各階の剛心周りのねじり剛性を水平剛性で除した値

このほか，同条およびこれに関する告示，国土交通省告示第1791号等には，筋違設計上の規定や耐力の急激な低下を起こさないような局部座屈に関する規定がある．

式 (11.3), (11.4) で計算された地震力によって生ずる建物各部の応力が, あとで説明する許容応力度以下になるよう確かめるだけでよい.

一方, 上記特別な規定 (173 ページの脚注を参照のこと) を満足しない場合には,「保有水平耐力」の検討をしなければならない. 具体的には, 施行令で定められている必要保有水平耐力が建物の保有水平耐力以下であることを確かめなければならない. 各階の必要保有水平耐力 Q_{un} は次式で与えられる.

$$Q_{un} = D_s F_{es} Q_{ud} \tag{11.5}$$

上式中, Q_{ud} は地震力によって各階に生ずる層せん断力で, 式 (11.3) の C_i にその階が支えている全重量を乗じて求められる. そのとき, 同式中の C_0 は 1.0 としなければならない.

F_{es} は各階の形状特性によって与えられる数値であって, 各階の水平方向の剛性の中心 (剛心) と水平力の作用位置 (重心) とが一致せず, その値が大きい場合や, ほかの階に比べて水平方向の剛性の値が小さいときには F_{es} の数値は大きくとらねばならない. D_s は各階の構造の特性, すなわち, 振動に対する靭性によって定められる数値で, これについて若干の説明をする. この耐震規定の基礎となる考え方は, "建築物の耐震性能は, その強度と塑性変形量の積に比例する" ということである.

たとえば, 図 11.1 の骨組に静的な加力をし, その力 Q と水平変位量 δ の関係を図示すると図 11.2 が得られたとする. このとき, この骨組の耐震性能は図中の影をほどこした面積に比例すると考えるのである. したがって, もし強度が高ければもちろん耐震性能が高くなるが, たとえ, 強度が低くても十分な塑性変形が期待できれば十分な耐震性能が得られる. したがって, 式 (11.5) 中の D_s 係数値は一般に, 十分な塑性変形能力があり靭性に富んでいる場合には低い値でよいといえる.

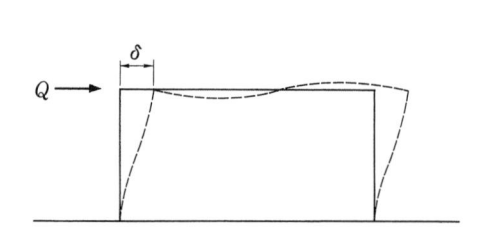

図 11.1 水平力を受けるラーメンの変形

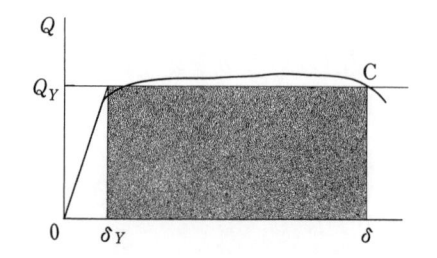

図 11.2 荷重-変形関係

鉄骨造の場合は 0.25〜0.5 の値となる. 鉄骨骨組の耐震性能を決定づけるもの, すなわち, 図 11.2 の点 C における荷重低下の原因になるものは, 部材, 接合部の破断のほか, 部材の局部座屈, 横座屈の発生である. それゆえ, 接合部の強度の十分なもの, 局部座屈の発生を抑止するほど部材断面の幅厚比の小さいものなどが用いられている骨組では小さな D_s 係数値でよい. 具体的な数値についてはあとで説明する.

各階の保有水平耐力は, 上で説明したように求められた各階の "必要保有水平耐力" Q_{un} 以上でなければならない. しかし, 保有水平耐力の定義や算定方法については法令では何ら定められていない. そこで, ここではつぎのように理解したい. 必要保有水平耐力 Q_{un} は骨組を構成する部材の塑性変形能力にしたがって定められる強度であるから, その階の降伏水平力にあたるも

のと考えてよい．

図 11.2 でいえば Q_Y に相当すると考えられる．したがって，保有水平耐力の検討としては，骨組が崩壊するまでにその階の水平力が必要保有水平耐力 Q_{un} を上回っていることを確かめればよいことになる．この確認の具体的な方法はいろいろ考えられる．極端なことをいえば，必要保有水平耐力に相当する外力のもとで建物が弾性範囲にあることがわかればそれでもよいが，通常の設計では極大地震時には必ず建物の一部は弾性限を超えて塑性状態になっている．その場合には，保有水平耐力の検討に極限解析の諸定理が活用される．

この耐力算定は部材の全塑性モーメントの値をもとになされるから，全塑性モーメントの値の算出方法や，このような算定方法の基礎仮定を満足するような接合部の設計法に関する知識，接合継手の最大強さの算定式が必要である．これらの設計手続きは終局限界状態設計法にし，従来の許容応力度設計法とはまったくその基本的な考え方を異にする．くわしくは日本建築学会「限界状態設計指針 1998」を参照されたい．

なお，施行令には変形制限の条項が設けられている．小規模の建築物（173 ページの脚注 1 参照）以外では，式（11.3）によって計算される地震力によって各階に生ずる水平層間変位は，その階高の 1/200 以下にしなければならない（施行令第 82 条の 2 層間変形角）．ただし建築物の部分にいちじるしい損傷が生ずるおそれのない場合は 1/120 以内とすることができる．

11.3 設計応力の組合わせ

前節で説明した，荷重・外力が構造物に作用したときの，各部の応力や変形は，弾性解析の適切な方法で計算できるが，各荷重は単独でだけ作用する場合はまれで，同時に作用する場合が多

表 11.2 荷重の組合わせ

力の種類	荷重および外力について想定する状態	一般の場合	多雪区域における場合	備　考
長期に生ずる力	常時	$G+P$	$G+P$	
	積雪時		$G+P+0.7S$	
短期に生ずる力	積雪時	$G+P+S$	$G+P+S$	
	暴風時	$G+P+W$	$G+P+W$	建築物の転倒，柱の引抜きなどを検討する場合においては，P については，建築物の実況に応じて積載荷重を減らした数値によるものとする．
			$G+P+0.35S+W$	
	地震時	$G+P+K$	$G+P+0.35S+K$	

この表において，G，P，S，W および K は，それぞれつぎの力（軸方向力，曲げモーメント，せん断力などをいう）を表すものとする．

　G：第 84 条に規定する固定荷重によって生ずる力
　P：第 85 条に規定する積載荷重によって生ずる力
　S：第 86 条に規定する積雪荷重によって生ずる力
　W：第 87 条に規定する風圧力によって生ずる力
　K：第 88 条に規定する地震力によって生ずる力

い．そこで，各荷重を組合わせて，応力度，変形を計算し，最も不利な状態を予想して安全性の検討をしなければならない．

この組合わせ方として，建築基準法施行令第 82 条は表 11.2 のように規定している．この表で，「長期に生じる力」（以下，長期応力という）というのは，固定荷重，積載荷重など長期間にわたり常時作用している荷重によって生じている力をいい，多雪区域では，冬期，雪荷重も比較的長い期間作用するのでこれによる応力も「長期応力」としている．

これに対し，風圧力，地震力および一般の場合の雪荷重（降雪量が少なく，すぐに融雪する場合）による応力は，短期間にだけ生じていると考えられるので「短期に生じる力」（以下，短期応力という）といっている．「長期応力」，「短期応力」は，これらの値が実際に出現する度合いは本質的に異なると考えて安全性の検討の際にそれを考慮する必要がある．

11.4 鋼材の種類

われわれが対象とするのは，構造用の鋼材で，そのうち炭素の含有量が重量比で 0.18～0.30％ である軟鋼が主である．これについては，JIS 規格があり，種類，化学成分，機械的性質について規格値が定められている．一般構造用圧延鋼材の規格（JIS G 3101-2015）および溶接構造用圧延鋼材の規格（JIS G 3106-2015）を付表 2.2，2.3 に示してある．

これらの鋼材のうち，使用頻度の高いものは一般構造用では，SS 400 と表記されるもの，溶接構造用では SM 400，SM 490 である．このほか高張力鋼とよばれる高強度の鋼材がある．これらの鋼には，焼入れ，焼もどしのいわゆる調質を行って必要な強度と靭性を与えられた調質鋼と，Si-Mn 系の元素のほか若干の Nb，V を添加してつくられた非調質鋼とがある．

さらに最近では建築用鋼材として SN 400，SN 490 の JIS（JIS G 3136-2012）が制定され付表 2.1 に示してある．そこでは，降伏点の上限値の規定，降伏比の上限値の規定，厚さ方向絞り値の下限値の規定，シャルピー値の下限値の規定があり，塑性設計にも十分耐える鋼材となっている．

鉄骨構造では，一般構造用圧延鋼材，溶接構造用圧延鋼材などを熱間圧延してつくる棒鋼，平鋼，形鋼が主として用いられるが，これらの形状，寸法，重量も JIS に規格化されている．軽微な構造物や，母屋，胴縁など副次的な部分には軽量形鋼が使用される．これは鋼板を常温において成形加工したもので，その性質成分，形状，寸法，重量は JIS G 3350-2017（一般構造用軽量形鋼）によって規格化されている（機械的性質を付表 2.3 に示す）．

断面形が座屈などに有利なため，比較的自重の少ない構造物をつくることができる鋼管も，溶接技術の発達によって使用されているが一般構造用炭素鋼鋼管の規格（JIS G 3444-2015）によって，化学成分，機械的性質，断面性能が規格化されている．このほか，遠心力を利用して鋳造される鋳鋼管がある．リベット，ボルト，高力ボルトなどの綴り材（ファスナー）や溶接棒の品質，形状，寸法なども JIS 規格化されている．

11.5 形 鋼

形鋼には，熱間圧延形鋼と軽量形鋼がある．前者には，図 1.7 に示すように，等辺山形鋼，不等辺山形鋼，みぞ形鋼，I 形鋼，H 形鋼，CT 形鋼，T 形鋼があり，SS 400，SN 400，SM 400，

SM 490, SM 490, SM 520 の鋼種について製造されている.

そのほか中層,低層の鉄骨造の柱に多用されている角形鋼管がある.これは鋼板からロールもしくはプレスによって成形されるもので折り曲げ部に過度の塑性変形が起こらないよう規格が定められている.

軽量形鋼には,図1.8に示す断面がある.平鋼・形鋼の標準断面寸法および断面性能を付表3に示す.

11.6 許容応力度

許容応力度設計では,設計した構造物が安全であるかの確認は,想定された荷重によって生じる各部の応力度が許容応力度以下であることである.許容応力度は,引張り,圧縮,曲げなどの応力状態に応じて個々に定めるのであるが,それらの基準となる値 F は国土交通省告示で与えられている(国土交通省告示1639号).

表 11.3 構造用鋼材の F 値 [N/mm²]

鋼 種		SS 400 SM 400 SMA 400 SN 400 SSC 400 SWH 400 STK 400 STKR 400 STKN 400	SS 490	SM 490 SMA 490 SN 490 STK 490 STKR 490 STKN 490	SM 520	SS 540
F	厚さ 40 以下 厚さ 40 以上 75 以下 厚さ 40 以上 100 以下	235 215	275 255	325 295	355 335	375

表 11.4 鋳鋼の F 値 [N/mm²]

鋼 種	SC 480 SCW 410 SCW 410 CF	SCW 480 SCW 480 CF	SCW 490 CF
F	235	275	315

表 11.5 許容応力度

許容応力度 種 類	長期応力に対する許容応力度 [N/mm²]			
	圧 縮	引張り	曲 げ	せん断
構 造 用 鋼 材	$\dfrac{F}{1.5}$	$\dfrac{F}{1.5}$	$\dfrac{F}{1.5}$	$\dfrac{F}{1.5\sqrt{3}}$

表11.3に与える F 値を用いる.

11.6.1 許容応力度

鋼材に対する許容応力度は表 11.5 に示すように，長期応力に対する圧縮，引張り，曲げの許容応力度は F 値を 1.5 で除した値であり，せん断の許容応力度は F 値を $1.5\sqrt{3}$ で除した値である．このほか，鋼材と鋼材が接触して圧縮されるときの許容応力度である支圧許容応力度，座屈を考慮したときの圧縮材の座屈許容応力度，横座屈を考慮した曲げ材の座屈許容応力度があり，いずれも F 値を基準にして定められている．これらの許容応力度については，第 4 章 4.2 節，第 5 章 5.4 節，第 6 章 6.2 節に解説してある．

11.6.2 許容応力度の割増し

上で説明した設計応力のうち，暴風時，地震時，一般地方の積雪時の応力は「短期応力」と考えて，これに対する許容応力度は，F 値をもとにして定めた許容応力度の 1.5 倍としてよい．したがって，設計応力が許容応力度以下であるかどうかの検討は，「長期応力」，「短期応力」のそれぞれについて行わなければならず，両方の応力度がそれぞれの許容応力度以下であることを確かめる．

11.6.3 応力度の組合わせ

応力状態が引張り，圧縮，せん断応力度の組み合わされたものとなるときには，つぎの式によって等価応力度 σ_g に換算し，それが許容引張り応力度以下になるようにする．

$$\sigma_g{}^2 = \sigma_x{}^2 + \sigma_y{}^2 - \sigma_x\sigma_y + 3\tau_{xy}{}^2 \tag{11.6}$$

上の式中で，σ_x, σ_y は任意に定めた直交座標軸 X, Y 方向の垂直応力度，τ_{xy} は，X-Y 面内に作用するせん断応力度である．この式はミセス（von Mises）の降伏条件式とよばれ，いろいろな応力状態における降伏は，同式によって計算した σ_g が引張り降伏応力度 σ_Y にほぼ等しくなったときに生ずることが金属材料の実験で確かめられている．

11.6.4 破断強度

建築基準法施行令では，きわめてまれに起こる地震に対して倒壊，崩壊しないことを確かめることが規定されている．その際には塑性設計を行って建物の有する保有水平耐力を求め，それが施行令に規定する必要保有水平耐力より大きいことを確かめなければならない．この検討の際，接合部の最大強さを求める必要が生ずる．そのとき，鋼材やボルト，高力ボルトなどのファスナー類の破断強度を用いて計算するので，これらの強度値を表 11.6 に示す．

特に，鋼材の破断強度の採用値として，また値の設定に際しての参考として，鋼材の降伏点・耐力および引張り強さを表 11.7 に示す．

表 11.6 破断強度 [N/mm²]

鋼　　材	ファスナー			溶接継目
	ボルト SS 400, F 4 T	高力ボルト		
		F 8 T	F 10 T	
引張り強さの規格最小値	400	800	1000	母材に同じ

表 11.7 降伏点または耐力，引張り強さ

鋼材種別		SN400 SNR400	RSTKN400	SN490 SNR490	STKN490	SS400 SM400	STK400	STKR400	SSC400
降伏点または耐力 [N/mm²]	16 mm 以下	235[1]〜	235[1]〜	325[1]〜	325[1]〜	245〜	235〜	245〜	245〜
	16〜40 mm	235[2]〜355	235[2]〜385	325[2]〜445	325[2]〜475	235〜			
	40 mm をこえるもの	215〜355	215〜365	295〜415	295〜445	215〜			
引張り強さ [N/mm²]		400〜510	400〜	490〜610	490〜	400〜510	400〜	400〜	400〜540

鋼材種別		SS490	SS540	SMA400	SM490	SMA490 SM490Y	STK490	STKR490	SM520	SM570
降伏点または耐力 [N/mm²]	16 mm 以下	285〜	400〜	245〜	325〜	365〜	315〜	325〜	365〜	460〜
	16〜40 mm	275	390〜	235〜	315	355〜			355〜	450〜
	40 mm をこえるもの	255	—	215〜	295〜	335〜			335〜	430〜
引張り強さ [N/mm²]		490〜610	540〜	400〜540	490〜610	490〜610	490〜	490〜	520〜640	570〜720

注　1) は 12 mm 以下を，2) は 12〜40 mm の範囲を示す．

第12章　設計例（事務所建築）

12.1　はじめに

　鉄骨構造の概念ならびに部材設計と，その接合法について十分学習されたものと思う．最後にこれらのまとめとして簡単な設計例を示し，鉄骨建築物の構造計算に対する理解の一助としたい．

　構造計算は第11章で述べたように，建物が耐用年限中に受ける外力や荷重に対して安全であることを確認する作業である．しかしこれはこと人命にかかわることでもあり，安全性の検証に対する技術的基準が法令で厳しく規制されている．建築基準法施行令は建築物の規模に応じ，図12.1(a) に示すフローに対し構造計算による安全性の確認を要求している．

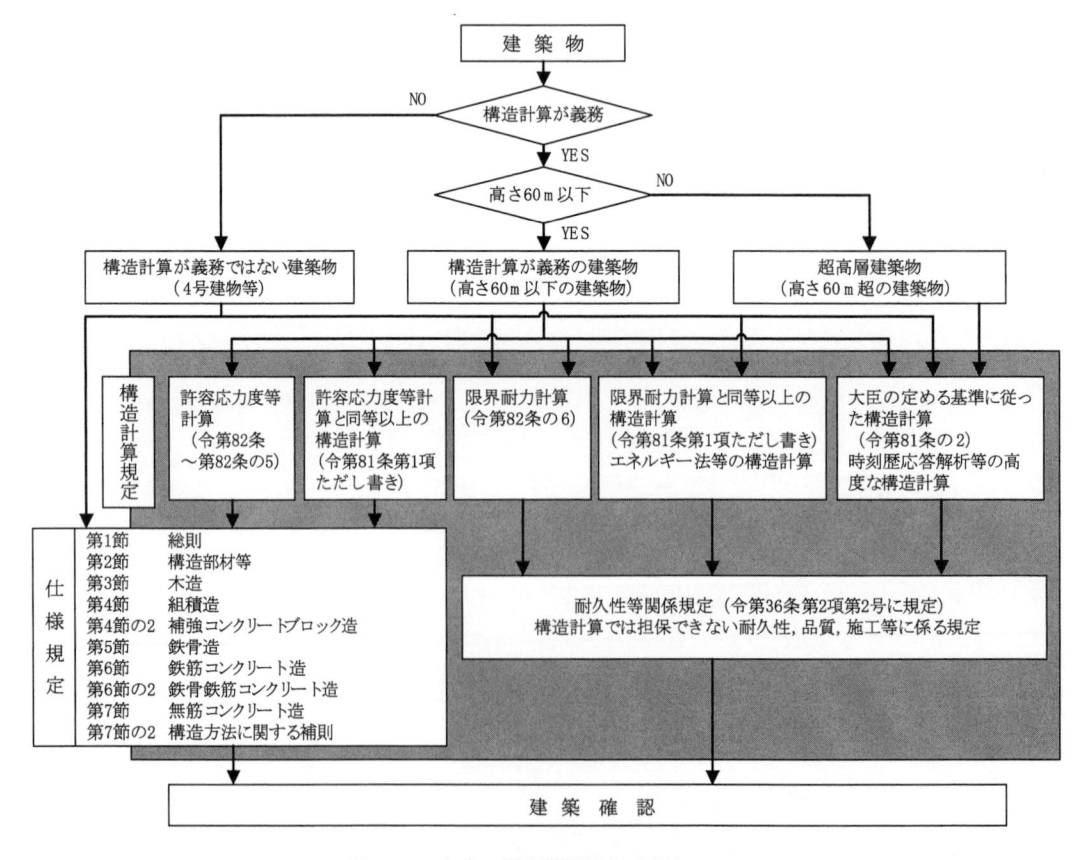

図 12.1　(a)　構造関係規定の適用フロー

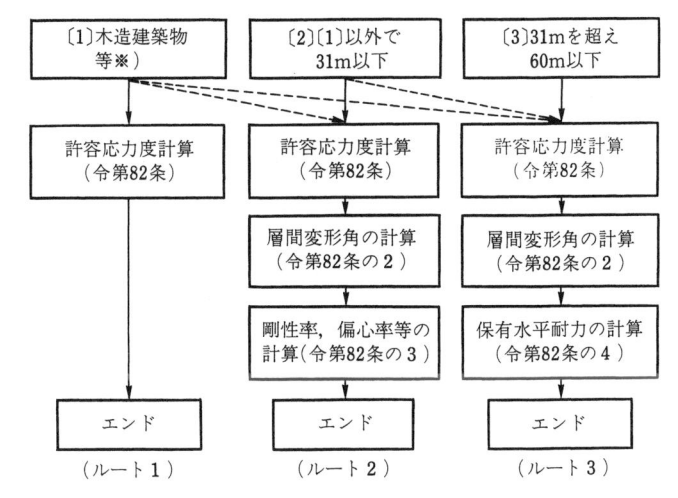

```
┌─────────┐      ┌─────────┐      ┌─────────┐
│〔1〕木造建築物│      │〔2〕〔1〕以外で│      │〔3〕31mを超え│
│   等※）  │      │  31m以下 │      │  60m以下 │
└────┬────┘      └────┬────┘      └────┬────┘
     │                │                │
     ▼                ▼                ▼
┌─────────┐      ┌─────────┐      ┌─────────┐
│ 許容応力度計算│      │ 許容応力度計算│      │ 許容応力度計算│
│ （令第82条）│      │ （令第82条）│      │ （令第82条）│
└────┬────┘      └────┬────┘      └────┬────┘
     │                ▼                ▼
     │           ┌─────────┐      ┌─────────┐
     │           │ 層間変形角の計算│      │ 層間変形角の計算│
     │           │（令第82条の2）│      │（令第82条の2）│
     │           └────┬────┘      └────┬────┘
     │                ▼                ▼
     │           ┌─────────┐      ┌─────────┐
     │           │剛性率，偏心率等の│     │ 保有水平耐力の計算│
     │           │計算（令第82条の3）│     │（令第82条の4）│
     │           └────┬────┘      └────┬────┘
     ▼                ▼                ▼
  ┌─────┐         ┌─────┐         ┌─────┐
  │ エ ン ド │         │ エ ン ド │         │ エ ン ド │
  └─────┘         └─────┘         └─────┘
   （ルート1）       （ルート2）        （ルート3）
```

※ （鉄骨建物においては，173ページ脚注1）の小規模
　　な鉄骨造建築物の条件を満たしているもの）

図 12.1 （b） 構造計算フロー

　本設計例もこれに基づき構造計算を進めるが，ここでは許容応力度等計算（令第82条～82条の5）によるルートに従うものとし，この場合の構造計算の流れは図12.1(b)による．なお計算に先だち，ここでは構造計画の段階はすでに終了し，立地条件，建物の規模，用途，構造形式ならびに断面の仮定などはある程度決定されたものとして取り扱う．以下に一般的な計算手段に従い説明する．

12.2　一般事項

本建築物は純鉄骨造地上3階建て事務所建築とする．

12.2.1　建物の概要

工事名称　　○○○ビル新築工事
所 在 地　　東京近郊のある都市
用　　途　　事務所
規　　模　　地上3階，建築面積　337.44 m²，延床面積　1012.32 m²
　　　　　　建物高さ（軒高）　GL+10.35 m
構　　造　　主要骨組：純鉄骨ラーメン構造，柱：箱形断面，梁：H形鋼
　　　　　　基　礎：鉄筋コンクリート独立直接基礎
仕上概要　　屋　根：アスファルト防水，デッキプレート＋コンクリート
　　　　　　2,3階床：ビニル床タイル，デッキプレート＋コンクリート
　　　　　　1　階　床：ビニル床タイル，土間コンクリート
　　　　　　外　壁：ALC板（樹脂系塗料吹付け，内側プラスター）

建物の略図を12.2に示す．

12.2.2　構造設計の方針

（i）　骨組の構成は x，y 両方向とも純ラーメン構造とした．したがって，柱は水平外力に対

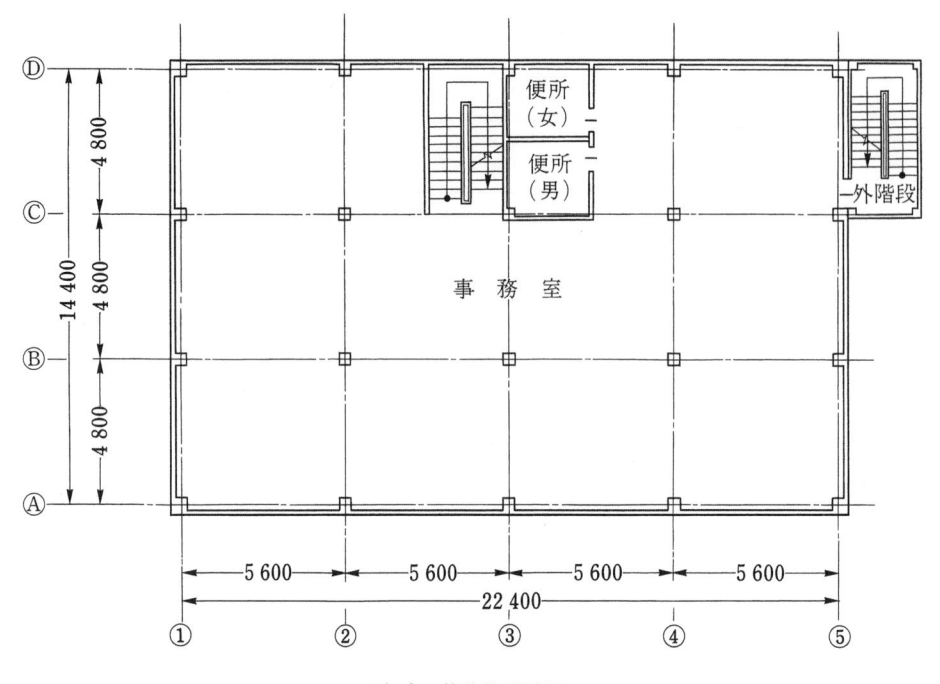

(a) 基準階平面図

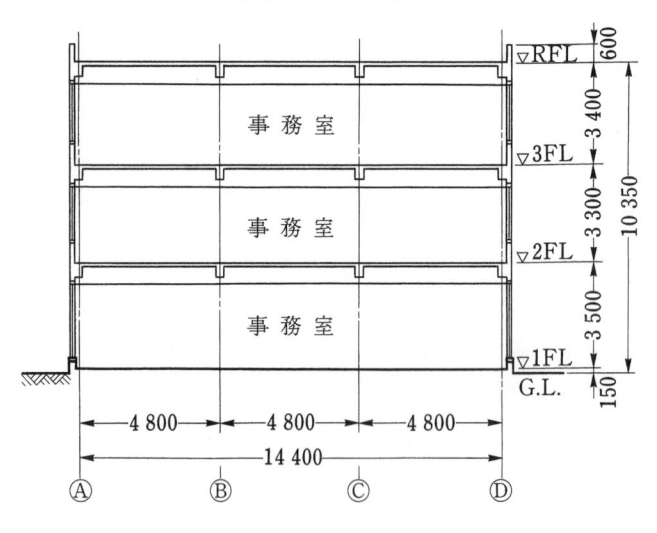

(b) 断面図

図 12.2 建物略図

して有効な箱形断面とし，梁は通常の H 形鋼を用いる．
　(ii) 各階床はデッキプレート敷き軽量コンクリート打ちとするが，デッキプレートのみにより荷重を支持し合成構造とはしない．したがって，床面に筋違を設け面内剛性を確保する．
　(iii) 柱脚は埋込み形柱脚とした剛接合形式をとり，基礎梁を設ける．
　(iv) 基礎は鉄筋コンクリート独立直接基礎とし，地盤種別は第2種とする．

（v） ラーメンの応力計算は鉛直荷重に対して固定モーメント法，水平荷重に対しては武藤博士の略算法（D 値法）による．

（vi） 構造計算は計算フローのルート 2 に従うものとし，建築基準法・同施行令，国土交通省告示ならびに日本建築学会の各規準に準拠して行う．

12.2.3 材料の許容応力度等

各使用材料の許容応力度等を表 12.1，表 12.2，表 13.3 にそれぞれ示す．

表 12.1 鋼材および溶接継目の許容応力度　　　　　　　　　　（単位 N/mm²）

材料種別		F 値	長期				短期
			引張り	圧縮	曲げ	せん断	
鋼材	SN 400	235	156	＊1	＊2	90.4	長期の 1.5 倍
	SDP 1	205	136	136	136	78.9	
溶接継目	完全溶込み		156	156	156	90.4	
	すみ肉		90.4	90.4	90.4	90.4	

＊1. 式 (4.54) による．
＊2. H 形鋼強軸曲げに対しては式 (5.66 b)，(5.67) のうち大きい数値，H 形鋼弱軸曲げおよび箱形断面材の曲げは $f_b = f_t = 156\,\text{N/mm}^2$．

表 12.2 高力ボルトの許容耐力　　　　　　　　　　（単位 kN）

種別	呼び径	長期			短期
		せん断		引張り	
		1 面摩擦	2 面摩擦		
F 10 T	M 20	47.1	94.2	97.4	長期の 1.5 倍

表 12.3 コンクリートの許容応力度　　　　　　　　　　（単位 N/mm²）

材料種別	長期					短期
	引張り	圧縮	せん断	付着		
				上端筋	その他	
普通コンクリート Fc 21	—	7	0.7	0.76	0.95	圧縮：長期の 2 倍
軽量コンクリート Fc 18	—	6	0.54	0.58	0.72	せん断・付着：長期の 1.5 倍

12.2.4 伏図，軸組図

伏図および軸組図をおのおの図 12.3，12.4 に示す．

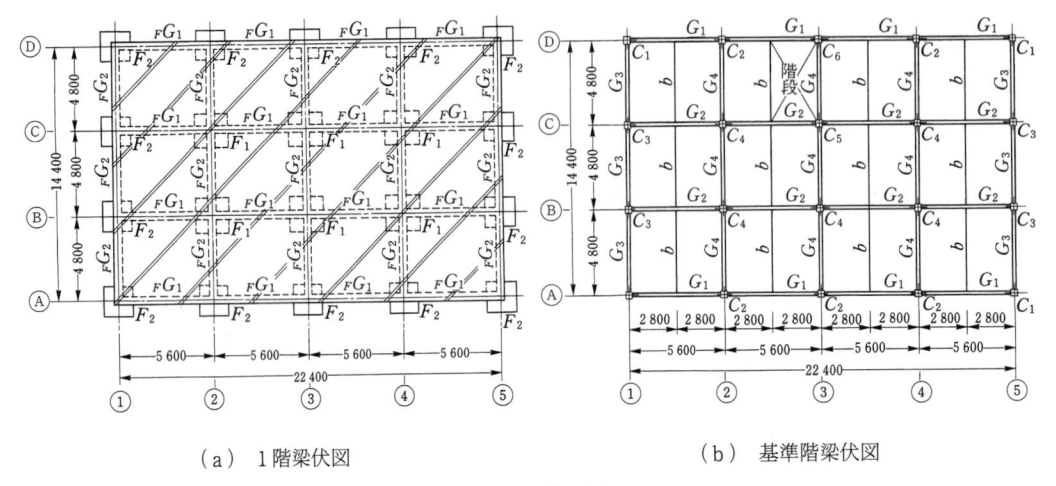

(a) 1階梁伏図　　　　　　　　(b) 基準階梁伏図

図 12.3　伏　図

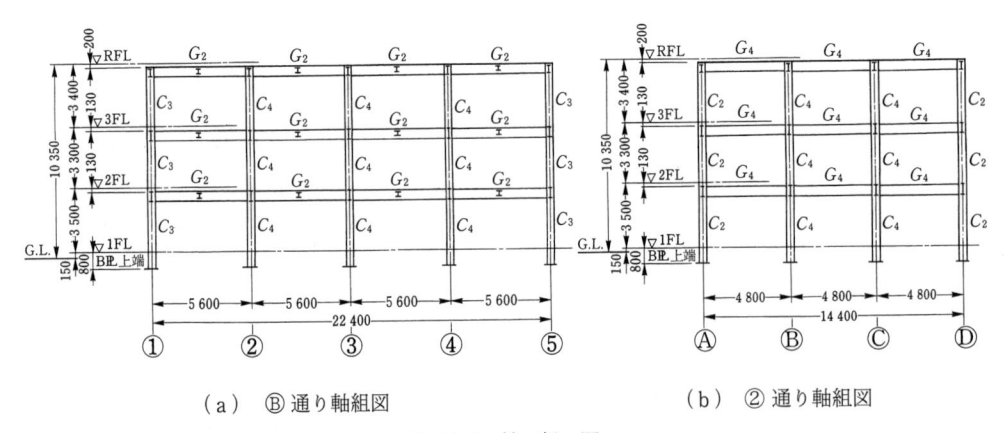

(a) Ⓑ通り軸組図　　　　　　　(b) ②通り軸組図

図 12.4　軸　組　図

12.2.5 部材の仮定断面

骨組の仮定断面を表 12.4 とに与える．

表 12.4　仮　定　断　面

部　材	記　号	断　面　形
柱	$C_1 \sim C_6$	□－300×300×12
梁	$G_1 \sim G_4$	H－400×200×8×13
小　梁	b	H－294×200×8×12
基　礎　梁	$_FG$	800×400

12.2.6 荷重および外力
（1） 固定荷重
1) 屋　根

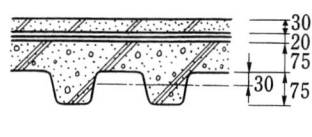

図 12.5

防水押えモルタル	600
均しモルタル（防水層とも）	550
軽量コンクリート（@105，$\gamma=1.7$）	1790
デッキプレート（耐火被覆とも）	350
天　井	200

$3490 \to 3500 \text{ N/m}^2 = 3.5 \text{ kN/m}^2$

2) 一般床

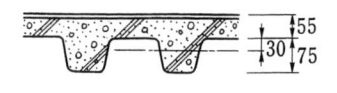

図 12.6

ビニル床タイル	50
軽量コンクリート（@85，$\gamma=1.7$）	1450
デッキプレート（耐火被覆とも）	350
天　井	200

$2050 \text{ N/m}^2 = 2.05 \text{ kN/m}^2$

3) 便　所

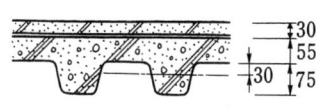

図 12.7

タイル（モルタルとも）	600
防　水　層	150
軽量コンクリート（@85，$\gamma=1.7$）	1450
デッキプレート（耐火被覆とも）	350
天　井	200

$2750 \text{ N/m}^2 = 2.75 \text{ kN/m}^2$

4) 階　段

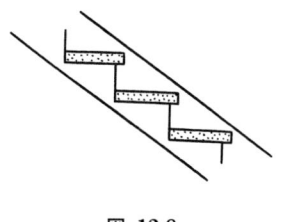

図 12.8

ビニルタイル（モルタルとも）	800
鉄板（PL-4.5）段板	700
ササラ桁，受け金物	300

$1800 \text{ N/m}^2 = 1.80 \text{ kN/m}^2$

5) 外　壁

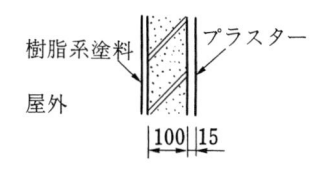

図 12.9

| ALC板（$t=100$） | 700 |
| プラスター仕上（@15） | 300 |

$1000 \text{ N/m}^2 = 1.00 \text{ kN/m}^2$（開口部も同様に扱う）

6) パラペット

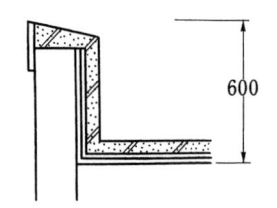

防水押えモルタル	600
モルタル（防水層とも）	550
ALC 板（$t=100$）	700

$1850 \text{ N/m}^2 = 1.85 \text{ kN/m}^2$（長さあたり 1.10 kN/m）

図 12.10

柱	□−300×300×12（耐火被覆とも）	1.8 kN/m
大梁	H−400×200×8×13（耐火被覆とも）	0.45 kN/m²（床面あたり）
小梁	H−294×200×8×12（耐火被覆とも）	0.15 kN/m²（床面あたり）
間仕切		0.30 kN/m²（床面あたり）

(2) 積載荷重

各階の床の積載荷重を表 12.5 として与える．

表 12.5 床の積載荷重表　　（単位 kN/m²）

	屋　根*⁾	一般床・階段	便　所
床スラブ・小梁	0.90	2.90	1.80
大　梁・柱	0.65	1.80	1.30
地　震　力	0.30	0.80	0.60

*⁾ 屋上へは出入りしないので，ここでは居室用の1/2の積載荷重とした．

(3) 積雪荷重

$$S = \rho \cdot A_v \cdot \mu_b \cdot d$$

ここに　S：積雪荷重 [N]，ρ：積雪の単位重量 [N/cm/m²]，A_v：屋根の水平投影面積 [cm²]，μ_b：屋根形式係数，d：その地域における垂直積雪量 [m]

(4) 風荷重

$$W = C_f \cdot q \cdot A$$

ここに　W：風荷重（風圧力）[N]，C_f：風力係数，q：速度圧 [N/m²]，A：見付面積 [m²]

(5) 地震荷重

地震力の算定に関わる諸係数は以下のとおり．

地震地域係数　　　　：$Z = 1.0$

設計用1次固有周期：$T = 0.03h = 0.03 \times 10.35 = 0.31 \text{[s]}$

振動特性係数　　　　：第2種地盤であるから
　　　　　　　　　　　$T_c = 0.6 \text{[s]} > T = 0.31 \text{[s]}$　より　$R_t = 1.0$

標準せん断力係数　：$C_0 = 0.2$

(6) 設計用床荷重

各階の設計用床荷重を表 12.6 に示す．

表 12.6 床荷重一覧表 (単位 kN/m²)

	屋 根			一 般 床			便 所			階 段		
	D.L	L.L	T.L	D.L	L.L	T.L	D.L	L.L	T.L	D.L	L.L	T.L
床スラブ	3.50	0.90	4.40	2.05	2.90	4.95	2.75	1.80	4.55	1.80	2.90	4.70
小 梁	3.65	0.90	4.55	2.20	2.90	5.10	2.90	1.80	4.70	1.95	2.90	4.85
大梁・柱	4.10	0.65	4.75	2.65	1.80	4.45	3.35	1.30	4.65	2.40	1.80	4.20
地震力	4.10	0.30	4.40	2.65	0.80	3.45	3.35	0.60	3.95	2.40	0.80	3.20

12.3 準 備 計 算

12.3.1 剛比の計算

本設計例は合成梁としない関係上，梁の剛比は鉄骨梁だけで算出した．また各層の高さは梁の中心間距離とし，基礎梁の剛比はヤング係数比をここでは 10 として鉄骨骨組に対する等価剛比を与えた．

結果として部材の剛比を表 12.7 に，剛比一覧図を図 12.11 に示す．

表 12.7 部材の剛比

部 材	記 号	断 面 形	断面2次モーメント I [cm⁴]	部材長 l [cm]	剛 度 K [cm³]	剛 比 k
柱	$_3C_{1\sim6}$	□−300×300×12	19140	333	57.5	1.07
	$_2C_{1\sim6}$	同 上	19140	330	58.0	1.08
	$_1C_{1\sim6}$	同 上	19140	357	53.6*⁾	1.00
梁	$_{2\sim R}G_{1,2}$	H−400×200×8×13	23500	560	42.0	0.79
	$_{2\sim R}G_{3,4}$	同 上	23500	480	49.0	0.92
基 礎 梁	$_FG$	800×400	170670	560	304.8	5.69
		同 上	170670	480	355.6	6.63

*) 標準剛度 $K_0 = 53.6\,\text{cm}^3$

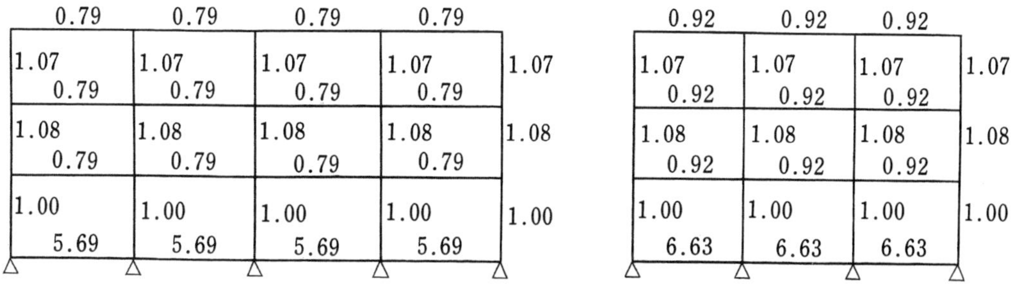

(a) Ⓐ～Ⓓ 通り   (b) ①～⑤ 通り

図 12.11 剛比一覧図

12.3.2 大梁の C, M_0, Q_0 の計算

荷重に対する各梁の C, M_0, Q_0 を表12.8に示す．

表 12.8 C, M_0, Q_0 一覧表

記号	荷重状態	P [kN] w [kN/m]	C [kN·m]	M_0 [kN·m]	Q_0 [kN]
$_RG_2$	P↓ ├─5.60─┤	63.8	44.7	89.3	31.9
$_{3,2}G_2$	P↓ ├─5.60─┤	59.8	41.9	83.7	29.9
$_RG_4$	W ├─4.80─┤	13.3	25.5	38.3	31.9
$_{3,2}G_4$	W ├─4.80─┤	12.5	24.0	36.0	30.0

12.3.3 常時柱軸力の計算

各階の柱が負担する床荷重は，各スパンの1/2で囲まれた面積に対し，また柱および壁の荷重はこの範囲で上下階高の各1/2の長さをもって算出した．したがって柱の軸力はこれに対し（単位重量）×（面積または長さ）により計算するが，ここではその過程は省略する（表12.9, 図12.12）．

表 12.9 柱軸力算定 (単位 kN)

階	荷重種別	C_1 算定	C_1 $N(\Sigma N)$	C_2 算定	C_2 $N(\Sigma N)$	C_3 算定	C_3 $N(\Sigma N)$	C_4 算定	C_4 $N(\Sigma N)$	C_5 算定	C_5 $N(\Sigma N)$	C_6 算定	C_6 $N(\Sigma N)$
3	パラペット 屋根 柱 外壁	5.7 31.9 3.1 8.8	49.5	6.2 63.8 3.1 9.5	82.6	5.3 63.8 3.1 8.2	80.4	— 127.7 3.1 —	130.8	— 127.7 3.1 —	130.8	6.2 63.8 3.1 9.5	82.6
2	床 柱 間仕切壁 外壁	29.9 6.0 2.0 17.4	55.3 (104.8)	59.8 6.0 4.0 18.8	88.6 (171.2)	59.8 6.0 4.0 16.1	85.9 (166.3)	119.6 6.0 8.1 —	133.7 (264.5)	119.3 6.0 8.1 —	133.4 (264.2)	59.5 6.0 4.0 18.8	88.3 (170.9)
1	床 柱 間仕切壁 外壁	29.9 6.1 2.0 17.7	55.7 (160.5)	59.8 6.1 4.0 19.0	88.9 (260.1)	59.8 6.1 4.0 16.3	86.2 (252.5)	119.6 6.1 8.1 —	133.8 (398.3)	119.3 6.1 8.1 —	133.5 (397.7)	59.5 6.1 4.0 19.0	88.6 (259.5)
基礎用	柱 外壁	3.2 9.1	12.3 (172.8)	3.2 9.8	13.0 (273.1)	3.2 8.4	11.6 (264.1)	3.2 —	3.2 (401.5)	3.2 —	3.2 (400.9)	3.2 9.8	13.0 (272.5)

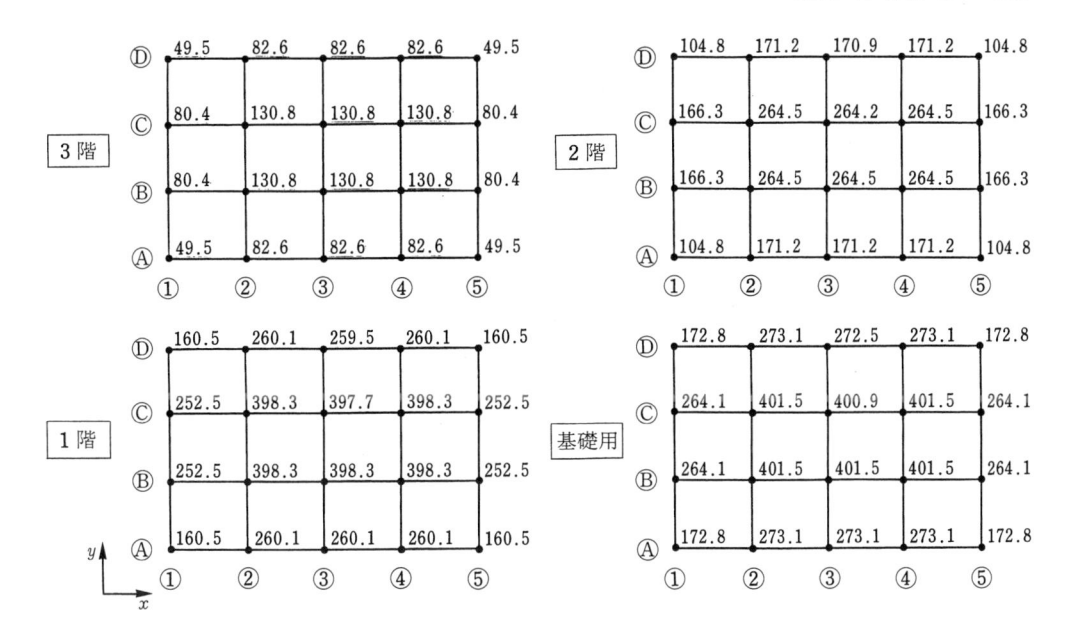

図 12.12 柱軸力一覧図 (単位 kN)

12.3.4 積雪荷重の計算

東京近郊で区域の標準的な標高 (l_s) を 20 m, 海率 (r_s) を 50% と想定すると, 垂直積雪量 (d) は約 26 cm となり, 屋根形状係数 (μ_b) は陸屋根であるから 1.0 として単位面積あたりの積雪荷重 (s) を求めると,

$$s = \rho \cdot \mu_b \cdot d = 20 \times 1.0 \times 26 = 520 \text{ N/m}^2 = 0.52 \text{ kN/m}^2 \quad (短期)$$

となり, 屋根荷重 $w = 4.75$ kN/m² との比は

$$\frac{w+s}{w} = \frac{4.75 + 0.52}{4.75} = 1.11 < 1.5$$

であるから, 積雪荷重は考慮しなくてもよい.

12.3.5 地震力の計算

(1) 地震時各階重量

各階の重量は柱軸力算定同様, 各階高の 1/2 の範囲をもって算出した (表 12.10).

地震力 (地震層せん断力) Q_{ud} は $Q_{ud} = C_i \cdot \sum W_i$ として求める. ここに C_i は式 (11.3) より $C_i = Z R_t A_i C_0$ であり Z, R_t, C_0 はすでに与えてある. なお A_i は

$$A_i = 1 + \left(\frac{1}{\sqrt{\alpha_i}} - \alpha_i\right) \frac{2T}{1+3T} \quad ただし \quad \alpha_i = \frac{\sum W_i}{W_1}$$

より求める. 結果を表 12.11 に示す.

ここに T: 設計用1次固有周期, $\sum W_i$: 当該階が支える全重量, W_1: 地上部分の総重量

12.3.6 風荷重の計算

本設計例では地表面粗度区分を II, 基準風速 (V_0) を 36 m/s, 高さ $H = 10.35$ m, 風力係数 (C_f) を 1.2 と想定して風荷重を概算する. 結果として速度圧は $q = 1.72$ kN/m² となり, 見付面積の大きい桁側見付面積 $A = 232$ m² を用いて風荷重 (W) を求めると

表 12.10 各 階 重 量 　　　　　　　　　　　　　　（単位 kN）

階	荷重種別	算定〔(単位重量)×(面積または長さ)〕	W_i	ΣW_i
3	パラペット 屋　　根 柱 外　　壁	1.1×73.60 　　　　　　　　　　$= 81.0$ 4.4×322.56 　　　　　　　　　$=1419.3$ $1.8 \times 1.7 \times 20$ 　　　　　　　$= 61.2$ $1.0 \times 73.60 \times 1.70$ 　　　　$= 125.1$	1686.6	1686.6
2	床 柱 間仕切壁 外　　壁	$3.45 \times 295.68 + (3.95+3.20) \times 13.44 = 1116.2$ $1.8 \times 3.35 \times 20$ 　　　　　　　$= 120.6$ 0.3×322.56 　　　　　　　　　$= 96.8$ $1.0 \times 73.60 \times 3.35$ 　　　　$= 246.6$	1580.2	3266.8
1	床 柱 間仕切壁 外　　壁	$3.45 \times 295.68 + (03.95+0.320) \times 13.44 = 1116.2$ $1.8 \times 3.40 \times 20$ 　　　　　　　$= 122.4$ 0.3×322.56 　　　　　　　　　$= 96.8$ $1.0 \times 73.60 \times 3.4$ 　　　　　$= 250.2$	1585.6	4852.4

表 12.11 各 階 地 震 力

階	W_i [kN]	ΣW_i [kN]	α_i	A_i	C_i	Q_{ud} [kN]
3	1686.6	1686.6	0.348	1.433	0.287	484
2	1580.2	3266.8	0.673	1.175	0.235	768
1	1585.6	4852.4	1.000	1.000	0.200	971

$$W = C_f \cdot q \cdot A = 1.2 \times 1.72 \times 232 \fallingdotseq 480 \text{ kN}$$

と求まり，表 12.11 に示した地震力 $Q_{ud} = 971$ kN にくらべ小さいことから，水平外力としては地震力を用いる．

12.4　応　力　計　算

12.4.1　鉛直荷重時応力算定

先の構造設計の方針でも述べたように固定法により行う．ここに基礎梁の剛比は柱にくらべ十分大きいので柱脚は固定として取り扱う．計算は荷重の大きさを考慮してⒷ通りおよび②通りのラーメンについて解く．計算の過程を図 12.15 に，結果としての応用状態図を図 12.16 に示す．

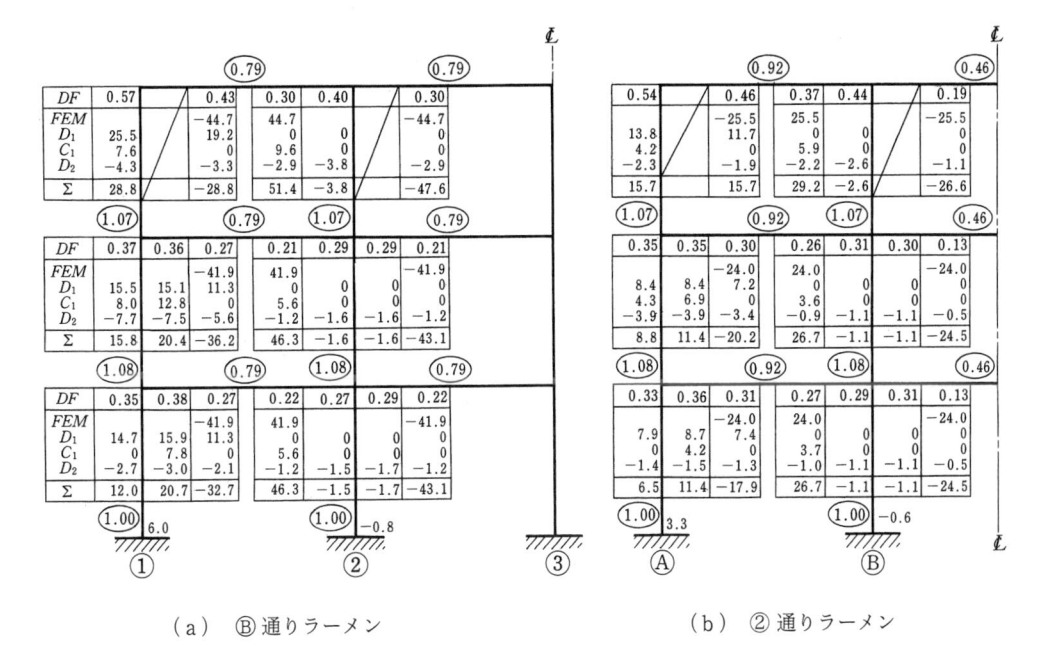

12.4 応力計算

(a) Ⓑ通りラーメン (b) ②通りラーメン

図 12.13

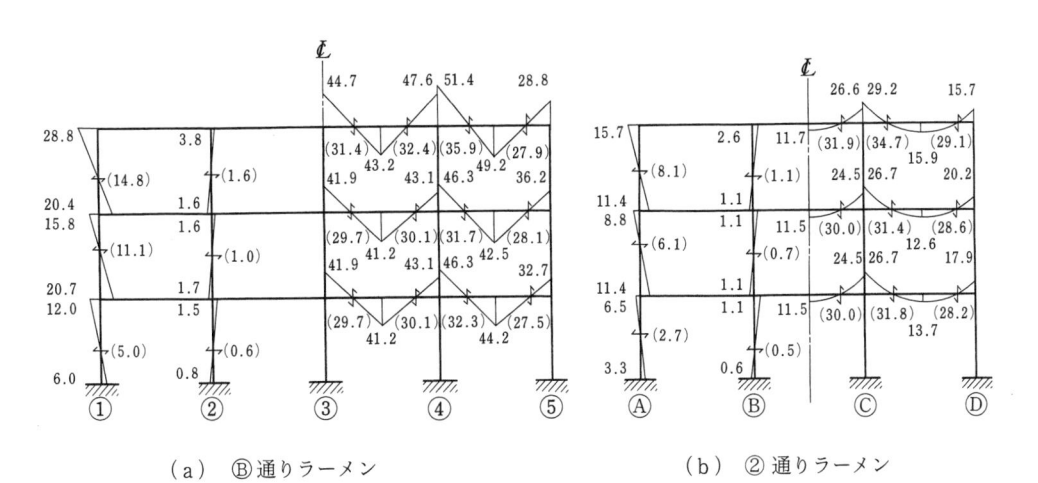

(a) Ⓑ通りラーメン (b) ②通りラーメン

(単位 kN·m および kN), ( ) 内はせん断力を示す

図 12.14 鉛直荷重時ラーメン応力図

12.4.2 水平荷重時応力算定

応力計算は武藤博士の略算法（D値法）により行う．

（1） 柱の横力分布係数 D および反曲点高比 y の計算

柱の横力分布係数 D および反曲点高比 y を図 12.15 から求め，各階の D 値をまとめて図 12.16 に示す．

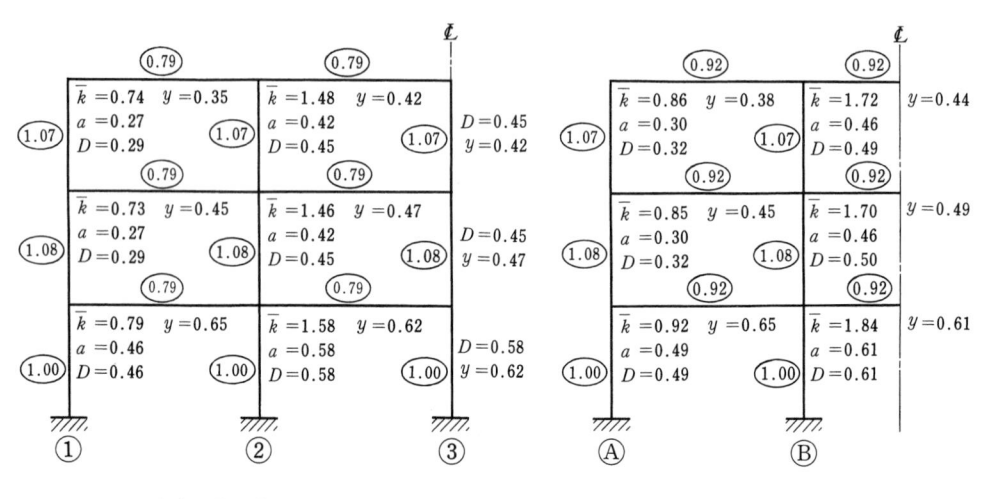

（a） Ⓐ〜Ⓓ通りラーメン

左側柱：$\bar{k}=0.74$, $y=0.35$, $a=0.27$, $D=0.29$（1.07, 0.79）
中柱：$\bar{k}=1.48$, $y=0.42$, $a=0.42$, $D=0.45$（1.07, 0.79）
右柱：$D=0.45$, $y=0.42$（1.07）

中階：$\bar{k}=0.73$, $y=0.45$, $a=0.27$, $D=0.29$ | $\bar{k}=1.46$, $y=0.47$, $a=0.42$, $D=0.45$ | $D=0.45$, $y=0.47$（1.08, 0.79）

下階：$\bar{k}=0.79$, $y=0.65$, $a=0.46$, $D=0.46$ | $\bar{k}=1.58$, $y=0.62$, $a=0.58$, $D=0.58$ | $D=0.58$, $y=0.62$（1.00, 0.79）

（b） ①〜⑤通りラーメン

上階：$\bar{k}=0.86$, $y=0.38$, $a=0.30$, $D=0.32$ | $\bar{k}=1.72$, $y=0.44$, $a=0.46$, $D=0.49$（1.07, 0.92）

中階：$\bar{k}=0.85$, $y=0.45$, $a=0.30$, $D=0.32$ | $\bar{k}=1.70$, $y=0.49$, $a=0.46$, $D=0.50$（1.08, 0.92）

下階：$\bar{k}=0.92$, $y=0.65$, $a=0.49$, $D=0.49$ | $\bar{k}=1.84$, $y=0.61$, $a=0.61$, $D=0.61$（1.00, 0.92）

図 12.15

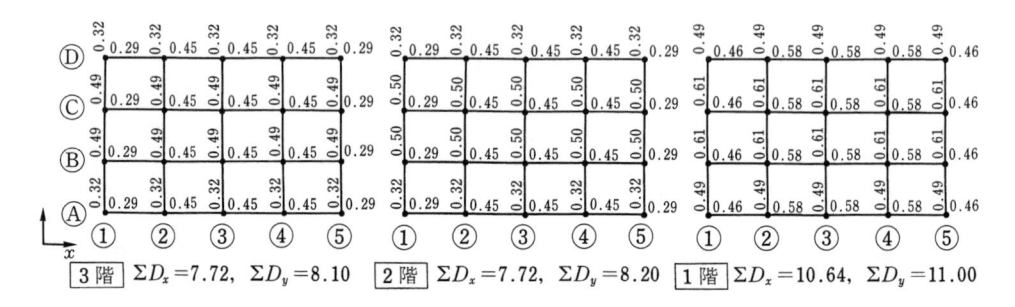

3階 $\Sigma D_x = 7.72$, $\Sigma D_y = 8.10$　　2階 $\Sigma D_x = 7.72$, $\Sigma D_y = 8.20$　　1階 $\Sigma D_x = 10.64$, $\Sigma D_y = 11.00$

図 12.16　各階 D の値一覧図

（2） 応力計算

まず各柱の負担せん断力を表 12.12 から求め，これに基づきラーメンの応力計算を行い，結果を図 12.17 に示す．

なお，本設計例は均等ラーメンであり，かつ荷重の分布も一様であることから，重心と剛心はほぼ一致しており，ねじり補正を行う必要はない．

表 12.12 柱負担せん断力一覧表

方向	階	Q_{ud} [kN]	ΣD	$\dfrac{Q_{ud}}{\Sigma D}$ [kN]	C_1 D	$Q_c{}^{*)}$ [kN]	C_2, C_6 D	Q_c [kN]	C_3 D	Q_c [kN]	C_4, C_5 D	Q_c [kN]
x	3	484	7.72	62.7	0.29	18.2	0.45	28.2	0.29	18.2	0.45	28.2
	2	768	7.72	99.5	0.29	28.9	0.45	44.8	0.29	28.9	0.45	44.8
	1	971	10.64	91.3	0.46	42.0	0.58	53.0	0.46	42.0	0.58	53.0
y	3	484	8.10	59.8	0.32	19.1	0.32	19.1	0.49	29.3	0.49	29.3
	2	768	8.20	93.7	0.32	30.0	0.32	30.0	0.50	46.8	0.50	46.8
	1	971	11.00	88.3	0.49	43.3	0.49	43.3	0.61	35.9	0.61	35.9

*) $Q_c = \dfrac{Q_{ud}}{\Sigma D} \times D$ [kN]

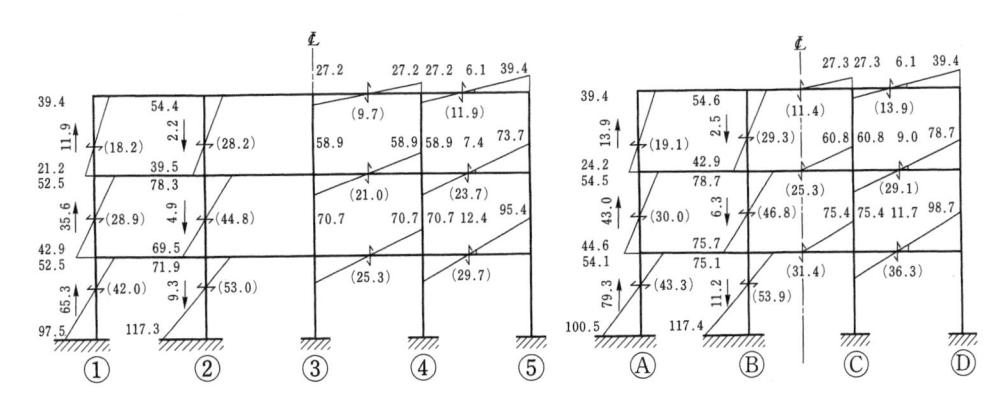

(a) Ⓐ〜Ⓓ通りラーメン   (b) ①〜⑤通りラーメン

(単位 kN·m および kN), ( ) 内はせん断力を示す

図 12.17 水平荷重(地震力)時ラーメン応力図

12.5 床および小梁の設計

12.5.1 床スラブの設計

床はデッキプレートの上に軽量コンクリートを打設しているが,デッキプレートだけを構造体として取り扱う.なお,床スラブは図 12.18 に示すように 2 スパン連続しているものとし,単位幅(1 m)をもつ一方向梁として検定する.

(1) 使用するデッキプレート

D−75×230×88×110×2.3(ALM 23)

$I = 326 \text{ cm}^4/\text{m}, \quad Z^+ = Z^- = 79.8 \text{ cm}^3/\text{m}$

(2) 応力の検討

$w = 4.95 \text{ kN/m/m}$(一般床)

$M = \dfrac{wl^2}{8} = \dfrac{4.95 \times 2.8^2}{8}$

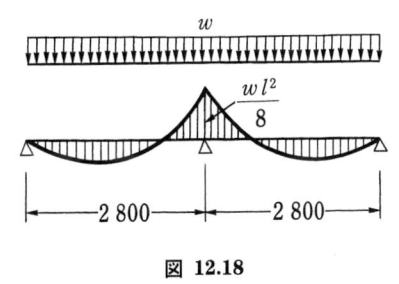

図 12.18

$$= 4.85 \text{ kN·m/m} = 485 \text{ kN·cm/m}$$

$$\sigma = \frac{M}{Z} = \frac{485}{79.8}$$

$$= 6.08 \text{ kN/cm}^2 < f_b = 13.6 \text{ kN/cm}^2 \qquad 可$$

（3） たわみの検討

$$\delta = C \frac{1}{185} \frac{wl^4}{EI}$$

b_D（デッキプレートの圧縮を受ける平板部の幅）$= 88$ mm
b_e（デッキプレートの圧縮部分の有効幅）$= 50 \cdot t = 50 \times 2.3 = 115$ mm
$b_D < b_e$ であるから $C = 1$ とおいて

$$\delta = 1 \times \frac{1}{185} \times \frac{4.95 \times 2.8 \times 280^3}{20500 \times 326} = 0.246 \text{ cm}$$

$$\frac{\delta}{l} = \frac{0.246}{280} = \frac{1}{1138} < \frac{1}{360} \qquad 可$$

たわみは十分小さく余裕があり，振動障害もとくに問題はないと考える．

12.5.2 小梁の設計

小梁は両端支持の等分布荷重を受ける単純梁として取り扱う．

（1） 仮定断面

H$-294 \times 200 \times 8 \times 12$

$I = 11100 \text{ cm}^4$, $Z = 756 \text{ cm}^3$, $i = 5.38$ cm（曲げ応力のための断面2次半径）

（2） 応力の検討

$w = 14.28$ kN/m（一般床）

$M = \dfrac{wl^2}{8} = 41.1$ kN·m

$Q = \dfrac{wl}{2} = 34.3$ kN

許容曲げ応力度 f_b は，圧縮を受ける上フランジが床スラブにより拘束されていると考えれば $f_b = f_t$ とおいても問題はないが，ここではこれを無視する．

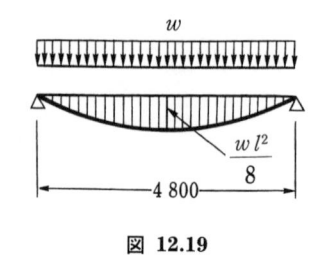

図 12.19

$$C = 1.0, \quad \lambda = \frac{l_b}{i} = \frac{480}{5.38} = 89.2, \quad \Lambda = 120$$

$$f_{b1} = \left[1 - 0.4 \frac{\lambda^2}{C\Lambda^2}\right] \cdot f_t = \left[1 - 0.4 \frac{89.2^2}{120^2}\right] \times 15.6 = 12.1 \text{ kN/cm}^2$$

$$f_{b2} = \frac{89000}{\dfrac{l_b h}{A_f}} = \frac{89000}{\dfrac{4800 \times 294}{200 \times 12}} = 151 \text{ N/mm}^2 = 15.1 \text{ kN/cm}^2 > f_{b1}$$

$$\therefore \quad f_b = 15.1 \text{ kN/cm}^2$$

$$\sigma = \frac{M}{Z} = \frac{4110}{756} = 5.44 \text{ kN/cm}^2 < f_b = 15.1 \text{ kN/cm}^2 \qquad 可$$

（3） たわみの検討

$$\delta = \frac{5}{384} \frac{wl^4}{EI} = \frac{5}{384} \times \frac{14.28 \times 4.8 \times 480^3}{20500 \times 11100} = 0.434 \text{ cm}$$

$$\frac{\delta}{l}=\frac{0.434}{480}=\frac{1}{1106}<\frac{1}{300}$$ 可

小梁は振動障害を考慮して断面に若干の余裕をもたせた．

（4） 大梁との接合部

ピン接合とする．高力ボルト（F 10 T・M 20）の許容耐力 $R=47.1$ kN （一面摩擦）

所要ボルト本数　　$n=\dfrac{Q}{R}=\dfrac{34.3}{47.1}=0.73 \longrightarrow 3$ 本

12.6　大梁の設計

大梁の設計は以下の要項に従い検討する．

（ⅰ）長期応力の大きい $_RG_2$，$_RC_4$ および地震時応力の大きい $_2G_2$，$_2G_4$ について検討する．なお G_2 は小梁により横座屈が拘束されるため，圧縮フランジの支点間距離 l_b はスパンの1/2とする．

（ⅱ）梁材端は柱との接合において，ウェブにスカラップ（$R=35$ mm）を設ける関係上ウェブ断面は欠損する．よってここでは，曲げはフランジだけ有効として断面係数（Z_f）を算出し，ウェブはせん断力を負担するものとして取り扱う．なお，梁中央部は全断面に対する断面係数（Z）を用いる．ここに材端ウェブの有効断面積は $A_{wn}=(H-2t_f-2R)\cdot t_w$，溶接部は $_wA=(H-2t_f-2R)\cdot 2a$ であり，溶接をサイズ $S=6$ mm のすみ肉溶接とした場合，$A_{wn}<{_wA}$ の関係上溶接の検討は不要となる．また梁フランジと柱とは完全溶込み溶接であり同様に検討は不要．

（ⅲ）継手位置（柱心より650）の曲げ応力（M_j）は，長期に対しては材端応力を，地震時はモーメント勾配を考慮した応力とし，左右のうち大きい値を用いる．ここに，応力検定にはボルト孔を控除した有効断面係数（Z_{jn}）を用いる．

各梁の断面算定を表 12.13～表 12.16 に示す．

なお，大梁のたわみが大きい場合には振動障害を起こすおそれがあるので，たわみの検定を行う必要がある．ここでは2階床梁 $_2G_2$ について検討を試みる．たわみ δ の算出は，図 12.20(a) に示す大梁の応力・たわみ性状が，図 (b)，(c) の応力・たわみ性状の合成と考えれば，

$$\delta=\delta_0-\delta_1$$

として求まる．ここに δ_0：単純梁のたわみ $\left(1\text{点集中荷重 }P\text{ の場合}\dfrac{1}{48}\dfrac{pl^3}{EI}\right)$，$\delta_1$：材端モーメント M_1，M_2 によるたわみ $\left(\dfrac{1}{16}\dfrac{(M_1+M_2)l^{\prime 2}}{EI}\right)$．

したがって，$_2G_2$ は図 12.21 に対し $I=23500$ cm^4 であるから

（長期）　$\delta=\dfrac{1}{48}\times\dfrac{59.8\times560^3}{20500\times23500}-\dfrac{1}{16}\times\dfrac{(4630+3270)\times560^2}{20500\times23500}$

$\qquad\qquad =0.45-0.32=0.13$ cm

$\qquad\qquad \dfrac{\delta}{l}=\dfrac{0.13}{560}=\dfrac{1}{4308}<\dfrac{1}{300}$

（短期）　$\delta=\dfrac{1}{48}\times\dfrac{59.8\times560^3}{20500\times23500}-\dfrac{1}{16}\times\dfrac{(11700-6270)\times560^2}{20500\times23500}$

表 12.13 梁断面算定表 (1)

梁記号および仮定断面		$_RG_2$ H−400×200×8×13					
スパン $l(l_b)$		$l=5.6$ m $(l_b=2.8$ m$)$					
断面性能		$Z=1170$ cm³, $Z_f=974$ cm³, $Z_{jn}=945$ cm³, $A_{wn}=24.32$ cm², $i_y=4.56$ cm, $i=5.29$ cm(曲げ応力のための断面2次半径)					
横補剛の検定		$\lambda_y=\dfrac{l}{i_y}=\dfrac{560}{4.56}=123<170+20n=190$ 可 〔式(5.89 a)〕					
幅厚比の検定		フランジ $\dfrac{b}{t}=\dfrac{100}{13}=7.7<9$, ウェブ $\dfrac{d}{t}=\dfrac{374}{8}=46.8<60$ 可 〔表4.6〕					
		長 期			短 期		
設計応力		① 端	中 央	② 端	① 端	中 央	② 端
	M [kN·m]	28.8	49.2	51.4	68.2	53.3	78.6
	Q [kN]	27.9		35.9	39.8		47.8
許容曲げ応力度	$f_{b1}=\left[1-0.4\dfrac{(l_b/i)^2}{\Lambda^2}\right]f_t$ [kN/cm²]		14.4			21.6	
	$f_{b2}=\dfrac{8900A_f}{l_b h}$ [kN/cm²]		15.6			23.5	
	f_b [kN/cm²]		15.6			23.5	
曲げ応力度の検定	$\sigma_b=\dfrac{M}{Z}$ または $\dfrac{M}{Z_f}$ [kN/cm²]	2.96	4.20	5.28	7.00	4.56	8.07
	$\dfrac{\sigma_b}{f_b}\leq 1$	0.19	0.27	0.34	0.30	0.19	0.34
せん断応力度の検定	$\tau=\dfrac{Q}{A_{wn}}$ [kN/cm²]	1.15		1.48	1.64		1.97
	$\dfrac{\tau}{f_s}\leq 1$	0.1		0.16	0.12		0.15
継手部の検定	M_j [kN·m]		51.4			70.9	
	$\sigma_j=\dfrac{M_j}{Z_{jn}}$ [kN/cm²]		5.44			7.50	
	$\dfrac{\sigma_j}{f_b}\leq 1$		0.35			0.32	

表 12.14 梁断面算定表 (2)

梁記号および仮定断面		$_2G_2$ H$-400\times200\times8\times13$					
スパン (l_b)		$l=5.6$ m ($l_b=2.8$ m)					
断面性能		$Z=1170$ cm^3, $Z_f=974$ cm^3, $Z_{jn}=945$ cm^3, $A_{wn}=24.32$ cm^2, $i_y=4.56$ cm, $i=5.29$ cm(曲げ応力のための断面2次半径)					
横補剛の検定		$\lambda_y=\dfrac{l}{i_y}=\dfrac{560}{4.56}=123<170+20n=190$ 可 〔式 (5.89 a)〕					
幅厚比の検定		フランジ $\dfrac{b}{t}=7.7<9$, ウェブ $\dfrac{d}{t}=46.8<60$ 可 〔表 4.6〕					
設計応力		長期			短期		
		① 端	中央	② 端	① 端	中央	② 端
	M [kN·m]	32.7	44.2	46.3	128.1	56.6	117.0
	Q [kN]	27.5		32.3	57.2		62.0
許容曲げ応力度	$f_{b1}=\left[1-0.4\dfrac{(l_b/i)^2}{\Lambda^2}\right]f_t$ [kN/cm^2]	14.4			21.6		
	$f_{b2}=\dfrac{8900A_f}{l_b h}$ [kN/cm^2]	15.6			23.5		
	f_b [kN/cm^2]	15.6			23.5		
曲げ応力度の検定	$\sigma_b=\dfrac{M}{Z}$ または $\dfrac{M}{Z_f}$ [kN/cm^2]	3.36	3.78	4.75	13.2	4.84	12.0
	$\dfrac{\sigma_b}{f_b}\leq 1$	0.22	0.24	0.30	0.56	0.21	0.51
せん断応力度の検定	$\tau=\dfrac{Q}{A_{wn}}$ [kN/cm^2]	1.13		1.33	2.35		2.55
	$\dfrac{\tau}{f_s}\leq 1$	0.13		0.15	0.17		0.19
継手部の検定	M_j [kN·m]		46.3			108.8	
	$\sigma_j=\dfrac{M_j}{Z_{jn}}$ [kN/cm^2]		4.90			11.5	
	$\dfrac{\sigma_j}{f_b}\leq 1$		0.31			0.49	

表 12.15 梁断面算定表 (3)

梁記号および仮定断面		$_RG_4$ H-400×200×8×13					
スパン $l(l_b)$		$l=4.8$ m ($l_b=4.8$ m)					
断面性能		$Z=1170$ cm³, $Z_f=974$ cm³, $Z_{jn}=945$ cm³, $A_{wn}=24.32$ cm², $i_y=4.56$ cm, $i=5.29$ cm (曲げ応力のための断面2次半径)					
横補剛の検定		$\lambda_y=\dfrac{l}{i_y}=\dfrac{480}{4.56}=105<170+20n=170$ 可 〔式 (5.89 a)〕					
幅厚比の検定		フランジ $\dfrac{b}{t}=7.7<9$, ウェブ $\dfrac{d}{t}=46.8<60$ 可 〔表 4.6〕					
設計応力		長期			短期		
		① 端	中央	② 端	① 端	中央	② 端
	M [kN·m]	15.7	15.9	29.2	55.1	22.0	56.5
	Q [kN]	29.1		34.7	43.0		48.6
許容曲げ応力度	$f_{b1}=\left[1-0.4\dfrac{(l_b/i)^2}{\Lambda^2}\right]f_t$ [kN/cm²]		12.0			18.0	
	$f_{b2}=\dfrac{8900A_f}{l_bh}$ [kN/cm²]		12.0			18.0	
	f_b [kN/cm²]		12.0			18.0	
曲げ応力度の検定	$\sigma_b=\dfrac{M}{Z}$ または $\dfrac{M}{Z_f}$ [kN/cm²]	1.61	1.36	3.00	5.66	1.88	5.80
	$\dfrac{\sigma_b}{f_b}\leqq 1$	0.31	0.11	0.25	0.31	0.10	0.32
せん断応力度の検定	$\tau=\dfrac{Q}{A_{wn}}$ [kN/cm²]	1.20		1.43	1.77		2.00
	$\dfrac{\tau}{f_s}\leqq 1$	0.13		0.16	0.13		0.15
継手部の検定	M_j [kN·m]		29.2			47.5	
	$\sigma_j=\dfrac{M_j}{Z_{jn}}$ [kN/cm²]		3.09			5.03	
	$\dfrac{\sigma_j}{f_b}\leqq 1$		0.26			0.28	

表 12.16 梁断面算定表 (4)

梁記号および仮定断面		$_2G_4$　　H－400×200×8×13					
ス パ ン （l_b）		$l=4.8$ m （$l_b=4.8$ m）					
断 面 性 能		$Z=1170$ cm^3, $Z_f=974$ cm^3, $Z_{jn}=945$ cm^3, $A_{wn}=24.32$ cm^2, $i_y=4.56$ cm, $i=5.29$ cm （曲げ応力のための断面2次半径）					
横補剛の検定		$\lambda_y=\dfrac{l}{i_y}=\dfrac{480}{4.56}=105<170+20n=170$　可　　〔式 (5.89 a)〕					
幅厚比の検定		フランジ $\dfrac{b}{t}=7.7<9$, ウェブ $\dfrac{d}{t}=46.8<60$　可　〔表 4.6〕					
設計応力		長　　期			短　　期		
		① 端	中 央	② 端	① 端	中 央	② 端
	M [kN·m]	17.9	13.7	26.7	116.6	25.4	102.1
	Q [kN]	28.2		31.8	64.5		68.1
許容曲げ応力度	$f_{b1}=\left[1-0.4\dfrac{(l_b/i)^2}{\wedge^2}\right]f_t$ [kN/cm^2]		12.0			18.0	
	$f_{b2}=\dfrac{8900A_f}{l_b h}$ [kN/cm^2]		12.0			18.0	
	f_b [kN/cm^2]		12.0			18.0	
曲げ応力度の検定	$\sigma_b=\dfrac{M}{Z}$ または $\dfrac{M}{Z_f}$ [kN/cm^2]	1.84	1.17	2.74	12.0	2.17	10.5
	$\dfrac{\sigma_b}{f_b}\leqq 1$	0.15	0.10	0.23	0.67	0.12	0.58
せん断応力度の検定	$\tau=\dfrac{Q}{A_{wn}}$ [kN/cm^2]	1.16		1.31	2.65		2.80
	$\dfrac{\tau}{f_s}\leqq 1$	0.13		0.14	0.20		0.21
継手部の検定	M_j [kN·m]		26.7			93.0	
	$\sigma_j=\dfrac{M_j}{Z_{jn}}$ [kN/cm^2]		2.83			9.84	
	$\dfrac{\sigma_j}{f_b}\leqq 1$		0.24			0.55	

図 12.20

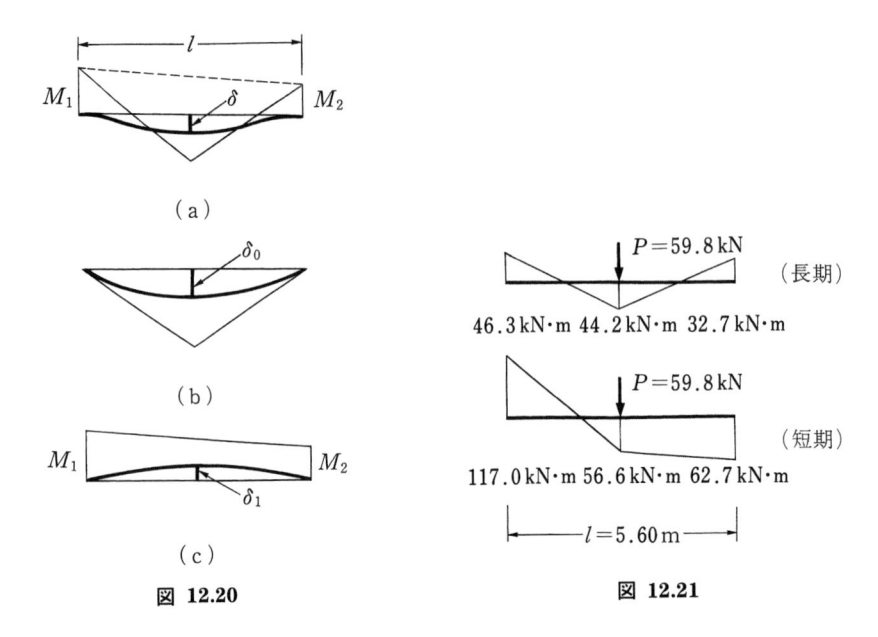

図 12.21

$$= 0.45 - 0.22 = 0.23 \text{ cm}$$

$$\frac{\delta}{l} = \frac{0.23}{560} = \frac{1}{2434} < \frac{1}{300}$$

単純梁と考えても $\dfrac{\delta}{l} = \dfrac{0.45}{560} = \dfrac{1}{1244}$ と小さく，とくに問題は生じない．

12.7　柱　の　設　計

柱の設計は以下の要項に従い検討する．

（i）　1階を対象に長期応力の比較的大きい隅柱 $_1C_1$ と，地震時応力の大きい $_1C_4$ について検定する．

（ii）　許容曲げ応力度は箱形断面であるので $f_b = f_t$ とおく（5.4.4項(ii)）．

（iii）　節点の水平移動が拘束されていないので，ラーメン柱の座屈長さ係数 γ を図4.19 より求め，座屈長さ l_k を柱の部材長さ h に対し $l_k = r \cdot h$ で与える．なお，図4.19より γ を求めるにあたり G_A，G_B は式 (4.60) を用いて算出するが，1階柱の柱脚は固定とみなし $G_B = 1.0$ とおく．

（iv）　せん断力については十分余裕があるので，ここではその検討を省略する．

（v）　応力検定は地震時においても柱に引張り力は生じないので，式 (6.13) を用いる．

表 12.17 柱断面算定表 (1)

柱記号および仮定断面		$_1C_1$ □−300×300×12			
部 材 長 さ h		$h=3.57$ m			
断 面 性 能		$A=138.24$ cm², $Z=1276$ cm³, $i=11.77$ cm			
幅 厚 比 の 検 定		$\dfrac{d}{t}=\dfrac{276}{12}=23<33$ 可 〔表 4.6〕			
		長　　期		短　　期	
	方　　向	x	y	x	y
設 計 応 力	N [kN]	160.5	160.5	225.8	239.8
	M [kN·m]	6.0	3.3	103.5	103.8
	Q [kN]	5.0	2.7	47.0	46.0
許容曲げ応力度	f_b [kN/cm²]	15.6		23.5	
許容圧縮応力度	G_A, G_B	2.63　1.0	2.26　1.0		
	γ	1.52	1.48		
	l_k [cm]	543	528		
	$\lambda=\dfrac{l_k}{i}$	46	45		
	f_c [kN/cm²]	13.8		20.7	
応 力 検 定	σ_b [kN/cm²], $\dfrac{\sigma_b}{f_b}$	0.47　0.03 (0.02)	0.26　0.02 (0.01)	8.11　0.35	8.13　0.35
	σ_c [kN/cm²], $\dfrac{\sigma_c}{f_c}$	1.16　0.08	1.16　0.08	1.63　0.08	1.73　0.08
	$\dfrac{\sigma_c}{f_c}+\dfrac{\sigma_{bx}}{f_{bx}}+\dfrac{\sigma_{by}}{f_{by}}\leq 1$	0.13	0.13	0.44	0.45

（　）内は短期の f_b で除した値

表 12.18 柱断面算定表 (2)

柱記号および仮定断面		$_1C_4$ □−300×300×12			
部 材 長 さ h		$h=3.57$ m			
断 面 性 能		$A=138.24$ cm², $Z=1276$ cm³, $i=11.77$ cm			
幅 厚 比 の 検 定		$\dfrac{d}{t}=\dfrac{276}{12}=23<33$ 可 〔表 4.6〕			
		長　　期		短　　期	
	方　　向	x	y	x	y
設 計 応 力	N [kN]	398.3	398.3	407.6	409.5
	M [kN·m]	0.8	0.6	118.1	118.0
	Q [kN]	0.6	0.5	53.6	54.4
許容曲げ応力度	f_b [kN/cm²]	15.6		23.5	
許容圧縮応力度	G_A, G_B	1.32　1.0	1.13　1.0		
	γ	1.36	1.33		
	l_k [cm]	486	475		
	$\lambda=\dfrac{l_k}{i}$	42	41		
	f_c [kN/cm²]	14.1		21.1	
応 力 検 定	σ_b [kN/cm²], $\dfrac{\sigma_b}{f_b}$	0.06　0.01 (0.00)	0.05　0.01 (0.00)	9.26　0.39	9.25　0.39
	σ_c [kN/cm²], $\dfrac{\sigma_c}{f_c}$	2.88　0.20	2.88　0.20	2.95　0.14	2.96　0.14
	$\dfrac{\sigma_c}{f_c}+\dfrac{\sigma_{bx}}{f_{bx}}+\dfrac{\sigma_{by}}{f_{by}}\leq 1$	0.22	0.22	0.53	0.53

（　）内は短期の f_b で除した値

12.8 接合部の設計

本設計例はルート2で設計されるため，接合部は保有耐力接合が要求される．

12.8.1 梁継手

(1) 許容応力度設計

1) 使用材料

　　梁　部　材　　H－400×200×8×13
　　フランジ継手板　PL－9×200（外側），2PL－12×70（内側）
　　ウェブ継手板　　2PL－9×260
　　高力ボルト　　　F10T・M20

2) フランジ継手の設計

母材の許容曲げモーメントに対して求める．式（9.15）より

$$M_n = Z_{fn} \cdot f_t = 945 \times 15.6 = 14742 \text{ kN·cm}$$

高力ボルト1本あたりの許容耐力は $R = 94.2$ kN であるから式（9.10）より

$$\text{所要ボルト本数}\quad n_f = \frac{M_n}{h \cdot R} = \frac{14742}{38.7 \times 94.2} = 4.1 \longrightarrow 6 \text{本}$$

継手板は式（9.12）に対し

　　フランジの有効断面積　　$A_{fn} = (20 - 2 \times 2.2) \times 1.3 = 20.28 \text{ cm}^2$

　　継手板の有効断面積
$$_F A_n = (20 - 2 \times 2.2) \times 0.9 + (7 - 2.2) \times 1.2 \times 2 = 25.56 \text{ cm}^2 > A_{fn} \qquad 可$$

3) ウェブ継手の設計

母材の許容せん断力に対して求める．式（9.16）よりボルト4本打ちとして

$$Q_n = A_{wn} \cdot f_s = (40 - 2 \times 1.3 - 4 \times 2.2) \times 0.8 \times 9.04 = 207 \text{ kN}$$

式（9.11）より

$$\text{所要ボルト本数}\quad n_w = \frac{Q_n}{R} = \frac{207}{94.2} = 2.2 < 4 \text{本} \qquad 可$$

継手板は式（9.13）に対し

　　ウェブの有効断面積
$$A_{wn} = (40 - 2 \times 1.3 - 4 \times 2.2) \times 0.8 = 22.88 \text{ cm}^2$$

　　継手板の有効断面積
$$_w A_n = (26 - 4 \times 2.2) \times 0.9 \times 2 = 30.96 \text{ cm}^2 > A_{wn} \qquad 可$$

また，ウェブ継手に曲げ負担を考慮したとき，ウェブへの曲げ伝達効率 φ を 0.4 として，ウェブの断面2次モーメントは $I_w = \dfrac{0.8 \times 37.4^2}{12} = 3490 \text{ cm}^4$ であるから，負担モーメントは $M_w = \varphi \dfrac{I_w}{I_x} M_n = 0.4 \times \dfrac{3490}{23500} \times 147.4 = 8.8 \text{ kN·m}$ となり，ウェブボルトに作用する最大応力は

$$q_{max} = \sqrt{\left(M_w \frac{y_m}{r_i^2}\right)^2 + \left(\frac{Q_n}{n_w}\right)^2} = \sqrt{\left(880 \times \frac{9}{2 \times (9^2 + 3^2)}\right)^2 + \left(\frac{207}{4}\right)^2}$$

$$= 67.9 \text{ kN} < R = 94.2 \text{ kN} \qquad 可$$

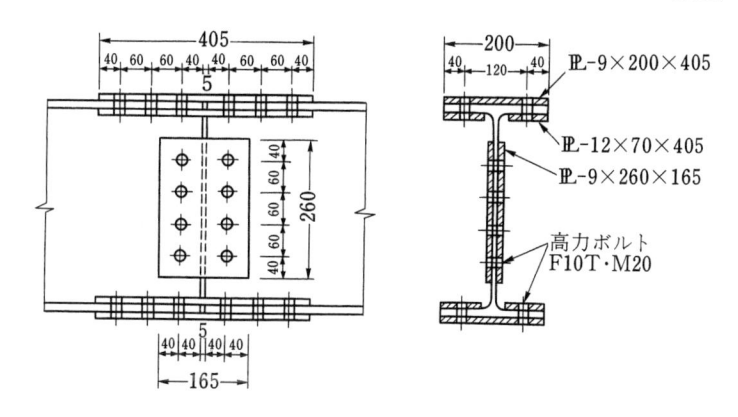

図 12.22

4) 継手板の剛性

継手板の剛性は式 (9.14) より

継手板の有効断面2次モーメント　　$_pI_n = 21200 \text{ cm}^4$

継手板の有効断面係数　　$_pZ_n = \dfrac{21200}{20.9} = 1010 \text{ cm}^3 > Z_{jn} = 945 \text{ cm}^3$　　　　可

よって梁継手は図 12.22 として設計される．

(2) 保有耐力接合の検討

本設計例は，梁継手の位置（柱心より 650）が塑性化領域（材端からスパンの 1/10 または梁せいの 2 倍以内）にあるので，保有耐力接合の条件（9.7 節）を満足しなければならない．

ここではスパン（$l = 4.8$ m）の短い y 方向ラーメンについて検討する．

1) 最大曲げ強さ　　梁材（H$-400 \times 200 \times 8 \times 13$）の全塑性モーメント $M_{px} = 308$ kN·m（付表 3.6）であるから

母材の最大曲げ強さ

$$M_{u1} = \left\{ A_{fn}(H - t_f) + \dfrac{1}{4}(H - 2t_f)^2 t_w - t_w d \sum l \right\} \sigma_u$$

$$= \left\{ 20.28 \times 38.7 + \dfrac{1}{4} \times 37.4^2 \times 0.8 - 0.8 \times 2.2 \times (6 + 18) \right\} \times 40$$

$$= 40900 \text{ kN·cm} = 409 \text{ kN·m}$$

フランジ継手板の最大曲げ強さ

$$M_{u2} = {}_FA_{n1} \cdot \sigma_u \cdot h_1 + {}_FA_{n2} \cdot \sigma_u \cdot h_2$$

$$= 14.04 + 40 \times 40.9 + 11.52 \times 40 \times 36.2 = 39600 \text{ kN·cm} = 396 \text{ kN·m}$$

フランジボルトの最大曲げ強さ

$$M_{u3} = 0.60 \cdot m \cdot n_f \cdot {}_fA_s \cdot (H - t_f) \cdot {}_f\sigma_u$$

$$= 0.60 \times 2 \times 6 \times 3.14 \times 38.7 \times 100 = 87500 \text{ kN·cm} = 875 \text{ kN·m}$$

フランジ端あきの最大曲げ強さ

$$M_{u4} = n_f \cdot e \cdot t (H - t_f) \cdot \sigma_u = 6 \times 4 \times 1.3 \times 38.7 \times 40 = 48300 \text{ kN·cm} = 483 \text{ kN·m}$$

フランジ継手板端あきの最大曲げ強さ

$$M_{u5} = n_f \cdot e (t_1 h_1 + t_2 h_2) \sigma_u$$

$$= 6 \times 4 \times (0.9 \times 40.9 + + 1.2 \times 36.2) \times 40 = 77000 \text{ kN·cm} = 770 \text{ kN·m}$$

うち最小値が継手の最大曲げ強さとなり，式 (9.51) に対して検討する．

$$M_u = M_{u2} = 396 \text{ kN·m} > 1.2 M_p = 1.2 \times 308 = 370 \text{ kN·m} \quad 可$$

2) 最大せん断強さ

ウェブの最大せん断強さ

$$Q_{u1} = A_{wn} \sigma_u / \sqrt{3} = 22.88 \times 40 / \sqrt{3} = 528 \text{ kN}$$

ウェブ継手の最大せん断強さ

$$Q_{u2} = {}_w A_n \sigma_u / \sqrt{3} = 30.96 \times 40 / \sqrt{3} = 715 \text{ kN}$$

ウェブボルトの最大せん断強さ

$$Q_{u3} = 0.60 \cdot m \cdot n_w \cdot {}_f A_s \cdot \sigma_u = 0.60 \times 2 \times 4 \times 3.14 \times 100 = 1500 \text{ kN}$$

うち最小値 $Q_{u1} = 528$ kN に対し式 (9.53) より検定する．

$$Q_u = 528 \text{ kN} \geq 1.4 \times \left(\frac{2M_p}{l} \right) = 1.4 \times \frac{2 \times 308}{4.8} = 180 \text{ kN} \quad 可$$

また，鉛直荷重時のせん断力 Q_L を考慮したとしても

$$Q_u = 528 \text{ kN} \geq 1.4 \times \left(\frac{2M_p}{l} + Q_L \right) = 1.4 \times (128 + 34.7) = 228 \text{ kN}$$

となり問題はない．

12.8.2 柱・梁接合部

(1) 許容応力度設計

1) 梁端部の検討

材端部の梁材および溶接については，12.6 節の大梁設計時において検定しているので，ここでは省略する．

2) ダイアフラムの検討

ダイアフラムは図 12.23(a) に示すように通しダイアフラムとし，その板厚（ここでは $t_d = 16$ mm）は梁フランジの板厚以上とする．また柱径とダイアフラム板厚の比 D/t_d （300/16＝19）

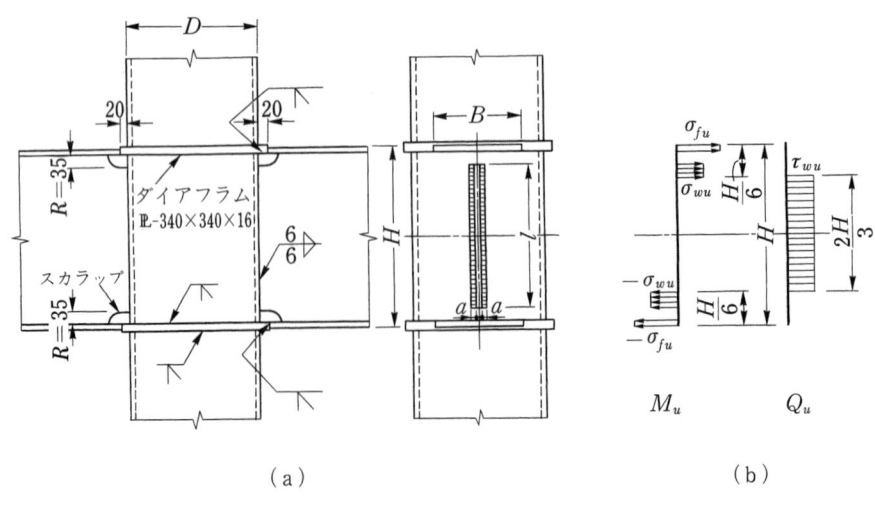

図 12.23

を箱形断面の幅厚比（表4.6の33）以下に押さえる．

3） パネルゾーンの検討

設計応力の大きい②通りの中柱について取り扱う．梁端の短期曲げモーメントはおのおの $_bM_1=102.1$ kN・m，$_bM_2=50.9$ kN・m であるから式（9.37）より

$$\frac{_bM_1+_bM_2}{2h_ch_bt_w}=\frac{10210+5090}{2\times28.8\times38.7\times2.4}=2.86 \text{ kN/cm}^2<f_s=9.04 \text{ kN/cm}^2 \qquad 可$$

（2） 保有耐力接合の検討

箱形断面柱とした場合，梁端接合部のウェブ部分は柱板の局部変形を考え，曲げ応力の伝達に対しては中立軸を中心に，梁せいの 2/3 は無効として曲げの最大強さを算出する．すなわち終局耐力時の曲げ応力度分布およびせん断応力度分布を図 12.23(b) のように考え，ウェブ中央部分はせん断力の伝達部分とみなす．

1) 曲げモーメントに対しては，梁材の全塑性モーメント $M_p=308$ kN・m に対し

　梁端の最大曲げ強さ

$$M_{u1}=A_f(H-t_f)\cdot\sigma_u+\left(\frac{H}{6}-t_f-R\right)\left(\frac{5H}{6}-t_f-R\right)t_w\cdot\sigma_u$$

$$=26\times(40-1.3)\times40+\left(\frac{40}{6}-1.3-3.5\right)\left(\frac{5\times40}{6}-1.3-3.5\right)\times0.8\times40$$

$$=41900 \text{ kN}\cdot\text{cm}=419 \text{ kN}\cdot\text{m}$$

　溶接部の最大曲げ強さ

$$M_{u2}=A_f(H-t_f)\cdot\sigma_u+\left(\frac{H}{6}-t_f-R\right)\left(\frac{5H}{6}-t_f-R\right)\cdot2a\cdot\sigma_u/\sqrt{3}$$

$$=26\times(40-1.3)\times40+\left(\frac{40}{6}-1.3-3.5\right)\left(\frac{5\times40}{6}-1.3-3.5\right)\times2\times0.42\times40/\sqrt{3}$$

$$=41300 \text{ kN}\cdot\text{cm}=413 \text{ kN}\cdot\text{m}$$

うち小さいほうの値を梁端部の最大曲げ強さとし，式（9.55）より

$$M_u=413 \text{ kN}\cdot\text{m}\geq1.3M_p=1.3\times308=400 \text{ kN}\cdot\text{m} \qquad 可$$

2) せん断力については，梁継手同様

　梁端の最大せん断強さ

$$Q_{u1}=\frac{2}{3}H\cdot t_w\cdot\sigma_u/\sqrt{3}=\frac{2}{3}\times40\times0.8\times40/\sqrt{3}=493 \text{ kN}$$

　溶接部の最大せん断強さ

$$Q_{u2}=\frac{2}{3}H\cdot2a\cdot\sigma_u/\sqrt{3}=\frac{2}{3}\times40\times2\times0.42\times40/\sqrt{3}=517 \text{ kN}$$

うち小さいほうの値を梁端部の最大せん断強さとし，式（9.53）より

$$Q_u=493 \text{ kN}\geq1.4\times\left(\frac{2M_p}{l}\right)=1.4\times\frac{2\times308}{4.8}=180 \text{ kN} \qquad 可$$

また梁継手同様，鉛直荷重時のせん断力を考慮したとしても $Q_u=493$ kN ≥228 kN でとくに問題はない．

以上，柱・梁接合部は保有耐力接合としての条件を満足している．

12.8.3 柱　　　脚

柱脚は埋込み形柱脚（埋込み深さ $d=80$ cm $>2D=60$ cm）とする．

(1) 許容応力度設計

②通りの中柱について取り扱う．設計応力は

長期軸力　　$N=401.5$ kN,　　短期曲げモーメント　　$M=118$ kN·m

短期せん断力　　$Q=54.4$ kN

せん断力は柱の側圧で直接基礎コンクリートに伝達するものとみなす．

軸力はベースプレートの寸法を $370\times370\times19$（SN 400）とすれば

$$\frac{N}{bD}=\frac{401.5\times10^3}{370\times370}=2.93 \text{ N/mm}^2 < f_c = 7 \text{ N/mm}^2 \qquad 可$$

（コンクリートの長期許容圧縮応力度）

曲げに対しては後述の保有耐力接合と同様に考えればよいが，ここでは柱フランジからの応力伝達を考慮して，スタッドボルトの取付けを検討しておく．設計は安全側に柱フランジの降伏応力に対して行う．

柱フランジの降伏応力

$$N_f = A_f \cdot \sigma_y = 30\times1.2\times23.5 = 846 \text{ kN}$$

スタッドボルト1本あたりのせん断耐力 q_s は場所打ちコンクリートと考え，使用スタッドの寸法を $\phi19$（軸断面積 ${}_{sc}a=283$ mm²）とすれば

$$q_s = 0.5 {}_{sc}a\sqrt{F_c \cdot E_c}$$
$$= 0.5\times283\times\sqrt{21\times21700}$$
$$= 95500 \text{ N} = 95.5 \text{ kN}$$

ここに　F_c：コンクリートの設計基準強度，

　　　　E_c：コンクリートのヤング係数

したがって，スタッドボルトの所要本数 n_b は

$$n_b = \frac{N_f}{q_s} = \frac{846}{95.5} = 8.9 \longrightarrow 10 \text{ 本}$$

なお，アンカーボルトは 4-M 20（SS 400）とするが応力は負担せず，ベースプレートと併せ鉄骨建方時の応力のみ負担すればよいものとする．柱脚部を図 12.24 に示す．

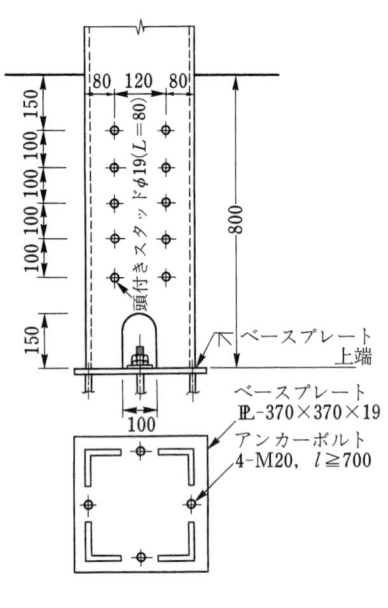

図 12.24

(2) 保有耐力接合の検討

埋込み柱脚の終局耐力時の鉄骨柱と基礎コンクリートの支圧応力状態を，図 12.25 に示すように考える．要求される最大強さは，柱の全塑性モーメント M_p

$$M_p = A_f(H-t)\cdot F + \frac{1}{4}A_w(H-2t)\cdot F$$
$$= 36\times(30-1.2)\times23.5 + \frac{1}{4}\times66.24$$
$$\quad \times(30-2\times1.2)\times23.5$$
$$= 35100 \text{ kN·cm} = 351 \text{ kN·m}$$

に対し，せん断強さは式 (9.54) より

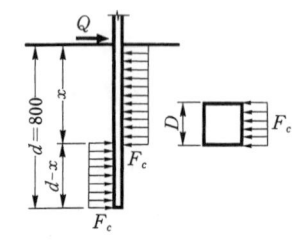

図 12.25

$$Q_u' = 1.3 \left(\frac{2M_p}{h}\right) = 1.3 \times \frac{2 \times 351}{3.57} = 255 \text{ kN}$$

また曲げ強さは式 (9.55) より

$$M_u' = 1.3 M_p = 1.3 \times 351 = 456 \text{ kN·m}$$

である．したがって，図 12.25 において $Q = Q_u'$ としてつり合いを求めると

$$DxF_c - D(d-x)F_c - Q_u' = 0$$

より，基礎コンクリート上面から支圧応力の反転位置までの距離 x は

$$x = \frac{1}{2}\left(d + \frac{Q_u'}{DF_c}\right) = \frac{1}{2} \times \left(80 + \frac{255}{30 \times 2.1}\right) = 42.0 \text{ cm}$$

で与えられる．これよりベースプレート上面での曲げモーメントは

$$M_u = Dx\left(d - \frac{x}{2}\right) \cdot F_c - \frac{1}{2}D(d-x)^2 \cdot F_c - Q_u' \cdot d$$

$$= 30 \times 42.0 \times \left(80 - \frac{42.0}{2}\right) \times 2.1 - \frac{1}{2} \times 30 \times (80-42.0)^2 \times 2.1 - 255 \times 80$$

$$= 90200 \text{ kN·cm} = 902 \text{ kN·m} > M_u' = 1.3 M_p \qquad 可$$

12.9 層間変形角・剛性率・偏心率の検討

（1） 層間変形角・剛性率

図 12.26 に示す層間変形角 γ および剛性率 R_s の検討は次式による．

$$\gamma = \frac{\delta}{h} = \frac{Q_{ud}}{\sum D} \cdot \frac{h}{12EK_0} \leq 1/200$$

$$R_s = \frac{r_s}{\bar{r}_s} \geq 0.6$$

ここに　K_0：標準剛度，r_s：層間変形角の逆数 $(1/\gamma)$，$\bar{r}_s$：全階の r_s の相加平均

結果を表 12.19 に示す．

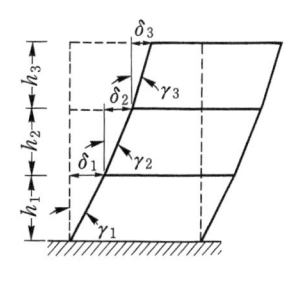

図 12.26

表 12.19 層間変形角および剛性率

方向	階	層間変形角					剛性率			
		h [cm]	Q_{ud} [kN]	$\sum D$	γ	判定	$r_s=\dfrac{1}{\gamma}$	$\bar{r}_s$	$R_s=\dfrac{r_s}{\bar{r}_s}$	判定
x	3	333	484	7.72	1/647	<1/200 可	647	491	1.32	>0.6 可
	2	330	768	7.72	1/411		411		0.84	
	1	357	971	10.64	1/415		415		0.85	
y	3	333	484	8.10	1/679	<1/200 可	679	515	1.32	>0.6 可
	2	330	768	8.20	1/437		437		0.85	
	1	357	971	11.00	1/429		429		0.83	

標準剛度：$K_0=53.6\,\text{cm}^3$

（2） 偏心率

1階における重心 $G(g_x, g_y)$ は図 12.12 より y 方向のみ非対称であるから

$$g_x = 1120\,\text{cm}, \qquad g_y = \frac{\sum(N\cdot y)}{\sum N} = \frac{4032288}{5601.2} = 719.9\,\text{cm}$$

剛心 $K(k_x, k_y)$ は x 方向，y 方向ともおのおの等剛性のラーメンであるから

$$k_x = 1120\,\text{cm}, \qquad k_y = 720\,\text{cm}$$

重心 G と剛心 K との距離（偏心距離）e_x，e_y は図 12.27 に対し

$$e_x = k_x - g_x = 0, \qquad e_y = k_y - g_y = 0.1\,\text{cm}$$

とごくわずかで，これは 2 階についても同じ状況にあり，偏心率の検討は省略できる．

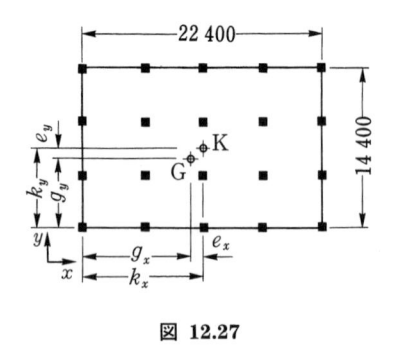

図 12.27

12.10 そ の 他

構造計算としてはほかに，基礎および基礎梁の設計，床面筋違の設計，階段の設計などを行うが，ここでは省略する．最後に鉄骨詳細図を図 12.28 に示す．

12.10 その他　209

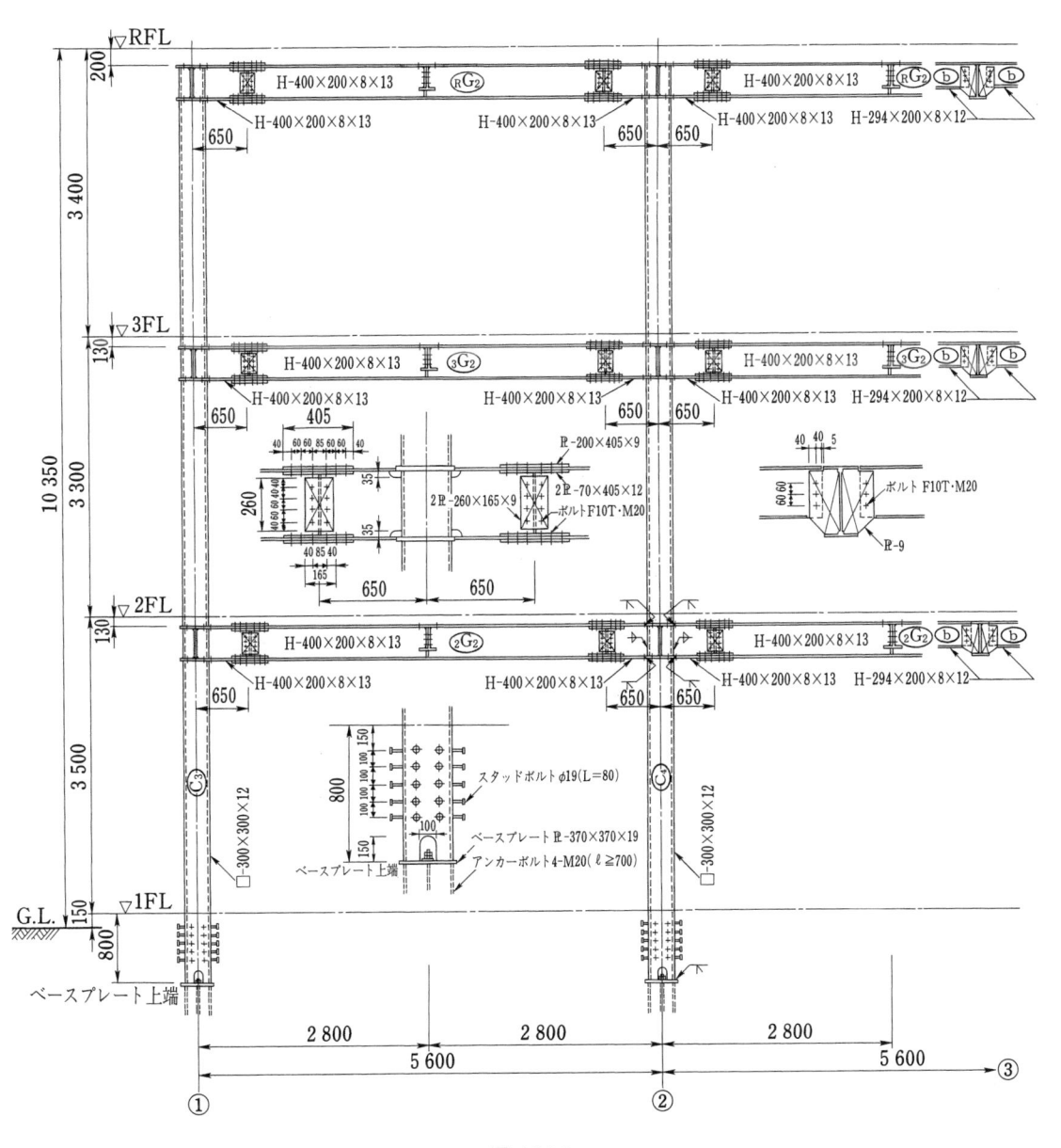

図 12.28

参 考 文 献

1) B. Bresler, T. Y. Lin & T. B. Scalzi, "Design of Steel Structures", John Wiley & Sons, Inc., 1968
2) T. V. Galambos, "Guide to Stability Design Criteria for Metal Structures", Fifth Edition, 1998
3) Timoshenko & Goodier, "Theory of Elasticity", McGraw-Hill February, 1951
4) Timoshenko & Gere, "Theory of Elastic Stability", McGraw-Hill
5) Kollbrunner & Barsler, "Torsion in Structures", Springler
6) T. V. Galambos, "Structural Members and Frames", Prentice-Hall
7) ブライヒ著,池辺宗蕉ほか訳「鉄骨構造 上下巻 5版」コロナ社,1961年
8) 藤本盛久編「鉄骨の構造設計 第2版」技報堂,1982年
9) 鋼材倶楽部編「新しい建築構造用鋼材」鋼構造出版,1998年
10) 大和久重雄「JIS鉄鋼材料入門」大河出版,1978年
11) 加藤 勉「鉄骨構造」建築構造学大系18,彰国社,1971年
12) 五十嵐定義,坂本 順「鉄骨構造学」朝倉書店,1972年
13) 椋代仁朗,黒羽啓明「鉄骨構造 第3版」森北出版,1983年
14) 若林 実「鉄骨の設計」共立出版,1968年
15) 村内 明,古谷 勉「わかりやすい鉄骨構造の設計」理工図書,2002年
16) 金多 潔,甲津功夫,吹田啓一郎「これからの鉄骨構造」学芸出版社,2001年
17) 渡辺正紀,佐藤邦彦「溶接力学とその応用」朝倉書店
18) 長柱研究委員会「弾性安定要覧」コロナ社
19) ウラソフ著,奥村敏恵訳「薄肉弾性はりの理論」技報堂
20) 日本建築学会「鋼構造塑性設計指針」1975年
21) 日本建築学会「鋼構造座屈設計指針」1980年
22) 日本建築学会「建築耐震設計における保有耐力と変形性能」1981年
23) 日本建築学会「建築物荷重指針・同解説」1994年4
24) 日本建築学会「鋼構造限界状態設計指針・同解説」1998年
25) 日本建築学会「鋼構造限界状態設計指針・設計例」2002年
26) 日本建築学会「鋼構造接合部設計指針」2001年
27) 日本建築学会「鋼構造設計規準・同解説」2002年
28) 日本建築学会「構造用教材」1995年
29) 国土交通省住宅局建築指導課他編「2001年版建築物の構造関係技術基準解説書」2001年
30) 柴田明徳「最新耐震構造解析」森北出版,1981年

付 表

1. 鋼材の許容応力度

付表 1.1 $F=235 \text{ N/mm}^2$ 鋼材の長期応力に対する許容圧縮応力度 f_c [N/mm²] [式 (4.54) による] (SN 400 A・B・C, SS 400, SM 400, STK 400, STKR 400, SSC 400, STKN 400, SWH 400, $t \leq 40$ mm)

λ	f_c	λ	f_c	λ	f_c	λ	f_c	λ	f_c
1	156	51	134	101	85.1	151	40.9	201	23.1
2	156	52	133	102	84.1	152	40.4	202	22.8
3	156	53	132	103	83.0	153	39.9	203	22.6
4	156	54	132	104	81.9	154	39.3	204	22.4
5	156	55	131	105	80.8	155	38.8	205	22.2
6	156	56	130	106	79.8	156	38.3	206	22.0
7	156	57	129	107	78.7	157	37.8	207	21.7
8	156	58	128	108	77.6	158	37.4	208	21.5
9	155	59	127	109	76.5	159	36.9	209	21.3
10	155	60	126	110	75.5	160	36.4	210	21.1
11	155	61	125	111	74.4	161	36.0	211	20.9
12	155	62	124	112	73.3	162	35.5	212	20.7
13	155	63	124	113	72.3	163	35.1	213	20.5
14	154	64	123	114	71.2	164	34.7	214	20.3
15	154	65	122	115	70.1	165	34.3	215	20.2
16	154	66	121	116	69.1	166	33.8	216	20.0
17	154	67	120	117	68.0	167	33.4	217	19.8
18	153	68	119	118	66.9	168	33.0	218	19.6
19	153	69	118	119	65.9	169	32.7	219	19.4
20	153	70	117	120	64.8	170	32.3	220	19.2
21	152	71	116	121	63.7	171	31.9	221	19.1
22	152	72	115	122	62.7	172	31.5	222	18.9
23	151	73	114	123	61.7	173	31.2	223	18.7
24	151	74	113	124	60.7	174	30.8	224	18.6
25	151	75	112	125	59.7	175	30.5	225	18.4
26	150	76	111	126	58.8	176	30.1	226	18.2
27	150	77	110	127	57.9	177	29.8	227	18.1
28	149	78	109	128	57.0	178	29.4	228	17.9
29	149	79	108	129	56.1	179	29.1	229	17.8
30	148	80	107	130	55.2	180	28.8	230	17.6
31	148	81	106	131	54.4	181	28.5	231	17.5
32	147	82	105	132	53.6	182	28.1	232	17.3
33	146	83	104	133	52.8	183	27.8	233	17.2
34	146	84	103	134	52.0	184	27.5	234	17.0
35	145	85	102	135	51.2	185	27.2	235	16.9
36	145	86	101	136	50.5	186	26.9	236	16.7
37	144	87	100	137	49.7	187	26.7	237	16.6
38	143	88	99.0	138	49.0	188	26.4	238	16.4
39	143	89	98.0	139	48.3	189	26.1	239	16.3
40	142	90	96.9	140	47.6	190	25.8	240	16.2
41	141	91	95.9	141	46.9	191	25.6	241	16.0
42	141	92	94.8	142	46.3	192	25.3	242	15.9
43	140	93	93.7	143	45.6	193	25.0	243	15.8
44	139	94	92.7	144	45.0	194	24.8	244	15.6
45	139	95	91.5	145	44.4	195	24.5	245	15.5
46	138	96	90.5	146	43.8	196	24.3	246	15.4
47	137	97	89.4	147	43.2	197	24.0	247	15.3
48	136	98	88.4	148	42.6	198	23.8	248	15.1
49	136	99	87.3	149	42.0	199	23.5	249	15.0
50	135	100	86.2	150	41.5	200	23.3	250	14.9

日本建築学会：鋼構造設計規準，付録より抜すい．

付表 1.2 $F=325$ N/mm^2 鋼材の長期応力に対する許容圧縮応力度 f_c [N/mm^2]〔式（4.54）による〕
(SN 490 B・C, SM 490, SM 490 Y, STK 490, STKR 490, STKN 490, $t \leq 40$ mm)

λ	f_c	λ	f_c	λ	f_c	λ	f_c	λ	f_c
1	216	51	175	101	91.4	151	40.9	201	23.1
2	216	52	173	102	89.7	152	40.4	202	22.8
3	216	53	172	103	88.0	153	39.9	203	22.6
4	216	54	170	104	86.3	154	39.3	204	22.4
5	216	55	169	105	84.7	155	38.8	205	22.2
6	216	56	167	106	83.1	156	38.3	206	22.0
7	215	57	166	107	81.5	157	37.8	207	21.7
8	215	58	164	108	80.0	158	37.4	208	21.5
9	215	59	163	109	78.6	159	36.9	209	21.3
10	214	60	161	110	77.1	160	36.4	210	21.1
11	214	61	160	111	75.8	161	36.0	211	20.9
12	214	62	158	112	74.4	162	35.5	212	20.7
13	213	63	156	113	73.1	163	35.1	213	20.5
14	213	64	155	114	71.8	164	34.7	214	20.3
15	212	65	153	115	70.6	165	34.3	215	20.2
16	212	66	151	116	69.4	166	33.8	216	20.0
17	211	67	150	117	68.2	167	33.4	217	19.8
18	211	68	148	118	67.0	168	33.0	218	19.6
19	210	69	146	119	65.9	169	32.7	219	19.4
20	209	70	145	120	64.8	170	32.3	220	19.2
21	209	71	143	121	63.7	171	31.9	221	19.1
22	208	72	141	122	62.7	172	31.5	222	18.9
23	207	73	140	123	61.7	173	31.2	223	18.7
24	206	74	138	124	60.7	174	30.8	224	18.6
25	205	75	136	125	59.7	175	30.5	225	18.4
26	205	76	135	126	58.8	176	30.1	226	18.2
27	204	77	133	127	57.9	177	29.8	227	18.1
28	203	78	131	128	57.0	178	29.4	228	17.9
29	202	79	129	129	56.1	179	29.1	229	17.8
30	201	80	128	130	55.2	180	28.8	230	17.6
31	200	81	126	131	54.4	181	28.5	231	17.5
32	199	82	124	132	53.5	182	28.1	232	17.3
33	198	83	122	133	52.8	183	27.8	233	17.2
34	197	84	121	134	52.0	184	27.5	234	17.0
35	196	85	119	135	51.2	185	27.2	235	16.9
36	195	86	117	136	50.5	186	26.9	236	16.7
37	193	87	115	137	49.7	187	26.7	237	16.6
38	192	88	114	138	49.0	188	26.4	238	16.4
39	191	89	112	139	48.3	189	26.1	239	16.3
40	190	90	110	140	47.6	190	25.8	240	16.2
41	189	91	108	141	46.9	191	25.6	241	16.0
42	187	92	107	142	46.3	192	25.3	242	15.9
43	186	93	105	143	45.6	193	25.0	243	15.8
44	185	94	103	144	45.0	194	24.8	244	15.6
45	183	95	101	145	44.4	195	24.5	245	15.5
46	182	96	100	146	43.8	196	24.3	246	15.4
47	181	97	98.4	147	43.2	197	24.0	247	15.3
48	179	98	96.6	148	42.6	198	23.8	248	15.1
49	178	99	94.9	149	42.0	199	23.5	249	15.0
50	176	100	93.2	150	41.5	200	23.3	250	14.9

日本建築学会：鋼構造設計規準，付録より抜すい．

付図 1.1 $F=235\,\text{N/mm}^2$ 鋼材の長期応力に対する許容曲げ応力度 f_b [N/mm²]〔式 (5.66 b), (5.67) による〕(SN 400 A・B・C, SS 400, SM 400, STK 400, STKR 400, SSC 400, STKN 400, SWH 400, $t \leq 40\,\text{mm}$)（日本建築学会：鋼構造設計規準, 付録より抜粋）

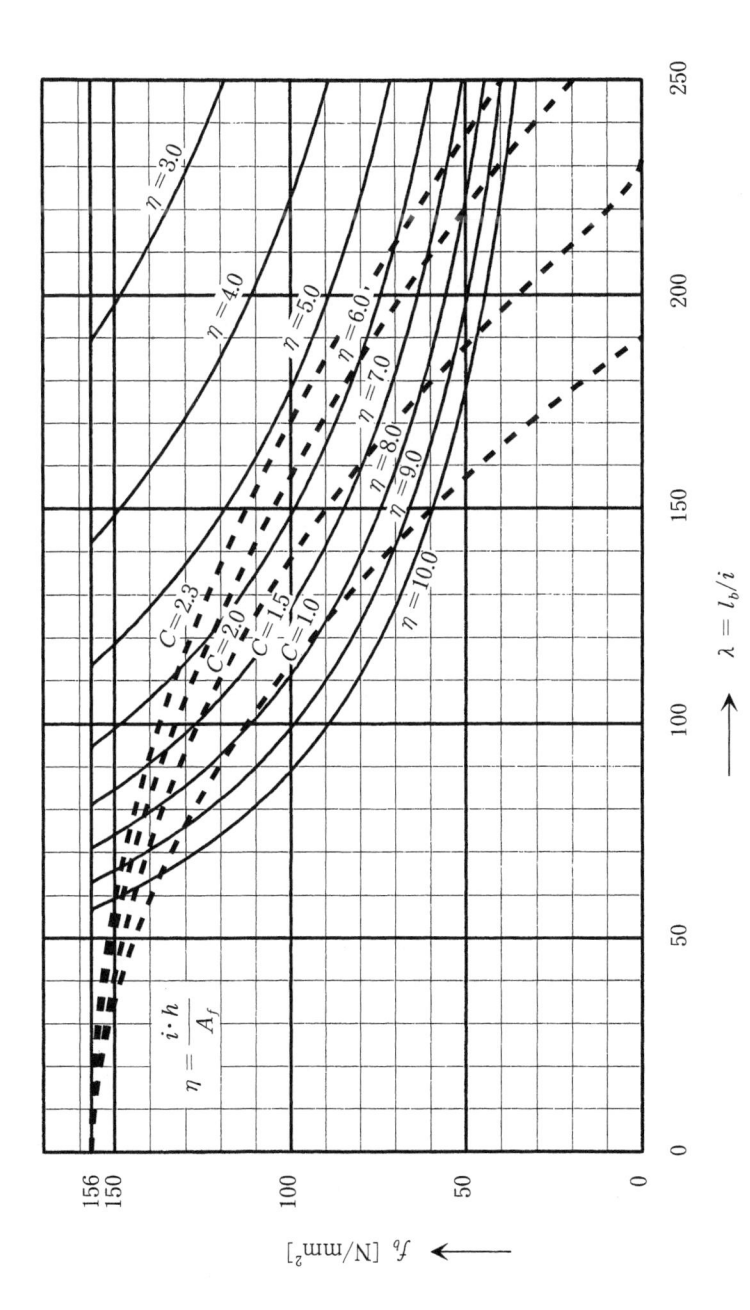

2. 鋼材の機械的性質

付表 2.1 建築構造用圧延鋼材 (JIS G 3136-1994)

種類の記号	降伏点または耐力 [N/mm²] 鋼材の厚さ [mm]					引張強さ [N/mm²]	降伏比 [%] 鋼材の厚さ [mm]					伸び [%] 鋼材の厚さ [mm]			
	6以上 12未満	12以上 16未満	16	16を超え 40以下	40を超え 100以下		6以上 12未満	12以上 16未満	16	16を超え 40以下	40を超え 100以下	1A号試験片 6以上 16以下	1A号試験片 16を超え 50以下	1A号試験片 鋼材の厚さ [mm]	4号試験片 40を超え 100以下
SN400A	235以上	235以上	235以上	235以上	215以上	400以上 510以下	—	—	—	—	—	16以上	—	—	23以上
SN400B	235以上	235以上 355以下	235以上 355以下	235以上 355以下	215以上 335以下	400以上 510以下	—	80以下	80以下	80以下	80以下	17以上	21以上	22以上	24以上
SN400C	該当なし	該当なし	235以上 355以下	235以上 355以下	215以上 335以下		該当なし	該当なし	80以下	80以下	80以下	18以上			
SN490B	325以上	325以上 445以下	325以上 445以下	325以上 445以下	295以上 415以下	490以上 610以下	—	80以下	80以下	80以下	80以下	17以上	21以上		23以上
SN490C	該当なし	該当なし	325以上 445以下	325以上 445以下	295以上 415以下		該当なし	該当なし	80以下	80以下	80以下				

付表 2.2 一般構造用圧延鋼材（JIS G 3101-1995）

種類の記号	降伏点または耐力 [N/mm²] 鋼材の厚さ1)[mm]			引張強さ [N/mm²]	鋼材の厚さ1) [mm]	引張試験片	伸び [%]	曲げ性		試験片
	16以下	16を超え40以下	40を超えるもの					曲げ角度	内側半径	
SS330	205以上	195以上	175以上	330〜430	鋼板，鋼帯，平鋼の厚さ5以下	5号	26以上	180°	厚さの0.5倍	1号
					鋼板，鋼帯，平鋼の厚さ5を超え16以下	1A号	21以上			
					鋼板，鋼帯，平鋼の厚さ16を超え50以下	1A号	26以上			
					鋼板，平鋼の厚さ40を超えるもの	4号	28以上			
					棒鋼の径，辺または対辺距離25以下	2号	25以上	180°	径，辺または対辺距離の0.5倍	2号
					棒鋼の径，辺または対辺距離25を超えるもの	3号	30以上			
SS400	245以上	235以上	215以上	400〜510	鋼板，鋼帯，平鋼，形鋼の厚さ5以下	5号	21以上	180°	厚さの1.5倍	1号
					鋼板，鋼帯，平鋼，形鋼の厚さ5を超え16以下	1A号	17以上			
					鋼板，鋼帯，平鋼，形鋼の厚さ16を超え50以下	1A号	21以上			
					鋼板，平鋼，形鋼の厚さ40を超えるもの	4号	23以上			
					棒鋼の径，辺または対辺距離25以下	2号	20以上	180°	径，辺または対辺距離の1.5倍	2号
					棒鋼の径，辺または対辺距離25を超えるもの	3号	24以上			
SS490	285以上	275以上	255以上	490〜610	鋼板，鋼帯，平鋼，形鋼の厚さ5以下	5号	19以上	180°	厚さの2.0倍	1号
					鋼板，鋼帯，平鋼，形鋼の厚さ5を超え16以下	1A号	15以上			
					鋼板，鋼帯，平鋼，形鋼の厚さ16を超え50以下	1A号	19以上			
					鋼板，平鋼，形鋼の厚さ40を超えるもの	4号	21以上			
					棒鋼の径，辺または対辺距離25以下	2号	18以上	180°	径，辺または対辺距離の2.0倍	2号
					棒鋼の径，辺または対辺距離25を超えるもの	3号	21以上			
SS540	400以上	390以上	—	540以上	鋼板，鋼帯，平鋼，形鋼の厚さ5以下	5号	16以上	180°	厚さの2.0倍	1号
					鋼板，鋼帯，平鋼，形鋼の厚さ5を超え16以下	1A号	13以上			
					鋼板，鋼帯，平鋼，形鋼の厚さ16を超え50以下	1A号	17以上			
					棒鋼の径，辺または対辺距離25以下	2号	13以上	180°	径，辺または対辺距離の2.0倍	2号
					棒鋼の径，辺または対辺距離25を超えるもの	3号	17以上			

付表 2.3 溶接構造用圧延鋼材（JIS G 3101-1999）

種類の記号	降伏点または耐力 [N/mm²]						引張強さ [N/mm²]		伸び		
	鋼材の厚さ[mm]						鋼材の厚さ[mm]		鋼材の厚さ[mm]	試験片	%
	16以下	16を超え40以下	40を超え75以下	75を超え100以下	100を超え160以下	160を超え200以下	100以下	100を超え200以下			
SM400A SM400B	245以上	235以上	215以上	215以上	205以上	195以上	400〜510	400〜510	5以下	5号	23以上
									5を超え16以下	1A号	18以上
SM400C					—	—			16を超え50以下	1A号	22以上
									40を超えるもの	4号	24以上
SM490A SM490B	325以上	315以上	295以上	295以上	285以上	275以上	490〜610	490〜610	5以下	5号	22以上
									5を超え16以下	1A号	17以上
SM490C					—	—			16を超え50以下	1A号	21以上
									40を超えるもの	4号	23以上
SM490YA SM490YB	365以上	355以上	335以上	325以上	—	—	490〜610	—	5以下	5号	19以上
									5を超え16以下	1A号	15以上
									16を超え50以下	1A号	19以上
									40を超えるもの	4号	21以上
SM520B SM520C	365以上	355以上	335以上	325以上	—	—	520〜640	—	5以下	5号	19以上
									5を超え16以下	1A号	15以上
									16を超え50以下	1A号	19以上
									40を超えるもの	4号	21以上
SM570	460以上	450以上	430以上	420以上	—	—	570〜720	—	16以下	5号	19以上
									16を超えるもの	5号	26以上
									20を超えるもの	4号	20以上

付表 2.4 一般構造用軽量形鋼（JIS G 3350-1987）

種類の記号	降伏点 [N/mm²]	引張強さ [N/mm²]	伸び		
			厚さ [mm]	試験片	%
SSC400	245以上	400〜540	5以下	5号	21以上
			5を超えるもの	1A号	17以上

3. 平鋼・形鋼の標準断面寸法，断面性能

付表 3.1 平鋼の標準断面寸法，その他（JIS G 3194-1966）

厚さ [mm]	幅 [mm]	断面積 [cm²]	単位重量 [kg/m]	厚さ [mm]	幅 [mm]	断面積 [cm²]	単位重量 [kg/m]	厚さ [mm]	幅 [mm]	断面積 [cm²]	単位重量 [kg/m]	厚さ [mm]	幅 [mm]	断面積 [cm²]	単位重量 [kg/m]
4.5	25	1.125	0.88	9	180	16.20	12.7	16	300	48.00	37.7	25	180	45.00	35.3
4.5	32	1.440	1.13	9	200	18.00	14.1	19	38	7.220	5.67	25	200	50.00	39.2
4.5	38	1.710	1.34	9	230	20.70	16.2	19	44	8.360	6.56	25	230	57.50	45.1
4.5	44	1.980	1.55	9	250	22.50	17.7	19	50	9.500	7.46	25	250	62.50	49.1
4.5	50	2.250	1.77	12	25	3.000	2.36	19	65	12.35	9.69	25	280	70.00	55.0
6	25	1.500	1.18	12	32	3.840	3.01	19	75	14.25	11.2	25	300	75.00	58.9
6	32	1.920	1.51	12	38	4.560	3.58	19	90	17.10	13.4	28	100	28.00	22.0
6	38	2.280	1.79	12	44	5.280	4.14	19	100	19.00	14.9	28	125	35.00	27.5
6	44	2.640	2.07	12	50	6.000	4.71	19	125	23.75	18.6	28	150	42.00	33.0
6	50	3.000	2.36	12	65	7.800	6.12	19	150	28.50	22.4	28	180	50.40	39.6
6	65	3.900	3.06	12	75	9.000	7.06	19	180	34.20	26.8	28	200	56.00	44.0
6	75	4.500	3.53	12	90	10.80	8.48	19	200	38.00	29.8	28	230	64.40	50.6
6	90	5.400	4.24	12	100	12.00	9.42	19	230	43.70	34.3	28	250	70.00	55.0
6	100	6.000	4.71	12	125	15.00	11.8	19	250	47.50	37.3	28	280	78.40	61.5
6	125	7.500	5.89	12	150	18.00	14.1	19	280	53.20	41.8	28	300	84.00	65.9
8	25	2.000	1.57	12	180	21.60	17.0	19	300	57.00	44.7	32	100	32.00	25.1
8	32	2.560	2.01	12	200	24.00	18.8	22	50	11.00	8.64	32	125	40.00	31.4
8	38	3.040	2.39	12	230	27.60	21.7	22	65	14.30	11.2	32	150	48.00	37.7
8	44	3.520	2.76	12	250	30.00	23.6	22	75	16.50	13.0	32	180	57.60	45.2
8	50	4.000	3.14	12	280	33.60	26.4	22	90	19.80	15.5	32	200	64.00	50.2
8	65	5.200	4.08	12	300	36.00	28.3	22	100	22.00	17.3	32	230	73.60	57.8
8	75	6.000	4.71	16	32	5.120	4.02	22	125	27.50	21.6	32	250	80.00	62.8
8	90	7.200	5.65	16	38	6.080	4.77	22	150	33.00	25.9	32	280	89.60	70.3
8	100	8.000	6.28	16	44	7.040	5.53	22	180	39.60	31.1	32	300	96.00	75.4
8	125	10.00	7.85	16	50	8.000	6.28	22	200	44.00	34.5	36	100	36.00	28.3
9	25	2.250	1.77	16	65	10.40	8.16	22	230	50.60	39.7	36	125	45.00	35.3
9	32	2.880	2.26	16	75	12.00	9.42	22	250	55.00	43.2	36	150	54.00	42.4
9	38	3.420	2.68	16	90	14.40	11.3	22	280	61.60	48.4	36	180	64.80	50.9
9	44	3.960	3.11	16	100	16.00	12.6	22	300	66.00	51.8	36	200	72.00	56.5
9	50	4.500	3.53	16	125	20.00	15.7	25	50	12.50	9.81	36	230	82.80	65.0
9	65	5.850	4.59	16	150	24.00	18.8	25	65	16.25	12.8	36	250	90.00	70.6
9	75	6.750	5.30	16	180	28.80	22.6	25	75	18.75	14.7	36	280	100.8	79.1
9	90	8.100	6.36	16	200	32.00	25.1	25	90	22.50	17.7	36	300	108.0	84.8
9	100	9.000	7.06	16	230	36.80	28.9	25	100	25.00	19.6				
9	125	11.25	8.83	16	250	40.00	31.4	25	125	31.25	24.5				
9	150	13.50	10.6	16	280	44.80	35.2	25	150	37.50	29.4				

標準長さ　3.5, 4.0, 4.5, 5.0, 5.5, 6.0, 6.5, 7.0, 8.0, 9.0, 10.0, 11.0, 12.0, 13.0, 14.0, 15.0 m

付表 3.2 等辺山形鋼の標準断面寸法, その他 (JIS G 3192-1990)

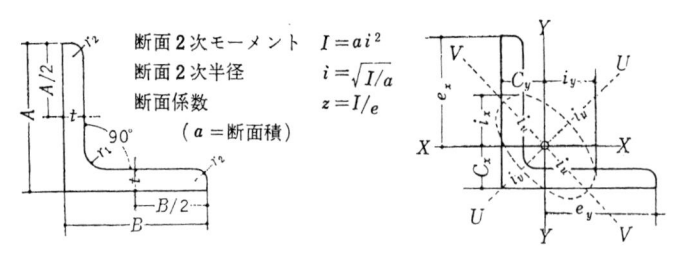

断面2次モーメント $I=ai^2$
断面2次半径 $i=\sqrt{I/a}$
断面係数 $z=I/e$
(a=断面積)

標準断面寸法 [mm]				断面積 [cm²]	単位重量 [kg/m]	断面2次モーメント [cm⁴]			断面2次半径 [cm]			断面係数 [cm³]	重心 [cm]
$A \times B$	t	r_1	r_2			$I_x=I_y$	I_u	I_v	$i_x=i_y$	i_u	i_v	$Z_x=Z_y$	$C_x=C_y$
25× 25	3	4	2	1.427	1.12	0.797	1.26	0.322	0.747	0.940	0.483	0.448	0.719
30× 30	3	4	2	1.727	1.36	1.42	2.26	0.590	0.908	1.14	0.585	0.661	0.844
40× 40	3	4.5	2	2.336	1.83	3.53	5.60	1.46	1.23	1.55	0.790	1.21	1.09
40× 40	5	4.5	3	3.755	2.95	5.42	8.59	2.25	1.20	1.51	0.774	1.91	1.17
45× 45	4	6.5	3	3.492	2.74	6.50	10.3	2.70	1.36	1.72	0.880	2.00	1.24
45× 45	5	6.5	3	4.302	3.38	7.91	12.5	3.29	1.36	1.71	0.874	2.46	1.28
50× 50	4	6.5	3	3.892	3.06	9.06	14.4	3.76	1.53	1.92	0.983	2.49	1.37
50× 50	5	6.5	3	4.802	3.77	11.1	17.5	4.58	1.52	1.91	0.976	3.08	1.41
50× 50	6	6.5	4.5	5.644	4.43	12.6	20.0	5.23	1.50	1.88	0.963	3.55	1.44
60× 60	4	6.5	3	4.692	3.68	16.0	25.4	6.62	1.85	2.33	1.19	3.66	1.61
60× 60	5	6.5	3	5.802	4.55	19.6	31.2	8.09	1.84	2.32	1.18	4.52	1.66
65× 65	5	8.5	3	6.367	5.00	25.3	40.1	10.5	1.99	2.51	1.28	5.35	1.77
65× 65	6	8.5	4	7.527	5.91	29.4	46.6	12.2	1.98	2.49	1.27	6.26	1.81
65× 65	8	8.5	6	9.761	7.66	36.8	58.3	15.3	1.94	2.44	1.25	7.96	1.88
70× 70	6	8.5	4	8.127	6.38	37.1	58.9	15.3	2.14	2.69	1.37	7.33	1.93
75× 75	6	8.5	4	8.727	6.85	46.1	73.2	19.0	2.30	2.90	1.48	8.47	2.06
75× 75	9	8.5	6	12.69	9.96	64.4	102	26.7	2.25	2.84	1.45	12.1	2.17
75× 75	12	8.5	6	16.56	13.0	81.9	129	34.5	2.22	2.79	1.44	15.7	2.29
80× 80	6	8.5	4	9.327	7.32	56.4	89.6	23.2	2.46	3.10	1.58	9.70	2.18
90× 90	6	10	5	10.55	8.28	80.7	128	33.4	2.77	3.48	1.78	12.3	2.42
90× 90	7	10	5	12.22	9.59	93.0	148	38.3	2.76	3.48	1.77	14.2	2.46
90× 90	10	10	7	17.00	13.3	125	199	51.7	2.71	3.42	1.74	19.5	2.57
90× 90	13	10	7	21.71	17.0	156	248	65.3	2.68	3.38	1.73	24.8	2.69
100×100	7	10	5	13.62	10.7	129	205	53.2	3.08	3.88	1.98	17.7	2.71
100×100	10	10	7	19.00	14.9	175	278	72.0	3.04	3.83	1.95	24.4	2.82
100×100	13	10	7	24.31	19.1	220	348	91.1	3.00	3.78	1.94	31.1	2.94
120×120	8	12	5	18.76	14.7	258	410	106	3.71	4.67	2.38	29.5	3.24
130×130	9	12	6	22.74	17.9	366	583	150	4.01	5.06	2.57	38.7	3.53
130×130	12	12	8.5	29.76	23.4	467	743	192	3.96	5.00	2.54	49.4	3.64
130×130	15	12	8.5	36.75	28.8	568	902	234	3.93	4.95	2.53	61.5	3.76
150×150	12	14	7	34.77	27.3	740	1180	304	4.61	5.82	2.96	68.1	4.14
150×150	15	14	10	42.74	33.6	888	1410	365	4.56	5.75	2.92	82.6	4.24
150×150	19	14	10	53.38	41.9	1090	1730	451	4.52	5.69	2.91	103	4.40
175×175	12	15	11	40.52	31.8	1170	1860	480	5.38	6.78	3.44	91.8	4.73
175×175	15	15	11	50.21	39.4	1440	2290	589	5.35	6.75	3.42	114	4.85
200×200	15	17	12	57.75	45.3	2180	3470	891	6.14	7.75	3.93	150	5.46
200×200	20	17	12	76.00	59.7	2820	4490	1160	6.09	7.68	3.90	197	5.67
200×200	25	17	12	93.75	73.6	3420	5420	1410	6.04	7.61	3.88	242	5.86
250×250	25	24	12	119.4	93.7	6950	11000	2860	7.63	9.62	4.90	388	7.10
250×250	35	24	18	162.6	128	9110	14400	3790	7.49	9.42	4.83	519	7.45

標準長さ 6.0, 6.5, 7.0, 8.0, 9.0, 10.0, 11.0, 12.0, 13.0, 14.0, 15.0 m

付表 3.3　不等辺山形鋼の標準断面寸法，その他（JIS G 3192-1990）

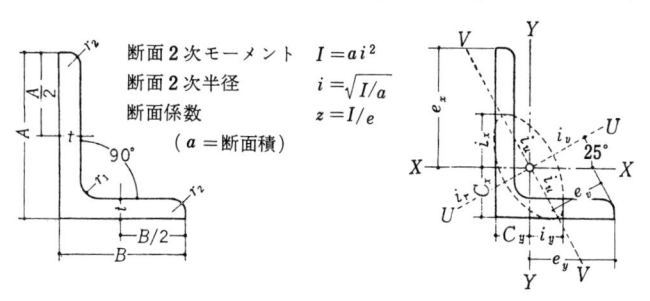

断面2次モーメント　$I = a i^2$
断面2次半径　$i = \sqrt{I/a}$
断面係数　$z = I/e$
（a = 断面積）

標準断面寸法 [mm]				断面積 [cm²]	単位重量 [kg/m]	断面2次モーメント [cm⁴]				断面2次半径 [cm]				$\tan\alpha$	断面係数 [cm³]		重心 [cm]	
$A \times B$	t	r_1	r_2			I_x	I_y	I_u	I_v	i_x	i_y	i_u	i_v		Z_x	Z_y	C_x	C_y
90× 75	9	8.5	6	14.04	11.0	109	68.1	143	34.1	2.78	2.20	3.19	1.56	0.676	17.4	12.4	2.75	2.00
100× 75	7	10	5	11.87	9.32	118	56.9	144	30.8	3.15	2.19	3.49	1.61	0.548	17.0	10.1	3.06	1.83
100× 75	10	10	7	16.50	13.0	159	76.1	194	41.3	3.11	2.15	3.43	1.58	0.543	23.3	13.7	3.17	1.94
125× 75	7	10	5	13.62	10.7	219	60.4	243	36.4	4.01	2.11	4.23	1.63	0.362	26.1	10.3	4.10	1.64
125× 75	10	10	7	19.00	14.9	299	80.8	330	49.0	3.96	2.06	4.17	1.61	0.357	36.1	14.1	4.22	1.75
125× 75	13	10	7	24.31	19.1	376	101	415	61.9	3.93	2.04	4.13	1.60	0.352	46.1	17.9	4.35	1.87
125× 90	10	10	7	20.50	16.1	318	138	380	76.2	3.94	2.59	4.30	1.93	0.506	37.2	20.3	3.95	2.22
125× 90	13	10	7	26.26	20.6	401	173	477	96.3	3.91	2.57	4.26	1.91	0.499	47.5	24.9	4.07	2.34
150× 90	9	12	6	20.94	16.4	485	133	537	80.4	4.81	2.52	5.06	1.96	0.362	48.2	19.0	4.95	1.99
150× 90	12	12	8.5	27.36	21.5	619	167	685	102	4.76	2.47	5.00	1.93	0.357	62.3	24.3	5.07	2.10
150×100	9	12	6	21.84	17.1	502	181	597	104	4.79	2.88	5.15	2.18	0.441	49.1	23.5	4.76	2.30
150×100	12	12	8.5	28.56	22.4	642	228	738	132	4.74	2.83	5.09	2.15	0.435	63.4	30.1	4.88	2.41
150×100	15	12	8.5	32.25	27.7	782	276	897	161	4.71	2.80	5.04	2.14	0.432	78.2	37.0	5.00	2.53

標準長さ　6.1, 6.5, 7.0, 8.0, 9.0, 10.0, 11.0, 12.0, 13.0, 14.0, 15.0 m

付表 3.4 I形鋼の標準断面寸法，その他（JIS G 3192-1990）

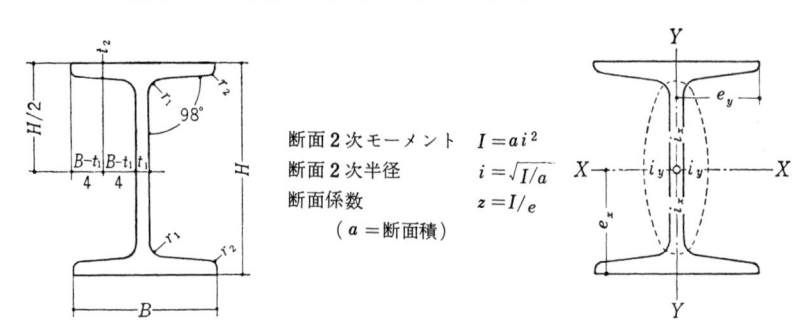

断面2次モーメント $I = ai^2$
断面2次半径 $i = \sqrt{I/a}$
断面係数 $z = I/e$
（a = 断面積）

標準断面寸法 [mm]					断面積 [cm²]	単位重量 [kg/m]	断面2次モーメント [cm⁴]		断面2次半径 [cm]		断面係数 [cm³]		曲げ応力のための断面性能	
$H \times B$	t_1	t_2	r_1	r_2			I_x	I_y	i_x	i_y	Z_x	Z_y	*i_y [cm]	$i_y \cdot h / A_f$
100× 75	5	8	7	3.5	16.43	12.9	281	47.3	4.14	1.70	56.2	12.6	2.09	3.48
125× 75	5.5	9.5	9	4.5	20.45	16.1	538	57.5	5.13	1.68	86.0	15.3	2.07	3.64
150× 75	5.5	9.5	9	4.5	21.83	17.1	819	57.5	6.12	1.62	109	15.3	2.04	4.30
150×125	8.5	14	13	6.5	46.15	36.2	1760	385	6.18	2.89	235	61.6	3.51	3.01
180×100	6	10	10	5	30.06	23.6	1670	138	7.45	2.14	186	27.5	2.72	4.91
200×100	7	10	10	5	33.06	26.0	2170	138	8.11	2.07	217	27.7	2.67	5.35
200×150	9	16	15	7.5	64.16	50.4	4460	753	8.34	3.43	446	100	4.19	3.49
250×125	7.5	12.5	12	6	48.79	38.3	5180	337	10.3	2.63	414	53.9	3.38	5.40
250×125	10	19	21	10.5	70.73	55.5	7310	538	10.2	2.76	585	86.0	3.44	3.63
300×150	8	13	12	6	61.58	48.3	9480	588	12.4	3.09	632	78.4	4.03	6.20
300×150	10	18.5	19	9.5	83.47	65.5	12700	886	12.3	3.26	849	118	4.10	4.43
300×150	11.5	22	23	11.5	97.88	76.8	14700	1080	12.2	3.32	978	143	4.13	3.75
350×150	9	15	13	6.5	74.58	58.5	15200	702	14.3	3.07	870	93.5	3.99	6.22
350×150	12	24	25	12.5	111.1	87.2	22500	1180	14.2	3.26	1280	158	4.10	3.98
400×150	10	18	17	8.5	91.73	72.0	24100	864	16.2	3.07	1200	115	3.98	5.90
400×150	12.5	25	27	13.5	122.1	95.8	31700	1240	16.1	3.18	1580	165	4.05	4.33
450×175	11	20	19	9.5	116.8	91.7	39200	1510	18.3	3.60	1740	173	4.66	5.99
450×175	13	26	27	13.5	146.1	115	48800	2020	18.3	3.72	2170	231	4.73	4.68
600×190	13	25	25	12.5	169.4	133	98400	2460	24.1	3.81	3280	259	4.99	6.31
600×190	16	35	38	19	224.5	176	130000	3540	24.1	3.97	4330	373	5.10	4.60

標準長さ　6.0, 6.5, 7.0, 8.0, 9.0, 10.0, 11.0, 12.0, 13.0, 14.0, 15.0 m
*i_y の算出の際，フランジは $B \times t_2$ の長方形断面として取り扱ったものである．

付表 221

付表 3.5 みぞ形鋼の標準断面寸法, その他 (JIS G 3192-1990)

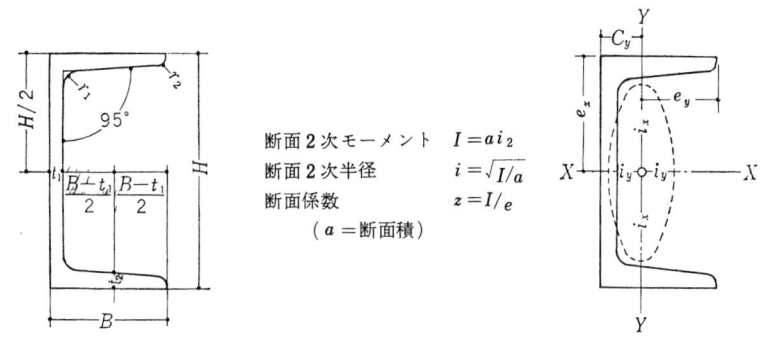

断面2次モーメント　$I = a i^2$
断面2次半径　$i = \sqrt{I/a}$
断面係数　$z = I/e$
（a = 断面積）

標準断面寸法 [mm]					断面積 [cm^2]	単位重量 [kg/m]	断面2次モーメント [cm^4]		断面2次半径 [cm]		断面係数 [cm^3]		重心 [cm]
$H \times B$	t_1	t_2	r_1	r_2			I_x	I_y	i_x	i_y	Z_x	Z_y	C_y
75× 40	5	7	8	4	8.818	6.92	75.3	12.2	2.92	1.17	20.1	4.47	1.28
100× 50	5	7.5	8	4	11.92	9.36	188	26.0	3.97	1.48	37.6	7.52	1.54
125× 65	6	8	8	4	17.11	13.4	424	61.8	4.98	1.90	97.8	13.4	1.90
150× 75	6.5	10	10	5	23.71	18.6	861	117	6.03	2.22	115	22.4	2.28
150× 75	9	12.5	15	7.5	30.59	24.0	1050	147	5.86	2.19	140	28.3	2.31
180× 75	7	10.5	11	5.5	27.20	21.4	1380	131	7.12	2.19	153	24.3	2.13
200× 80	7.5	11	12	6	31.33	24.6	1950	168	7.88	2.32	195	29.1	2.21
200× 90	8	13.5	14	7	38.65	30.3	2490	277	8.02	2.68	249	44.2	2.74
250× 90	9	13	14	7	44.07	34.6	4180	294	9.74	2.58	334	44.5	2.40
250× 90	11	14.5	17	8.5	51.17	40.2	4680	329	9.56	2.54	374	49.9	2.40
300× 90	9	13	14	7	48.57	38.1	6440	309	11.5	2.52	429	45.7	2.22
300× 90	10	15.5	19	9.5	55.74	43.8	7410	360	11.5	2.54	494	54.1	2.34
300× 90	12	16	19	9.5	61.90	48.6	7870	379	11.3	2.48	525	56.4	2.28
380×100	10.5	16	18	9	69.39	54.5	14500	535	14.5	2.78	763	70.5	2.41
380×100	13	16.5	18	9	78.96	62.0	15600	565	14.1	2.67	823	73.6	2.33
380×100	13	20	24	12	85.71	67.3	17600	655	14.3	2.76	926	87.8	2.54

標準長さ　6.0, 6.5, 7.0, 8.0, 9.0, 10.0, 11.0, 12.0, 13.0, 14.0, 15.0 m

付表 3.6 H形鋼の標準断面寸法, その他 (JIS G 3192-2000)

断面 2 次モーメント $I = ai^2$
断面 2 次半径 $i = \sqrt{I/a}$
断面係数 $z = I/e$
(a = 断面積)

呼称寸法 高さ×辺 [mm]	標準断面寸法 $H \times B$ [mm]	t_1	t_2	r	断面積 [cm²]	単位質量 [kg/m]	断面 2 次モーメント [cm⁴] I_x	I_y	断面 2 次半径 [cm] i_x	i_y	断面係数 [cm³] Z_x	Z_y	曲げ応力のための断面性能 i [mm]	$\dfrac{i \cdot h}{A_f}$	塑性断面係数 [cm³] Z_{Px}	Z_{Py}	$F=235$ [N/mm²] 全塑性モーメント [kN·m] M_{Px}	M_{Py}
100× 50	100× 50	5	7	8	11.85	9.30	187	14.8	3.98	1.12	37.5	5.91	13.1	3.76	44.1	9.52	10.4	2.24
100×100	100×100	6	8	8	21.59	16.9	378	134	4.18	2.49	75.6	26.7	27.5	3.44	86.4	41.0	20.3	9.64
125× 60	125× 60	6	8	8	16.69	13.1	409	29.1	4.95	1.32	65.5	9.71	15.7	4.10	76.9	15.6	18.1	3.68
125×125	125×125	6.5	9	8	30.00	23.6	839	293	5.29	3.13	134	46.9	34.5	3.84	152	71.7	35.7	16.9
150× 75	150× 75	5	7	8	17.85	14.0	666	49.5	6.11	1.66	88.8	13.2	19.6	5.60	102	20.8	23.9	4.88
150×100	148×100	6	9	8	26.35	20.7	1000	150	6.17	2.39	135	30.1	27.1	4.46	154	46.4	36.2	10.9
150×150	150×150	7	10	8	39.65	31.1	1620	563	6.40	3.77	216	75.1	41.5	4.15	243	114	57.1	26.9
175× 90	175× 90	5	8	8	22.90	18.0	1210	97.5	7.26	2.06	138	21.7	23.9	5.81	156	33.6	36.7	7.9
175×175	175×175	7.5	11	13	51.42	40.4	2900	98	7.50	4.37	331	112	48.0	4.36	370	172	87.0	40.3
200×100	198× 99	4.5	7	8	22.69	17.8	1540	113	8.25	2.24	156	22.9	26.0	7.43	175	35.5	41.2	8.33
	200×100	5.5	8	8	26.67	20.9	1810	134	8.23	2.24	181	26.7	26.3	6.57	205	41.6	48.2	9.79
200×150	194×150	6	9	8	38.11	29.9	2630	507	8.30	3.65	271	67.6	40.9	5.87	301	103	70.7	24.2
200×200	200×200	8	12	13	63.53	49.9	4720	1600	8.62	5.02	472	160	55.0	4.59	525	244	123	57.3
*200×204	*200×204	12	12	13	71.53	56.2	4980	1700	8.35	4.88	498	167	55.3	4.52	565	257	133	60.5
250×125	248×124	5	8	8	31.99	25.1	3450	255	10.4	2.82	278	41.1	32.7	8.19	312	63.2	73.2	14.9
	250×125	6	9	8	36.97	29.0	3960	294	10.4	2.82	317	47.0	33.0	7.33	358	72.7	84.2	17.1
250×175	244×175	7	11	13	55.49	43.6	6040	984	10.4	4.21	495	112	47.2	5.99	550	172	129	40.4

付 表 223

呼称寸法 高さ×辺	標準断面寸法 [mm] $H \times B$	t_1	t_2	r	断面積 [cm²]	単位質量 [kg/m]	参 考							曲げ応力のための断面性能		塑性断面係数 [cm³]		$F=235$ [N/mm²] 全塑性モーメント [kN·m]	
							断面2次モーメント [cm⁴]		断面2次半径 [cm]		断面係数 [cm³]		i [mm]	$\frac{i \cdot h}{A_f}$	Z_{Px}	Z_{Py}	M_{Px}	M_{Py}
							I_x	I_y	i_x	i_y	Z_x	Z_y						
250×250	250×250	9	14	13	91.43	71.8	10700	3650	10.8	6.32	860	292	69.1	4.93	953	443	224	104
	*250×255	14	14	13	103.9	81.6	11400	3880	10.5	6.11	912	304	69.3	4.85	1030	467	242	110
300×150	298×149	5.5	8	13	40.80	32.0	6320	442	12.4	3.29	424	59.3	38.5	9.61	475	91.8	112	21.6
	300×150	6.5	9	13	46.78	36.7	7210	508	12.4	3.29	481	67.7	38.7	8.61	542	105	127	24.7
300×200	294×200	8	12	13	71.05	55.8	11100	1600	12.5	4.75	756	160	53.8	6.59	842	245	198	57.7
300×300	*294×302	12	12	13	106.3	83.4	16600	5510	12.5	7.20	1130	365	81.6	6.62	1260	558	296	131
	300×300	10	15	13	118.4	93.0	20200	6750	13.1	7.55	1350	450	82.3	5.48	1480	683	349	160
	300×305	15	15	13	133.4	105	21300	7100	12.6	7.30	1420	466	82.8	5.43	1600	714	375	168
350×175	346×174	6	9	13	52.45	41.2	11000	791	14.5	3.88	638	91.0	45.3	10.0	712	140	167	32.9
	350×175	7	11	13	62.91	49.4	13500	984	14.6	3.96	771	112	46.0	8.35	864	173	203	40.8
350×250	340×250	9	14	13	99.53	78.1	21200	3650	14.6	6.05	1250	292	67.9	6.60	1380	445	325	105
350×350	*344×348	10	16	13	144.0	113	32800	11200	15.1	8.84	1910	646	96.4	5.95	2090	978	492	230
	350×350	12	19	13	171.9	135	39800	13600	15.2	8.89	2280	776	97.1	5.11	2520	1180	591	276
400×200	396×199	7	11	13	71.41	56.1	19800	1450	16.6	4.50	999	145	52.3	9.45	1110	223	262	52.5
	400×200	8	13	13	83.37	65.4	23500	1740	16.8	4.56	1170	174	52.9	8.13	1310	267	308	62.7
400×300	390×300	10	16	13	133.2	105	37900	7200	16.9	7.35	1940	480	81.9	6.66	2140	730	503	172
400×400	*388×402	15	15	22	178.5	140	49000	16300	16.6	9.55	2520	809	108	6.94	2800	1240	659	291
	*394×398	11	18	22	186.8	147	56100	18900	17.3	10.1	2850	951	109	6.02	3120	1440	733	339
	400×400	13	21	22	218.7	172	66600	22400	17.5	10.1	3330	1120	110	5.25	3670	1700	863	399
	*400×408	21	21	22	250.7	197	70900	23800	16.8	9.75	3540	1170	111	5.16	3990	1790	938	422
	*414×405	18	28	22	295.4	232	92800	31000	17.7	10.2	4480	1530	112	4.10	5030	2330	1180	548
	*428×407	20	35	22	360.7	283	119000	39400	18.2	10.4	5570	1930	114	3.42	6310	2940	1480	691
	*458×417	30	50	22	528.6	415	187000	60500	18.8	10.7	8170	2900	118	2.58	9540	4440	2240	1040
	*498×432	45	70	22	770.1	605	298000	94400	19.7	11.1	12000	4370	123	2.03	14500	6720	3400	1580

付表 224

呼称寸法 高さ×辺	標準断面寸法 [mm] $H \times B$	t_1	t_2	r	断面積 [cm²]	単位質量 [kg/m]	参 考 断面2次モーメント [cm⁴] I_x	I_y	断面2次半径 [cm] i_x	i_y	断面係数 [cm³] Z_x	Z_y	曲げ応力のための断面性能 i [mm]	$\frac{i \cdot h}{A_f}$	塑性断面係数 [cm³] Z_{Px}	Z_{Py}	$F=235$ [N/mm²] 全塑性モーメント [kN·m] M_{Px}	M_{Py}
450×200	446×199	8	12	13	82.97	65.1	28100	1580	18.4	4.36	1260	159	51.6	9.64	1420	245	334	57.7
	450×200	9	14	13	95.43	74.9	32900	1870	18.6	4.43	1460	187	52.3	8.40	1650	290	388	68.1
*450×300	440×300	11	18	13	153.9	121	54700	8110	18.9	7.26	2490	540	81.6	6.65	2760	823	648	194
500×200	496×199	9	14	13	99.29	77.9	40800	1840	20.3	4.31	1650	185	51.4	9.16	1870	288	439	67.6
	500×200	10	16	13	112.2	88.2	46800	2140	20.4	4.36	1870	214	52.0	8.13	2130	333	501	78.2
*506×201	506×201	11	19	13	129.3	102	55500	2580	20.7	4.46	2190	256	52.8	7.00	2500	399	586	93.8
500×300	482×300	11	15	13	141.2	111	58300	6760	20.3	6.92	2420	450	79.9	8.56	2700	690	633	162
	488×300	11	18	13	159.2	125	68900	8110	20.8	7.14	2820	540	81.0	7.32	3130	825	736	194
600×200	596×199	10	15	13	117.8	92.5	66600	1980	23.8	4.10	2240	199	50.3	10.0	2580	312	605	73.4
	600×200	11	17	13	131.7	103	75600	2270	24.0	4.16	2520	227	50.9	8.98	2900	358	682	84.2
*606×201	606×201	12	20	13	149.8	118	88300	2720	24.3	4.26	2910	270	51.7	7.80	3360	426	789	100
600×300	582×300	12	17	13	169.2	133	98900	7660	24.2	6.73	3400	511	79.0	9.01	3820	786	898	185
	588×300	12	20	13	187.2	147	114000	9010	24.7	6.94	3890	601	80.1	7.85	4350	921	1020	216
*594×302	594×302	14	23	13	217.1	170	134000	10600	24.8	6.98	4500	700	80.8	6.91	5060	1080	1190	253
700×300	*692×300	13	20	18	207.5	163	168000	9020	28.5	6.59	4870	601	78.1	9.01	5500	930	1290	219
	700×300	13	24	18	231.5	182	197000	10800	29.2	6.83	5640	721	79.5	7.73	6340	1110	1490	261
800×300	*792×300	14	22	18	239.5	188	248000	9920	32.2	6.44	6270	661	77.4	9.28	7140	1030	1680	242
	800×300	14	26	18	263.5	207	286000	11700	33.0	6.67	7160	781	78.7	8.08	8100	1210	1900	284
900×300	*890×299	15	23	18	266.9	210	339000	10300	35.6	6.20	7610	687	75.9	9.83	8750	1080	2060	254
	900×300	16	28	18	305.8	240	404000	12600	36.4	6.43	8990	842	77.5	8.31	10300	1320	2420	310
*912×302	912×302	18	34	18	360.1	283	491000	15700	36.9	6.59	10800	1040	79.0	7.01	12300	1620	2900	381

備 考 1. 呼称寸法の同一枠内に属するものは，内のり高さが一定である。
    2. ＊印以外の寸法は，はん（汎）用品を示す。

付表 225

付表 3.7 軽みぞ形鋼の標準断面寸法，その他 (JIS G 3350-1987)

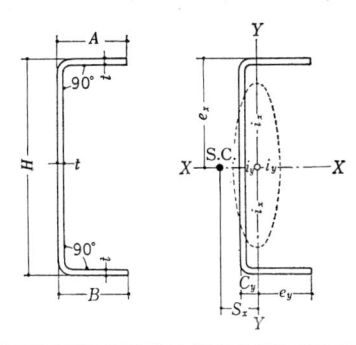

呼び名	寸 法 [mm] $H \times A \times B$	t	重心位置 [cm] C_y	断面2次モーメント [cm^4] I_x	I_y	断面2次半径 [cm] i_x	i_y	断面係数 [cm^3] Z_x	Z_y	せん断中心 [cm] S_x
1618	450×75×75	6.0	1.19	8400	122	15.5	1.87	374	19.4	2.7
1617		4.5	1.13	6430	94.3	15.6	1.89	286	14.8	2.7
1578	400×75×75	6.0	1.28	6230	120	14.0	1.94	312	19.2	2.9
1577		4.5	1.21	4780	92.2	14.1	1.96	239	14.7	2.9
1537	350×50×50	4.5	0.75	2750	27.5	11.9	1.19	157	6.48	1.6
1536		4.0	0.73	2470	24.8	11.9	1.19	141	5.81	1.6
1497	300×50×50	4.5	0.82	1850	26.8	10.3	1.24	123	6.41	1.8
1496		4.0	0.80	1660	24.1	10.4	1.25	111	5.74	1.8
1458	250×75×75	6.0	1.66	1940	107	9.23	2.17	155	18.4	3.7
1427	250×50×50	4.5	0.91	1160	25.9	8.78	1.31	93.0	6.31	2.0
1426		4.0	0.88	1050	23.3	8.81	1.32	83.7	5.66	2.0
1388	200×75×75	6.0	1.87	1130	101	7.56	2.25	113	17.9	4.1
1357	200×50×50	4.5	1.03	666	24.6	7.20	1.38	66.6	6.19	2.2
1356		4.0	1.00	600	22.2	7.23	1.39	60.0	5.55	2.2
1355		3.2	0.97	490	18.2	7.28	1.40	49.0	4.51	2.3
1318	150×75×75	6.0	2.15	573	91.9	5.84	2.34	76.4	17.2	4.6
1317		4.5	2.08	448	71.4	5.91	2.36	59.8	13.2	4.6
1316		4.0	2.06	404	64.2	5.93	2.36	53.9	11.8	4.6
1287	150×50×50	4.5	2.20	329	22.8	5.58	1.47	43.9	5.99	2.6
1285		3.2	1.14	244	16.9	5.64	1.48	32.5	4.37	2.6
1283		2.3	1.10	181	12.5	5.69	1.50	24.1	3.20	2.6
1245	120×40×40	3.2	0.94	122	8.43	4.48	1.18	20.3	2.75	2.1
1205	100×50×50	3.2	1.40	93.6	14.9	3.93	1.57	18.7	4.15	3.1
1203		2.3	1.36	69.9	11.1	3.97	1.58	14.0	3.04	3.1
1175	100×40×40	3.2	1.03	78.6	7.99	3.81	1.21	15.7	2.69	2.2
1173		2.3	0.99	58.9	5.96	3.85	1.23	11.8	1.98	2.2
1133	80×40×40	2.3	1.11	34.9	5.56	3.16	1.26	8.73	1.92	2.4
1093	60×30×30	2.3	0.86	14.2	2.27	2.34	0.94	4.72	1.06	1.8
1091		1.6	0.82	10.3	1.64	2.37	0.95	3.45	0.75	1.8
1055	40×40×40	3.2	1.51	9.21	5.72	1.62	1.28	4.60	2.30	3.0
1053		2.3	1.46	7.13	3.54	1.66	1.17	3.57	1.39	3.0
1041	38×15×15	1.6	0.40	2.04	0.20	1.42	0.45	1.07	0.18	0.8
1011	19×12×12	1.6	0.41	0.32	0.08	0.72	0.37	0.33	0.11	0.8

付表 3.8 リップみぞ形鋼の標準断面寸法，その他（JIS G 3350-1987）

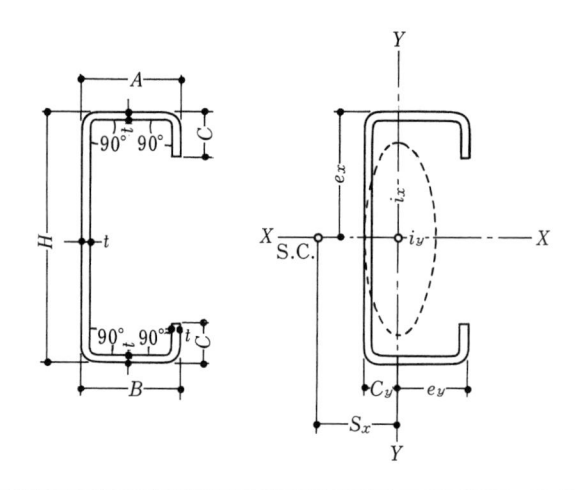

呼び名	寸法 [mm]		t	重心位置 [cm]	断面2次モーメント [cm⁴]		断面2次半径 [cm]		断面係数 [cm³]		せん断中心 [cm]
	$H \times A \times C$			C_y	I_x	I_y	i_x	i_y	Z_x	Z_y	S_x
4607	250×75×25		4.5	2.07	1690	129	9.44	2.62	135	23.8	5.1
4567	200×75×25		4.5	2.32	990	121	7.61	2.69	99.0	23.3	5.6
4566			4.0	2.32	895	110	7.74	2.72	89.5	21.3	5.7
4565			3.2	2.33	736	92.3	7.70	2.76	73.6	17.8	5.7
4537	200×75×20		4.5	2.19	963	109	7.71	2.60	96.3	20.6	5.3
4536			4.0	2.19	871	100	7.74	2.62	87.1	18.9	5.3
4535			3.2	2.19	716	84.1	7.79	2.67	71.6	15.8	5.4
4497	150×75×25		4.5	2.65	501	109	5.90	2.75	66.9	22.5	6.3
4496			4.0	2.65	455	99.8	5.93	2.78	60.6	20.6	6.3
4495			3.2	2.66	375	83.6	5.97	2.82	50.0	17.3	6.4
4467	150×75×20		4.5	2.50	489	99.2	5.92	2.66	65.2	19.8	6.0
4466			4.0	2.51	445	91.0	5.95	2.69	59.3	18.2	5.8
4465			3.2	2.51	366	76.4	5.99	2.74	48.9	15.3	5.1
4436	150×65×20		4.0	2.11	401	63.7	5.84	2.33	53.5	14.5	5.0
4435			3.2	2.11	332	53.8	5.89	2.37	44.3	12.2	5.1
4433			2.3	2.12	248	41.1	5.94	2.42	33.0	9.37	5.2
4407	150×50×20		4.5	1.54	368	35.7	5.60	1.75	49.0	10.5	3.7
4405			3.2	1.54	280	28.3	5.71	1.81	37.4	8.19	3.8
4403			2.3	1.55	210	21.9	5.77	1.86	28.0	6.33	3.8
4367	125×50×20		4.5	1.68	238	33.5	4.74	1.78	38.0	10.0	4.0
4366			4.0	1.68	217	33.1	4.77	1.81	34.7	9.38	4.0
4365			3.2	1.68	181	26.6	4.82	1.85	29.0	8.02	4.0
4363			2.3	1.69	137	20.6	4.88	1.89	21.9	6.22	4.1
4327	120×60×25		4.5	2.25	252	58.0	4.63	2.22	41.9	15.5	5.3
4295	120×60×20		3.2	2.12	186	40.9	4.74	2.22	31.0	10.5	4.9
4293			2.3	2.13	140	31.3	4.79	2.27	23.3	8.10	5.1

付表 3.8 つづき

呼び名	寸法 [mm]		重心位置 [cm]	断面2次モーメント [cm⁴]		断面2次半径 [cm]		断面係数 [cm³]		せん断中心 [cm]
	$H \times A \times C$	t	C_y	I_x	I_y	i_x	i_y	Z_x	Z_y	S_x
4255	120×40×20	3.2	1.32	144	15.3	4.53	1.48	24.0	5.71	3.4
4227		4.5	1.86	139	30.9	3.82	1.81	27.7	9.82	4.3
4226		4.0	1.86	127	28.7	3.85	1.83	25.4	9.13	4.3
4225		3.2	1.86	107	24.5	3.90	1.87	21.3	7.81	4.4
4224	100×50×20	2.8	1.88	99.8	23.2	3.96	1.91	20.0	7.44	4.3
4223		2.3	1.86	80.7	19.0	3.95	1.92	16.1	6.06	4.4
4222		2.0	1.86	71.4	16.9	3.97	1.93	14.3	5.40	4.4
4221		1.6	1.87	58.4	14.0	3.99	1.95	11.7	4.47	4.5
4185		3.2	1.72	76.9	18.3	3.48	1.69	17.1	6.57	4.1
4183	90×45×20	2.3	1.73	58.6	14.2	3.53	1.74	13.0	5.14	4.1
4181		1.6	1.73	42.6	10.5	3.56	1.77	9.46	5.80	4.2
4143		2.3	1.72	37.1	11.8	3.00	1.69	9.90	4.24	4.0
4142	75×45×15	2.0	1.72	33.0	10.5	3.01	1.70	8.79	3.76	4.0
4141		1.6	1.72	27.1	8.71	3.03	1.72	7.24	3.13	4.1
4113	75×35×15	2.3	1.29	31.0	6.58	2.91	1.34	8.28	2.98	3.1
4071	70×45×25	1.6	1.80	22.0	8.00	2.69	1.62	6.29	3.64	4.4
4033		2.3	1.06	15.6	3.32	2.33	1.07	5.20	1.71	2.5
4032	60×30×10	2.0	1.06	14.0	3.01	2.35	1.09	4.65	1.55	2.5
4031		1.6	1.06	11.6	2.56	2.37	1.11	3.88	1.32	2.5

索　　　引

ア　行

I 形鋼　176
アーク（電弧）　109
アーク溶接　108
圧　延　15
圧延形鋼　31
圧縮材　22
圧縮材の座屈許容応力度　178
圧縮材の設計式　29
圧　接　108,110
アンカーフレーム　141
アンカーボルト　141
安全係数　170
安全率　32
アンダカット　122
板　鋼　16
板要素　45
一般構造用圧延鋼材　176
一般構造用軽量形鋼　176
一般構造用炭素鋼鋼管　176
イナートガスアーク溶接　109
上降伏点　8
ウェブ継手　127
ヴェラー（Wöhler）曲線　13
埋込み型柱脚　143
裏当て金　111
H 形鋼　5,16,176
S-N 曲線　13
X 線透過検査　122
F 値　177,178
エレクトロスラグ溶接　110
エンゲッサ（Engesser）　28
延　性　14
延性破壊　11
縁端距離　99
エンドタブ　111
エンドプレート　103,133
オイラー（Euler）荷重　25,26
オイラー座屈応力度　28
応力集中　11
応力度　7
応力度の組合わせ　178
応力度-歪度関係　8
大梁と小梁の接合部　140
おどり場　8

カ　行

オーバラップ　122
帯板形式　37
温　度　10

カ　行

外観検査　122
開　先　111
角形鋼管　5,177
重ね継手　111
荷　重　1
荷重・外力　175
荷重重心　173
荷重点スチフナ　71
荷重の組合わせ　175
ガス圧接　110
ガセットプレート　108,162
形　鋼　5,16,176,177
硬　さ　10,14
合掌尻　162
かど継手　111
カルマン（Kärman）　28
慣性力　173
完全溶込み溶接　110,115,117,121
貫通（通し）ダイアフラム形式　137
機械的性質　176
基準強度　32
基準張力　93
極限解析の諸定理　175
極大地震時　175
局部座屈　44,173,174
曲　率　23
許容圧縮応力度　22,32
許容圧縮板座屈応力度　42,47
許容応力度　170,174,177,178
許容応力度設計　177
許容応力度設計法　170,175
許容応力度等計算　180
許容応力度の割増し　178
許容支圧応力度　97
許容支圧力　97
許容せん断板座屈応力度　44,47
許容せん断力　97

許容引張り応力度　17,178
許容曲げ応力度　66
許容摩擦耐力　93
切欠き　11
グードマン（Goodman）図　13
組立て圧縮材　37
組立て柱　87
組立て梁　71
繰返し応力-歪関係　9
グループ　111
形状特性　174
軽量形鋼　176,177
ゲージ間隔　99
ゲージ線　17,99
桁　行　2
欠損面積　101
限界状態　170
限界状態設計指針　175
限界状態設計法　170
限界細長比　32,33
減少係数　29
減少係数荷重　28
建築基準法施行令　171
建築物荷重指針　171
建築用鋼材　176
合応力　4
鋼　管　176
鋼管トラスの接合部　164
剛　心　173
剛性率　173
剛接合　4,160
剛接合部　133
構造関係規定の適用フロー　180
構造計算　180
拘束振り　62,63
高張力鋼　176
降　伏　8
降伏応力度　8
降伏水平力　174
降伏点　8,178,179
降伏比　8
構面外座屈　165
構面内座屈　165

索　引

高力ボルト	17,91,176,178
高力ボルト孔	18
高力ボルト接合	2,91
高力ボルトの最大強さ	105
固形フラックス	109
コーシー（Cauchy）	7
固定荷重	170,171,175
固有周期	173

サ　行

載荷速度　10
サイズ　112
最大強さ　18,19,175,178
座　屈　22,23
座屈応力度　33
座屈荷重　23,24,25,29
座屈現象　22
座屈長さ　26,33
座屈長さ係数　36
座屈モード　25
サブビーム　2
サブマージドアーク溶接　109
サンヴナン（Saint-Venant）捩り　57
サンヴナンの捩り剛性　60
残留応力　31,108
シアコネクタ　143
支圧許容応力度　178
支圧接合　91
支圧力　92
死荷重　171
支　管　164
軸組筋違　173
仕口山形鋼　133
自　重　3
支　承　144
支承の支圧応力度　145
地震時　178
地震層せん断力係数　173
地震力　170,171,173,175
下降伏点　8
CT形鋼　176
支点の補剛　36
絞　り　9
シーム溶接　110
車輪荷重　71
シャルピー衝撃試験　12
シャンレイ（Shanley）　28
シャンレイの逆説　29
終局限界状態　170

終局限界状態設計法　175
自由振り　57,63
自由振り剛性　63
充腹組立て柱　87
充腹組立て梁（プレートガーダー）　71
主　管　164
種類別積載荷重値　171
ショア硬さ試験　10
小規模な鉄骨造建物　173
衝撃荷重　11
衝撃強さ　11
使用限界状態　170
常時荷重　171
ジョンソンの式（Johnson Parabola）　32
真応力度　9
心　線　109
振　動　170,174
振動解析　173
振動障害　75
真歪度　9
垂直最深積雪量　171,172
水平剛性　173
水平震度　173
水平スチフナ　44
水平層間変位　175
スカラップ　137
筋　違　16
筋違構造　2
筋違端部　173
スタッドジベル　109
スタッド溶接　109
スチフナ　47
スプリットティー　133
滑り係数　91,93
滑り支承　145
スポット溶接　110
すみ肉溶接　110,111,116,119,121
スラグ巻込み　122
スロット溶接　110,113,117
脆性破壊　11
セカント式（secant formula）　27
積載荷重　170,171,175
積雪時　178
積雪の単位重量　171
設計応力　178
設計ボルト張力　93

石けん膜の類似　59
接合部　125
接合部の最大強さ　147
接線係数　28
接線係数 E_t　9
接線係数荷重　28,29
節　点　160
遷移温度　12
全強度接合設計　130
全塑性モーメント　75,88,145,175
せん断型破壊　11
せん断弾性係数 G　9
せん断中心　56
せん断変形　27
前面すみ肉溶接　116
前面すみ肉溶接継目　113
層間変形角　173,175
層せん断力　174
添え板　102,108
速度圧　172
側面すみ肉溶接　116
側面すみ肉溶接継目　113
塑性座屈　28
塑性状態　175
塑性設計　178
塑性断面係数　75
塑性流れ　8
塑性ヒンジ法　146
塑性変形　177
塑性変形能力　174
塑性変形量　174
外ダイアフラム形式　137
そり（warping）　57

タ　行

ダイアフラム　135,136
ダイアフラムの有効幅　137
耐震性能　174
耐震設計　173
耐　力　8,178,179
多雪地域　171,173,176
縦スチフナ　44
たわみ　75
単一圧縮材　37
短期応力　176,178
短期に生ずる力　175
炭酸ガスアーク溶接　109
弾性限　175
弾性範囲　175

炭素当量 C_{eq}　15
ターンバックル　16
ターンバックル胴　16
ターンバックルボルト　16
断面係数　55
断面算定　17
千鳥　99
柱脚　2,141
柱脚の最大強さ　147
鋳鋼管　176
中心圧縮材　24
超音波探傷検査　122
長期応力　176,178
長期に生ずる力　175
調質鋼　176
継手　126
つづり材　38
D_s 係数値　174
T 形鋼　176
てい減率　171,172
抵抗溶接　110
T 継手　111
てこ反力　96
デッキプレート　2,5
テトマイヤー（Tetmajer）　31
等価応力度　178
等脚すみ肉　112
胴縁　2,5
等辺山形鋼　176
溶込み不足　122
トップアングル　133
トラス　5,160
トラスの圧縮部材の座屈長さ　165
トラスの弦材　165
トラスの接合部　161
トラスの腹材　166
トルク係数値　91,92
トルク法　94
トルシア型の高力ボルト　94

ナ 行

ナット回転法　94
軟鋼　176
2次応力　160
捩り　57
ねじり剛性　173
捩り座屈　23
熱影響部　14,15

熱間圧延　176
熱間圧延形鋼　176
熱処理　15
根巻型柱脚　143
のど厚　111
伸び　8
伸び・絞り　8

ハ 行

バウシンガー（Bauschinger）効果　10
破壊　11
破壊靱性　11
はさみ板形式　37
端あき　99
柱貫通形式　131
柱継手　126,129
柱梁仕口　2
柱・梁接合部　131
柱・梁接合部の最大強さ　146
破損　170
破断強度　178
破断線　101
パネルゾーン　137
パネルゾーンの検定　138
幅厚比　174
幅厚比の制限　44
張り間　2
梁貫通形式　131
梁継手　2,126
板の座屈　41
板の座屈応力度　41
板の座屈荷重　41
非充腹組立て柱　87
非充腹組立て梁　73
歪硬化　8
歪硬化係数　9
歪硬化現象　146
非対称曲げ　56
非調質鋼　176
ビッカーズ硬さ試験　10
ピッチ　99
引張り応力度　17
引張り組立て材　18
引張り降伏応力度　178
引張り材　16
引張り接合　91,94
引張り接合の許容応力度　96
引張り強さ　8,178
必要保有水平耐力　174,175,178

非破壊検査　122
被覆アーク溶接　109
標準せん断力係数　173
標準ボルト張力　94
平鋼　176,177
疲労　12
疲労曲線　13
疲労限度　13
疲労破壊　12
ピン軸の応力度　144
ピン支承　144
ピン（蝶番）支点　4
ピン接合　160
ピン接合部　131
フィラー　98,108
風圧力　170,171,172
風力係数　172
ウェブ継手の設計　129
付加曲げモーメント　84
付加モーメント　17
腐食　170
フック（Hooke）の法則　54
不等脚すみ肉　112
不等辺山形鋼　176
部分溶込み溶接　110,113,121
部分溶込み溶接の有効のど厚　116
プラグ溶接　110,113,117
フラッシュバット溶接　110
フランジ継手　127
フランジ継手の設計　127
ブリネル硬さ試験　10
フレア溶接　113
ブローホール　122
平面保持の仮定　54
併用継手　104
へき開破壊　11
ベースプレート　141,142
縁あき　99
変形　170
偏心　17,18
偏心距離　18
偏心接合　74
偏心モーメント　22
偏心率　173
変断面材　34
ポアソン比 ν　9
棒鋼　16,176
暴風時　178
母材　102

索　引

細長比　25,28,33
骨　組　2
保有水平耐力　173,174,175,178
保有耐力接合　18,19,145
保有耐力接合設計の最大強さ　146
ボルト　176,178
ボルト孔　99
ボルト接合　91,97,133
ボルト接合と溶接接合の併用　135
ボルト張力　91
ボルトの許容せん断応力度　97
ボルトの許容耐力　97
ボルトの許容引張り応力度　98
ボルトの許容引張り力　98
ボルトの配置　98

マ　行

マイナー（Miner）則　14
曲げ材　54
曲げ材の許容応力度　65
曲げ材の座屈許容応力度　178
曲げ座屈　23
曲げ振り剛性　63
曲げ振り座屈　23
摩擦接合　91
摩擦接合の許容応力度　92

摩擦面の数　93
ミセス（von Mises）の降伏条件式　178
みぞ形鋼　16,17,176
元わん曲　26
母　屋　2,5

ヤ　行

焼入れ　15
焼なまし　15
焼ならし　15
焼きもどし　15
山形鋼　5,16,17
ヤング率 E　9
有孔カバープレート形式　37
有効断面係数　18
有効断面積　17,101,115
有効のど厚　115
有効細長比　37,38
融接　108
雪荷重　170,176
溶　接　108
溶接組立て材　31
溶接構造用圧延鋼材　176
溶接性　14
溶接接合　134
溶接継手の強度計算式　117
溶接継目　110,178

溶接継目の許容応力度　114
溶接継目の欠陥と検査　122
溶接継目の最大強さ　121
溶接継目の表示方法　113
溶接による接合部　163
溶接棒　108,176
溶融池　109
横座屈　23,64,174
横座屈応力度　65
横座屈長さ　66
余　長　73
余盛り　112

ラ　行

ラチス形式　37
ラチス材　39
ラーメン　5
離間荷重　95
リベット　176
累積損傷　13
ろう接　108,110
露出型柱脚　141
ロックウェル硬さ試験　10
ローラ支承　145

ワ　行

ワーグナ（Wagner）振り　62

著者略歴

高梨 晃一（たかなし・こういち）
- 1936 年　東京に生まれる
- 1960 年　東京大学工学部建築学科卒業
- 1962 年　東京大学数物系大学院修了　工学修士
- 1963 年　東京大学生産技術研究所助手
- 1966 年　東京大学生産技術研究所講師
- 1967 年　工学博士
- 1969 年　東京大学生産技術研究所助教授
- 1980 年　東京大学生産技術研究所教授
- 1996 年　千葉大学工学部建築学科教授
- 1996 年　東京大学名誉教授
- 　　　　　現在に至る

福島 暁男（ふくしま・あきお）
- 1938 年　東京に生まれる
- 1963 年　日本大学理工学部建築学科卒業
- 1966 年　東京大学生産技術研究所助手
- 1969 年　日本大学生産工学部講師
- 1976 年　日本大学生産工学部助教授
- 1989 年　工学博士
- 1990 年　日本大学生産工学部教授
- 2013 年　日本大学名誉教授
- 　　　　　現在に至る

基礎からの鉄骨構造　　　　　　　　　　© 高梨晃一・福島暁男　2003

2003 年 5 月 20 日　第 1 版第 1 刷発行　　　【本書の無断転載を禁ず】
2025 年 2 月 20 日　第 1 版第 17 刷発行

著　　者　　高梨晃一・福島暁男
発行者　　森北博巳
発行所　　森北出版株式会社
　　　　　東京都千代田区富士見 1-4-11（〒102-0071）
　　　　　電話 03-3265-8341／FAX 03-3264-8709
　　　　　https://www.morikita.co.jp/
　　　　　日本書籍出版協会・自然科学書協会　会員
　　　　　JCOPY ＜(一社)出版者著作権管理機構　委託出版物＞

落丁・乱丁本はお取り替えいたします　　　　　印刷・製本／藤原印刷

Printed in Japan／ISBN978-4-627-55241-8